흔적

# 흔적

글_ MAPLE YIP

AS
도서출판

## 목차

10　서문1_ 김도형 교수
13　서문2_ 조성현 피디
17　서문3_ 홍콩 성폭력위기지원센터 풍우란 - 임혜민(林慧敏) 언니
21　서문4_ 엑소더스 회원 - 최진영
23　서문5_ 메이플 입
27　인물관계도
28　죽기 전 마지막으로 해야 할 일

**2010 ― 2011**

죽기 전에 마지막으로 해야 할 일 _ 28
감상적이면서도 강한 나 _ 44
만남 _ 50
예수님의 짝사랑 _ 54
과학적인 성경의 해석 _ 56
비밀의 애인 _ 59
신부가 되기 위한 과정 - 조건과 절차 _ 61
비밀 지키기 _ 62
입교(入教) 자격 _ 64
'선생'이라는 그 사람이 누구인지 깨달아야 _ 66
가장 큰 예언 숫자 – 확신의 이유 _ 68
선생님이 억울하게 옥살이를 하고 있다 _ 71
진짜 교회의 장소 _ 74
수료식 _ 75

**2012**

섭리 _ 78
홍콩 교회 _ 81
홍콩에서 선생의 행적들 _ 82
교회 내 지식인들과 말씀 _ 85
새벽예배 _ 88
예배, 중고등 학생들의 특별 관리 _ 90
교회에서 가장 좋은 친구 _ 92
재교육 : 더 심화된 세뇌와 통제 _ 95
이성 교육 : 이성을 멀리하고, 모든 사랑과 정신을 하나님께 전념하라 _ 96
악평 교육 : 외부 정보로부터 차단하기 _ 99
말 조심 _ 102
보조적인 감정 지배 – 천국 성령 운동 _ 103
일기 _ 106
선생과의 편지 소통 _ 107
다양하게 전도하는 선생 _ 111
전도 방법 _ 113
전도 대상 : 젊고, 아름답고, 키가 큰 여자 _ 114
관리 _ 116
하나님의 애인 _ 117
신앙의 스타가 되겠다고 다짐하다 _ 118
섭리의 대기지 : 월명동 첫 방문 _ 121
월명동의 역사와 사연 _ 122
수련회 _ 124

**2013**
더 깊은 정체성과 생활 습관의 통제 _ 127
정식으로 신앙의 스타가 되다 _ 129
선생을 만나기 위해 교도소에 가다 _ 132
선생이 나를 미래의 홍콩 대표로 세우다 _ 135
10기숙사에서의 집단 생활 _ 137
A _ 138

**2014**
나의 동반자, 애별 언니 _ 141
사랑이란 도대체 무엇인가 _ 142
선생의 암시 - 한국 유학 _ 146

**2015**
한국 대학 생활 _ 150
한국에서 전도 _ 153
또 다른 전환점 _ 156
표상교회인 주님의 교회에 들어가다 _ 157
정조은 목사의 사람들 _ 157
계시를 받기 시작했다 _ 158
섭리교 세력 확장- 316 휴거날 _ 160

**2016**
교회에서 '승진' _ 162
스타 사인 사진 _ 163

**2017**
정조은 목사의 홍콩 순회 _ 168
신학 _ 169

정랑정 목사와의 문제, 그리고 또 죄를 지었다 _ 171
한국으로 돌아갔다 _ 175
아빠를 전도하다 _ 178
여전히 풀리지 않은 사랑의 문제 _ 182
나를 월명동으로 보냈다 _ 185

**2018**

직접 선생을 본다 _ 191
선생 옆을 따라다니다 _ 194
골프카 _ 195
운동장에서 _ 197
정식으로 선생을 따르기 시작 _ 199
수행원이 하는 일 _ 200
기괴한 형상들 _ 204
316관에서의 생활 _ 206
선생의 말씀 _ 209
가수 _ 210
각종 모임 _ 213
홍콩 대사 _ 218
화인 모임 _ 220
서양 회원들의 간증 _ 221
나의 마음 _ 222
이상한 친밀한 관계 _ 226
첫 피해 _ 230
내가 후계자라서 _ 235
A가 성산에 왔다 _ 242
공범으로 변해버린 과정 _ 244
정말 관계를 하게 될 건가? _ 247
좋아하거나 사랑의 반응 _ 249

## 2019

엄마의 월명동 방문 _ 255
서울로 돌아간다 _ 258
다시 휴학, 교회 일에 몰두한다 _ 262
교회에서 아르바이트 _ 263
혼란을 느낀다 _ 264

## 2020

교통사고 _ 268
홍콩으로 돌아간다 _ 273

## 2020 | 2021

다시 한국으로 돌아간다 _ 280
척추 교정 _ 281
코로나 기간의 월명동 _ 286
사건 _ 289
하나님, 나는 당신을 미워한다 _ 293
'세척'과 '성수' _ 296
하나의 나무 구멍 – 희망의 빛이 나타나다 _ 300
예기치 않은 메시지가 마치 알람처럼 내 인식을 '깨웠다' _ 310
내 인생에서 가장 어두운 밤 _ 316
유인 목사한테 설득당하다 _ 322
돌아온 월명동 _ 327
빨간 지붕집 _ 334
재석의 권유 _ 335
마지막 피해 _ 344
서울에서 _ 350

**2021 — 2023**

홍콩에 돌아온 후 _ 357
원점으로 돌아와 점차 땅에 발을 딛다 _ 361
고발 준비 _ 369
2022년 3월 16일 '큰 선물' – 하나님도 나를 막을 수 없다 _ 373
진술 _ 374
<나는 신이다> _ 382
일기 _ 387
두 번째 법정 _ 394
이후의 날들 _ 397

405  후기
408  감사의 말

414  편집자의 글

## 서문1_ 김도형 교수

2023년 3월, 대한민국이 발칵 뒤집히다시피 한 사건이 있었습니다.

넷플릭스 '나는 신이다'에서 다룬 JMS라는 사이비 종교집단의 만행이 폭로되면서, 전 국민적 공분이 일었고 마침내, <나는 신이다> 개봉 3일 만에 이원석 전 검찰총장님이 직접 나서 "정명석이 상응하는 죗값을 치를 수 있도록 최선을 다하라."고 지시하게 됩니다.

그리고, 정명석이라는 이름의 그 사이비 교주는 징역 17년이 확정되면서 사실상 죽기 전에는 감옥에서 나오지 못하는 신세가 되었습니다. 40년 가까이 한반도에서 활개를 치던 악질 사이비 종교집단이 무너지게 된 배경에는 메이플이라는 홍콩 국적의 20대 여성의 용기가 있었습니다.

2021년 늦가을, 처음 그녀와 연락이 닿았습니다.

당시 저는 "내가 너를 돕겠다. 하지만, 하다가 중간에 포기할 것이라면 시작도 하지 마라."는 냉정한 반응을 보였습니다. 그런 제게 메이플은 "이 일을 마치고 나면 저는 죽을 겁니다."라고 말하면서 "매일 자살을 생각할 만큼 괴롭다."고 말했습니다. 그렇게 메이플과 저는 함께 전쟁을 시작했습니다.

그런 그녀에게 저는 "지금 넷플릭스에서 JMS에 관한 다큐멘터리를 제작 중에 있는데, 혹시 인터뷰할 의향이 있느냐."라고 물었고, 메이플은 "하겠습니다. 그리고 제 증언에 신뢰를 주는 데에 도움이 된다면, 제 이름과 얼굴도 공개할 마음이 있습니다."라고 대답했습니다.

한편으로 저는 메이플의 안위를 걱정하기도 했습니다. "얼굴을 공개할 필요까지 있겠느냐."고 물으며 만류를 했지만, 오히려 그녀의 의지가 너무 강해서 말릴 여지가 없었습니다. 메이플의 그 용기가 40년 묵은 한국의 악질 사이비 종교집단을 사실상 회복 불능 상태로 만들었습니다.

그 과정에서 메이플이 견뎌내야 했던 고통은 이루 말할 수 없을 정도입니다. 사이비 종교집단 소속 수만 명의 광신도가 길거리로 나와 메이플을 조롱하고 모욕하는 시위를 벌였고, 메이플을 비난하는 LED 차량 수십 대가 전국을 누비고 다녔습니다.

사이비 종교집단이 돈을 준다는 이유로 법정에서 강간범의 무죄를 목이 터져라 외치는 변호사들이 있었습니다. 그들은 비공개로 진행된 증인신문에서 메이플을 하루 종일 그녀를 악랄하게 물어뜯었습니다. 메이플의 안정을 위해 그녀의 옆에 아버지가 함께 앉아 있었습니다. 한국말을 하나도 알아듣지 못하는 메이플의 아버지가 법정에서 그 변호인들을 향해 가운데 손가락을 들어올리며 항의를 한 적이 있습니다. 이유는 정명석 변호인들의 악질적 행태에 딸이 절규하는 모습을 속수무책으로 지켜볼 수만은 없었기 때문일 것입니다.

비단 법정에서의 증인신문만은 아닙니다. 2022년 3월에 정명석을 고소했지만, 3년이나 지난 2025년에서야 강간범 정명석의 유죄를 확정하는 한국의 비정상적 사법 시스템은 메이플뿐 아니라 지금도 소송 중에 있는 또 다른 정명석의 피해자들을 괴롭히고 있습니다.

　이 모든 고통을 감내하고 참고 견뎌낸 메이플.

　메이플이 아니었다면, 지금도 정명석과 그 추종자들은 이 땅에서 온갖 악행을 저지르고 있었을 것입니다. 그런 점에서 저는 그 악행을 끝장낸 메이플에게 우리 한국 사회가 빚을 졌다고 생각합니다.

　이 책은 메이플이 사이비 종교집단에서 겪었던 일들, 그리고 수사와 재판과정에서 겪어야 했던 과정의 극히 일부를 기록한 책입니다. 무겁고 어두운 내용이 담겨 있지만, 지금의 메이플은 자신을 진심으로 사랑해 주는 너무나 훌륭한 남편을 만나 행복하게 살고 있다는 소식을 꼭 전하고 싶습니다.


　쟌다르크와 신데렐라의 합성어라는 이름, 메이플.

　그녀의 밝고 행복한 미래를 함께 축복해 주시기 바랍니다.

## 서문2_ 조성현 피디

## 하나님과 싸워 이긴 기적의 여자, 메이플 입
## 대한민국은 그녀에게 매우 큰 빚을 졌다

계란으로 바위치기 – 승산 없는 싸움에 뛰어드는 것을 이르는 한국식 표현으로 이익은 전혀 없이 손해만 보게 될 일이라는 예측이 전제돼 있다.

나는 목격했다. 계란으로도 바위가 깨진다는 걸.

그 계란의 이름은 메이플 입, 바위의 이름은 JMS다.

스스로를 '메시아'라 칭한 한국의 사이비 교주 JMS 정명석. 그를 취재한 지 1년의 시간이 지난 2022년 1월 30일, 나는 한 홍콩인 여성과 화상 인터뷰를 하게 됐다. 그리고 그녀가 두 시간에 걸쳐 증언한 내용은 내가 지난 1년간 예상했던 것 그대로였다.

그녀는 얼마 전까지 정명석을 신으로 여겨 한국까지 와 10년에 가까운 시간을 살았지만, 결국 정명석으로부터 수 차례 성피해를 입었다고 했다. 이어서 나에게 정명석은 더 이상 메시아가 아니고, 한 명의 성범죄자일 뿐이라고 말했다. 그녀는 자신이 당한 피해를 매우 구체적으로, 격정에 차 얘기했고, 더불어 그간 존재하지 않는 줄로만 알았던 정명석의 가해 순간 녹음 파일을 보내줬다.

그 녹음 파일을 듣는 순간, 나는 그녀가 말하는 모든 것을 믿기로 했다. 그 홍콩인 여성의 이름은 메이플이다.

언론인으로 산다는 건 흔치 않은 삶을 사는 사람들을 만난다는 뜻이다. 한국에서 가장 큰 방송사인 MBC에 PD로 입사한 후 18년. 나는 정말 많은 '특별한 사람들'을 만나왔다. 하지만 그중에서도 메이플은 내가 본 여성 중 가장 '특별한' 여성이었다.

그녀는 한국에서 벌어진 성 범죄 사건 피해자로서는 매우 드물게, 자신의 얼굴을 공개하고 인터뷰를 진행했다. 그것도 전 세계로 공개될 넷플릭스 오리지널 다큐 시리즈에서 말이다. 촬영 과정에서는 미행과 스토킹에 시달렸으며, 고소 과정에서는 대한민국 경찰, 검찰, 법원의 무책임한 태도에 상처받아야 했다. 사회도 그녀에게 온정적이지 않았다. 다니던 직장에서 잘려야 했고, 타블로이드지는 그녀를 비하했으며, 인터넷 댓글에서 그녀는 심심치 않게 '너무나 바보 같아 사이비에 빠진 여자'로 불리기도 했다. 언제 싸움을 포기해도 이상하지 않을 상황이었다.

지난 3년간 나에게 가장 큰 두려움은 사이비 종교로부터 가해질 테러가 아닌, 메이플이 스스로 삶을 포기하는 것이었다. 하지만 첫 인터뷰 후 3년이나 지난 2025년 1월 9일, 대한민국 대법원의 최종 판결과 함께 메이플은 마침내 멋지게, 거대 사이비 종교 교주를 영원히 감옥에 집어넣어 버렸다. JMS 신도의 숫자는 절반으로 줄었고, 많은 사람들이 다시금 가족에게 돌아가 일상의 행복을 누릴 수 있게 됐으며, 더 이상 어떤 여성도 정명석으로부터 성피해를 입지 않게 됐다.

한 명의 어린 외국인 여성이 경찰, 검사, 군인, 변호사, 의사 등이 넘쳐나는 거대한 사교집단과 맞서 싸우고, 끝내 이기는 기적 같은 승리의 이야기. 하지만 이마저도 메이플이 입어야만 했던 상처를 보상해주지는 못한다. 메이플은 여전히 본인이 잃은 10년의 시간과 불투명한 미래, 자신을 바라보는 냉정한 시선과 싸워야만 한다.

'왜 다른 사람이 아닌 메이플이어야만 했을까?'

나는 종종 그 이유를 찾기 위해 노력했다.

5개국어를 능통하게 구사하고, 시와 그림을 사랑하며, 누구나 호감을 가질 만한 외모를 가진 이 완벽해 보이는 여성이 도대체 뭐가 아쉬워 홍콩도 아닌 한국에서 온 사교에 빠지고, 30년 넘게 누구도 하지 않은 방식으로 그 사교와 싸워야만 했을까. 그저 운명이라는 말로 이 모든 걸 받아들여야만 하는 걸까?

이 책은 나의 이런 질문에 메이플이 내놓은 답변이다.

2022년 3월 16일, 정명석의 가해 사실을 증언하는 메이플의 기자회견이 예정된 날이었다. 그날 그녀는 매우 심한 복통으로 고통스러워했지만, 끝끝내 기자회견을 포기하지 않았다.

기자회견장으로 가는 길, 차 안에서 메이플이 했던 말이 있다. "하나님도 저를 막지 못할 거예요."

세상엔 특별한 사람들이 있다. 그리고 그중에서는 더욱 특별하게 '하나님과 싸워야만 하는 삶'을 선물 받는 사람도 있다. 그리고 운명은 당연히 그들에게 고난과 패배라는 결론을 미리 준비해 놓는다. 하지만 매우 예외적으로 그 운명과 싸워 이기는 사람도 있다.

　자신이 믿었던 하나님과 싸워 이긴 기적의 여자, 메이플. 그녀가 밝히는 사이비 종교 JMS 안에서의 이야기 끝자락에서 우리는 행복과 불행, 우연과 운명, 신성마저도 더럽힐 수 없는 인간의 존엄을 발견하게 된다. 마치 아우슈비츠 수용소와 한국 형제복지원처럼 인간의 존엄이라고는 존재하지 않는 곳에서 오히려 인간의 소중함을 새롭게 발견하는 것처럼 말이다.

　끝으로 메이플에게 하고 싶은 말 한 마디를 남긴다.

　"메이플 당신도 자신이 무수히 많은 사람들에게 되돌려준 그 일상의 행복을 되찾기를 바란다. 당신은 그럴 자격이 충분하다."

## 서문3_ 홍콩 성폭력위기지원센터 풍우란 — 임혜민(林慧敏) 언니

"메이플, 이 세상에 태어나줘서 고마워."

이것은 내가 책의 마지막 단어를 읽는 순간, 마음속에서 크게 울려 퍼진 감사와 감동의 인사였다.

10년의 세월은 하나의 흔적으로남기고, 앞으로 나아갈 힘이 되기를 바란다. 이것이 메이플이 가슴을 펴고 과거를 이야기하는 초심이다. 책을 열면 눈물이 계속 흐른다. 글을 읽을 때 머릿속에는 많은 장면들이 스쳐 지나간다. 격리 호텔에 있던 그녀와의 첫 통화, 병원에서 만났을 때 눈물을 흘리며 "내가 유다라면 어쩌죠?"라고 물었던 그녀, 그리고 이후 많은 만남에서의 말과 말이 없는 순간들이 기억난다.

2021년에 메이플을 알게 되었고, 그녀가 10년 간 겪은 모든 이야기를 들으면서 믿기 어려운 사실들을 알게 되었다. 사이비 종교에 대해 문외한인 나는 그 교리와 종교 용어를 알아듣는 일이 거의 불가능했고, 사이비에 대한 이해를 위해 여러 기사를 찾아봐야 했다.

그녀의 10년 전의 모습을 알아갈수록 점점 부끄러워졌다. 나는 한때 '사이비는 나와는 거리가 멀다'고 순진하게 생각했었다. 십대의 그녀는 가정의 변화, 우정의 약화, 공개 시험의 압박을 겪으며 인생의 의미에 대해 의문을 품고 '사랑은 도대체 무엇인가'에 대해 끊임없이 질문했다.

그녀는 JMS와 만나면서 오랫동안 찾던 답을 듣게 됐고, 교회에 갔을 때, 그녀는 받아들여지고 사랑받는 것을 느꼈다. 내가 찾았던 것과 그녀가 찾았던 것이 같았고, 내가 혼란스러웠던 것과 그녀가 혼란스러웠던 것도 같았다. 다만, 그녀는 JMS를 만났고 나는 그렇지 않았다. 우리는 다른 세계에 살고 있지만, 또 같은 세계에 있는 듯했다.

풍우란에서 일했던 몇 년 동안, 나는 다양한 행존자(幸存者: 생존자)들을 만났다. 풍우란은 항상 '행복한 '행'이라고 말하며, 성폭력을 겪은 이들은 단순히 운 좋게 살아남은 사람들이 아니라, 계속해서 삶을 느끼고 행복을 누릴 수 있는 '행존자'라고 확신한다.

2023년 그녀가 한국에 법정에 가기 일주일 전, 그녀는 이것이 죽기 전에 해야 할 일이라고 결심했다. 그날 상담실에서 그녀는 "증언을 마치면 죽어도 된다."고 말했다. 법정은 잔인한 곳이다. 판결이 어떻게 나든 증인에게 증언 과정은 극심한 고통이다. 그때 그녀는 깨어나고, 일어나고, 외출하는 모든 일, 심지어 내뱉는 호흡마다 힘들게 느껴졌다. 미래, 꿈, 삶의 의미 같은 것은 아주 먼 이야기처럼 느껴졌다. 만약 호흡이 힘들다면, 우리는 다시 호흡에 집중하고 한 숨과 한 숨을 다시 느끼자고 했다.

증언을 마친 후 일주일 만에 메이플을 다시 만났을 때, 그녀는 살아 있었다. 정말 다행이었다. 그녀는 여전히 죽고 싶다는 생각이 가끔 들지만, 그것이 마음을 완전히 차지하지는 않는다고 말했다. 세상의 잔혹함 속에서도 여전히 아름다움이 있음을 점차 보게 되었다.

2025년에도, 그녀는 여전히 살아 있다. 그 이후로 20명 이상의 JMS

피해자들이 차례로 교회를 떠나고 고소했다. 그녀는 성폭력 운동의 제보자로, 새 생명의 도래를 기대하고 있다고 말했다. 메이플이 전하는 이야기는 후에 이어질 이들에게 한 가지 동반자가 되기를 희망한다. 성폭력을 경험했다는 것은 고통스럽지만, 시간이 지나면서 다시 삶을 느끼고 행복을 누릴 수 있는 힘을 찾게 될 것이다.

이 책은 단순히 어떻게 교회에 들어가고 나오는지를 다루는 것이 아니라 더 중요한 것, 어떻게 계속 살아갈지에 대해 이야기하고 있다. 삶을 이어가는 것에 대해 메이플은 이렇게 썼다.

"어렸을 때 나는 특별한 꿈이나 목표가 없었고, 항상 믿었던 것은 사랑이었다. 나를 용기 있게 앞으로 나아가게 할 무언가를 찾고 싶다."

이 말은 정말 감동적이며, 메이플다운 표현이다.

이런 세월 동안 그녀의 끝없는 사랑과 힘. '세상에 대한 사랑, 남에 대한 사랑, 자신에 대한 사랑'을 나는 목격해 왔다. 나는 그 소중함을 깊이 느낀다. 사이비 종교는 지속적인 감시와 추적, 강압적인 방법으로 그녀가 진실을 드러내는 것을 막으려 했다. 그녀도 인간이기에 두려움과 혼란, 흔들림이 있었던 것은 당연하다. 하지만, 그럼에도 불구하고, 그녀는 미쳐버릴 것 같은 상황에서도 눈물을 흘리며 계속해서 꽃을 피우기 위해 노력했다.

10년 동안 그녀의 생활 환경, 인간 관계, 사고 방식은 JMS에 기반을 두고 있었다. 교회를 떠난 후 그녀는 한 세계를 과감하게 차단했지만, 이 10년이라는 시간을 살아온 자신을 완전히 지우지 않고 오히려 한 권의 책으로 남겼다. JMS교회는 한국에서 시작되었으니, 책은 당연히 한국에서 출판될 것이다. 그러나 그녀는 홍콩—자신의 고향—에서 출판하는 것에 대해 여러 고민을 했다.

그녀는 중국 사회가 성 관련 주제에 대해 가지는 금기와 성폭력에 대한 오해를 고려했고, 홍콩에서는 그녀가 개인으로서보다 누군가의 파트너로서 더 많은 관심을 받을 것이라는 점도 염두에 두었다. 여러 번 고민한 끝에 그녀는 여전히 홍콩 사람이며, 사이비와의 만남도 홍콩에서 이루어졌고, 본인이 앞으로도 홍콩에 뿌리를 내릴 것임을 깨달았다. 그녀가 쓴 책의 원문도 중국어(그녀의 모국어)였다. 결국 그녀는 오해를 깨는 일원이 되기로 결심하고, 글로써 10년 전과 후의 자신을 포용하며, 이 도시에서 살아가는 수많은 메이플들과 함께하겠다고 선택했다.

많은 사람들은 그녀가 '사이비를 반드시 뿌리 뽑아야겠다'는 증오감에 의해 제보자로 나섰다고 생각한다. 그러나 사실 그녀의 세계에 대한 사랑과 후자들에 대한 애정은 그 어떤 증오보다 깊고 넓다. 이 책은 메이플이라는 여자의 이야기로, 그녀는 자신의 불안, 외로움, 그리고 빛나는 순간들을 솔직하게 드러낸다. 이 책은 피와 눈물, 그리고 용기의 결합이다.

메이플에게 세상이 보였듯, 세상에서도 메이플이 보이길 바란다.

## 서문4_ 엑소더스 회원 - 최진영

  이 책은 단지 피해자의 기록이 아니다. 사랑받고 싶었고, 의미 있는 삶을 살고 싶었던 한 소녀가 여인으로 성장하는 사이, 구원을 믿었다가 절망의 심연을 통과해 다시 '살아내기'를 택한 이야기다.

  메이플은 처음 만났을 때부터 소송이 진행되는 내내 수시로 죽고 싶어했다. 그 말은 협박도, 허언도 아니었다. 그저 자신과 같은 피해자가 더 이상 생기지 않게 하겠다는 그녀의 순수한 바람은, 그녀에게 너무 긴 시간 동안 예기치 못한 가혹하고 잔인한 댓가를 치르게 했다. 생생한 죽음의 문턱을 위태롭게 오가는 메이플을 곁에서 지켜보며 함께 울어주는 것 외에 달리 해줄 수 있는 일이 없었다.

  그러나 오롯이 홀로 견뎌낸 전장에서 메이플은 매 고비마다 죽음 대신 삶을 선택해냈다. 메이플의 곁에서 "메이플에게 승리의 경험이 절실하다."고 용기를 준 그녀의 남편 알렉스에게도 무한한 존경과 감사를 전하고 싶다.

  이 책은 그 여정의 기록이다. 그래서 이 책은, 치열하고 조심스럽고 정직하다. 독자는 단지 사실을 '읽는' 것이 아니라, 한 사람의 체온과 떨림을 '함께 견디게' 될 것이다.

나는 이 책이 만들어지는 동안, 메이플이 얼마나 섬세한 사람인지, 얼마나 타인을 배려하고, 모진 절망 속에서 어떻게 '살아야 할 이유'를 찾아내는 사람인지 알게 되었다.

누군가는 이 책을 다 읽고 말할지도 모른다.

"메이플, 당신은 피해자가 아니라 승리자에요."

그럼 메이플은 담담히 말할 것 같다.

"나는 그저, 살아남았을 뿐이에요."

그러니까, 이 책은 우리가 함께 껴안아야 할 생존의 증언이고, 더 나은 사회로 나아가기 위한 이정표로 삼을 만하다.

나는 이 책이 널리 읽히길 바란다.

그리고 어떤 독자에게는 이 책이 살아야 할 이유가 되길.

서문5_ 메이플 입

## 다음 피해자가 생기지 않도록 진실을 밝히다

    사람들은 사랑과 삶의 의미를 찾고 산다. 사이비의 '낚싯밥'은 그들이 말하는 '진정한 사랑'과 '진리'다. 사이비는 '삶에 대한 답'을 제공하고 여러 심리적·정신적·물질적 지원을 주면서 체계적이고 부드럽게, 오랜 시간 동안 '세뇌'한다.
    나는 멍청해서 속았다. 나는 멍청해서 모든 것을 바쳤다. 또한, 나는 멍청해서 그들이 제시하는 대가를 무시하고 진실을 밝혔다. 나는 더 이상 누구도 '하나님의 사랑'이라는 아름다운 연막에 속지 않기를 바라는 마음에서 이 책을 쓴다.
    Netflix 다큐멘터리 <나는 신이다>가 공개되고 뉴스에 보도된 후다. 그런데도 이 사건을 거듭 언급하고 사람들에게 10년 동안 속아 넘어가는 과정을 또 이야기하는 이유는, 사람들이 사이비 종교의 수법을 진정으로 이해하고, 같은 경험을 겪는 사람들이 줄어들기를 바란 것이며, 같은 고통을 경험한 사람들에게 조금이나마 위로와 용기를 드리기 위해서다.

나는 어렸을 때 '사이비'라는 단어를 들어본 적 있고, 돈을 사취하거나 사람을 죽이거나 간음하는 종교를 조심해야 한다는 것은 알고 있었다. 하지만 '사이비'에 대한 구체적 지식이 없었고 알지도 못했다. 어떻게 사람을 모집하고, 어떻게 사람을 이용하며, 어떻게 범죄를 저지르는가. 만약 처음부터 TV드라마처럼 성직자들이 검은 망토를 입고, 이상한 제단에 피를 제물로 바치고, 소녀들에게 옷을 벗으라고 요구하는 것이 있었다면, 이단인 줄 명백하게 알아차렸을 것이고, 그러면 전 세계에 이단에 속고 있는 사람들이 그리 많지도 않을 것이다.

이단은 생각보다 호락호락하지 않다.

'사랑'이라는 단어는 부지불식간에 '가스라이팅'이나 '감정 조종'으로 이어진다. 이는 비단 사이비 종교만이 아니다. 사회 각계각층 누구나 이런 상황에 쉽게 놓일 수 있다. 사이비는 이러한 심리와 사고의 조종이 집단적, 체계적으로 이루어진다.

누구도 '하나님'을 보거나 들을 수 없다. 성경의 한 문장은 여러 가지로 해석될 수 있다. 나는 완벽한 거짓 해석을 믿었고, 그 완벽한 '답'에 내 인생의 10년을 잃었다. 가장 무서운 점은 심리적 기법을 이용해 사람들이 혼란스러워도 끝까지 믿도록 스스로 합리화하고 설득하게 만든다는 것이다. 10년 동안 나는 내 사랑을 증명하고 '하나님'에게 인정받고 싶었다. 아무리 힘들고 꺼려지는 일이어도 '하나님이 원하시는 것'을 끝까지 해냈다. '하나님을 기쁘시게' 해드리기 위해 나는 내 감정을 무시하고 모든 감각을 흐리게 했다. 그리고 이제야 나는 자신의 감정을 느끼고 자신의 생각에 귀를 기울이는 것이 얼마나 중요한지 깨달았다. 그 당시 내가 희생한 모든 것은 모두 '하나님과의 영원한 사랑'이라는 허구의 꿈을 위해서였다. 이제 나는 누구도 알지 못하는 사후 세계에 근거하여 무엇을 하도록 설득하는 그 어떤 것도, 그 어떤 종교도, 더 이상 믿지 않는다.

나는 어렸을 때부터 영향력 있는 사람이 되어 세상에 좋은 영향을 끼치고 싶었다. 그래서 그때 그 집단에서 '세상을 구하겠다'는 희망을 품었다. 모든 것의 진실을 알아낸 후, 나는 여전히 어둠 속에 갇혀 있는 소녀를 한 명이라도 구출하고, 같은 함정에 빠지지 않도록 보호하기를 바랄 뿐이다.

느리고 복잡한 한국 법적 절차, 실망스러운 한국 법률, 한국 경찰의 질문, 옛 친구들의 배신, 사람들의 비난, 사회 복귀의 어려움…. 그것은 엄청난 타격이었다. 그러나 20명이 넘는 여성들이 나와 함께 정명석에게 당한 피해를 고소하는 데 동참했고, 내 인터뷰와 기자회견을 보고 사이비를 떠난 사람들이 천 명이 넘는다 하고, 그분들 중 내게 보내온 감사의 표현과 지지의 목소리를 들었을 때, 나는 내가 걸어온 길이 옳다는 것을 알게 됐다.

왜 사이비 종교에 빠졌을까?

왜 경찰한테 신고를 안했을까?

깨어나는 데 왜 그렇게 오랜 시간이 걸렸을까?

왜 Netflix 다큐멘터리에 출연했을까?

녹취본 증거는 왜 삭제됐을까?

어느 날 김도형 교수님의 영상 통화를 받았다. 카메라가 켜지자, 오랜만에 보는 언니가 화면에 나타났다. 우리는 함께 월명동에서 생활했던 적이 있는데, 그녀 역시 피해자였다. 우리는 서로를 보자마자 말 한마디 하지 않고 웃으면서 눈물을 흘렸다. 평생 다시는 보지 못할 줄 알았던 사람과 다시 만난 기쁨, 서로의 아픔을 이해하고 안타까워하며, 우리는 말없이 오래도록 울었다. 우리가 겪었던 거 이미 지나갔지만, 이 책은 그 이야기를 '雪泥鴻爪(설니홍조: 눈 속의 기러기 발자국)'처럼 세상에 남길 기억, 하나의 흔적으로 만들어 줄 것이다.

살다 보면 많은 고통을 당하고, 상처받고, 사기를 당하지만 좋은 사람도 만나고 좋은 일도 생길 것이다. 마치 하늘에서 내리는 선물처럼. 그 선물은 항상 계획 없이 예상치 못한 순간에 나타난다. 나를 이단에서 꺼내어 깨우쳐 주신 반재석(가명), 조믿음 목사님, 범행 신고와 모든 과정에서 함께 싸워 주신 김도형 교수님, 발언 기회를 주고 진실을 외치는 소리를 널리 전해주신 조성현 피디님. 만날 줄은 정말 상상도 못했던 은인들이다. 가족과 지인들의 사랑과 보살핌도 귀하고 귀하다. 어려운 상황에서는 사람의 진심이 보인다. 그들 덕분에, 나는 살아갈 이유와 힘을 얻었다는 것을 믿을 수 있다.

나를 믿고 사랑해주시고 응원해주시는 여러분께 진심으로 감사드린다.

\*안전을 위해 '실명'으로 표시된 이름을 제외한 모든 이름은 가명이다.
\*경찰과의 진술내용 및 주요 대화 내용은 실제 기록에 근거한 것이다.

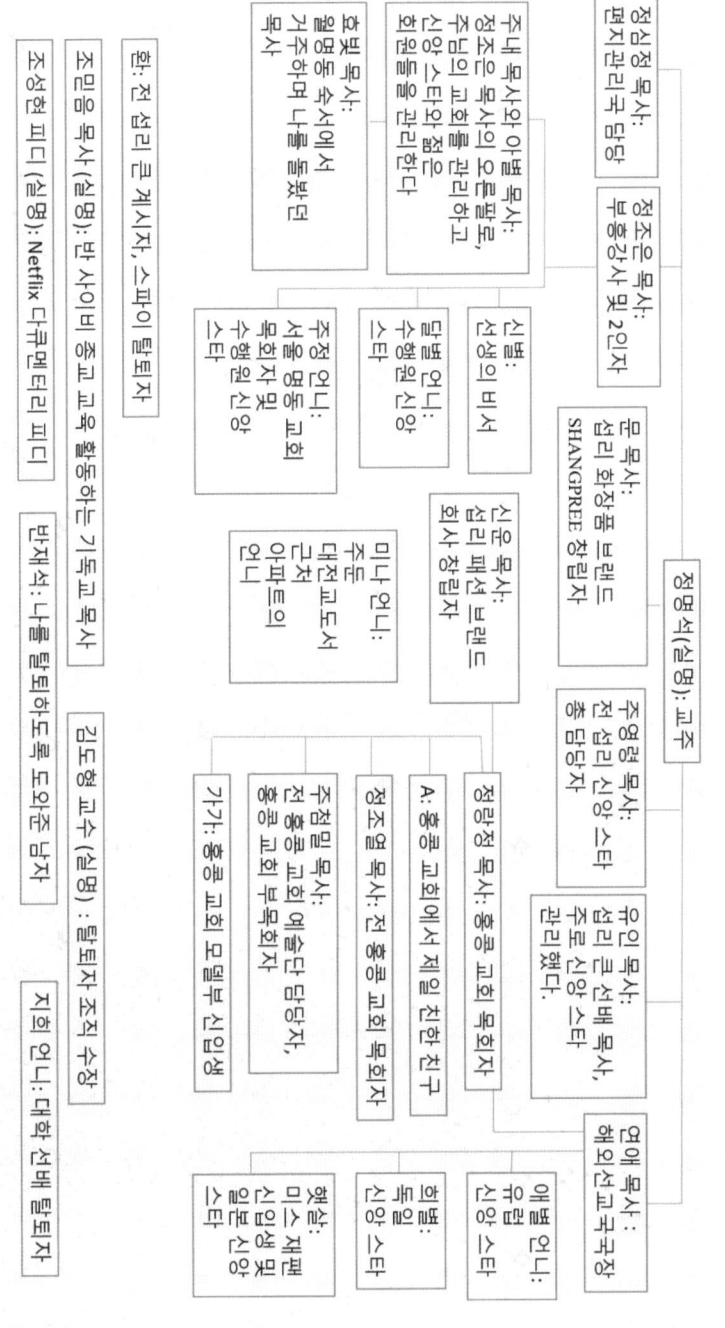

인물관계도                                                    / 27

## 죽기 전에 마지막으로 해야 할 일

한국 벚꽃이 피는 계절, 나는 한국에 가면 법정에 서서 죽기 전에 마지막으로 해야 할 일을 완수하려 했다. 아빠와 함께 가기로 했다. 2023년 4월 5일, 법정에 나가서 증언을 했다. 일기를 쓰며 나는 그날의 모든 것을 기록했다.

세상에는 항상 많은 일들과 사건들이 끊임없이 일어난다. 오늘 나는 한국에 가서 마지막 과제를 끝내, 지구에서 마지막으로 해야 할 일을 한다. 이후로는 더 이상 할 일이 없다. 이제는 아무것도 중요하지 않다. 내 가족들은 모두 잘 지내고 있다. 세상은 계속 발전하고 문제를 해결하며 더 나아질 것이다. 나쁜 일들도 계속 발생하겠지만, 결국 끝이 날 것이다. 세상은 계속 돌아가고, 벗어나지 못한 사람들도 결국에는 나올 것이다.

이 여정을 경험할 수 있어 나는 좋았다. 나는 맛있는 음식과 오락, 그리고 자연과 공기를 좋아한다. 시간이 좀 더 있다면, 맛있는 음식을 먹고, 초록, 파랑, 다양한 색깔을 감상하고 싶다. 그러나 더 많은 문제와 고통을 마주하는 것이 두렵다. 내 생명이 빨리 끝나기를 희망한다. 다음 세상이 어떤 모습일지 궁금하다. 삶은 경험이고, 한 편의 여정이며, 정답은 없다.

사랑하는 가족들. 감사합니다. 미안합니다. 곧 다시 만날 수 있기를 바랍니다.

돌아왔다.

　법정 진술이 끝나고 홍콩으로 돌아왔다. 몸과 마음이 모두 지쳐 힘든 상태다. 마치 거대한 물풍선을 짊어지고 있는 기분이다. 만약 실수로 그 풍선을 찔러버리면, 감정이 홍수처럼 쏟아져 나와 주체할 수 없을 것이다. 그런 상황이 발생하면, 주변 사람들이 당황하고 어색해하며 심지어 상처를 받을까 두렵다. 그래서 사람들을 마주하는 것이 두렵고 불안하다.

　사람과 사람 사이의 관계에서 마찰은 피할 수 없는 일이지만, 지금의 나는 어떤 마찰도 감당할 수 없는 상태이다. 그런 상황을 맞닥뜨리게 된다면, 어떻게 해야 할지 모르겠다. 타인의 감정을 먼저 고려해야 할까, 아니면 나 자신을 우선시해야 할까?

　이런 갈등 속에서, 나는 무엇이 올바른 선택인지 고민하고 있다. 감정을 억누르기보다는 솔직하게 표현하는 것이 좋을까? 아니면 잠시 거리를 두고 쉬는 것이 더 나을까? 이 모든 것이 나에게는 큰 고민이다.

　정말 힘들고 괴롭다. 이런 문제들을 감당할 여유가 없고, 상대방을 배려하지 못해 상처를 줄까 두렵다.

　상대방 변호사와 마주할 때는 그들의 감정에 개의치 않고, 그들의 공격에 대해 맘껏 반격할 수 있다. 하지만 내가 사랑하는 사람들, 아끼는 사람들과의 관계는 오히려 나를 힘들게 한다. 그 거대한 물풍선 안에는, '과거에 자신을 보호하지 못했던 자신'에 대한 분노, 가장 가까운 사람들에게 배신당한 것에 대한 원망, 교주에 대한 증오, 자신에 대한 불쌍함, 세상의 어둠에 대한 무력감, 인간에 대한 놀라움과 실망, 인생에 대한 권태 등이 가득 차 있다. 지금은 긍정적인 생각이 나에게 너무 무겁고, 나는 더 이상 힘이 없다.

 심문이 끝난 날, 나는 아무것도 하고 싶지 않고, 누구도 만나고 싶지 않았다. 더군다나 간절히 바라는 것은 내 삶이 빨리 끝나기를 바라는 것이다. 나는 이 삶과 이 세상이 너무 싫다. 절대 아이를 낳지 않을 것이다. 이 세상은 너무 무섭고, 아무 의미가 없다.

 법정 진술을 하기 전날, 나는 먼저 우리 변호사와 만났다. 변호사는 내가 이전에 한 진술서를 정리해 주었고, 법정에 가기 전에 전부 읽어 보라고 하면서, 사건 당시의 세부 사항을 다시 떠올리는 데 도움이 될 것이라고 말했다. 두꺼운 서류 뭉치를 건네받았을 때, 나는 그 두께에 깜짝 놀랐다.

"제 진술이 이렇게 길었나요?"

"네, 총 17건의 사건이 포함되어 있습니다. 준강간과 강간도 포함됐어요."

"우와, 모두 한국어로…."

"하루의 시간이 있으니 천천히 읽어보세요."

 무거운 진술서를 보면서, 나는 나 자신이 대단하다고도 느끼고, 동시에 이 모든 일을 겪어온 나 자신이 안타까워졌다. 그때 한국 방송사에서 간단한 인터뷰를 요청했다.

 첫 번째 질문은 "메이플, 지금 기분이 어떠신가요?"였다.

 나는 감정을 억누르려 애쓰며 내 머리를 쓰다듬으며 농담처럼 말했다.

"메이플 참 대단하다, 한국어로 그걸(진술) 다했다니…."

마지막 단어를 말하는 순간, 나는 결국 감정이 폭발해서 울음을 터뜨렸다.

법정 당일 아침, 경찰이 나의 방에 와서 판사 앞에서 원본 녹음 파일을 다운로드한 과정을 다시 보여주어야 한다고 말하며, 한 번 연습하자고 했다. 이는 내가 가지고 있는 녹음이 원본 파일임을 증명하기 위해서였다.

"우리가 직접 애플 기술자에게 연락해서 이 녹음이 원본이라고 증명할 수는 없는 건가요? 애플 핸드폰에 대해 잘 아는 사람이라면 새로운 핸드폰으로는 파일을 다시 다운로드할 필요 없이 자동으로 동기화된다는 걸 알잖아요."

나는 여러 번 제안했다. 처음 진술했을 때 나는 이미 경찰에게 애플 기술에 익숙하지 않다고 말하며, 기술자를 찾아 나의 녹음 파일이 진짜이며 수정되지 않았다는 것을 확인하여 증명해 주기를 부탁했었다.

경찰은 "하지만 지금 이 시간에 애플 매장은 아직 영업을 시작하지 않았습니다."라고 말하며, 나의 핸드폰과 변호사의 태블릿으로 계속 시도하라고 고집했다. 변호사의 태블릿에 나의 애플 계정으로 로그인하고 성공적으로 동기화한 후, 경찰은 "좋아요! 이렇게 하면 됩니다. 다시 한 번 시도해 보죠, 판사 앞에서 잘 할 수 있도록!"라고 말하며 모든 파일을 삭제했다. 그런데 실수로 나의 클라우드에 있는 녹음 파일도 삭제해 버렸다. 즉, 변호사의 태블릿이나 나의 핸드폰 모두에서 파일이 삭제된 것이었다.

그때의 분노를 어떻게 표현해야 할까? 나는 경찰에게 욕설을 하며 소리쳤다. "당장 내 증거를 되찾아와! 내가 얼마나 여러 번 애플 매장에 가서 아는 사람을 찾아달라고 했는데? 내 말을 귀담아듣지 않은 거잖아? 이제 어떻게 할 거야! 제일 중요한 증거조차 없어졌어!"

나는 눈물을 흘리며 로비로 달려갔고, 김도형 교수님은 이를 보고 즉시 말했다.

"메이플, 진정해. 잠깐 쉬어 봐, 내가 처리할게."

하지만 결국 복원할 수 없었다. 방금 삭제된 파일이 왜 복구되지 않았는지 나도 모르겠다. 경찰은 이미 판사에게 설명했지만, 지금까지도 그 사이비 종교 사람들은 녹음 원본이 없다고 주장하며 재판의 공정성을 문제 삼고, 거리에서 시위를 벌였다.

나는 계속해서 분노했다. 증거가 없어진 지금, 판사와 대중이 나를 믿어줄까? Netflix 다큐멘터리가 방영되었을 때, 그 사이비 종교 사람들은 끊임없이 나를 비방하며 녹음이 가짜라고 주장했다. 이제 원본 파일까지 사라졌으니 내 주장이 사실이라는 것을 어떻게 증명해야 할지 앞이 막막했다.

김 교수님은 나를 위로하며 말했다.

"사실에 기반해 이야기하면 판사가 믿을 거야. 정의는 우리 편이야."

법원에 가기 전, 나는 김 교수님과 다른 동행자들과 함께 김밥집에 가서 식사를 했다. 식당 주인 아주머니는 뉴스 보도를 보신 것 같아, 우리를 알아보고 음료수를 서비스로 주시며 힘내라고 응원해 주셨다. 나는 김밥을 두 개 먹고 출발했다.

법원에 도착하자, 경찰이 안전을 위해 우리를 비밀 통로로 안내해 증인실로 갔다. 통로와 증인실 주변은 아기자기한 그림으로 장식되어 있어, 어린이집 같은 분위기였다. 긴장된 마음이 조금이나마 풀렸다. 증인실 안에는 심지어 증인이 누울 수 있는 자리가 마련되어 있었고, 몇 개의 인형도 놓여 있었다.

변호사와 경찰이 곧 진행될 절차에 대해 설명한 후, 증인실 관리자가 나에게 힘내라고 말해주었고, 나는 아빠와 함께 법정으로 들어갔다.

법정에 들어가자, 공간이 영화에서 보던 것처럼 넓지 않고 내가 상상한 것보다 훨씬 작았다. 왼쪽에는 두 명의 검찰이, 오른쪽에는 네 명의 피고인 측 변호사가 앉아 있었고, 내 앞에는 세 명의 판사가 있었다. 그 앞에는 몇 명의 서기가 있었고, 뒤쪽 청중석에는 우리 측 변호사와 경찰들이 앉아 있었다.

나는 가운데 증인석에 앉게 되었고, 판사는 아빠가 내 왼쪽에 앉는 것을 허락해 주었다. 경찰이 내 의사를 물었을 때, 나는 공개 재판을 통해 사이비 종교 사람들과 기자, 그리고 전 세계가 듣게 하고 싶다는 생각을 했었다. 그러나 내가 아무리 모든 것을 드러내도 사이비 종교 사람들은 여전히 믿지 않을 것이고, 여전히 나를 해칠 사람들이 있을 것이라는 점을 생각하니 결국 나는 변호사의 조언대로 비공식 재판에 동의하게 되었다.

내가 한국어로 선서하자 검찰 측이 먼저 질문을 했다.

"당시 어떤 일이 있었는지 자세히 설명해 주세요."

나는 사람들 앞에서 사건의 경과를 있는 그대로 진솔하게 이야기했다. 마치 모든 사람이 지켜보는 가운데 발가벗겨지며 내 몸에 지울 수 없는 크고 추한 상처를 보여주는 듯한 느낌이었다. 매우 수치스러웠다.

"…그리고 그가 저에게…"

"증인은 그때 어떤 기분이었나요?"

나는 조용히 눈물을 흘리며 대답했다.

"마사지 침대에 누워 천장을 바라보면서, 마음속으로 이렇게 생각했어요. 이게 하나님의 사랑 방식인가요? 정말 싫어요. 하나님 당신이 정말 싫어요, 이런 사랑이 너무 싫어요! 그때는 나는 증오로 가득 차 있었어요…. 나는 영원히, 영원히, 영원히 다시는 신을 믿지 않을 겁니다!"

분노.

신은 사랑이다. 한때 나의 모든 것이었다. 내가 싫어하는 모든 것을 하나님을 위해 다 참았다. 사랑은, 보답을 바라지 않고 상대를 자신보다 우선시하는 것이다. 나는 하나님을 위해 나 자신을 포기하고, 교주가 신의 이름으로 나를 파괴하도록 내버려 두었다. 분노의 눈물은 뜨겁다.

피고인 측 변호사들이 질문할 차례였다. 그들은 네 명의 변호사로, 두 명의 남자와 두 명의 여자, 모두 정장을 입고 나를 차가운 시선으로 바라보고 있다.

나는 말했다.

"판사님, 변호사들의 얼굴을 보고 싶지 않습니다. 그들에게 등을 돌리고 질문에 대답할 수 있도록 허락해 주십시오."

"판사님, 증인의 태도에 문제가 있습니다."

변호사가 반대했다.

다행히 판사가 관대하게 대답했다.

"증인의 현재 감정도 이해할 수 있습니다. 변호사의 심문에 대답하는 것이 쉽지 않으니, 그렇게 진행합시다."

만약 성피해의 고통이 1급이라면, 인지하는 것이 2급, 경찰에 진술하는 것이 3급, 뉴스 보도와 온라인의 각종 악담이 4급, 변호사의 심문은 5급이다. 그들이 묻는 질문은 여지 없이 날카롭고 가차 없다.

"증인이 왜 녹음 원본이 없는지 설명해 주시기 바랍니다."

"경찰이 그것을 삭제했습니다."

"무슨 일이 있었나요?"

나는 아침에 일어난 어이 없는 일을 진술했다.

"그럼 증인은 왜 녹음했을 때 사용된 휴대폰을 팔고 새로운 휴대폰으로 바꿨나요?"

"그건 당시 한 탈퇴자가 조언한 것으로, 휴대폰을 바꿔야 교회 사람들이 저에게 연락하지 않을 거라고 했습니다."

나는 나중에 그 탈퇴자가 스파이라는 것을 알게 되었다.

"교회에서 가르치는 교리에는 '피고인이 범죄를 해도 순종해야 하고, 경찰에 신고하면 안 된다'는 내용이 포함되어 있습니까?"

"아예 피고인은 거룩하며 범죄를 저지르지 않는다고 가르쳤습니다."

"하지만 그가 범죄를 해도 신고하지 말라는 가르침은 없지 않습니까? 그런 가르침이 있었던 적이 있습니까?"

"아예…."

"있었나요, 없었나요?"

"없습니다!"

"피고인이 자기가 메시아라고 공개적으로 말한 적도 없죠?"

"그가 자신이 메시아라고 말한 적은 있습니다."

"교회가 제공한 증거와 증언에 따르면, 교회 내에서는 피고인이 메시아라는 가르침이 없었고, 피고인도 공개적으로 자신이 하나님이 아니라고 말한 적이 있지 않습니까?"

"있어요. 그는 자신이 메시아라고 말한 적이 있습니다. 공개적으로도 그렇게 말했습니다. 때로는 처음 방문한 사람들 앞에서 자신이 하나님이나 메시아가 아니라고 말하기도 했지만, 그건 새로운 사람들의 오해와 반감을 피하기 위한 것이었습니다. 하지만 다른 경우에는 항상 자신이 메시아라고 명시하거나 암시했습니다."

"피고인이 자신이 전지전능한 신이라고 말한 적이 있습니까?"

"그는 '전지전능한 하나님은 육체가 없는 영이므로, 하나님은 항상 지구세상에 있는 사람을 사용하여 자신의 육신으로 행동한다'고 가르쳤습니다. 그래서 이 시대에 선택된 하나님의 육체가 바로 피고인입니다."

나는 그 비정상적인 교리를 다시 이야기하기가 매우 싫었고, 내가 말하면서도 내 말이 매우 어이없게 들렸다. 그런 해석을 믿었다는 것을 인정하는 것도 부끄러웠다.

"왜 강간을 당했을 때 반항하지 않았나요? 경찰에 신고하지도 않았나요?"

"I was confused."

"증인은 한국어로 대답해 주세요."

"영어를 못 알아듣나요?! 제가 가르쳐 드릴게요. 'C-o-n-f-u-s-e-d'는

'혼란스럽다'라는 뜻입니다!"

"증인이 일기장에서 '선생님을 사랑한다', '선생님과 가까이 지내고 싶다', '일대일로 사랑하고 싶다', '선생님이 다른 사람에게 잘해주는 것을 보면 질투가 난다'고 썼습니다. 이게 무슨 의미인가요? 증인은 피고인을 사랑한 것인가요? 증인이 피고인과 관계를 맺고 싶다는 뜻인가요?"

"반대합니다. 변호인은 증인의 동의 없이 일기장을 증거로 제출했으며, 이는 사생활 침해입니다."

검찰이 나를 위해 반박했다.

일기장은 내가 월명동에서 도망칠 때 남긴 것이었다. 랑정 목사가 그것을 가져와 피고인측 변호사에게 전달한 것이었다.

"변호사가 이것을 증거로 사용하는 것은 분명 부적절합니다."

판사가 부드럽게 말했다.

하지만 나는 여전히 변호사의 질문에 답변했다.

"네, 저는 선생님을 사랑하려고 노력했고, 선생님을 연인처럼 대했습니다. 변호사님, 사랑한 적이 있습니까? 상대방과 가까워지기를 원하지 않습니까? 사랑하는 사람이 다른 사람과 가까워지는 것을 보면 질투가 나지 않습니까?"

"그럼 증인은 피고인을 사랑했다고 인정하는 것이니, 발생한 성행위는 자발적이라는 것이죠?"

"제가 한 노인을 사랑하려고 노력한 이유는 하나님을 사랑했기 때문입니다! 그러나 성행위는 결코 자발적이지 않았습니다! 나는 그런 행위를 싫어했지만, 참았습니다! 하나님을 사랑했기 때문입니다!"

'하나님을 사랑한다'는 말을 내 입에서 내뱉자, 나는 정말 웃기고, 지난 10년이 매우 비참하고 불쌍하게 느껴졌다.

"피고인의 당시 나이를 고려할 때, 성기는 이미 발기가 불가능했습니다. 그리고 피고인의 성기가 상대적으로 작다면, 어떻게 증인의 하체에 삽입할 수 있겠습니까?"

이런 질문은 마치 늑대 이빨 망치로 내 살을 막 때리는 것 같았다.

나는 정말 대답하고 싶지 않았다.

"했습니다. 깊이가 얕다고 성폭행이 아닌가요?"

"얕다면, 어떻게 출혈이 발생하겠습니까?"

변호사는 허위의 '신사적인 태도'로 존댓말로 질문했지만, 오히려 나를 더 분노하게 하고 더 상처를 주었다.

"마찰 때문입니다! 피부 표면에서 출혈이 발생했습니다!"

이런 것까지 설명해야 한다니.

"피고인이 진술한 것처럼 피고인의 성기가 작다면 발기해도 잘 보이지 않을 텐데 증인은 왜 피고인이 발기된 것을 보았다고 말했습니까?"

이는 상식이 없는 질문이었고, 나는 왜 이런 질문이 그들의 입에서 나올 수 있는지 이해할 수 없었다.

"잊어버렸습니다. 하지만 피고인이 먼저 저를 좋아한다고 생리적인 반응이라고 했습니다."

"증인이 성폭행을 당했다고 진술한 날, 정랑정의 진술과 증거에 따르면, 증인은 계속해서 정랑정과 연락을 하고 있었습니다. 화면 캡처한 것을 보세요. 만약 답변 시간이 그렇게 빠르다면, 성행위가 일어날 시간은 전혀 부족했을 텐데, 어떻게 성폭행이 발생할 수 있겠습니까?"

"발생할 수 있습니다."

그날 나는 실제로 정랑정과 연락을 했고, 홍콩 신도에 대한 일을 교주에게 보고했다. 그 과정에서 정랑정과 연락하지 않은 시간은 그리 길지 않았다. 성폭행이 발생한 과정의 시간은 짧았지만, 그 일이 실제로 발생했다는 것을 부정할 수는 없다. 비록 그 모든 것이 꿈이었기를 바란다고 해도.

"하지만 이 시간을 보세요, 증인이…."

변호사가 반박하려고 했다.

"발생할 수 있습니다."

나는 다시 강조했다.

"불가능합니다, 왜냐하면 이 대화 기록이…."

변호사가 또 반박했다.

"할 수 있다고!!!"

나는 책상을 세게 내리치며 외쳤고, 그 소리는 법정 전체에 울려 퍼졌.

그 순간 모든 사람이 침묵했다. 벽을 바라보고 했으니 다행이었다. 만약 내가 변호사의 얼굴을 보고 있었다면, 그녀의 목을 움켜잡고 달려갔을 것 같았다. 왜, 그녀는 분명 여자이면서…. 내가 거짓말하지 않았다는 걸 분명히 알면서…. 왜, 모두가 같은 사람인데….

"성폭행을 당했는데 왜 경찰에 신고하지 않았습니까?"

변호사는 나를 무너뜨리는 여러 질문을 반복하며, 마치 내가 항복할 때까지 계속해서 나를 때리는 것처럼 질문했다.

"저는 세뇌당했습니다. 피해를 입은 후 혼란에 빠져, 그게 도대체 무엇인지 계속 생각했습니다. 하나님의 사랑인가? 내가 사랑이 부족해서 그 행동을 싫어했던 건가? 모두가 이렇게 느끼는 건가? 10년 동안 믿어왔는데, 이게 사이비인가? 성폭행인지도 구분할 수 없었던 나는 경찰에 신고할 여유조차 없었습니다."

"교회 내에서는 영적인 사랑과 정신적인 사랑을 주장하고 가르치지 않나요?"

"맞습니다. 그런데 앞뒤가 맞지 않으니 제가 얼마나 혼란스러웠겠어요?"

"증인, 쉬실래요?"

"착한 척하지 마세요. 변호사님, 당신도 분명 여자잖아요. 돈을 얼마나 받았길래? 왜 사실을 분명히 알면서도 피고인을 변호할 수 있죠? 아니면 정말로 그가 그런 행동을 해도 죄가 없다고 생각한 건가요?"

나는 점점 더 분노가 치밀어올랐다.

변호사가 다시 물었다.

"증인은 김도형 교수가 과거에 피해자들에게 얼마나 많은 배상금을 받도록 도왔는지 아십니까?"

나는 반문했다.

"당신은 도대체 얼마를 받았나요? 아니면 정말로 그가 무죄라고 생각해서 그를 돕는 건가요?"

변호사는 대답했다.

"증인, 질문에 대답해 주세요."

나는 한마디 덧붙였다.

"전혀 몰라요. What's your point?"

정말 역겹다. 성은 정말 역겹다. 사랑과 성은 무슨 관계일까? 사랑이란 무엇인가? 성이란 무엇인가?

나는 그때, 옆에 앉아 있는 아빠가 내 등을 가볍게 두드리는 것조차도 거부감을 느꼈다. 이 세상, 이 삶은 왜 존재하는가? 이 모든 것을 내가 감당해야 하는가? 이 고통은 무엇을 위한 것인가? 내가 뭘 잘못해서?

더 이상 나를 용기 있다고 말하지 마라. 나는 살고 싶지도 않다. 결과를 무시하고 모든 것을 공개하며 상처를 드러낼 수 있는 이유는 그저, 더 이상 살아갈 용기조차 없기 때문이다.

나에게 힘내라는 말을 하지 마라. 나는 더 이상 아무것도 할 힘이 없다. 이래라 저래라 하지 마라. 나는 내가 가장 잘 안다. 나를 도와주겠다고 하지 마라. 누구도 나를 도와줄 수 없다. 나는 오직 나만을 의지할 수 있다.

재판이 끝나고 이미 늦은 밤이 되었다. 호텔로 돌아와서 나는 이미 밥 먹을 힘도 없고, 누구도 대할 힘이 없다. 더 이상 누구도 보고 싶지 않다.

더 이상 아무 말도 하고 싶지 않다. 이 더럽고 무서운 세상에서 그냥 떠나고 싶다.

　내가 그 후 그린 그림은 당시 법정의 장면을 기록한 것이다. 나는 검은 악마 같은 변호사들에게 등을 돌리고 있다. 한글 문구. '나는 당당해. 나는 거짓 없이, 다 사실대로 말을 했어. 내가 잘못한 것이 아마, 나 자신을 깎아내리면서, 주 하나님을 사랑했던 거.'

　홍콩으로 돌아오니, 사랑하는 친구들이 깜짝 선물을 준비해 나를 마중 나왔다. 사람은 아마 이런 기쁨이 있기에 힘겹게 살아가는 것이 아닐까. 나는 친구들이 준 선물을 하나씩 열어봤다. 억누르고 있던 눈물이 결국 쏟아져 나왔다.

2010
—
2011

## 감상적이면서도 강한 나

"나는 캐나다 국적의 상하이 홍콩 사람이다."

나는 캐나다 밴쿠버에서 태어났고, 부모님이 나에게 영어 이름으로 'Maple'을 지어주셨다. 이는 캐나다 국기 위의 단풍잎을 의미한다. 아빠는 상하이 출신이고 엄마는 홍콩 장저우 출신이다. 우리 집은 아마 식물을 매우 좋아하거나 식물과 특별한 인연이 있는 것 같다.

내 성은 '엽'(葉)이고, 내 중국 이름은 두 개가 있다. 하나는 '훤'(萱)으로, 가족 친구가 지어준 이름으로 '망우초'를 의미한다. 다른 하나는 아빠가 지어준 '영통'(映彤)으로, '빨간색을 비추다'라는 뜻인데 내 성과 합치면 단풍의 의미가 된다. 그런데 엄마가 두 글자 이름이 공부할 때 더 간단하고 유리하다고 해서, 주민등록증에 중국어 이름은 '엽훤'(葉萱)이다.

나중에 JMS 일을 겪고 나서 나는 '새로운 나'로 다시 살고 싶어서 '엽영통'(葉映彤)으로 바꿨다. 나에게는 나보다 두 살 어린 여동생이 있는데, 그녀의 영어 이름도 식물의 일종으로 아름답고 향기로운 '라벤더'(Lavender)이다. 우리가 어릴 때 피아노 과외 선생님은, 만약 우리가 남동생이 생기면 그의 이름은 'Bamboo'(대나무)라고 해야 한다고 농담을 했다.

우리 할아버지는 아빠가 십대 때 이미 세상을 떠나셨고, 할머니는 혼자서 아이를 키우셨고 나중에 재혼하셨다. 할머니는 우리 아빠를 매우 엄격하게 교육하셨는데, 그 세대는 맞으면서 크는 게 아주 흔한 일이었다.

할머니는 어릴 적부터 파란만장한 삶을 살아왔으며, 심지어 친척에게 속아 돈을 빼앗기기도 했기 때문에, 사람을 잘 안 믿고 의심 많고, 동물이 음식을 지키는 태도처럼 성격이 강하고, 화를 내면 무시 못할 정도다. 비록 나는 어려서부터 다른 사람을 착하게 대하라고 교육을 받았지만, 할머니는 나에게 "착한 사람은 이용당한다." 그리고 "사람은 자신을 위하지 않으면 스스로 망한다."라고 가르쳐주셨다. 내가 괴롭힘을 당했다고 할머니에게 이를 때마다, 할머니는 말했다.

"눈은 눈으로, 이를 이로 갚아야지. 스스로 강해져야 하며 약하게 보여서는 안 된다."

아빠의 혈기는 아마 할머니로부터 물려받은 것이겠지. 예전에 식당에서 서비스 태도가 나쁘면 아빠가 매니저를 엄격하게 나무라는 일이 종종 있었다. 아빠가 그럴 때마다 나는 불만을 표하며, 아빠의 말투가 너무 거칠다고 싫어했다. 한 번은, 아빠가 음식에서 바퀴벌레를 발견하자, 식당 직원들을 전원 호출하여 나란히 세워두고 긴 시간 동안 혼을 내셨다. 그날 종일 나는 삐져서 아빠한테 말 한마디도 안 했다. 아빠가 사과하고 다시 그러지 않을 거라고 약속할 때까지.

할머니와 아빠는 도리가 있는 사람들이고 마음이 여리고 착하지만, 선을 넘는 사람에 대해서는 고통스러운 대가를 치르게 할 분들이다. 예전의 나는 사람들에게 무한한 관용을 베풀어야 한다고 생각했지만, 이제 나는 할머니의 강인함이 내 속에 항상 존재하고 있음을 깨닫는다.

나의 아버지는 사업가였다. 특별한 교육 배경이 있는 것은 아니지만 언어 능력이 뛰어나 영어와 중국어(북경어)를 스스로 배웠고 유창하시다. 그는 낮은 직급부터 시작해 똑똑한 머리로 어린 나이에 아시아 전역을 담당하는 고위 경영자가 되었다.

아빠는 키가 크고 코가 높고, 젊은 시절에는 인기가 많으셨고 여러 여성의 관심을 받으셨다. 자신이 한때 풍류를 즐겼다고 하는데, 전생에 스님이었기에 그런 거라고 무당이 말했단다. 그래서 이번 생에 많은 여성들이 있는 거지. 그의 어머니, 누나, 여러 명의 여자친구, 세 번의 결혼으로 인한 세 아내, 그리고 세 딸이 포함된다. 아빠는 자주 자랑스럽게 말하곤 한다. 딸들이 가진 좋은 것들은 모두 자기에게서 유전된 것이라고, 모두 키가 크다고. 그는 감성적인 사람으로, 작은 동물과 감동적인 소품 이야기를 좋아하신다. 이 점은 나도 아빠를 닮아서, 성격이 민감하고 감성적이다.

나의 어머니는 집에서 네 번째 딸인데, 위에는 세 명의 언니가 있고 아래에는 남동생이 한 명이다. 엄마는 아름다운 여자였다. 어디를 가든 구애하는 사람들이 있었다. 엄마는 다양한 직업을 거쳐 마지막으로는 공무원이 되셨다.

아빠와의 만남은 엄마가 승무원으로 일했을 때였는데, 출장 가는 아빠가 엄마의 미모에 끌려서 다른 사람이 비행기에서 못 내리게 막고 엄마의 전화번호를 받아냈다고 하셨다. 당시 아빠는 사실 기혼자였고, 이혼 절차를 진행 중이었다. 그와 엄마의 관계는 복잡한 상황에서 시작된 것이었다.

엄마네 가족은 독특하고 재미있는 분위기를 가지고 있다. 엄마는 언니들과 항상 소란스럽고 서로를 비판하고 웃기는 것을 즐긴다. 엄마가 누나로서 우리 삼촌을 돌봤을 때는 장난을 심하게 해서 삼촌은 지금도 엄마를 마녀라고 부르며 농담하기도 한다. 우리 엄마는 '현모양처'라는 단어와 전혀 어울리지 않는다. 내가 어렸을 때 엄마가 나를 재우기 위해 들려주던 '동화'는 항상 귀신 이야기였다. 그녀는 목소리를 낮추며 말했었다.

"네가 계속 안 자면 마녀가 널 잡아 먹어버릴 거야!"

나는 이렇게 남다른 엄마를 좋아한다. 엄마의 언니들도 남다르고, 외할머니도 자신이 마녀라고 말하며 손주들의 발가락을 물겠다고 하곤 하셨다. 나는 이 외가 쪽 가족이 '아담스 가족'이라 생각한다. 기묘하고 재미있으며, 사랑스러우면서 짜증나게 하는데 미운 정이 깊다. 외할아버지는 초등학교 교사로서 중국문화 교양이 깊고, 서예도 잘 쓰기 때문에, 자녀들은 문화 예술을 좋아한다. 다섯 명의 아이들은 모두 외할머니가 혼자 돌보셨다. 할머니, 외할머니, 세 명의 이모와 우리 엄마가 모두 "남자는 믿을 수 없다."라고 말했다. 그래서 그들은 모두 강한 여성이 되었고, '옆집 소녀'나 '약한 여자' 같은 이미지를 가장 싫어한다.

나는 이러한 유전을 가지고 태어났다. 엄마의 장난기와 재치, 그리고 아빠의 정직함과 엄숙함, 엄마의 강인함과 강렬함 그리고 아빠의 감성과 예민함을 함께 가지고 있다. 그리고 할머니나 외할머니와 같은 강한 여성이 되고 싶은 꿈을 품고 자랐다.

어릴 때부터 나는 감성적이고, 흔히 말하는 '생각이 많은 사람'인 반면, 나는 결코 지지 않고 씩씩한 성격을 가지고 있다. 집 베란다에 서서 넓은 하늘을 바라보면, 피터팬이 다음의 윈디를 찾으러 지구에 또 올까 상상해 보고, 영화 버전의 <오페라의 유령>을 보고 나면, 선천적으로 외모가 손상된 주인공을 위해 이틀 연속 울게 되고, 길에서 피아노 소리가 들리면 발걸음을 멈추고 귀를 기울이곤 했고, 밤에 어두운 바다를 보면 그 신비로움을 느끼면서 즐거워했고, 계절이 변할 때마다 공기의 냄새 변화를 느껴서 흥분하곤 했다(아마도 우리 여동생만이 내 뜻을 알아줄 거다).

임대옥(林黛玉, 중국 소설 인물)처럼 져서 길에 떨어진 꽃을 장례할 정도는 아니지만, 나는 감성이 풍부했다. 그러면서도 친숙한 사람들 앞에서는 또 활발하고 사소한 것에 신경쓰지 않는 양자리 성격이다. 큰 소리로 노래 부르는 것을 좋아하고, 여동생과 함께 빗속에서 춤추기도 하고, 신발을 벗고 "맨발로 천하의 땅을 밟겠다."는 당찬 포부도 있었다.

그러나 새로운 환경에 처하면 처음에는 내성적이고 소심하다. 유치원 때는 학교 버스에 타는 동안 내내 가방을 내려놓지 않고 두 손으로 꽉 쥐었다. 나중에 친구들과 친해져서 우리는 버스 안에서 기어다니고 뛰어놀아서 버스 아줌마가 우리를 선생님께 고발까지 했었다. 근데 나는 내 행동이 다른 사람들에게 불쾌감을 줄까봐 유난히 걱정하고 참으려고 하는 성향이 있다.

다섯 살 때 나는 발레를 배웠다. 가정 도우미가 내 머리카락을 정리할 때 꽤 세게 당기곤 했는데, 나는 눈물이 나올 정도로 아파도 절대로 아무 말도 하지 않았다. 도우미가 나를 아프게 한 것에 미안함을 느낄까봐. 내 여동생은 나의 이런 양면성을 가장 잘 알 것이다. 여동생에게는 나는 때때로 부드러운 큰언니, 때때로는 괴롭히는 악마언니일 것이다.

내 가정 환경은 괜찮았고, 도우미가 나와 동생을 돌봐주었고, 부모님도 최대한 시간을 내어 우리와 함께해 주셨지만, 그들은 일로 매우 바빴다. 나와 여동생은 텅 빈 집에서 일주일에 4~5일은 부모님을 기다렸다. 언제부터인지 집은 더욱 차가워진 것 같았다. 부모님의 관계가 나빠졌고, 나와 여동생은 그들 사이의 '통신 비둘기'가 됐다. 그들은 늘 우리를 통해 메시지를 전달했고, 서로 직접적인 대화를 하지 않으셨다. 나는 그래서 친구들을 통해 더 많은 따뜻함을 느꼈었다. 그들과 이야기하고 웃는 것이 차가운 집에 있는 것보다 편안했다. 나는 나보다 두 살 어린 여동생에게 무한히 미안하다. 언니로서 나는 그에게 따뜻함을 주지 못했고, 집 밖에서 안정감과 즐거움을 찾는 데에만 관심을 기울였으며, 그를 어린이로 대하며 귀찮게 여겼었다.

십대 청소년이 되면서, 나는 반항심이 생기고 혈기와 짜증이 많아졌다. 나는 공부의 스트레스와 가정의 문제에서 벗어나고 싶어했고 친구들과 함께 새로운 시도를 해보기 시작했다. 담배도 피워보고 술도 마셔보고, 밤늦게 집에서 탈출해서 술집에 가보기도 했다. 나는 스스로 "아무것도 두렵지 않다."는 것을 증명하고 싶었다.

새로운 경험은 다양한 '가능성'을 나에게 가져다 주었고, 나 자신의 다른 면과 다른 세상을 발견하게 되었다. 성적인 것과 마약에 대해서는 여전히 두려워서 안 건드렸지만, 나는 점점 세상에 대한 분노를 가지고 더 반항적으로 변해갔다. 일부러 교복 치마를 짧게 입고, 가족에게 무례하게 대하고, 심지어 한번 엄마의 뺨을 때렸고, 수업시간에 책상 위까지 올라가 서서 친구와 말다툼을 하고도 아무렇지 않았다. 나는 어떤 목표도 의욕도 없었고, 그저 친구들과 함께 놀며 대충 살며 시간을 보내고 싶었다.

하지만 내 마음 속의 공허함은 마치 블랙홀처럼 내 안에서 점점 커지고, 그 공허함이 갑자기 나를 삼키면, 나는 이유도 없이 눈물을 흘리곤 했다. 유난스러운 사춘기를 지나는 중이었다.

## 만남

그해 나는 만 16세였다. 내 삶에 뭔가가 빠진 것 같은 느낌이 들었고, 우울한 삶에서 벗어나게 해줄 영화처럼 신기한 계기를 기대하고 있었다. 집에서 불화도 있었고, 졸업시험도 앞두고, 첫사랑에게 버림받고…. 세상에는 더 괴로운 일을 겪는 사람이 많다는 것을 알고 있지만 그때 나는 그랬다. 매우 절망적이었다. 내 주변 사람과의 관계, 사회에서 일어난 여러 일로 인해 나는 더 큰 '인생의 의문'에 빠졌다. 젊은 엄마들의 낙태, 정신질환, 빈곤 등 세상의 추악한 모습들이 머리를 아프게 했다.

삶의 의미는 무엇인가? 정말 사회 제도와 기대에 따라 졸업하고, 일하고, 결혼하고, 아이를 낳고, 은퇴하고, 죽기를 기다리는 틀에서 살아야만 하는가? 어려움을 극복하는 이유와 동기는 무엇인가? 모든 어려움을 이겨낼 수 있도록 나를 도와주고, 나를 사랑하고, 동행해 줄 사람, 혹은 내가 용감해지고, 나 자신의 가치와 존재의 의미를 찾을 수 있는 기회가 오기를 기대했다.

그 당시 나에게 친구는 마지막 남은 따뜻함이었다. 학교에 가는 시간은 내 생활의 큰 부분을 차지했기 때문에, 친구는 내 삶에서 가장 중요했다. 여섯 명의 소녀는 몇 년 동안 같은 학교에 다녔고, 여섯 명의 소녀는 서로의 마음을 털어놓고, 꾸미고 사진 찍는 것을 좋아하며, 독특한 스타일로 학교에 유명해진 그룹이었다. 우리는 자주 전화로 새벽까지 수다를 떨고, 모든 이야기를 나누었고, 수업이 끝난 후에는 함께 놀고 먹으며 시끌벅적하게 지냈다.

여자들이다 보니 종종 비교하고 뒷담을 할 때도 있었고 때때로 싸우기도 했다. 하지만 결국에는 다시 화해하고 서로 편지를 써서 사과하며, 포옹도 나눴다. 나는 그들 사이에서 들어주는 역할을 자주 하며 누구에게도 불쾌감을 주지 않으려 했고, 다툼이 다시 일어나는 것을 원치 않았다. 또, 키가 크기 때문에 나는 그들을 보호하는 '남자친구' 역할도 하며 그들이 내 팔에 의지하도록 사랑하고 아껴주었다.

하지만 그들에게 나는 아마 이해하기 어려운 존재일 것이다. 나는 자주 내 세계에 빠져 창밖의 구름을 바라보며 멍때리고, 인생의 의미를 고민하며 기상천외한 헛된 공상을 하곤 했다. 그래서 학교 선생님과 친구들은 나를 '구름 한 조각'이나 '우울한 서시'(西施, 중국 소설 인물)라고 불렀다. 나는 이런 별명을 좋아하지 않았다. 이런 연약한 이미지는 외할머니 집안에서 가장 싫어하는 것이었고, 이를 과장되고 선정적이며 유치하다고 말했다. 하지만 나는 정말로 많은 것을 무의식적으로 상상하곤 했다. 사후세계, 우주 너머의 존재, 혹은 다중 우주, 천사와 귀신, 전생과 후생의 존재에 대해 상상하며, 다양한 환상에 빠져 있었다. 나는 왜 이렇게 되었는지 이해하지 못했고, 동시에 표현하는 것도 서툴렀다. 그래서 나와 친구 사이에는 점점 아주 미세하지만 넘을 수 없는 벽이 생겼다.

아마도 내 성격 때문인지, 그녀들은 점차 나를 싫어하게 되었고, 점점 나를 피했다. 어느 날 학교 점심시간, 나는 평소처럼 친구들과 함께 외식하러 나갔다. 한 식당에 도착했을 때, 나는 친구들이 먼저 앉도록 했고, 마지막에 내가 앉으려 할 때, 그녀들은 "자리가 다 찼네, 너는 딴 데 가."라고 말했다. 친구의 차가운 말투와 눈빛은 내 마음을 칼로 찌르는 듯했다.

그때 나는 친구들이 나를 다소 냉대하는 것을 느끼고 있었지만, 이렇게까지 나올 줄은 몰랐다. 나중에 그들 중 한 친구가 말해주길, 그 그룹은 내가 반바지를 입는 것을 싫어하고, 내가 가식적이고 '철저하게 예쁜' 척한다고 지적했다. 그 이후로, 그녀들은 복도에서 나를 보면 일부러 경멸하는 "쯧~" 소리를 내고, 수업이 끝난 후에는 몰래 교복 검은 구두로 내 책상과 의자를 세게 밟았다.

그래, 이 세상에는 더 힘든 사람들도 많은데, 나는 감사하며 어려움에 적극적으로 맞서야지. 하지만 나는 정말로 인내하고 고통을 견딜 이유와 삶의 의미를 찾을 수 없었다. 매일 아침 8시부터 오후 4시까지, 8시간 동안 마주해야 하는 이 문제는 도망칠 수 없는 것이었다. 나는 친구들에게 비웃음거리가 될 위험을 감수하며, 용기 내어 학교 심리상담자에게 찾아가 이야기하기도 했다. 그러나 여전히 우울했다. 그때 부모님은 각자 바쁘고 관계도 좋지 않았기 때문에, 그들에게 또 다른 걱정거리가 되고 싶지도 않았다.

그날 수업이 끝난 후, 나는 울면서 집으로 달려갔다. 어릴 적부터 기독교 학교에 다닌 나는 가방을 던져 놓고 무릎을 꿇고, 두 손을 모아 기도를 시작했다. "하나님, 당신이 계신가요? 사람이 왜 살아야 하나요? 저에게 알려주실 수 있나요? 도대체 왜 고통받아야 하나요? 그 의미는 무엇인가요? 당신이 정말 존재하신다면, 저에게 말씀해 주세요!"

그 이후의 날들, 나는 매일 우울하거나 격정적인 노래를 들으며 집 근처를 걷곤 했다. Avril Lavigne의 <Innocence>와 <When You're Gone>, Katy Perry의 <Firework> 같은 곡들이 그 시기를 견디는 데 도움이 됐다. 그렇게 나는 무작정 계속 걷고 또 걸었다.

인적 없는 골목길을 걸을 때, 다른 세계에 닿을 수 있을까 상상하고, 육교를 걸을 때, 뛰어내리면 이 '꿈'에서 깨어날 수 있을까 생각하고 궁금했다. 다음 길 모퉁이를 돌면 내 인생에서 새로운 기적이 일어나거나, 신비로운 인물들을 만나게 되거나, 마치 웬디를 모험으로 이끄는 피터팬처럼 나를 알려지지 않은 환상적인 섬으로 인도해 줄 것이라고, 이런 상상을 하며, 삶의 새로운 가능성에 대한 기대감을 품고 있었다.

그러던 중 어느 순간 나는 정말로 다른 세계에서 온 사람을 만났다.

그해 겨울에, 나는 흰색 털 가장자리가 있는 벨벳 반바지와 긴팔 윗옷을 입고 친구와 여동생과 함께 쇼핑하고 있었다. 코즈웨이베이 윈저하우스 쇼핑몰에서, 20대쯤 되어 보이는 여자 세 명을 만났다. 그 여자들은 자신들이 대학생이라고 소개하며, 설문조사 숙제를 하는데 도움을 요청한다며 우리에게 말을 걸었다.

설문지에 적힌 문항은 대부분 삶의 가치에 관한 것이었다. 인생에서 가장 중요한 것이 무엇이고, 사후세계가 있다고 생각하는지, 가능하면 하나님께 어떤 질문을 묻고 싶은지, 사랑이 무엇이라고 생각하는지 등. 이 질문들이 바로 내가 매일 스스로 묻는 것들이 아닌가. 난 그들의 설문지에 적잖은 호기심을 느꼈다.

우리가 설문지 작성을 마치자, 그들은 추가 질문이 있으면 연락하고 싶다고 하면서, 예의 있게 우리의 연락처를 달라고 했다. '이것이 새로운 세계가 열릴 문일까'라는 생각에 나는 그들에게 전화번호를 알려줬다.

## 예수님의 짝사랑

며칠 후 그들로부터 문자 메시지가 왔다. 세 명의 여자 중 홍콩 이공대학교 출신의 이십대 후반 C라는 언니였다.

C 언니가 그때 우리에게 옛날 학생증을 보여주었던 기억이 난다. 그녀는 음악을 좋아하고 피아노를 가르친다고 자신을 소개했었다. 키가 작고 성격이 활발하여 늘 웃음을 짓는다. 문자 메시지의 내용은 잘 기억나지 않는데, 나를 알고 싶다고 만날 수 있냐고 물었다.

나는 처음에는 조심스워서 방어적인 태도로 열 번이나 거절했다. 그런데 어느 날 밤, 세상에 말할 사람이 아무도 없는 것처럼 너무 외롭고 마음이 괴로워서, C 언니에게 사랑이 무엇이냐고 한 마디 문자를 보냈다. C 언니는 즉시 답장하며 성경 구절로 나를 위로해 주었다. 당시 나는 고2였는데, 시험 준비에 대한 고민도 얘기했더니, 과외를 해줄 수 있다고 해서 약속 잡았다. 낯선 사람이랑 만나기로 하는데 무슨 일이 일어날까 봐 조금 두려웠지만 그래도 만나러 갔다.

센트럴 위층 레스토랑에서 만나기로 했다. 홍콩 아일랜드 쪽에 오래 살면서 처음으로 센트럴 위층 레스토랑에 가본 것이었다. 레스토랑은 전체가 종이박스로 가구와 장식을 해 두어 독특하고 신기했다. 그 당시 나는 스스로 '착하고 순진한 소녀'로 여겨지지 않았다. 10대 학생인데 술집에 가본 적 있고 담배를 피운 적도 있다. 그래서 이렇게 새로운 것을 시도하는 것이 무섭기도 하지만 흥미로웠다. 레스토랑에서는 선불이며, 음식을 주문한 후 우리는 각자 계산했다. C 언니가 내 음식값을 내주지 않아 나는 오히려 안심이 되었다. 괜히 숨긴 의도를 가지고 밥 사주는 게 아니어서, 딱히 의심할 것이 없어보였다.

그런데 갑자기 다른 언니가 나타났는데, C 언니는 자기 친구라고 정말 좋은 분이라고 소개했고, 나에게 성경 이야기를 해주겠다고 했다. 이 언니도 홍콩 이공대학교 출신이며 C 언니와 비슷한 나이로, 통통한 체형에 크고 둥근 눈, 얇고 타고난 연한 갈색 머리를 가졌다. 이 언니는 말할 때 자신감 있으면서 친근했다.

뜬금 없이 성경이야기를 해주겠다는 말에 나는 조금 놀랐고 어색했지만, 어릴 때부터 기독교 학교를 다녔기에 그냥 열정적인 기독교인인가 보다 하고 그의 말을 유심히 들었다. 언니는 우물가의 사마리아 여인의 이야기를 들려줬다(요한복음 4:1~42). 예수님은 다섯 번 결혼한 낯선 여자를 꿰뚫어 보시고, 사랑을 갈망하는 그에게 "내 물을 마시라. 그리하면 영원히 목마르지 아니하리라."고 말씀하셨다고 했다.

그 언니가 말하기를, 모든 사람이 사랑을 찾고 있지만, 진정한 사랑은 '인간'에게는 있지 않다고 했다. '아무리 사람에게서 사랑을 구해도 우리는 여전히 만족하지 못할 것이다. 진정한 사랑은 오직 주님 안에서만 찾을 수 있으며, 주님만이 우리의 마음을 채워줄 수 있다'고 했다. 또한 인류를 향한 예수님의 사랑은 사실 남자가 여자를 향한 짝사랑과 같은 깊은 심정이라고 말했다. 예수님은 더 이상 육체의 몸이 존재하지 않지만, 영으로 우리 각 사람 곁에서 항상 기다리고 계시고, 또한 바로 내 곁에 계신다고 했다. 내가 울면 마음 아파해 주시고, 웃으면 기뻐해 주시는 예수님은 항상 나와 함께 계시는데, 나만 모른다고 언니가 계속 말했다. 이제 예수님은 예수님의 마음을 아는 사람의 육신을 사용하여 말씀을 전파하고, 예수님의 사랑을 사람들에게 고백하고, 내가 예수님의 고백에 응하기를 기대하고 계신다고 했다.

'남자가 여자를 사랑하는 것처럼 나를 사랑하신다'는 말은 구체적으로 이해가 안 됐지만, 내가 모르는 동안 예수님이 줄곧 나를 짝사랑해 왔다니, 내가 울 때 마음 아파하시다니, 뭔지 모를 감정이 울컥 밀려와 화장실에 가서 울었다. 그 당시 내가 너무 감정적이었기 때문인지, 마음이 약해서 그런지, 혹은 사춘기의 호르몬 때문이었는지 모르겠다. 하지만 당시에는 얼마 전 하나님께 부르짖었던 기도가 생각나서, 이게 바로 하나님의 응답이 아닐까 하는 생각이 들었다. 황량했던 내 마음에 단비 같은 위로였다.

## 과학적인 성경의 해석

그 후 나는 이 두 언니를 정기적으로 만나 과외를 받기로 하고, 성경 해설도 함께 들었다. 그들은 내 학업과 대학 진학에 도움이 될 거라며 몇 명의 대학생 언니를 더 소개해 주었다. 나는 성경을 듣는 것을 그리 좋아하지 않았지만, 그들과 만나는 것이 좋았고, 나에게 실질적인 도움을 주고 선배로서 나를 챙겨주는 것처럼 느껴져서, 그들이 제안하는 성경 공부 시간을 거부하지 않았다.

그녀들 입에서 듣는 이야기는 학교에서 들었던 것과는 달랐다. 일반 교회의 목사님들은 성경에 나오는 기적들은 설명할 수 없는 것이라고 하며, 하나님이 행하신 일이기 때문에 아무리 황당해도 믿어야 한다고 말한다. 반대로, 언니들은 기적이 허무맹랑한 것이 아니라 과학적 근거가 있다고 가르쳤다. 성경 기록의 시대 배경을 이해하면 논리적으로 보이지 않는 기록도 명쾌하게 이해할 수 있다고 했다. 이과도 공부한 나에게 그녀들의 성경 해석은 매우 매력적이었다. 나는 언니들에게 어떻게 이런 것을 알게 되었는지 물어봤더니, 해외의 어떤 목사님에게 배웠다고 말했다.

언니들은 성경구절로 설명했다. 예를 들어, 구약에서는 사람들이 달력을 기준으로 나이를 계산하며, 월 단위로 몇백 '년'을 살았다[1]. 성경의 '태양이 멈춘 기적'은 사실 다른 방법으로 전투 시간을 단축한 것이다[2]. 말세(末世)[3]는 새로운 시작을 의미하며, 한 시대의 끝은 또 다른 시대의

---

1 창세기 5:5 아담은 총 930세를 살고 죽었습니다.

2 여호수아 10:12~14 …여호수아는 여호와께 기도하며 이스라엘 자손들 앞에서 말했습니다. "태양아, 기브온 위에 멈추고! 달아, 아얄론 골짜기에서 멈추어라!" 그러자 태양이 멈추고 달이 멈추어, 백성이 적에게 복수할 때까지 계속되었습니다. "태양이 하늘 가운데 멈추어 급히 지지 않았고, 거의 하루 동안 그랬습니다." 이 날 이전에도, 이 날 이후에도 여호와께서 사람의 기도를 들으신 적이 이 날과 같지 않았습니다.
여호수아 10:11 여호와께서 하늘에서 큰 우박을 그들에게 내리셔서 아지갈까지 떨어졌고, 그들 중에서 죽은 사람들은 이스라엘 사람들이 칼로 죽인 사람들보다 더 많았습니다.

3 마태복음 24장의 종말에 관한 구절들.
… "우리에게 말해 주십시오, 이런 일이 언제 일어납니까? 당신의 강림과 세상의 끝에는 어떤 징조가 있습니까?" "그때 큰 환난이 있을 것이며, 세상의 시작부터 지금까지 이런 환난이 없었고, 이후에도 없을 것입니다." "그러나 그 날과 그 시각은 아무도 모르며, 하늘의 천사들도 모르고, 아들도 모르고, 오직 아버지만 아십니다." "그러므로 너희도 준비하라. 너희가 생각하지 않는 때에 인자가 올 것입니다."

시작이기도 하다. 성경에는 많은 비유가 담겨 있으며, 예를 들어, 베드로가 낚시한 물고기가 동전 한 세겔을 물고 있었다는 성경의 이야기[4]는 실제로는 사람을 전도하여 헌금을 받은 것을 비유한 것이지, 낚시 얘기가 아니다. 성경이 비유로 쓰인 것을 알지 못하고 물고기가 동전을 문 채 낚시에 걸렸다는 황당한 기적으로 무조건 믿으라 하니 기독교에 젊은이가 없는 것이라고 가르쳐주었다.

언니들은 또한 인간은 육체와 영체를 가지고 있으며, 영체는 인간의 행동에 따라 변한다고 말했다. 성경에는 '영체'에 대한 기록이 많으며, 신앙이 없는 부모님도 귀신을 본 적 있다고 했기 때문에, '영체'의 존재에 대해서는 증명할 방법이 없지만, 나는 항상 믿고 있다.

믿기 어려운 기적이 언니들의 말로 설명되니, 매우 이성적이고 설득력이 있어 보여 나는 점점 언니들의 말을 믿게 됐다. 그때 언니들은 나에게 몇 개의 외국 다큐멘터리를 보여주며 과학적으로 성경의 진실을 증명했다.

하나님께서 과학적이고 합리적인 방법으로 문제를 해결해 주신다고 언니들이 가르쳤다. 그들은 몇 가지 실제 사례를 소개하는데, 그중 한 의사 친구가 의학 전문 시험을 준비하는 데 시간이 부족하던 중, 기도한 후 신기하게도, 시험 문제에 그 의사가 친구와 논의했던 이야기가 그대로 나왔다고 했다.

---

[4] 마태복음 17:27 "그러나 바다로 가서 낚시를 하고 먼저 낚인 물고기를 가져오면, 그 입을 열면 한 세겔이 있을 것이니, 그것을 가져가서 그들에게 주어 너와 나의 세금을 치르라."
마태복음 4:19 "예수께서 그들에게 말씀하셨습니다. "나를 따라오라. 내가 너희로 하여금 사람을 낚는 어부가 되게 하리라.""

이를 듣고 나는 그 방법을 직접 시도해 보았고, 정말로 '기적'이 일어났다. 다른 학교 친구들이 한 달 동안 쓴 과제를 나는 기도하고 나서 하룻밤 만에 끝냈고, 심지어 꽤 좋은 성적을 받았다. 직접 실험해 봤으니, 나는 하나님의 임재임을 더욱 확신하게 되었다.

남다른 성경 해석은 과학적이고 논리적으로 들렸다. 나의 '신앙'은 이러한 '새롭고 이치에 맞는 진리'처럼 보이는 이야기에서 시작되었다. 인생 문제에 대한 해답을 주는 성경 수업은 마치 <이상한 나라의 앨리스(Alice in Wonderland)>가 들어가는 토끼 굴처럼, 내 마음의 의문들을 하나 하나 풀어주며, 나를 새로운 세계로 조금씩 조금씩 이끌었다.

이러한 이론은 이 종교 단체의 신앙의 '뼈대'이다. 언니들은 좌파와 우파 사이의 갈등처럼, 사람들이 새로운 것을 받아들이지 못하기 때문에 반대한다고 말했다. 그러나 진리는 시련을 이기고 통과할 것이고, 반드시 영원하다고 했다. 그래서 비록 반대의 말들이 있더라도, 앞으로 신앙에 관한 문제나 의문이 생기더라도, 나는 '말씀이 옳기 때문에 문제는 분명 나에게 있다'는 생각으로 스스로를 설득하며 노력해 왔다.

## 비밀의 애인

이 언니들을 만나기 전, 나는 학교의 상담 선생님과 대화를 나눈 적이 있다. 우리 학교는 기독교 학교였고, 상담 선생님도 기독교인이었다. 당시에는 나에게 큰 도움이 되지 않았지만, 상담 선생님은 나에게 '예수님이 항상 곁에 계신다'는 글귀가 적힌 손목 밴드를 주었다. 지금 생각해 보니 그때 이 밴드는 나에게 위안을 주었고, 예수님께서 항상 나를 인도

하고 계신다는 것, 그리고 지금까지 내가 그의 사랑을 이해하고 그의 품으로 돌아가는 이 순간을 기다리셨다는 것이 더욱 확실해졌다.

언니들은 자신의 영적 경험을 이야기해 주며 하나님과 예수님의 사랑이 실제로 존재하고 우리 곁에 항상 함께하고 있다는 것을 믿을 수 있게 했다. 그들은 "사랑"이 가장 중요한 믿음이라고 가르쳤고, 비록 보이지 않더라도 주님의 함께하심을 확신해야 한다고 했다.

한 언니는 예수님의 사랑이 얼마나 실재하고 달콤한지를 증언했다. 그는 직장에서 불쾌한 일을 겪고 나서 예수님께 기도하며 초콜릿을 먹고 싶다고 말했더니, 이 이야기를 누구에게도 하지 않았는데, 저녁에 집에 돌아가 보니 단 것을 좋아하지도 않는 어머니가 명품 초콜릿 한 박스를 사왔다고 했다. 또 다른 언니는 깊이 기도하는 중에 예수님의 따뜻한 포옹을 느꼈고, 눈을 뜨자 창밖에 크고 빛나는 하트 모양의 구름이 있음을 보았다고 하면서 휴대폰에서 사진을 꺼내 보여주며 '사진이 증거'라고 덧붙였다. 이러한 '하나님의 사랑의 증거'로 남긴 하트 구름 사진들이 많았다.

그 후, 나는 아무리 무거운 것을 들고 있어도, 예수님이 내 손을 잡을 수 있도록 늘 한

손은 비우고, 잠을 잘 때도 예수님이 내 곁에 누울 자리를 비워 두었다. 삶은 그때부터 달콤한 순간과 상상으로 가득 차게 되었다. 그러나 언니는 나에게 주변 사람들에게 말하지 말라고 당부했다. 사람들이 알면 내가 이상한 성경 수업을 듣고 있다고 오해할 거라고 했다. 그리고 모든 성경 수업 노트는 집에 가져가지 말라고 했다. 그렇게 난 비밀스러운 애인이 생겼다.

## 신부가 되기 위한 과정 - 조건과 절차

몇 개월 후, 나는 그들의 모임 장소에 가게 되었다. 그곳은 그들의 본 교회 주소가 아니라 활동 센터로, 나와 같이 성경 수업을 막 시작한 지 얼마 안 된 '신입생'들이 가는 곳이었다. 마치 공공 수영장에 수영을 잘 못하는 사람들이 가는 것과 같은 것이었다. 이 활동 센터는 홍콩 구룡 쪽 라이치콕 지역에 있는 공장 건물의 한 스튜디오였는데, 약 50명 이상이 모일 수 있는 크기였다. 처음 가기로 한 날에는 나는 꽤 두려웠다.

16세인 나는 몽콕 외의 구룡 지역에 가본 적이 없었고, 공장 건물에도 가본 적이 없었다. 출발 전에 혹시나 해서 엄마에게 내가 과외 선생님 언니를 만나러 간다고 미리 언니의 전화번호도 알려주었다. 나는 언니랑 지하철역에서 만나기로 했고, 언니는 나에게 버블티를 사주며, 그 센터에 많은 젊은 친구들이 있다고 소개해 주겠다고 친절하고 밝게 말했다. 언니는 정말 착하고 나에게 잘해주었고, 내가 듣고 있는 성경 수업도 이 교회의 가르침이 진리라는 것을 증명해 주었는데, 거짓이 아닌 것을 확신했다. 나는 다시 한번 믿음을 확립하고 경계를 내려놓고, 순순히 그녀를 따라 건물에 들어갔다.

　센터에 들어가 보니, 모인 사람들은 대부분 중학생과 고등학생, 대학생 여자뿐이었다. 그들은 춤을 추고 찬송가를 부르고 있는데, 평화롭고 화기애애한 분위기였다. 춤을 좋아하는 나도 그들과 함께 춤을 추고, 그들의 노래를 배우며 같이 불렀다. 맛있는 음식을 나누고, 이야기하며 웃다 보니, 점차 그들과 친해지기 시작했다.

　나는 그들 뒤에 어떤 단체의 지원이 있는지 의심하며 장소 임차인이 누구인지 그들에게 물어봤는데, 교회의 기부금을 사용하여 임대한 장소라고 대답했다. 계속해서 질문하는 것이 무례한 것 같아 나는 더 이상 묻지 않았다. 여기 있는 사람들은 모두 좋고 친절했으며, 이곳에서 배운 성경 말씀도 정말로 좋았기 때문에, 더 이상 의심할 필요가 없다고 나는 스스로 결정했다.

## 비밀 지키기

　이런 좋은 사람들, 좋은 곳, 좋은 성경 수업을 진심으로 가족과 친구들에게 알려주고 싶었다. 그들도 성경을 배우고 '깨어나' 하나님의 사랑을 함께 즐기며 이 지상천국에 참여하길 원했다. 그만큼 새로 접하게 된 교회가 나에게 완벽한 이상 세계로 가는, 옳은 길로 느껴진 것이다.

　그러나 교회 언니들에게 그러한 나의 생각을 이야기하면, 모두가 말리는 분위기였다. 그들은 오히려 내 주위 사람들에게 절대로 말하면 안 된다고 신신당부했다. 모두가 새로운 성경 해석을 받아들이는 것이 아니라면서, 사탄은 우리가 완전히 명확하게 설명할 수 있게 되기 전에, 이해하지 못하는 사람들을 이용하여 오해를 일으켜 우리의 행복을 빼앗을 것이라고 말했다. 내가 먼저 성장하여 신앙이 굳건히 선 후에 가족 친구에게 전도해도 늦지 않을 것이라고 했다.

언니들의 당부에도 불구하고 나는 이 복음을 빨리 전하고 싶은 마음에 내 여동생에게 새로 생긴 친구들을 소개해주겠다고 이야기하고 모임에 초대했다. 나는 동생을 언니들의 모임에 데려가서 함께 춤을 추고 먹고 이야기했다.

동생은 언니들을 싫어하지는 않았지만, 몇 가지 교리를 듣더니 반감을 가졌다. 동생은 집에 돌아오자마자, 교회 언니들이 '하나님은 인간의 신랑이고 우리는 신부'라고 가르친다며, 이상하고 받아들일 수 없다고 아빠에게 말해버렸다. 그런데 무신론자인 아빠는 그것이 비유에 불과할 수도 있다, '인간과 하나님의 관계'에 대해 각자 다른 견해가 있을 수 있다며 대수롭지 않게 넘겼다.

나는 아빠의 개방적인 사고에 놀랐다. 나의 믿음이 부모님에게서 반대를 받지 않은 것은 하나님의 보호로 믿었고, 내 기도가 응답받은 것 같아서 하나님께 감사드렸다.

그 후, 여동생은 심지어 학교 선생께 내가 새로운 교회에 다니고 있다는 것을 얘기했고, 그 선생은 교회를 한 번 가서 보겠다고 했다. 나는 '진정한 금은 불의 시련을 두려워할 필요가 없다'고 생각해서 그들을 초대했다. 그 주일에는 교회가 그 공장 건물말고 홍콩 락부 지역의 한 학교 강의실을 빌려서 예배를 드렸다. 내가 교회 언니들에게 여동생이 학교 선생과 예배 장소로 오고 있다고 이야기하자, 교회의 언니들은 매우 걱정스러워했다.

"이러면 안 돼요. 만일 외부인들이 우리를 오해하고, 신약시대처럼 우리를 핍박한다면 홍콩에서의 전도가 어려워져요. 이는 교회 전체에 직접적인 영향을 미치며 심각한 결과를 초래할 것입니다."

그런 이야기를 듣자 나는 겁이 덜컥 났다. 나의 실수로 교회가 오해와 핍박의 위기에 처하게 된다 생각하니, 두려운 마음이 들어 즉시 기도로 회개하고, 사탄이 교회를 해치지 못하도록 하나님의 보호를 간구했다. 기도를 하고도 불안해하던 중에 여동생으로부터 전화가 왔다. 자기가 열이 나서 예배 참석이 어렵겠다며 학교 선생과 병원에 간다는 것이 아닌가. 나는 내 기도의 응답이라 확신하고 다시 한번 하나님의 살아계심을 직접 체험했다.

이 일로 나는 교회에 대한 신뢰가 더욱 깊어졌고, 하나님이 이 교회와 함께하심을 절대적으로 믿게 되었다. 그 이후로는 여동생을 포함해서 다른 사람들에게 교회에 대해 일절 언급하지 않았다. 나는 가족과 친구들 앞에서 말수가 줄고 거짓말과 비밀이 점점 더 많아지면서 주변 사람들과 멀어졌다. 처음에는 힘들었지만, 당시 나는 이 모든 것이 영원한 행복을 위한 일시적인 희생이라고 확신하며 신앙에 매진했다.

### 입교(入敎) 자격

그런 일을 겪은 후 몇 달 동안, 교회 언니들은 내가 정식 신도가 될 자격이 있는지, 여러 차례의 만남을 통해 내 행동을 지켜보는 것 같았다.

어느 날, 나는 천국에 가는 꿈을 꾸었다. 천국에 가는 길 주위에는 푸른 하늘과 흰 구름이 떠 있었는데, 어디선가 낮고 무서운 남자 목소리가 들렸다. "여기는 네가 갈 곳이 아니다." 나는 보이지 않는 거대한 힘에 끌어내려져서 매우 어두운 곳에 도달했다. 그곳에는 거대한 믹서기가 있었고, 안에는 사람들로 가득 차 있었다. 아니, 그것은 지체들이었고, 살과 피가 갈려서 피투성이였다. 정말 소름끼치고 끔찍했다. 나는 깨어난 후, 교회 언니에게 이 꿈에 대해 물어보았다. 그녀는 걱정하지 말라며 사탄에게 속지 말라고 했다. 그것은 하나님이 나를 사랑하시는 것을 질투하는 사탄이 나를 겁주는 거라고 말했다. 그녀의 말을 듣고 나는 안심이 되었다.

'맞아, 분명히 그런 거야. 사탄이 이간질하고 있으니, 나는 절대 속지 말아야겠다.'

난 이미 그들이 정해주는 대로 생각하는 존재로 변해가고 있었다. 그들의 말 한 마디에 불안해지고, 불안이 순식간에 안심으로 바뀌기도 했으나, 그들은 선하고 내게 해를 끼칠 리 없다는 맹신으로 인해, 난 내게 시시각각 다가오고 있는 해로운 일에 무방비로 노출되어 있다는 사실을 알아차릴 수 없었다.

내가 계속 성경 공부를 열심히 하고 모든 것에 순종하며, 언니들이 가르치는 교리를 거부감 없이 받아들이자, 언니들은 드디어 내 신앙을 인정했다. 2011년도 '수료식'은 3개월 이후인 10월 15일이라고 내게 말해주었다. 수료식은 마치 기독교의 '세례식'처럼, 성경 공부를 마친 신입생들이 공식 신도로 인정받는 예식이다. 교회 전체가 모여 성경 말씀을 듣고 신입생들을 환영하는 행사라고 하였다. 특별하거나 이상한 의식은 따로 없고, 남녀 신입생들이 단정하게 차려입고 단상에 올라가 각자 몇 마디 소감을 말하고 신앙 결심을 하는 것이 전부였다. 언니들은 그날이 곧 '공식적으로 하나님의 신부가 되는 날'이라고 말했다.

언니들은 공식적으로 신도가 되면 '애인의 입장에서 하나님을 사랑해야' 한다고 했다. 매일 새벽 3시에 일어나 기도하며 하나님과 대화하고, 수요일과 주일에는 예배에 참석하고, 매순간 교회와 하나님을 우선시해야 한다고 했다. 또한 세상의 유혹을 단절해야 하는데, 이는 SNS를 포함한 각종 미디어를 끊고, 물질적 욕망, 육신의 쾌락, 다양한 욕구, 심지어 기존의 인간관계도 멀리해야 했다. 길에서 잘생긴 남자를 쳐다보지 말고, 예전 친구들과 놀지 말고, 영화를 보거나 노래방에 가는 것도 피하고 모든 소셜 미디어와 접촉하지 말아야 한다.

이런 점에서 나는 아직 그들만큼 못했다. 이렇게 보면, 나는 세상[5]에 대한 미련을 끊지 못했고, 그들처럼 하나님을 사랑하지 못했다. 하지만 나는 예전에 좋아하던 팝송들은 모두 마음을 먹고 삭제했고, 스스로 교회의 찬양만 듣도록 강요했다. TV 드라마와 유행하는 영상들도 전부 보지 않았다. 그때 나는 심지어 페이스북도 삭제해 버렸다. 그들의 가르침대로 하나님을 잘 섬기기 위해 나로서는 최선을 다했다.

## '선생'이라는 그 사람이 누구인지 깨달아야

성경 수업과 이 새로운 교회의 창립자인 그 외국 목사님은, 누구일까? 수료하기 전에 매우 중요한 수업 하나가 남아 있었다.

---

5  '교회 이외의', '하나님에 속하지 않은', '세속적인'이라는 뜻이다.

우리가 성경을 배우는 목적은 바로 '신랑'인 예수님을 알기 위함이고, 우리는 예수님과 진정한 사랑을 나누며, 천국을 이루어 주님과 영원히 함께하도록 창조된 존재라고 하였다. '신랑 예수'는 이 시대에 육신(肉身)을 택하여 영(靈)으로 재림[6]하여 그를 통해 우리에게 실질적으로 보이게 나타나, '하나님의 최종 계획'을 이룬다. 하나님은 영(靈)이시기 때문에, 혈육과 소통하기 위해 '사람'을 보내어 하나님의 뜻을 전달하신다고 했다. 그러면서 언니들은 사실 주님이 이미 재림하셨다고 말해주었다. 예수님은 이미 오셨고, 그분을 통해 전 세계에서 기적을 행하며 마지막 말씀을 전하고 계시는데, 그 사람이 바로 이 성경 수업과 이 신파(新派) 교회의 창립자라고 했다.

언니가 나에게 물었다. "택함을 받아 예수님의 육체가 된 사람은 누구인가?" 나는 대답했다. "이 성경 수업을 가르치는 목사님인가요?" 그러자 그들은 만족한 표정을 지으며, 그래서 사람들이 그를 '랍비', 한국어로 '선생'이라고 부른다고 알려주었다.

언니들은 이 '비밀'을 밝히기 전, 신입생이 인터넷 검색을 하지 못하게 평소 정명석을 이름 대신 '외국 목사' 또는 '총재님'이라고 불렀다. 또한 정명석에 관한 좋은 일화를 수시로 이야기하여, 수료식을 앞둔 신입생들은 이미 선생에 대하여 호감이 형성되었다. 그들은 선생이 남다른 능력을 가진 분이라고 했다. 선생은 예수님과 비슷한 배경을 가지며, 똑같이 겸손한 출신으로 농촌에서 왔다. 단, 선생은 한국인이다. 예수님처럼 그는 홀로 산에서 수도 생활을 하며, 하산(下山)한 후에는 끊임없이 하

---

[6] 성경에서 예수님은 말세 때 땅에 다시 오신다고 예언하는데, 그것을 '재림'이라고 한다.

나님의 말씀을 전하고, 전 세계에서 기적을 행하며, 이미 많은 나라에 전파되어 많은 사람들이 그를 따르고 있다고 했다.

언니들은 나에게 선생의 사진을 보여주었는데, 어떤 사진은 정장을 입고 단상에서 설교하는 모습이었고, 또 어떤 사진은 운동복을 입고 축구를 하는 모습이었다. 정명석은 피부가 까무잡잡하고, 이목구비가 뚜렷하며, 머리 스타일도 정돈되어 전체적으로 깔끔한 인상이었다. 미남이라고 할 수는 없지만, 어느 정도의 기품이 느껴졌고, 언니들이 하도 많은 칭찬을 늘어놓아서인지, 가지런하고 하얀 치아를 드러내며 웃는 표정은 따뜻하고 다정하게 보였다. 언니들은 선생의 키가 170센티에 불과하지만 비율이 좋고, 근육이 발달해 운동할 때 매우 매력적인 분이라고 강조했다.

그들은 그렇게 서서히 나를 깨닫게 했다. 그들이 원하는 답변을 했을 땐 만족한 표정으로, 핀트가 어긋난 대답을 하기라도 하면 무척 크고 중요한 일이 잘못된 듯이, 절대적으로 옳은 성경 말씀을 가르치는 그들과 수없이 문답이 오가면서, 난 어느새 선생이 구세주라는 것을 깨닫고 말았다.

## 가장 큰 예언 숫자 – 확신의 이유

마지막 성경 인봉은 특히 중요하며, 이 교회가 참 교회라고 수학적으로 예언이 이루어지는 연도를 직접적으로 밝혔다. 또한 이것은 내가 확신하는 가장 큰 이유였다.

간단히 말해, 구약 성경의 두 구절[7]에 있는 예언 숫자를 통해, 선생의 출생 연도와 고향을 떠나 선교를 시작한 때를 계산하여, 성경의 '재림 예언'을 풀었다.

계산 방법은 다빈치 코드처럼, 숫자를 조합하면, 1948년이 제2차 세계 대전이 끝난 해이자, 선생의 출생 연도이며, 구약 예언에서 이스라엘 백성의 해방일의 예언과 일치한다. 역사적으로 이스라엘 국가는 그때 공식적으로 독립을 선언했다. 동시에 선생의 출현은 '전 인류의 해방'을 의미한다고 했다.

또한 그 계산에서 2023년이 나왔다. 난 2011년에 이 교육을 들었는데, 언니는 그때 이 '2023년'이 아직 봉인된 숫자라고 말했고, 2023년까지 기다린 자는 하나님의 큰 축복이 있을 것이라는 의미심장한 이야기를 했다.

이것은 수학과 과학으로 검증된 성경이다. 이 모든 가르침은, 비유로 시대 배경을 설명하고, 하나님의 행적과 예언의 검증을 설명한다. 정확한 계산과 해석을 거쳐, 깊이 있게 순서대로 배열되어 있으며, 이게 다 하나의 사실을 가리키기 위함이었다. 재림주는 바로 정명석 선생이다!

이 숫자들에 관한 마지막 교육은 나를 충격에 빠뜨렸다. 이것은 변명

---

[7] 구약 성경의 두 구절
다니엘 12:7 "나는 그 강물 위에 서 있는 세마포 옷을 입은 자가 하늘을 향해 오른손과 왼손을 들어 영원히 사시는 주를 가리켜 맹세하여 이르기를, '일 년, 이 년, 반 년이 지나고 거룩한 백성의 권세가 깨질 때에 이 모든 일이 이루어질 것이다.'"
다니엘 12:11, 12 "상시 드리는 번제를 제거하고, 멸망케 하는 가증한 것을 세운 때부터 1290일이 지나리라. 1335일에 이르는 자는 복이 있으리라."

의 여지 없이 확실한 성경의 예언이며, 현재 내 눈앞에서 실제로 일어나고 있기 때문이다.

  말로 설명하고 가르치는 것 외에도, 교회 언니가 정명석의 어린 시절을 애니메이션으로 제작한 영상을 보여주었다.

  영상에서 어린 선생은 힘든 삶 속에서 삶의 공허함을 느끼며 매일 예수의 재림을 간절히 기다렸다. 이후 화재 사건을 통해 큰 감동을 받고, 사랑의 예수님이 그렇게 지구를 멸망시키지 않으실 것임을 깨닫게 되었다. 그 감동은 선생이 모든 것을 내려놓고 깊은 산속으로 들어가서 종말과 재림의 진리를 찾도록 이끌었다. 나는 교회에서 그린 이 스토리에 감동을 받았다. 세상에 이런 진리와 사랑을 찾기 위해 모든 것을 버리고 그렇게 헌신한 어린 아이가 있다니, 이것이 바로 내가 찾던 '신념을 위해 주저 없이'의 삶의 자세였다.

  영상 후반부에는 선생이 세계 각 나라에서 복음을 전파하는 실제 영상기록이 나오며, 다양한 국적의 사람들이 선생의 고향인 월명동으로 모여든다. 이곳은 한국 충남 금산군의 한 산속마을인데, 선생의 출생지이고 '하나님이 택하신 성지'이다. 보잘것 없는 집안 출신이었고 고작 초등학교 졸업으로 제대로 교육 받지 못한 이 사람을 청중이 따른다. 그 청중은 선생이 진심으로 하나님을 사랑하는 사람이고, 그를 따르면 인생이 형통할 거라 믿으며, 그들의 얼굴에는 희망과 기쁨이 넘쳐난다. 이 영상을 보고 난 나는 무릎을 꿇고 기도했다.

  "저도 평생 이 분을 따르며 하나님과 이웃을 진실로 사랑하는 삶을 살아가겠습니다."

## 선생님이 억울하게 옥살이를 하고 있다

어느 날 언니가 성경공부를 다 마치고 선생님을 사랑하는지 물었다. 아직은 어색하지만 내 마음 깊은 곳에서는 이미 선생을 마음 깊이 구세주라고 결론지었기 때문에, 사랑한다고 대답했다.

언니는 평소보다 더 진지하게 선생이 베푼 기적, 은사 등을 늘어놓더니, 우리는 지금 이토록 사랑하는 선생을 만날 수 없고, 오직 편지로만 소통할 수 있다고 했다. 선생은 현재 감옥에 계시다는 것이다.

전혀 생각지 못한 일이어서 적잖은 충격이었지만, 왠지 겉으로 그런 티를 내서는 안 된다는 생각이 들었다. 내가 잠잠히 다음 말을 기다리자, 언니는 선생이 예수님처럼 오해받고, 모함과 배신을 당했다고 했다. 예수님이 십자가에서 억울하게 죽임을 당한 것처럼 하나님의 뜻을 이루고 악인을 속죄하기 위해 기꺼이 희생을 치르고 계시다는 것이다.

이 모든 일은 무지한 세상 사람들 때문이고, 가룟 유다처럼 주님을 배신한 제자들 때문이라 했다. 수많은 젊은이가 모여들어 열심을 다해 성경을 배우고 선생을 따르자 이제 노인들만 남은 기존 기독교인들은 평소 선생을 질투하고 있었다. 세계적으로 뻗어나가는 이 교회의 행보는 한국 기독교의 주목을 받을 만했다.

이런 기독교인들과 선생에게 소외감을 느끼던 일부 제자들이 손잡고 선생에게 누명을 씌워 감옥에 보냈다 하니 이 얼마나 억울한 일인가. 배신자들은 선생을, 여신도들을 유인한 성범죄자로 모함하며 자그마치 징역 10년 형을 받게 만들었다. 그 여신도들은 사탄에게 사로잡혀 질투와 돈에 눈이 멀게 되었고 허무맹랑하고 끔찍한 거짓말을 꾸며낸 것이다.

예수님 시절에 가룟 유다가 그랬던 것처럼. 기독교인들과 관료들이 힘을 모아 이 시대에 다시 오신 주님을 핍박하다니, 성경에 기록된 예수를 미워했던 바리새인들과 다를 바 없었다. 법원과 세상 사람들은 무지하여 빌라도와 당시 사람들처럼 하나님과 말씀을 몰라서 이 시대 오신 주님을 오해하고 똑같이 무지한 여론에 따라 중형을 선고한 것이다. 언니들은 또 말하기를, 선생의 10년 형기는 성경에 '열흘 동안의 환난'[8]과 같으며, 사실은 이 모든 것이 성경에 예언된 그대로라고 했다. 그러므로 우리는 더욱 열심히 전도하고, 옥살이까지 마다 않고 하나님 앞에 순종하신 선생께 하나님에 대한 사랑을 배우도록 더욱 마음을 쏟아야만 우리를 위한 선생의 희생이 헛되지 않을 것이라 강조했다.

나는 그때 정말 믿었다. 언론은 종종 편향된 보도를 한다는 것을 알고 있고, 법원의 판단도 착한 사람을 억울하게 만드는 사례가 없지 않다. 내가 보기에는 선생이 가르치는 성경 말씀에는 오류가 없고, 매우 합리적이고, 심지어 과학과 상식에도 맞으며, 나의 성경과 신앙에 대한 오해를 풀어주었는데 이것은 내가 들어본 적 없는 새로운 것이었다.

또한 나는 사랑보다 더 크고 귀한 것은 없다고 늘 믿어왔다. 내가 예전에 다니던 일반 교회에서 말하는 '영광'보다, 선생이 가르쳐 주신 사랑이야말로 하나님이 가장 원하는 일이라는 확신이 들었다. 나는 선생의 억울함이 이해가 되었고 징역이라는 단어의 거부감을 떨쳐버렸다. 언니의 말이 모두 믿어졌다. 난 하나님을 위해 고통받아온 이 사랑을 회복하

---

8 요한계시록 2:10 "너는 너희가 받을 고통을 두려워하지 말라. 보라! 마귀가 너희 중 몇 사람을 감옥에 던져 시험할 것이요, 너희는 열흘 동안 환난을 받을 것이니, 너는 죽기까지 충성하라. 그리하면 내가 생명의 면류관을 너에게 주리라."

겠다고 다짐했다.

　선생이 가르치는 말씀은 분명히 그렇게 진실하고 이치에 맞는데, 사람들이 왜 그렇게 맹목적인가? 그들은 분명히 마귀에게 지배당했고, 신약에서 예수님을 반대했던 사람들처럼, 의심과 질투에 눈이 멀고 귀와 양심이 막혀, 이해하려고도 하지 않았다. 만약 사람들이 마음을 가라앉히고 귀 기울인다면, 반드시 선생의 목소리가 곧 하나님의 목소리임을, 선생의 말씀은 곧 하나님의 뜻임을 깨달을 것이다. 이렇게 생각하니 내가 해야 할 일, 가야 할 길이 비로소 눈 앞에 모습을 드러내는 것 같아 가슴이 벅차올랐다. 그때 난 겨우 17세에 불과했다.

　언니들이 나에게 절대 선생에 대한 뉴스 보도나 악평(악플)들은 보지 말라고 했다. 사탄은 아주 교활하고 거짓말을 잘하기 때문에 가볍게 생각하고 봤다가는 쉽게 속아 넘어갈 수 있다고 했다. 그런 것들을 보면 마치 뇌에 총을 맞은 것처럼 영혼이 죽게 될 거라고 했다. 하와도 뱀의 모략을 듣다가 타락했으니, 정말 조심해야 한다고, 절대 사탄에게 속지 말고, 기회를 주지 말아야 한다고 말했다.

　언니들은 또한 전에 어떤 사람이 악평을 보고 사상이 혼란에 빠졌다가, 선생의 말씀이 진실이라는 것을 다시 깨닫고 회복하기까지 엄청나게 오랜 시간 어려움을 겪었다고 한다. 우리는 그렇게 시간을 낭비하지 말고, 곧바로 자신의 영혼을 기르는 데 시간을 써야 한다고 했다. 만약 영생을 잃어버리게 된다면 얼마나 큰 손실이냐는 말에, 나는 절대 인터넷을 보지 않기로 결심했다.

　내가 고등학교 3학년 때쯤, 신문에 기사가 나온 적이 있었다. 홍콩에 이상한 종교가 있는데 새벽에 "공중에 올라가기"를 수련한다는 내용이 었다(중국어 "휴거空提"는 그런 뜻이다). 나는 그 기사가 우리를 비난하는 것이라는 것을 알아챘는데, 그저 함부로 말한 거고 무식한 기사라고 생각했다. 제목을 보고 바로 머리 돌리고 자세히 알아보지도 않고 비웃고 넘겨버렸다. 어쩌면 제목을 보고 속으로 겁이 나서 내용을 자세히 읽어볼 용기가 나지 않은 건지, 지금도 잘 모르겠다.

### 진짜 교회의 장소

'수료식'은 그들의 진짜 모임 장소인 '진짜 교회'에서 열렸다. 나는 수료식 날인 2011년 10월 15일, 처음으로 본교회에 갈 수 있게 정식으로 초대받았다. 본교회는 집에서 멀리 떨어져 있어서 지하철 노선의 반대쪽 끝까지 가야 했다. 학교나 집에서 가려면 1시간 반이 걸렸다(홍콩에서는 아주 먼 거리로 볼 수 있다). 교회 사람들은 어찌나 조심스러워하는지, 그 날 '수료한 사람'만이 허락받고 본교회에 들어갈 수 있었다.

그곳 역시 공장 빌딩이었는데, 이전 스튜디오보다 더 넓었고, 장식도 더 멋졌다. 주로 금색과 흰색으로 하는데, 주방, 활동실, 화장실, 탈의실, 본당이 있었다. 주방과 탈의실은 추가로 지은 공간(홍콩에서는 불법 증축 건물)이고, 활동실과 화장실과 연결되어 있었고, 전체 면적은 1,000~2,000평이었다. 본당에는 무대가 있었고, 무대 위에는 단상이 있었다. 일반 교회에서 쓰는 나무 단상과 달리, 여기는 투명한 유리로 만들어져 있었다. 무대 오른쪽에는 고귀해 보이는 은색 유럽 엔틱 스타일의 화려한 의자가 있었다. 그들은 그 자리를 하나님의 의자라고 불렀다.

교회가 부유하지 않았기 때문에, 본당은 종종 공연 연습, 성경 공부, 식사 등 다른 활동에 사용되었다. 안쪽 활동실 안에는 석고로 조각한 예수상 사진이 큰 포스터로 걸려 있었다. 신도들은 그것은 선생이 직접 감독하여 만든 거대한 예수상이라고 말했고, 월명동에 있다고 했다.

　반대편에는 큰 잔디밭 사진이 걸려 있었는데, 선생의 고향인 월명동이다.

　또 다른 큰 사진에는 서양 남자의 모습이었는데 배경에 노란색과 검은색이 섞여 전체적으로 희미하고 흐릿했다. 그것이 선생이 찍은 예수님의 영 사진이라고 했다. 선생은 영을 볼 수 있고, 영을 볼 수 없는 우리를 위해 이 사진을 찍어 주셨다고 했다.

　전반적으로 교회는 그다지 화려하지 않고, 내가 가봤던 일반 교회처럼 엄숙하지도 않았는데, 그 분위기가 매우 신기했다. 나는 한눈에 교회가 아직 건설과 발전 단계에 있다는 것을 알았고, 이것은 역사의 시작이라는 것을 깨달았다. 내가 그 역사에 동참하고 '개척자' 중 한 명이 될 수 있다는 것이 더없이 영광스럽고 기뻤다. 나는 이것이 나의 역사이고, 나의 세계라고 확신했다. 지금 내가 여기에 왔다는 것은, 내가 이 단체의 일원이 되었다는 것을 의미한다. 마치 신약의 열두 제자처럼, 나는 '성약'의 제자다.

### 수료식

　오직 수료한 사람만이 '진짜 교회'에서 이 중대한 의식에 참여할 수 있다. 그 날, 나는 신도들이 선물한 긴 원피스를 입고 결혼 준비를 하듯 정성스럽게 꾸몄으며, 화장도 했다. 그들은 내 개인 사진을 찍어 주면서 그 사진을 선생에게 보낼 것이며 이번에 수료한 사람 수와 각자의 이야기를 보고할 것이라고 했다.

모든 신입생은 선생께 편지를 써야 하므로, 나도 편지를 썼다. 편지에서 나는 과거를 회개하고, 선생의 희생과 가르침에 감사하며, 가르쳐 주신 하나님과 주님을 사랑하는 방법을 배우고 싶다는 마음을 전했다. 편지에는 내가 그린 그림도 첨부했는데, 그 그림은 예수님이 그 원피스를 입은 나를 껴안고 나무에 앉아 있는 모습이다.

그날 나 외에도 일곱여덟 명이 수료했다. 그중에는 남자도 여자도 있었는데, 모두 가장 앞줄에 남녀 구분해 따로 앉았다. 전체 교회가 함께 우리를 축하해 주었고, 우리는 노래를 부르고 찬양하며 기도했다. 한 마디 한 마디의 가사와 기도마다 나는 진심을 담아 하나님께 내 사랑이 전달되기를 바랐다. 수료식의 말씀을 듣고 나서 신입생들이 한 명씩 무대에 올라가 자신의 소감을 나누었다. 나는 무대에 서서 약 200명의 교인을 바라보며 눈물을 흘리며 말했다.

"가장 깨끗하고, 가장 행복하며, 가장 아름다운 신부가 되게 해 주셔서 주님께 감사드립니다."

**2012**

## 섭리

그날 이후로 많은 일들이 있었다. 새로운 일, 새로운 사람, 새로운 문화. 새로운 것들은 항상 호기심과 흥미를 불러일으킨다.

이 종교단체는 인원수가 많고, 다양한 국가와 지역에 분포되어 있으며, 많은 교회를 설립했다. 그들은 자신들을 '섭리'라고 이는 '하나님이 역사하시는 현장'을 의미한다

한국만 해도 수백 개의 섭리 교회 분부(分部)가 있으며, 각 교회마다 선생이 지어준 이름이 있다. 예를 들어 <하나님의 사랑 교회>, <주진리 교회>, <주희망 교회> 등이다. 교회 내에서는 나이에 따라 몇 개의 부서로 나뉜다. 교회에서 결혼하여 가정을 이룬 사람들은 '가정국'이라 부르고, 그들의 자녀들은 '2세'라 한다.

'장년부'는 이미 결혼한 후에 전도된 사람들인데, 보통 나이 드신 대부분의 사람들이 여기에 해당한다. '청년부'는 직장인들이 소속된 부서이고, 대학생들은 '대학부', 그리고 '중고등부'도 있는데, 선생이 이 아이들을 특별히 사랑하셔서 'Shining Star'라는 부서 이름을 지어주었다. 당시 내가 고등학생이라 이 부서에 속했다. 선생은 10대부터 신앙생활을 시작한 사람들은 새벽부터 먼 길을 시작해 떠나는 사람들과 같다고 말씀했다.

이 외에도 특별 부서들이 있는데, 무용단, 모델부, 축구부, 음악부, 성가대, 사진부 등등이 포함되며 총괄하여 '예술단'이라 부른다. 예술단의 전도 활동이 가장 활발하며, 신입생을 가장 많이 모집하는 채널이기도 한다.

섭리가 신입생을 모집하는 주된 방법은 예술 문화활동을 통해 사람들에게 다가가는 것이다. 예술단은 각종 모임에서 공연을 하며, 하나님께 영광을 돌린다. 예술은 하나님의 창조를 드러내고 하나님의 사랑을 찬양하는 것이다.

나는 키가 큰 편이라 모델부에도 속했다. 홍콩 교회에서는 이 부서의 인원이 많지 않아, 나를 포함해, 나이가 1년 아래, 1년 위인 두 명의 여학생까지 총 3명뿐이었다. 그 친구들은 교회에서 외모가 예쁜 편에 속했고, 모두 키가 170cm 이상이었다. 언니들은 모델부에는 특별한 사명이 있다고 말했는데, 그것은 바로 '하나님의 자랑'이라는 것이었다. 하나님께서 사람을 아름답게 창조하셨고, 우리는 하나님의 작품이다. 하늘의 모델로 선택된 사람들은 곧 하나님의 얼굴이며, 하나님께서 특별히 사랑하신다고 했다.

나는 전에 길에서 몇 번이나 모델로 스카우트 제안을 받은 적이 있었지만, 남의 시선이 두려웠고 학업에 지장이 갈까 봐 시도해 보지 않았다. 그렇지만 하늘의 모델은 특별한 의미가 있는 거니까, 이번에는 기꺼이 참여하였다. 왜 모델부에 여학생들만 있는지에 대해서는 당시 나는 전혀 의문을 제기하지 않았다. 이 부서의 주된 활동은 전도 행사에서 아름다운 의상을 입고 패션쇼를 하며, 하나님의 아름다운 창조를 드러내는 것이다.

섭리의 최고 관리층은 '교단'이라고 불리며, 회사의 '이사회'와 같은 역할을 한다. 이들은 선생과 상의하여 중요한 결정을 내린다. 다음으로는 각 부서의 '중앙'이 있는데, 이는 각 부서의 대표들이다. 또한 각 교회의 담임 목사와 지도자들이 있다. 담임 목사는 각 교회를 책임지는 목사이며, 지도자는 교회의 각 부서를 관리하는 리더들을 통칭하는 말이다. 각 부서는 다시 소그룹으로 나뉘며, 각 소그룹에는 조장이 있다. 선생은 섭리의 조직 구조와 운영이 군대와 같아야 한다고 교육했다. 하나님의 신부들은 '달과 같이 아름답고, 태양과 같이 맑으며, 깃발을 든 군대와 같이 위엄 있어야' 한다고 했다.[9]

또한 컴퓨터 기술 담당 부서, 온라인 이미지 관리 담당 부서, 출판 부서, 사업 부서, 계시 관리 부서 등이 있다. 섭리는 이러한 '몸의 각 지체'들이 모두 갖춰져 있어야 운영이 가능하다. 선생은 우리가 예수님의 몸의 각 지체라고 비유했다. 우리 모두가 합력하여 하나님의 뜻을 이루어야 하며, 한 명도 빠져서는 안 된다는 것이었다.

해외의 교회들은 국제선교국에서 관리하며, 이 종교의 전체 조직의 세력은 전 세계에 퍼져 있다. 구체적인 숫자는 내가 교회 지도자가 된 후에야 알게 되었는데, 대략 50개국 이상이었다. 그중 일본과 대만에는 각각 4천 명 이상의 회원[10]이 있으며, 유럽, 남미, 아시아 등에도 있다. 당시의 선교 목표는 10만 명에 도달하는 것이었다. 나는 섭리의 대규모 행사 영상을 본 적이 있는데, 정말 많은 청중이 참석했다.

---

9  아가 6:10 그녀는 아침의 빛처럼 아름답고, 달처럼 고요하며, 태양처럼 밝고, 깃발을 펼친 군대처럼 위엄 있는 자입니다. 그녀는 누구인가요?
10  그들은 신자를 '회원'이라고 총칭한다.

## 홍콩 교회

당시 신입생이었던 나는 홍콩 교회에 200명 정도가 등록되어 있다고 알고 있었다. 교인의 남녀 비율이 매우 불균형하여, 대략 1:10 정도로 여자가 압도적으로 많았고, 그중에서도 대학부가 가장 많았다. 그 이유는 남자들이 '하나님의 신부'라는 개념을 받아들이기 어려워하고, 게임이나 성욕과 같은 육체적인 욕구를 포기하기가 여자들보다 더 어렵기 때문에, 전체적으로 섭리 내 남자 선교 상황이 여자들보다 좋지 않다는 설명을 들었다. 나는 여자임에도 섭리의 규율을 모두 따라 지키기에 압박감을 느낄 정도니 충분히 그럴 만하다고 이해됐다.

목사는 네 명이었다. 내게 주로 성경 수업을 가르쳐 준 언니는 30대 중반으로, 통통하고 부드러운 외모인데, 모두 그녀가 성경 말씀을 가장 잘 가르친다고 말한다.

또 한 명은 목회자로, 홍콩 교회에서 가장 높은 지위를 가진 '정조열 목사'이다. '조열'은 본명이 아니라 선생이 지어준 이름이고 정명석의 성을 따른 것이다. 선생은 교회에서 뛰어난 사람들에게 이름을 지어 주는데, 성은 정명석을 따른 '정'이나 예수를 의미하는 '주', 둘 중 하나로 정해준다(예수가 제자들의 이름을 바꿔 준 것과 같다는 설명을 들었다). 정명석은 교회의 요직을 맡길 사람의 이름을 대부분 바꿔 주기 때문에, 친하거나 이름 바꾸기 전부터 알던 사이가 아니라면, 일반 신도들은 목회자나 지도부의 본명을 거의 모른다. 조열 목사는 한국어가 가능하고, 단발머리에 단꺼풀 눈을 가지고, 여성 사업가처럼 멋져 보이는데, 웃을 때는 매우 사랑스럽다.

또 한 명은, '주첨밀'이다. 그녀는 성격이 어린아이 같고 약간 어리숙해 보이며 눈이 크다. 그녀는 영의 목소리를 들을 수 있었는데 그녀의 이름 또한 그녀가 기도할 때 예수님이 주신 것으로 주님과 달콤하게라는 뜻이라고 한다(내가 교회를 떠난 후, 그녀는 홍콩 교회의 목회자가 되었다).

섭리에서는 남성 목사도 있지만, 전체적으로 여성의 비율이 높아 여성 목사가 더 많다.

## 홍콩에서 선생의 행적들

홍콩 섭리 교회의 역사는 20년이 넘었다. 그간 이런저런 이유로 교회를 떠난 사람들도 있지만, 초창기에 전도되어 지금까지 교회에 남아있는 이들도 꽤 되었다. 그들은 중고등학교 시절에 전도되어, 교회 안에서 결혼하고 자녀도 낳아 키우고 있다. 그들은 선생이 감옥에 갇히기 전에 전도되었기에, 선생의 얼굴을 직접 보았던 사람들이다.

과거 선생은 홍콩에서 한동안 머물렀던 적이 있다고 한다. 슈람(小覽)에서 지내면서, 홍콩의 여러 대학의 캠퍼스에서 집회를 주최하기도 하고 홍콩에 많은 발자취를 남겼다. 나는 선생이 홍콩에서 찍은 사진들을 보면, 마치 예수님이 우리 고향에 나타나신 것 같아 무척 신기했다.

한 번은 교회의 모델부 소속 두 명의 여자들과 함께 주첨밀 목사를 만난 적이 있다. 주첨밀 목사는 주로 홍콩 예술부를 담당하며, 댄스부, 모델부, 미술부, 찬양팀 등을 관리하고 있었다. 그 자리에서 주첨밀 목사는 선생을 직접 만났던 일을 우리에게 들려주었다. 선생이 홍콩에 머무를 때 본인도 함께 있었는데, 선생님이 자신에게 한국에 가서 공부하라고 했다고 한다. 그러나 자신은 당시 나이가 어리고 우려가 너무 많아 선생의 말을 따르지 못했다고 하면서, 지금 와서 생각해 보면 그것이 자신의 평생에 가장 큰 후회라고 말했다.

주첨밀 목사는, 선생이 해외 국가 중 가장 오랫동안 체류했던 곳이 홍콩이라면서, 비록 홍콩이 작은 도시지만 하나님의 큰 축복을 받았다고 이야기하는데 그녀의 자부심이 느껴졌다. 선생이 발을 디딘 모든 곳에는 하나님의 뜻이 있다면서 오션파크와 빅토리아 피크 등의 관광지를 포함하여 홍콩 곳곳에 선생의 발자취가 남아 있다고 알려주었다.

(내가 탈퇴한 후 알고 보니, JMS가 사회적으로 큰 파장을 일으켰던 1999년 여신도 납치 및 폭행 사건으로 정명석이 경찰 조사를 받게 될 처지에 놓이자, 이 상황을 모면하고자 긴급하게 달아난 곳이 홍콩이었고, 그 이유는 홍콩이 비자 없이 가장 안전하게 경찰의 추격을 피할 수 있는 나라였기 때문이다.

또한 정명석이 홍콩에 숨어 지내는 기간이 길어지면서 여권 기간이 만료됐고, 수배 중인 상황이라 여권을 연장하지 못해 불법체류자 신세가 된 정명석이 오도가도 못하고 홍콩에 한동안 머물게 된 것이 첨밀 목사가 얘기한 홍콩의 하나님 축복의 실체였다. 전후 사정을 모두 확인한 나는 허탈하여 실소를 금할 수 없었다.)

또한 선생은 홍콩 천단대불(天壇大佛)을 방문했는데, 부처에게 "내가 누군지 알겠느냐?"라고 말하시자 갑자기 하늘에 먹구름이 끼었다고 했다. 선생은 모든 불상이 추하다며 이는 모두 사탄의 화신(化身)이라고 말했다고 했다. 그리고 불교에 대해서도 "중은 다 대머리여서 너무 추하다."고 선생이 비웃었다고 했다.

선생이 홍콩에 머무를 당시에는 홍콩 교회 회원 수가 많지 않아 20명 정도였다. 선생은 그들과 함께 전도 활동, 미술 전시회, 대학 방문, 배구와 축구 경기 개최 등을 했고, 신도들과 함께 먹고 놀러가기도 했다고 했다. 심지어 함께 몽콕 레이디스마켓(旺角女人街)에 가서 선생이 신도들에게 선글라스를 사주기도 했다고 했다. 주첨밀 목사는 "선생은 순수한 성격을 가지고 계셔서 마치 큰 아이 같다."고 하며 "이렇게 순수하고 천진난만한 선생은 결코 음란죄와 연관될 리가 없다."고 했다. 그리고 "선생은 항상 직접 모본을 보이며 우리에게 하나님을 관념이 아닌 실제로 사랑하는 법을 가르치셨다."고 했다.

그날 주첨밀 목사와의 만남으로 나는 선생이 좀 더 실제적으로 느껴지기 시작했다. 선생이 내 고향에 발을 디딘 적이 있다는 사실이 내게 매우 특별하게 다가왔다.

교회 모든 신도들이 입을 모아 '순수하고 결백한', '대단한', '신성한', '위대하고 이타적인', '완벽무결한' 등의 단어로 선생을 묘사했다. '복음'이나 '간증'이라는 말들은 실은 '입소문'이라고 말할 수 있다. 선생을 직접 만났던 선배들이 진심을 다해 "그분의 인품을 증명할 수 있다."고 하니, 나도 선생을 점점 더 확실하게 믿게 되었다.

하지만 선생의 진정한 모습은 그가 감옥에서 출소한 후, 내가 직접 접촉하면서야 비로소 알게 되었고, 선배들에게 들었던 이야기와는 많이 달랐다.

## 교회 내 지식인들과 말씀

교회에는 대단한 지식인과 전문가들이 많았다. 홍콩 교회에서도 한 여자청년부 절친 둘이 한 명은 의사, 한 명은 변호사였다. 홍콩대학교의 뛰어난 계리 전공가이자 동시에 번역 달인으로 3개월 만에 한국어를 마스터한 엘리트도 있었다.

또한 중국 고대 명인의 후손이자 건축가도 있었고. 클리어 워터 베이에(홍콩 부자들이 모여 사는 지역) 위치한 별장에서의 부자 생활을 포기하고 열정적으로 전도하는 피아니스트도 있었고, 중문대학 교수, 금융계 능력자, 심지어 '홍콩의 뛰어난 청년상'에 지명된 엘리트도 있었다. 정말 인재가 차고 넘치는 교회라 할 수 있다.

다른 나라에서도 각계각층의 엘리트들이 선생을 따르고 있었다. 의사, 변호사, 대학 교수들이 매우 많아 교회의 한 부서가 되었다. 의료진들은 '의학부'가 되어 대규모 행사에서 교인들의 건강을 지키며 선생의 생명에 대한 큰 사랑을 전파한다. 변호사들은 교인들에게 다양한 법률 자문 서비스를 제공하며, 더 중요한 것은 섭리 조직을 법적으로 보호하는 역할을 한다. 교수 부서는 학생들의 전도 활동을 주최하여 학생들에게 학술적 조언을 제공하면서 그들을 전도한다. 그리고 유명한 예술인과 체육선수들이 있어 예체능 분야를 꿈꾸는 교인들의 선배가 되어 그들을 이끌어준다. 음악가들도 자선 음악회를 개최하고 악단이나 오케스트라를 조직하여 사람들을 끌어모은다.

또한 교단은 별도의 회사를 설립하여 다양한 자원봉사 활동을 펼쳤다. 한국에는 더욱이 고위 군 관계자, 기업가, 정부 고위 관계자들이 있고, 이들은 교회 전체 조직을 강화하는 데 다양한 도움을 준다.

이렇게 학식 있고 세상적으로 높은 지위를 가진 신도들은 다른 사람들에게 좋은 인상과 신뢰를 주기 때문에 교회 선교에 큰 도움이 된다. 인재들이 전도되어 선생을 추앙하며 열심히 신앙생활을 하는 것을 보면서 일반 교인들도 자기 신앙을 더욱 견고히 했다.

나는 겨우 초등학교만 졸업한 선생에게 더욱 존경심을 품게 되었다. 무엇을 보고 최고의 인재들이 선생을 따르고, 심지어 자기의 인생 스승으로 여기며, 선생에게 충성하게 되는가? 교회 밖 사람들이 얼핏 보기엔 선생님 한 사람을 너무 우상화한다고 오해할 수도 있겠지만, 난 신도들의 유난한 충성이야말로 바로 선생의 가르침과 깊은 사랑을 단적으로 보여주는 증거라고 확신하게 되었다. 훌륭한 신도들의 면면을 접하고 그들의 간증을 직접 들으면 달리 생각할 도리가 없었.

선생은 더욱 겸손하게 "너희는 스승의 스승이 돼야 한다."고 가르쳤고 의사 박사 변호사 등 전문직 종사자들이 그 앞에 머리를 숙이고 그의 가르침에 귀를 기울였다. 이는 선생에게서 하나님에 대한 사랑 정신을 배워 인류에게 가르치고 대대로 전달해야 한다는 의미다. 나는 그때 "덕으로써 사람들을 굴복시키고 이끈다."는 것이 바로 이런 모습이라고 생각했고, 세상에 선생 이외에는 이런 '스승'의 칭호를 받을 만한 이가 없다고 믿었다.

한 사람 한 사람 전도되면서 교회에는 인재가 늘어나고 갈수록 강해졌다. 이런 인재들이 강하게 끌리는 것은 선생의 인생철학과 과학적인 성경 해석이다. 선생은 '좋은 습관'을 세워야 한다고 강조하는데, 이 모든 것은 사랑을 위한 것이라고 한다. '신부'는 '신랑'의 마음을 얻기 위해 당연히 신랑의 기호(嗜好)에 맞춰 생활해야 하며, 완전해야 한다고 했다.

선생은 우리에게 커피와 콜라를 마시지 말라고 하고, 즉석 라면을 먹지 못하게 하며, 오토바이를 타거나 헬멧을 쓰지 않고 자전거를 타는 것도 금지였다. 이는 우리를 아끼고 사랑하는 하나님이 우리의 건강과 안전을 위해 내려주신 하나님의 법이기 때문에, 학교 규율과는 다른 것으로 여겨졌다.

나는 말씀에서 가르치는 인생의 원리와 도리를 매우 좋아했다. 학교에서나 교과서에서도 이런 부분을 조금은 배울 수 있지만, 이렇게 구체적이고 자세하게 '인생의 도리'를 설명해 주는 것에 강하게 끌렸던 것 같다. 나는 길을 잃은 많은 사람들이 찾고 있는 것이 바로 명확한 '방향'이라고 생각했다. 학교나 사회의 교육에서 이런 내용, 즉 대인관계, 자기 감정 다루기, 미래 설계 등을 상세히 가르쳐 준다면, 방황하는 젊은이들을 더 잡아줄 수 있지 않을까.

## 새벽예배

　기독교 학교에 다녔음에도 나는 새벽기도에 대한 개념이 전혀 없었다. 대부분의 종교에서는 사람들에게 아침 명상을 권장하지만, 섭리에서는 새로운 시대의 하나님의 신부로서 일반인보다 더 극단적으로 새벽 3시에 일어나 기도를 한다. 선생은 새벽 3시가 하나님께서 하루를 시작하시는 시간이자, 가장 많은 일을 행하시며, 가장 영적인 시간이라고 했다.

　이 시간은 가장 고요한 시간으로, 모두가 잠든 정적(靜止)인 시간이므로, 이 시간에 일어나 하나님과 대화하며 소통해야 가장 많은 것을 깨닫고 얻을 수 있으며, 하나님과 더 가까워질 수 있다는 것이었다.

　(그런데 나중에 알게 된 것은, 이상한 종교들은 이런 방식으로 사람들을 통제한다는 점이다. 수면 시간을 박탈함으로 사람들의 사고를 흐릿하게 만들어 더 '말을 잘 듣게' 만든다고 한다.)

　새벽 예배는 새벽 3시에 일어나 기도하고 4시에 약 30분 동안 '새벽 말씀'을 듣는 것으로 구성된다. '새벽 말씀'은 선생이 교도소에서 매일 몸부림치며 받은 소중한 잠언 말씀과, 영적으로 소통하여 기록한 귀신, 천사, 하나님의 대화 내용이다.

　이런 말을 들을 때마다 나는 매우 부러웠다. 나도 정말로 영계에 대해 이해하고 싶고, 하나님을 보고 싶었기 때문이다.

　대부분의 교인들이 가족과 함께 살고 있어서, 자유롭게 교회에 가서 새벽예배를 드릴 수 없다. 그래서 집에서 드려야 하는데 우리는 서로 전화로 깨우고, 전화나 Skype로 연결하여 말씀을 들었다. 우리는 행여 가족들에게 들키기라도 할까 봐 걱정이 되어, 지도자들은 우리 중고등학생들에게 더욱 조심하라고 당부했다. 형제자매들과 같은 방을 쓰는 경우에는 이불 속에서 이어폰으로 듣기도 하고, 화장실에 가서 전화 연결을 하기도 했다. 한 번은 누가 집 전화로 연결해서 말씀을 듣다가 부모님께 들켰는데, 그 뒤로는 교회에 올 수 없게 되었다.

나는 잠을 좋아하는 사람이라, 처음에는 정말 힘들었다. 기도를 시작하기도 전에 잠이 들어버리곤 했다. 그래서 졸릴 때마다 얼음물을 내 몸에 뿌려서 잠을 깨기도 했다. 그렇게 잠이 깨면 정말 행복함을 느꼈다. 마치 세상에 나와 내 애인만 있는 것 같은 기분이었다. 나는 여동생과 같은 방을 쓰니, 매일 새벽에 발코니로 나가서 기도했다. 그곳은 집에서 나와 하나님과 주님과의 공간이 되었다. 고요한 새벽에 내 마음속 이야기를 하고, 사랑의 말을 전하며, 찬양을 부르고 춤을 췄다.

한 번은 어떤 문제로 아빠와 크게 싸워서 얼굴이 붉어질 정도로 언쟁을 했는데, 그러고 나서 나는 울면서 발코니로 가서 무릎을 꿇고 기도했다. 밤하늘을 바라보며 일어나서 찬양을 부르기 시작했다. 가족들이 보면 분명 이상하게 생각할 것 같았지만, 나는 오직 하나님께서 주시는 사랑과 위로만을 바라며 아무것도 신경 쓰지 않고 춤을 추었다. 하나님께서 나를 지켜보고 계시고, 함께 하신다고 생각했다.

이후로도 나는 자주 그렇게 했는데, 한 번 새벽에 발코니에 가서 기도하다가 눈을 뜨자마자 하늘에 갑자기 빛이 번쩍였다! 그것은 유성이지 않았을까? 그때 나는 하나님의 응답이라고 확신했다.

그런데 어느 날, 여동생이 한밤중에 화장실에 가다가 내가 발코니에서 새벽 기도를 하고 춤추는 모습을 보았다. 그녀는 내가 귀신에 홀린 것처럼 이상해 보인다고 했지만, 나를 막지는 않았다. 동이 틀 무렵 새벽하늘의 색깔이 서서히 변해가는 모습을 보니 정말 로맨틱했다.

내가 가장 좋아하는 것은 '예수님의 사랑 이야기'를 듣는 것이었다. 예수님이 어떻게 나를 지켜보고 사랑하시는지를 이야기해 준 말씀이었다. 가끔 멋진 정장 차림으로 나타나 장미를 주며 감동적인 사랑의 말을 전하곤 하신다고 했다.

나는 누군가가 나를 수천 년 동안 기다렸다는 사실에 놀라며, 그렇게 위대한 분이 하찮은 나를 보물처럼 여기고 아끼고 보호해 주신다는 것이 정말 경이로웠다. 내 머릿속에는 드라마의 사랑 장면들이 끊임없이 떠오르고, 나와 예수님을 남녀 주인공에 대입하여 모든 로맨틱한 장면, 배경, 대사를 상상했다. 낮에 학교에서 수업을 듣는 동안 항상 졸리고, 다크서클이 특히 깊어서 담임선생님이 나의 건강에 문제가 생긴게 아닌가 의심할 정도였다. 그때 나는 환상적이지만 한편 너무나도 현실적인, 비밀스럽고 순결한 사랑에 빠진 소녀였다.

### 예배, 중고등학생들의 특별 관리

JMS의 예배는 겉보기에 일반 교회와 비슷하지만, 사용하는 단어가 특별하고 우리끼리만 통하는 의미가 있었다. 새로운 시대의 주님을 찬양하고 하나님과의 애인급 사랑을 기리었다. 또한 찬양을 부를 때, 우리는 '하나님께 보여주기 위해' 춤을 추며 몸으로 하나님에 대한 사랑을 표현했다.

그리고 예배 때는 예배복을 입어야 했다. 예배복은 격식 있는 드레스나 정장이다. 하나님 앞에서는 남녀 모두 신부의 신분으로, 깔끔하고 아름답게 입어야 하며, 대부분의 여성들은 원피스를 입었다. 그때 나는 사랑하는 사람과의 데이트를 기다리는 것처럼 주일 예배를 항상 기대했다.

나는 예배복으로 입을 예쁜 원피스를 사곤 했는데, 다 무릎을 가리는 길이였다. 예전에는 학교 교칙도 무시하고 교복 치마를 무릎 위로 짧게 접어 입었지만, 신랑 하나님이 걱정하지 않도록 단정하게 입어야 한다는 말에, 수료식을 마친 후 나는 평소에도 짧은 바지나 치마를 전혀 입지 않았다. 나는 일찍 일어나 세수를 하고 정성스럽게 단장했고 공부하러 간다면서 가족들이 일어나기도 전에 집을 나섰다.

예배에는 물론 헌금하는 예절이 있다. 십일조(소득의 10분의 1) 외에도, 감동에 따라 얼마든지 헌금할 수 있다. 비록 내가 헌금하는 금액이 많지 않지만, 새해에 받는 빨간 봉투(홍콩 세뱃돈)는 모두 헌금했고, 헌금할 돈이 부족할 때 언니들이 알려준 방법이 있는데, 엄마에게 '과외 수업 비용'을 달라고 하는 것이었다.

그들은 이것이 거짓말이 아니라 '하나님이 지혜 있게 하시는 방법'이라는 뜻으로, '모사'라고 불렀다. 섭리에서는 지켜야 할 비밀이 많았기 때문에, 일상생활에서 '모사'가 두루 자주 사용되었다.

수요일 저녁에도 예배가 있다. 그때 나는 미성년자였기 때문에 집에 너무 늦게 들어가면 부모님이 걱정을 할까 봐 신경이 쓰였다. 부모님을 화나지 않게 하기 위해, 교회 지도자는 중고등학생들의 수요예배 시간을 당겨 먼저 예배를 드릴 수 있게 배려해 주었다.

수업이 끝난 후에 교회로 가면, 선배 회원들이 우리를 많이 챙겨주는 편이었다. 티타임 간식도 주고 필요한 사람에게 과외도 해주었다. 과외를 받아 성적이 오르는 것은 아니었기 때문에 학업에 큰 도움이 된다고 할 수는 없지만, 나는 감사하게 생각했다. 우리는 교회를 청소하고, 바닥을 닦고 의자를 닦으며 예배를 준비했다.

중고등부 예배는 오후 5시쯤에 시작되어 일찍 끝나 어른들보다 일찍 집으로 돌아갈 수 있었다. 그러나 아무리 일찍 끝나도 교통 시간까지 계산하면 저녁 9시는 되어야 집에 도착했다. 나는 매번 교회 간다는 말 대신 "과외 수업을 받았다."는 '모사'를 썼다.

나는 교회에 가는 것이 좋았고, 그들과 함께 있을 때 본연의 나로 인정받고 사랑받고 있다고 느꼈다. 그들은 때론 남자친구처럼 걱정해 주고, 작은 선물을 주거나 맛있는 음식을 사주기도 했다. 모두가 부유하지는 않지만, 형제자매처럼 서로를 아끼고 돌보려고 노력했다. 서로를 배려하며 화목하게 지내는 모습은 나에게 유토피아, 즉 천국 같았다.

말 못할 비밀들이 늘어나자 가족과는 나날이 멀어지고, 같은 비밀을 공유하고 모사가 필요 없는 교회 사람들이 편하게 느껴져 교회 사람들과는 날이 갈수록 진짜 가족처럼 가까워졌다.

## 교회에서 가장 좋은 친구

친구들은 그 시절의 내가 가장 소중히 여겼던 사람들이었고, 그 당시의 나에게는 가족보다 더 중요했다. 과거의 친구들을 끊어낸 것은 나를 외롭고 아프게 했다. 더 이상 그들과 마음을 나누고, 재미있는 일들을 함께 할 수 없다니 너무 슬펐고, 많은 눈물을 흘렸다. 하나님을 우선순 위로 두어야 한다는 것을 알지만, 매번 친구의 초대를 거절하거나 그들과 거리를 두는 것은 나에게 고통이었다. 친구들이 학교에서 이야기할 때, 나는 그 대화에 참여할 수 없었고, 점점 할 말이 없어졌다.

 그때 나는 고등학교 졸업 교사 감사 연회에도 참석하지 않았다. 교회의 성찬식 예배에 참석하기 위해서였다. 언니들이 성찬식이 특별한 날이니 드레스를 준비하라고 해서, 엄마에게 교사 감사 연회에 입을 원피스를 사자고 말했다. 그날 나는 친구들과 가족에게, 지금 과외 선생님 집에 있는데 갑자기 열이 나서 감사 연회에 참석을 못하겠다고 거짓말을 했다. 언니들은 하나님을 우선으로 두고 친구 모임은 최대한 피하라고 가르쳤다. 그 이후로 나는 친구들 모임에는 계속 빠졌고, 심지어 미리 약속한 졸업 여행조차 가지 않았다. 가족 모임에도 거의 참석하지 않게 되었다.

 친했던 친구들은 나중에 외국으로 유학 가거나 졸업 시험 준비로 바빠지면서 모두 자연스럽게 멀어졌다. 그중 나와 제일 친한 친구 한 명은 영국으로 유학을 가게 되었다. 그녀는 내가 유치원 때부터 함께한 친구였는데, 그녀가 떠나기 전 그녀의 마지막 생일 파티조차 참석하지 못했다. 나는 대신 편지를 써서 예수님이 그녀를 사랑한다고, 모든 일이 잘 되기를 바란다고 전했다.

 그렇게 이별한 지 벌써 10년이 지났다. 그때 나는 친구들이 신앙에 큰 관심이 없다는 것을 알고 있었기 때문에 거리를 두었고 미래에 그들에게 복음을 전할 기회가 있기를 바라기만 했다. 그 시절 집안 분위기도 좋지 않았고, 집에 돌아가면 싸우는 소리로 시끄럽거나, 아니면 너무 조용해서 모두가 죽은 듯한 정적이 감돌았다. 그래서 교회는 나에게 유일한 피난처가 되었고, 숨고 싶으면 편히 지낼 수 있는 공간이었다.

마음이 허전해지면, 나는 매번 교회 친구들과 연락해 모였다. 새로 알게 된 회원들과도 잘 어울리고, 함께 배구를 하거나 해변에서 바베큐를 하거나 전도 활동을 하거나 함께 공부하고 식사를 하기도 했다. 비록 하나님을 직접 보지는 못하지만, 그들과 함께 있고 그들의 이야기를 들으면 예수님이 가까이 있다고 느껴졌다. 게다가 우리가 겪고 있는 어려움이 비슷해서 서로 도와주고 격려하는 '전우', '동반자'가 되었다. 무엇을 하든 나는 회원들과 함께하고, 언제나 화목하며 싸운 적이 없다. 모두 같은 목표를 향해 나아가니 그곳이 진짜 천국 같았다.

집에 가는 길을 제외하고는 혼자 있는 순간이 없었다. 그들은 항상 나와 함께해 주었고 모두 여자고, 예전처럼 담배를 피우거나 술을 마시는 일도 없었고, 남자도 일절 만나지 않았기 때문에, 나는 매우 안전하고 편안하다는 느낌이 들었다. 그런데 편안함을 느끼면서도 다른 한편으로 신앙생활은 여전히 어려웠다. 나는 섭리 친구들에게 이렇게 말한 적이 있었다. 신앙생활이 이렇게 힘든데, 그들이 없었다면 나는 벌써 포기했을 것이라고. 섭리가 그러하듯, 영원히 지속될 것 같던 우정은 나에게 큰 소속감을 줬고, 그 소속감으로 규제가 많은 신앙생활을 견뎌냈다(이러한 소속감은 사실 사회로부터의 고립감이기도 한데, 한번 사이비에 빠진 사람들이 쉽게 헤어나오지 못하고 교회를 떠나기 힘들어하는 이유 중 하나이다.).

교회 사람들은 모두 매우 선하고, 무엇이든 서로 나누며 무엇이든 품어 줬다. 많은 시간을 함께 보내서인지, 어떤 문제나 사소한 기분의 변화까지도 금방 알아차리고 자기 일처럼 신경 써줬다. 그중에 A라는 친구가 특별히 가까워졌다. 그녀는 키가 작고 건강한 피부색을 가진 귀여운 여대생으로 중성적인 성격이어서 나는 다른 여자 애들보다 A와 대화하고 노는 것이 특히 편하고 좋았다. 그래서 나는 A와 매일 둘만 같이 붙어 다닐 정도로 친해졌다.

중고등학교 시절은 나에게 어두운 시기였다. 나는 같은 학교를 다니던 한 여자 친구를 꽤 오랜 기간 좋아했다. 이는 내가 섭리를 만나 주님의 신부가 된 후, 죄임을 깨닫고 너무 부끄러워 절절하게 회개했다. 어린 시절부터 여자 학교를 다녔기 때문인지, 아니면 나의 타고난 성향인지 모르지만, 나는 그때 그 친구를 많이 좋아했었다. 나는 A와 친해지면서, 내가 다시 여자를 좋아하게 될까 봐 두려움이 앞섰다. 그건 하나님의 법에 어긋나고, 하나님의 법을 거스르는 것이고 하나님을 배신하는 거니까. 이런 감정을 교회 목사에게 말씀드렸더니, 목사는 A와 거리를 두라고 했다. 난 목사의 조언에 따라 A와 멀어지려 노력했고, 하나님 사랑에 더욱 집중했다.

## 재교육 : 더 심화된 세뇌와 통제

교회에는 '재교육' 시간이 있다. 이미 들었던 성경 수업을 복습하고 새로운 교육을 듣는 것이었다. 새로운 교육에는 이성 교육(이성을 멀리하고 순결한 마음을 지켜야 함), 악평 교육(사탄이 사람을 통해 한 거짓말을 듣거나 보지 말며 속지 말아야 함), 계시 교육(영적 세계의 실상, 우리의 행동이 영원한 운명을 좌우한다는 내용) 등이 포함된다.

그때 나는 그렇게 세뇌당했다. 가랑비에 옷이 젖듯 매우 서서히. 사나운 맹수에게 이미 목덜미를 내어 준 초식동물처럼, 나는 반복되는 교육을 통해 점점 더 그들의 통제에 깊숙이 빨려 들어갔다. 사실 세뇌라는 것이 특별할 것은 없다. 보편적인 좋은 이야기들로 일단 세뇌 대상자의 마음 문이 열리고 나면, 일정한 이야기를 반복하여 왜곡된 관념을 상대의 뇌에 각인시키는 것이다. 세뇌를 당한 사람은 뇌에 새겨진 메커니즘에 따라 어떤 특별한 지시를 받지 않아도 자발적으로 그들이 원하는 대로 행동하고 거절하거나 거부하는 방법을 완전히 잃어버린다. 뇌파나 약물을 사용한 것이 아니라, 그저 매우 듣기 좋은 거짓말을 반복해서 말한 것, 그게 전부다.

## 이성 교육 : 이성을 멀리하고, 모든 사랑과 정신을 하나님께 전념하라

이성 교육의 핵심은 우리가 이성을 멀리해야 한다는 것이다. 교리에 의하면, 아담과 하와는 성관계로 인해 타락했다고 했다. '선악과'는 성기를 비유한 것이며, '금단의 열매를 먹었다'는 것은 '성관계를 가졌다'는 뜻이다. 이로 인해 하나님과 인간의 '사랑의 관계'가 깨졌다고 했다. 사탄이 아담과 하와를 유혹했고, 지금도 계속 '성'으로 사람들을 유혹하고 타락시키고 있다. 이성은 가장 통제하기 어렵고 많은 사람들이 신앙을 포기하는 이유였기 때문에, 교회에서는 이성에 대해 매우 엄격했다.

교회에서 가르치기를, 타락하지 않으려면 먼저 미디어와 단절해야 한다고 했다. 이 세상의 미디어, 즉 노래, 영화, 드라마 등은 모두 '이성애'를 찬양하며, 사람들에게 영향을 미치고 있다고 했다. 미디어는 '이성애'를 낭만적으로 환상화시키고, 사람들로 하여금 하나님의 사랑을 잊게 하고 이성을 지나치게 부각시킨다고 했다. 이성 간의 상호 흡인력(吸引力)은 호르몬 때문이며, 단순히 번성을 위한 것이었다. 진정한 사랑은 하나님의 사랑뿐이며, 이것만이 인간을 진정으로 만족시킬 수 있다고 했다. 세상의 노래를 듣지 말고, 로맨스 영화들을 보지 말라고, 그래야 이성에 대한 호기심을 줄이고 내면을 통제할 수 있다고 했다.

또한 이성과의 접촉을 피해야 한다고 했다. 교회에서 모든 활동을 진행할 때는 남녀를 분리해야 했다. 전체 예배 시 남녀를 양쪽으로 나누어 앉게 하고, 가능한 한 남녀 활동도 따로 진행했다. 남녀는 개인적으로 연락할 수 없고, 교회 내부뿐 아니라 외부에서도 어떤 이성과도 소통할 수 없었다. 만약 교회 관련 사안이나 불가피한 경우라도 밤 10시 이후에는 연락하면 안된다. 밤에는 사람들이 특히 감성적이어서 감정에 빠지기 쉽기 때문이다. 이성을 오래 보거나 눈 맞춤도 가급적 피해야 한다고 했다.

여성의 복장도 조심해야 한다. 바지와 치마 모두 무릎 아래로 내려와야 한다. 언니가 조언하기를, 치마가 무릎을 덮지 않으면 그 아래에 요가 바지를 입으라고 했다. 그래서 나는 다양한 색상의 요가 바지를 많이 샀는데, 내 동생은 내가 점점 이상하게 옷을 입는 것을 보고, 내 스타일이 점점 촌스러워진다고 비웃었다.

여성이 머리가 젖어 있다면 교회에 나타나면 안 된다. 그렇게 하면 남성들이 성적으로 호감을 느낄 수 있기 때문이다. 민소매나 노출이 심한 옷을 입어서는 안 되고 색상도 어두운 것은 피해야 하며, 특히 검은색은 안 된다. 검은색은 지옥을 상징하기 때문이라고 했다.

    남녀 모두 절대 자위행위를 해서는 안 된다. 이성과 단독으로 함께 있어서는 안 된다. 식사를 단독으로 함께 하거나, 운전해서 집에 태워주거나, 수영을 가르치는 등의 행위도 허용되지 않는다. 단 둘이 엘리베이터를 타는 것도 안 되고, 교회 안에서도 단 한 명의 남성과 한 명의 여성만 있으면 피해야 하고 교회에 단독으로 남아 있어서는 안 된다고 했다. 이성 교육을 듣고 나서, 나는 하나님께만 전적으로 헌신해야 하며 하나님을 질투하게 해서는 안 된다는 것을 이해했다. 우리는 하나님의 것이기 때문이다.

    나도 지옥을 꿈꾼 적이 있었다. 어느 날 꿈에서 한 여자가 여러 칼에 계속 찔리고 있었고, 그녀는 끊임없이 고통스럽게 비명을 질렀다. 자세히 보니, 그녀의 눈에서는 구더기가 쏟아져 나오고 있었다. 그때 한 남자의 목소리가 부드럽지만 엄숙하게 나에게 말했다. "그러므로 너는 절대 이성죄를 범하지 말아야 한다. 그렇지 않으면 이 여자와 같은 지경에 이를 것이다." 나는 깜짝 놀라 벌떡 일어나 침대에 앉아 계속 울었다. 언니들이 준 예수님의 사진을 꺼내고, 예수님이 나를 택하시고 구원해 주신 것에 감사하며 울었다.

    나는 교회 목사님이 하신 말씀을 늘 기억한다. 회개와 사랑은 한 쌍이다. 사랑한다면 상대방을 불쾌하게 한 모든 행동에 대해 사과하고 고쳐야 한다. 큰 죄는 선생을 통해 해결해야 하며, 선생께 편지를 써서 용서를 받고, 선생의 지시에 따라 '사죄'해야 한다. 때로는 며칠간 단식하거나, 몇 명을 전도를 해야 할 때도 있다. 큰 죄에는 '사람의 생명'이나 '이성'과 관련된 죄가 포함되며, 살인이나 누군가를 좋아하는 것도 큰 죄에 해당한다.

나는 편지로 모든 죄를 하나하나 선생께 회개했다. 초등학교 시절 물건을 훔친 일, 가족에게 무례했던 일, 다른 일로 교회 예배에 가지 않았던 일, TV를 보거나 인터넷을 탐색하며 시간을 낭비했던 일, 미디어와 세상 문화를 접했던 일, 새벽에 일어나지 못했던 것, 마음속으로 이성에 대한 죄를 범했던 것, 남자에게 눈길을 준 일, 거리의 커플을 부러워했던 것, 누군가를 좋아했던 것 등 모두 회개했다. 그리고 이성을 생각할 때마다 나는 찬양을 부르고 성경을 읽으며, 매일 하나님께 힘을 달라고 기도하고 모든 유혹을 이기며 전심으로 나의 창조자를 사랑하려고 노력했다.

죄책감은 사람을 움직이게 하는 강력한 감정이다. 누군가가 미안함을 느끼면, 자신의 잘못을 갚으려는 심리가 작동한다. 그 결과, 죄송한 마음이나 보상하고 싶은 마음 때문에 어떤 행동이든 하게 된다. 이러한 심리를 악용하면 상대를 쉽게 조종할 수 있다. 특히 그 조종이 '사랑'이라는 이름으로 포장되면, 상대는 스스로 조종당하고 있다는 사실조차 인식하지 못한 채 죄책감에서 벗어나기 위해 모든 것을 내어주게 된다.

## 악평 교육 : 외부 정보로부터 차단하기

악평 교육이란 선생을 비방하는 나쁜 악평을 절대 보거나 듣지 말라는 것이다. 선생이 10년 징역을 선고받았는데, 성범죄라고 누명을 씌운 사람들 때문이고, 이는 모두 거짓말이라고 했다. 교회를 떠난 사람들이 기독교인들과 손을 잡고, 선생을 시기하여 만들어낸 거짓말이라고, 만약 그런 말을 들으면 영향을 받게 될 것이라고 했다. 사탄은 거짓말을 아주 능숙하게 하니 그런 말을 듣게 되면 영혼이 총알을 맞고 신앙이 죽게 되어, 선생을 더 이상 믿을 수 없게 되고 결국 교회를 떠나게 되어 하나님의 적이 돼버릴 것이다. 그러므로 절대로 그런 악평을 듣거나 보아서는 안 된다고 강조했다.

교회 언니가 말하기를 '독립적인 사고', '스스로 판단하는 사고'는 실은 모두 '선입견'의 영향을 받는 거라고 했다. 첫인상과 처음으로 받은 정보는 사고에 큰 영향을 미친다. 따라서 우리는 사람들이 악평에 접촉하기 전에, 그리고 하나님과 선생에 대한 '나쁜 선입견'을 가지기 전에 그들에게 얼른 전도해야 한다. 일단 어떤 생각이 머릿속에 들어오면 그 생각을 제거하기 어렵다. 만약 악평을 보게 되면 그것이 암세포와 같아서 처음에는 별 것 아닌 것 같지만 나중에는 선생에 대한 의심이 통제할 수 없이 커진다. 우리는 사탄에게 그 어떤 틈도 주지 않도록 조심해야 한다.

언니들은 또 말했다. 이미 악평을 본 사람들도 결국에는 선생이 억울하게 모함을 당했다는 것을 알고 선생님을 인정한다고. 그 뉴스 보도들은 과장되거나 허위 사실이 포함되어 있었다, 한국 TV 방송도 가짜 보도를 인정했고 공개적으로 사과했다, 그 고발한 가짜 피해자들 중에는 자신이 거짓말을 했다고 인정한 사람도 있었다, 우리도 선생의 무죄를 입증할 많은 증거를 가지고 있다고(나중에 알게 된 사실은 그 TV 방송이 시청률을 높이기 위해 일부분을 조작했다가 그걸 인정한 것뿐이었다. 그리고 자신의 거짓말을 인정했다던 피해자들은 사실 JMS로부터 돈을 받고 고발을 취하하는 합의를 한 것이었다. 선생의 무죄를 입증하는 증거들이 많다는 그들의 말은 모두 거짓이었고, 그에 관한 증언은 돈으로 매수되거나 세뇌된 증인들의 거짓 증언들이었다.).

홍콩의 회원 중 한 사람이 직접 증언한 적이 있는데, 그 회원은 한때 호기심을 참지 못하고 악평을 봤다가, 그로 인해 선생에 대해 계속해서 의심하게 되었다고 했다. 그러나 기도 후 꿈에서 계시를 받았고, 이를 통해 선생이 누구인지 깊이 깨닫게 되었다고 했다. 이 이야기를 듣고 나니, 하나님은 모든 것을 알고 계시고 무소부재하시다는 생각이 들었고 여기는 정말로 하나님의 나라임을 느꼈다.

선생이 감옥에 갇힌 사건은 뉴스에 보도되었고, 특히 아시아 몇몇 나라에서 크게 보도되었다. 사탄의 방해를 받지 않고 오해를 일으키지 않기 위해, 언니들은 전도 대상을 조심스럽게 골라야 한다고 가르쳐 주었다. 특히 부모님들은 보도를 보면 우리가 사이비 종교라고 오해할 수 있어, 자녀들이 교회에 가는 것을 막거나, 심지어 자녀들을 특정 센터에 데려가 기성인[11]들에게 '세뇌'를 당하게 할 수도 있다. 언니들 이야기에 따르면, 한국에서는 많은 부모들이 그렇게 했고, 동의서에 서명하여, 자녀에게 진정제를 주고 감금시키고 끊임없이 세뇌 교육을 강요해 인간성을 잃게 만들기도 했다. 그래서 정말로 조심해야 한다고 했다. 경찰, 기독교인, 부모 또는 성인 친척들은 특히 주의해야 한다고 했다.

사람들의 사고를 통제하는 방식은 대체로 이런 식이다. 외부 정보에 대한 접근을 줄이면 사고를 통제하기가 쉬워진다. 하지만 나는 지금, '정

---

[11] 그들은 일반 기독교를 '기성'이라고 부르며, 이는 '이미 지나간'이라는 의미이다. 지금은 새로운 시대라는 것이다.

보기술이 발달한 이 세대에서 자유롭게 다양한 정보를 접한다고 해도, 진실과 거짓을 구분하기가 과연 쉬운가? 우리는 현재 어느 것에도 조종받지 않고 자유롭게, 진정 나다운 판단을 하고 있다고 자신할 수 있나?'라고 자문해 본다.

### 말 조심

지도자들은 우리에게 교회를 보호하는 법도 교육했다. 밖에 있을 때, 오해를 초래하지 않기 위해 '교회'라고 말하지 말고 '센터'라고 해야 한다. 그리고 '전도'나 '노방 전도'라고 말하지 말고 'RE(Road Evangelizing)'라고, '월명동'말고 'WW'라고, '선생'말고 'R'(Rabbi의 이니셜인데, 라틴어로 '선생'을 의미하며, 성경에서 제자들도 예수님을 '랍비'라고 불렀다)이라고 해야 한다고 주의를 주었다. 또한 행동도 매우 조심해야 한다. 만약 기독교인을 전도하려면 더더욱 조심해야 하며, 부모님과 친구들에게 교회에 대해 언급하지 말아야 한다. 결론은 모든 것은 지도자와 상의해야 한다고 당부했다.

당시 나이가 어린 우리는 정말 순종적이었다. 우리를 비밀 조직의 일원이라고 느끼게 한 그 비밀스러운 암호들이 흥미롭기도 했지만, 무엇보다 우리의 '조그마한 실수'로 큰 재앙을 불러일으킬 수 있다는 점이 너무나 두려웠다. 우리가 감당할 수 없는 상황을 만들어낼 수 있다는 두려움이었다.

## 보조적인 감정 지배 – 천국 성령 운동

예배 외에도 매주 금요일 저녁에는 '천국 성령 운동'이 있다. 교회에서는 '성령'을 엄마와 같은 여신으로, 사람의 마음을 감동시키고 힘을 주는 존재로 가르쳤다. '천국 성령 운동'을 통해 성령을 받으면, 어떤 사람은 영안(靈眼)을 떴고, 어떤 사람은 병이 나았으며, 어떤 사람은 특정한 능력을 얻기도 했다.

성령 운동에 참여하기 전에 언니들은 나에게 '전초'를 해주며, 성령을 받을 때 각자의 반응이 다를 것이라고 미리 설명해 주었다. 내가 교회에 들어가자마자, 눈물을 흘리거나, 콧물을 흘리거나, 몸을 흔드는 사람, 두 손을 높이 드는 사람, '라라라'라고 외치는 사람(그들은 이것이 방언이라고 말했다)들을 보았고, 그 장면이 꽤 장관이었다. 성령 운동에서는 예배와 달리 목사님이 나와서 설교하는 것이 아니라, 한국의 현장 생중계 화면을 연결하는 형식으로 진행됐다.

성령 운동 말씀을 전하는 사람은 '부흥 강사'인데, 바로 정조은 목사다. 그녀는 선생의 큰 제자로, 온 마음을 다해 선생과 하나님을 섬기며, 모두가 그녀를 천모 성령의 상징이라고 말했다. 정조은 목사는 10대 때 전도됐고, 지금은 거의 40세가 되었다. 그녀는 키가 매우 크고, 긴 머리를 금발로 염색했으며, 외모는 빼어난 건 아니지만 고급스럽게 꾸몄다. 선생이 감옥에 간 후, 그녀에게 '부흥 강사'의 사명을 주어 조은 목사가 이 역할을 맡아 사람들의 영혼을 깨우고 교회를 부흥시키고 있다고 한다. 2009년 성령 운동이 시작되었을 때, 성령은 정조은 목사를 통해 여러 기적을 나타내셨는데, 다리가 부러진 사람이 일어난 것, 귀가 멀었던 사람이 듣게 된 것, 많은 사람들이 영안을 뜨게 된 것 등이 포함됐다. 조은 목사는 선생을 대신할 수는 없지만, 언니들은, 그녀가 섭리의 기준자로서, 가장 온전한 신부라고 말했다. 우리는 모두 그녀처럼 주님과 하나님을 사랑하고, 하나님께서 기뻐하시는 사람이 되어야 했다. 그래서 그녀의 옷차림과 스타일을 따라 하는 사람들도 많았다.

선생은 '하나님을 사랑하는 법'을 가르쳐 주시는 주님이고, 조은 목사는 '선생을 사랑하는 법'을 가르쳐 주는 신부 대표인 셈이다. 교회에서 방영된 교육 영상에서 조은 목사는 지금은 하나님과 주님을 먼저 사랑하는 시대라고 가르쳤다. 우리는 신부이며 애인 신분으로, 먼저 사랑해야 한다고 강조했다. 만약 주님이 차로 우리를 데리러 오신다면, 주님이 문을 열어주기를 기다리지 말고, 기쁜 마음으로 내가 먼저 차에 뛰어들고 주님을 사랑한다고 고백해야 한다는 비유를 들어 가르쳤다. 이 이야기를 할 때 조은 목사의 표정과 행동은 마치 일본 만화에서 귀엽고 흥분한 소녀처럼, 성조가 한 옥타브 올라가고, 두 손을 꽉 쥐고 가슴에 안고, "hop in the car!"라고 외쳤다. 능동적으로 먼저 사랑하는 것이야말로 진정한 평등의 사랑이며, 하나님과 주님이 더 이상 우리를 짝사랑하지 않게 하는 사랑이라고 했다.

성령 운동이 시작되자, 화면에는 선생이 교회를 세우는 모습이 나타났다. 처음에는 몇 명에 불과한 사람들로 좁고 낡은 방에서 성경 말씀을 전하는 장면이 비춰졌고, 이어서 전 세계의 많은 사람들이 선생을 따르는 모습이 나오고, 웅장하고 감동적인 음악이 흐르며, 성령 운동 중 사람들의 뜨거운 눈물과 기도하는 모습이 다양한 국적의 사람들과 함께 나타났다. 마지막에는 애니메이션으로 천국의 성문이 열리고, 흰 옷을 입은 영혼들이 하늘로 날아가는 모습이 보였다. 전체 영상은 감동적이면서도 충격적이었다.

영상이 끝나고 화면이 다시 현장으로 돌려 비추었다. 현장은 대규모 음악회 같은 공연 장소로, 청중이 많이 모여 있고, 모두가 함께 찬양의 노래를 부르기 시작했다. 찬양은 부드러운 것, 경쾌한 것, 격렬한 것 등 다양하며, 춤과 다양한 예술 공연이 분위기를 띄웠다. 찬양이 끝난 후, 정조은 목사가 등장했는데 마치 연예인처럼 빛났다.

그날의 말씀 내용이 다 기억나는 건 아니지만, 그녀는 매번 간절한 눈물을 흘리며, 진정으로 선생을 믿고 하나님을 사랑하는 것을 포기하지 말아야 한다고 호소했다. 이때, 음악이 절정에 이르고, 강한 드럼 소리가 어우러지면서 열정이 솟구치자, 우리는 다 함께 "주여! 주여! 주여!"라고 외쳤다. 나도 감동을 받아 눈물을 멈출 수 없었다. 음악이 끝난 후, 조은 목사는 마무리 기도를 했고, 모두가 기쁘고 만족스러운 마음으로 성령 운동의 밤이 마무리되었다.

집까지 가는 데 한 시간 반이 걸리기 때문에, 집에 도착하면 많이 늦은 시간이 될 것이다. 그러나 버스 정류장을 향해 달려가는 나와 또래의 중고등부 회원들의 얼굴에는 빛이 나고 있었다. 성령 말씀에 감동받은 우리 모두는 가슴이 뛰고, 기쁨의 미소로 가득하여, 시간이 늦어진 것 때문에 걱정하는 아이는 아무도 없었다. 그 모습은 마치 영화 속에서 아이들이 꿈을 쫓아 달리는 것 같았다. 우리는 하나님의 새로운 역사 속 사랑의 군대이며, 지구의 미래는 우리의 손에 쥐고 있었다.

## 일기

하나님과 더 깊은 관계를 맺기 위해서는 기도하며 대화를 나누어야 한다고 했다. 교회 사람들은 모두 기도를 아주 잘하는데, 무릎을 꿇으면 한 시간씩 기도한다. 하지만 나는 오래 깊이 기도하는 것이 익숙하지 않았기에 대신 편지를 쓰듯이 매일 일기를 쓰면서 하나님과 대화하며, 하나님을 내 연인으로 상상하며 달콤하고 행복한 하루하루를 보냈다.

나는 일기에 매일매일 하나님께 사랑을 고백하며, 크고 작은 일들을 모두 적거나 그림으로 표현했다. 어렸을 때부터 꿈꿔왔던 그런 사랑을, 나는 마음껏 상상했다. 사랑의 신이시니 분명 내적으로나 외적으로나 완벽하실 것이라고 생각했다. '하나님, 당신 계시나요? 제가 당신께 쓴 글을 보고 계시나요? 당신이 그립습니다. 언젠가 당신의 손을 꼭 잡을 수 있기를 바랍니다.'라고 쓰며, 언제 어디서나 계시는 하나님께서 반드시 내 사랑을 받아주실 거라 굳게 믿었다. 언니들은 하나님께서 만물과 사람들, 그리고 꿈을 통해 우리와 소통하신다고, 그리고 많은 실제 사례와 이야기도 들려주었다. 예를 들어 누가 잠들기 전 기도 후 꿈에서 예수님이 멋지게 흰 정장을 입고 자기와 춤을 추셨다는 등, 신기하고 달콤한 경험들이었다. 나는 이처럼 신비롭고 경이로운 사랑을 만날 수 있을 줄은 생각하지 못했고, 이 사랑은 마치 비밀정원 같아서 오직 나만 알고 있다는 점이 내 마음을 더욱 사로잡았다.

나는 하나님과 주님과의 사연, 경험했던 모든 달콤한 순간들, 그리고 내 마음의 가장 깊은 비밀까지도 모두 일기에 적었다. 나는 이런 습관을 오랫동안 들여왔고, 나중에 기도하는 것에 익숙해졌음에도 때때로 여전히 내 사랑을 글로 기록하곤 했다. 나는 교회에서 배운 그대로 따라 스스로 상상하고 믿었다. 그러나 나의 이 <사랑의 일기장>이 나중에 교회가 나를 공격하는 무기가 될 줄은, 당시에는 전혀 생각지 못했다.

## 선생과의 편지 소통

일기쓰기 외에도, 언니들의 조언으로 나는 선생에게 편지도 열심히 썼다. 선생은 하나님의 몸이며, 그를 사랑하는 것은 곧 하나님을 사랑하는 것과 같다고 언니들이 가르쳤다. 비록 선생은 나이 많으신 할아버지이지만, 그분 안에 계신 이는 하나님이시므로 나는 선생을 사랑해 보려고 애썼다.

나는 생각했다. '감옥에 계시는 나의 선생님, 매일 많은 편지와 보고서들을 받으시느라 얼마나 지루하실까. 게다가 이렇게 더운 여름에 에어컨 없이 얼마나 덥고 힘드실까.' 그래서 나는 파란색 편지지에 귀여운 펭귄 그림을 넣어, 선생님이 내 편지를 읽으면서 미소 짓고 시원함을 느끼기를 바랐다. 하지만 나중에 알고 보니 모든 편지는 담당하는 사람에 의해 정해진 형식으로 정리되어 감옥으로 보내진다 하니, 선생에게 전해지지 못할 정성이었다.

그런데 얼마 지나지 않아, 선생으로부터 답장이 왔다. 그 편지 내용은 이랬다.

"메이플, 편지 봤다. 하나님이 너를 부르셨으니 열심히 해. 회개하면 된다. 주의 신부이니 깨끗이 섬겨야 한다. 나는 여기서 잘 지내고 있다.

사람들의 죄를 대속하기 위해 이곳에 있는 것이다. 예수님도 그렇게 하셨던 것 아니냐? 안녕."

말로만 전해 듣던 선생님이 정말로 내게 답장을 주셨다니! 전 세계 곳곳에서 수많은 사람들이 그분께 편지를 보내고 있는데, 그분께서 정말로 내게 답장을 보내셨다니! 정말 놀랍고 감동적이었고 그날 나는 하루 종일 눈물이 났다. 주님께서 이토록 실제적으로 가까이 계시는구나.

답장은 섭리 편지관리국에서 정리된 이메일 문서로, 각 교회와 부서의 담임 목사에게 발송된 후, 목사님이 구두(口頭)로 회원들에게 읽어주었다. 안전을 위해 인쇄하거나 보관할 수 없기 때문에, 나는 그 내용을 머리로 꼭 기억해야만 했다.

그것이 나와 선생과의 관계의 시작이었다. 매일 수만 통의 편지를 받는다는 것을 알면서도, 내 편지를 다시 읽지 않을 수도 있지만, 나는 하나님과의 거리를 가까이하고 싶었다. 그래서 지속적으로 편지를 쓰고, 선생께 그림도 그려 보냈었다. 그날 선생의 답장을 받고 나서, 나는 기적이 존재한다는 것을 깊이 믿게 되었다. 그때 나는 홍콩 가수 슈가이치의 노래인 <키로 리비스의 회신>이 자주 떠올랐다. 가사는 바로 내 마음의 소리였다.

「알고 있다, 우리가 우주를 사이에 두고 있음을. 그럼에도 나는 매일 사랑을 편지에 담아 보낸다. 고개를 들어 별을 바라보며 꿈꾸고, 멀리서 당신이 나를 위해 편지를 써주기를 기다린다. 모두가 어렵다고 지쳤다고 포기하지만 전 세계에서 나만이 마음을 잃지 않고, 슈퍼 아이돌의 마음을 움직이기 위해, 계속 믿고 당신에게 편지를 쓴다.」

언젠가 선생과 가까워지고, 하나님의 육체와 소통하며, 하나님과의 사랑을 실제로 이루게 될 것이라고 나는 믿었다.

섭리 편지는 정해진 형식이 있어, 우리는 모두 이를 준수해야 했다. 선생이 받는 편지가 너무 많기 때문에, 내용은 간결해야 하며 200자를 초과할 수 없었다. 각 편지에는 소속 국가, 교회, 부서, 편지 날짜, 교회 직책 등을 명시하고, 개인 사진도 첨부해야 했다. 개인 사진은 품위 있고 아름답게 찍은 반신 또는 전신사진이어야 했다. 또한, 편지의 주제는 회개, 보고, 감사 등으로 명시해야 하고, 편지를 이메일로 목회자에게 보내면, 목회자가 직접 번역하거나 담당자에게 맡겨 한국의 편지관리국으로 전달하여 선생에게 발송됐다.

답장을 받으면, 선생이 지시하시거나 특별한 경우가 아니면, 절대 다른 사람에게 말하면 안 된다고 했다. 안 그러면 사람들의 질투를 유발할 수 있기 때문이고, 따라서 불필요한 갈등과 오해를 피하기 위해, 답장을 받으면 반드시 비밀을 유지해야 했다. 편지뿐 아니라 모든 선물이나 혜택도 다른 신도들에게 알려지지 않도록 조심해야 했다.

> **2011.9.26 메이플 홍콩**
>
> 편지 봤다.
> 주님이 불렀으니 열심히 해.
> 말씀 잘 지들 배우고 가르쳐주고 강사도 돼.
> 나는 잘 있고, 이런 때 시대 말씀을 심정 깊이 쓴다.
> 원래 나간다고 했는데 너무 잘 되니까 기성인들이 시기 질투하여 기성 관직자들이 이같이 했다.
> 내가 알고 있다.
> 주님 때도 그랬지 않았느냐.
> 그들의 죄와 시대 죄를 대신하고 그들을 구원해야지.
> 안녕.

✤ 2011.12.13 메이플
편지 봤다.
열심히 해서 만들자. 努力十足 do - 起 do
하면 된다. 做就可以
수고해요. 辛苦了
안녕.

看着了信了
情況了解了以
目的是转化人, 要活出其化事實,
明白嗎?
再見.

✤ 2011.12.13 ~~~~~~
수고한다.
잘 봤다. 看了 moto
내년에는 10명 하자. 來年 do 10
하면 돼. 做就可以
내가 하게 나도 영이 전도해주마. 你让 do my0, will also give help ke
모두 잘 지내. everyone 好好
사랑해.
안녕.

收看了信, 努力去做.
如 msn left, tell them not to give her $
only listen to wt I say, don't
listen to her.

2012.6.14 홍콩 메이플
편지 봤다.
수고한다.
말씀 강사 보내줄테니 말씀 깊이 배워. 月初 派 T Kangsa, learn deep
절대 말씀이다. 只聽聽 kang T
그래서 모두 강사 돼야 된다. everyone 成 kangsa.
열심히 해.
사랑해.
안녕.

让声權去 grow, 已經去 will
let stars be leaders. 你祖信
我是甚么人嗎? tell me ev...

2013.2.9 메이플 홍콩
new year 편지 봤다. 有收到  홍콩 - week eat twice 떡 매일 (festival)
설 잘 지냈냐? 나 여기서 떡국 평소에도 일주일에 2번 먹고, 명절 때 고기 반근 먹고 떡도 먹었다.
祝福 다 준다. 너나 잘 먹고 해. 그리고 말씀 배우고 지도자 돼. 스타도 하자. 好好學 t do.
천국만 향해 가자. 강의 철저히 하고, 집에서 핍박 안 받게 지혜롭게 하자. 편지 자주해. always write letter
안녕. 好好 learn T, 成 指導 person. ★
only 要 go towards her (Let's go)
徹底 do (kang yi) family 近來 big bag do w/ wisdom

선생의 답장(당시 여러 번의 간구 끝에 목사가 준 한국어 답장 기록.
목사가 번역해 준 것을 내가 직접 받아 적었다. 목사가 특별히 허락해 준
것이라 오랫동안 소중히 간직하게 되었다.)

## 다양하게 전도하는 선생

교회에서 들은 바로는, 선생은 감옥에 있지만, 환경의 영향이나 제약을 받지 않고 항상 인류를 구원하기 위한 사명을 다하고 계신다고 했다. 매일 기도하며 하나님의 말씀을 받고, 편지를 통해 전 세계의 교회와 회원들을 관리한다는 것이었다. 심지어 감옥에 있는 죄수들에게도 복음을 전했다. 대규모 행사를 개최할 때마다 지도자들이 선생에게 보고를 하면, 선생은 편지를 통해 직접 지도하고 신도들에게 축복과 격려를 했다.

그 외에도 선생은 다양한 방법으로 복음을 전파했다. 말씀 모음집과 시집을 포함하여 많은 책을 저술하였고, 이 책들은 성품서점(誠品書店)에서도 판매되고 있으며, 시집은 사회적으로 인정받아 유명 시인 시집 중에 올라 있다고 했다.

<한국 시 대사전>(2011)에서는 이렇게 평가되어 있었다. '정명석 시인은 조물주가 만든 세상의 오묘함에 마음눈을 뜬 자다. 만물은 인간을, 인간은 신을 닮아 있다는 창조법칙을 발견함으로 한데 묶기 어려운 이미지들을 변주하여 무리 없이 연결시킨다. 그의 진솔한 시 세계는 드높은 하늘-님에 대한 경외와 상한 세상의 땅-님들을 감싸 안으려는 승화된 사랑이 근간을 이루어, 일상과 이상이 불화하는 현대인들에게 희망과 화해의 장을 마련해 주고 있다.'

### 영감의 시

눈보라 몰아치는 겨울에도
세월은 간다
비바람 태풍이 몰아쳐도
세월은 간다

환난 핍박 모진 고통 몰아쳐도
행복은 온다

 나는 '이런 시를 쓸 수 있는 사람이, 악평가들이 말하는 강간범일 리가?'라고 생각했다.
 또한 선생은 자신의 경험과 성경 말씀을 바탕으로 다양한 '교재'를 만들어 우리를 지도했는데 이를 통해 우리는 인생의 태도에 대해 배웠다. 예를 들어 '끝까지 하는 것', '완벽 추구', '사람의 책임분담', '자기 자신의 가치', '신앙', 심지어 '사랑' 등에 대한 내용들이었다. 선생은 베트남 전쟁에 참전하였고, 다양하고 신기한 이야기들을 기록한 4권의 책도 저술했다.
 이 책들은 큰 서점에서 판매되고 있으며, 홍콩의 성품서점(誠品書店)에도 있다. 섭리 안의 대부분의 사람들은 이 책을 구매했으며, 특히 군에 가야 하는 한국 남성 회원들은 선생을 본보기로 삼았다.

교회에서는 신도들이 두셋만 모여도 늘 선생의 다재다능함에 관해 서로 이야기하며 칭찬했다. 그림도 시도 유명하여, 선생이 국제 대회에서 수상한 경험이 있고 예술계 사람들의 존경을 받는다고 자랑했다. 이런 공식적인 성과가 있으니 신입생들은 선생의 능력을 의심하지 않고 선배들을 따라 믿었다.

　선생은 여러 국제 음악회에서 오케스트라의 지휘도 맡았고, 피아노 연주도 하신 적 있다고 했다. 음악 이론을 모르고 음악적 지식이 전혀 없으셨어도, '감동'에 따라 자유롭게 표현했다. 어떤 이들은 선생의 지휘가 마치 어린아이가 춤추듯 혼란스럽고 엉망이라고 말하지만, 충성스러운 회원들은 그의 지휘와 연주에서 생명력을 느낀다고 반박했다.

### 전도 방법

　하나님의 소원을 이루기 위해 나는 교회 언니들과 함께 매일 전도했다. 우리는 보통 거리에서 설문조사를 하며, 그들과 친구가 되어 사람들을 연결했다. 하루에 수십 명, 심지어 백 명 이상에게 말을 걸었다. 이것이 내가 전도된 방법으로, '노방(路旁) 전도'라고 불린다. 가족이나 친구와도 연결하긴 하지만, 이는 지도자들의 허가를 받아야 된다. 섭리에서 전도 대상이나 새로 온 사람들을 '생명'이라고 불렀다.

　우리는 또한 외부 활동을 개최하여 사람들을 모았다. 다른 기독교 전도 활동과 마찬가지로, 공예 클래스, 디저트 클래스, 댄스 클래스, 또는 캠프 같은 활동을 진행했다. 사람들과 신뢰를 쌓은 후, 그들에게 우리의 성경 수업을 듣도록 소개했다. 우리는 자기소개를 할 때 대학 동아리 단체로서 젊은이를 위한 활동을 개최한다고 했다. 젊은이들이 새로운 것을 좋아하기 때문에 반응이 항상 좋았다.

나중에 교회 지도자가 나도 성경을 가르치도록 했다. 나는 이 성경의 비밀을 의심이나 오해 없이 잘 전파하고 싶었다. 학업보다는 신앙에 더 많은 정성을 쏟고, 어떻게 하면 더 효과적으로 복음을 전할 수 있을지 연구했다.

## 전도 대상 : 젊고, 아름답고, 키가 큰 여자

그때 나는 교회의 중고등부에 속해 있었기 때문에 주로 중학생을 대상으로 전도했는데 전체 교회는 청소년 전도에 집중했다. 언니들은 우리에게 젊은이, 특히 중고등학생에게 전도하는 것이 좋다고 교육했다. 선입견이 적고, 새로운 것과 새로운 개념을 쉽게 받아들이기 때문이라고 했다.

중고등학생 외에도, 나는 모델 같은 사람들에게도 전도했다. 보통 최소 170cm 이상의 키를 가진 여자들이다. 당시 홍콩의 모델부는 서너 명밖에 없었고, 모두 직업 모델이 아닌 그저 키가 크고 얼굴이 예쁜 여자들이었다. 교회에서는 명백히 말하지 않았지만 그런 여자를 전도하는 것이 좋다는 분위기가 있었다. 키 크고 아름다운 여자애들이 연결되면 교회 사람들 모두가 관심을 가지고 더 세심하게 챙겨줬다. 우리는 패션쇼 전도 활동을 개최한 적 있는데, 한 한국 모델부 목사가 홍콩까지 와서 우리를 도와준 적이 있다. 그녀는 젊고 아름답고 매우 친절했으며, 워킹하는 방법도 직접 가르쳐 주었다. 그녀는 또한 한국 중앙의 모델부 의상 몇 벌을 가져와서 우리가 공연할 때 입도록 했다.

언니들은 선생이 젊었을 때 도심에서 전도를 할 때, 외적인 조건이 좋은 젊고 예쁜 사람들, 마치 하나님의 특별한 작품처럼 보이는 사람들이 사탄에게 이끌려 세속적인 길로 가는 것을 보면서, 매우 안타까워하셨다고 했다. 그때 선생은 예수님께 맹세하여 가장 멋지고 아름다운 사람들을 예수님 앞에 전도하겠다고 다짐했다는 것이었다. 이 이야기가 나에게는 정말 감동적으로 들렸다.

내가 전도받은 지 얼마 되지 않아, 180cm 이상의 키를 가진 한 여자가 전도되었다. 그녀의 이름은 가가이며, 눈이 크고 둥글고, 코도 약간 둥글며, 피부가 희고 고왔다. 모두가 그녀에게 정성을 다하는 게 눈에 보였다. 교회의 목회자인 정조열 목사가 그녀에게 일대일로 성경을 가르쳤고, 우리 모델부에게도 그녀를 잘 챙겨주고, 함께 식사하고 놀아주며 친구가 되어주라고 각별하게 당부했다. 그녀가 말씀을 이해하고 교회에 적응할 수 있도록 함께 도왔다.

나도 가가를 아껴주기로 결심했다. 가가가 바다에 가고 싶다고 해서 함께 가줬고, 어렸을 때 가족과 필리핀 여행을 할 때 사온 조개껍질 한 상자를 바닷가에 가져가서, 바닷가의 여러 곳에 조개껍질을 숨겨 두고, 가가가 '보물찾기'를 할 수 있도록 놀아주기도 했다. 그녀에게 아름다운 추억을 만들어 주고 싶었다. 그리고 언니들이 웨딩드레스를 빌려서 우리 사진을 찍어 선생께 보내 드리자고 했다. 우리는 가가를 산업 빌딩으로 데려가 웨딩드레스를 입히고 사진을 찍어주고, 같이 찬양을 부르며 춤추고 기도했다.

교회의 지도자들은 회원들에게 소녀들이 환상하는 사랑을 반복해서 가르치고, 이상한 논리를 정당화했다. 회원들이 남녀를 불문하고 '소녀 감성'을 품고 '신'에게 무한한 '환상적인 사랑'을 꿈꾸게 만들었다. 그 사랑을 생생하게 꿈꿔 본 신도들은 어린 시절 전도받은 순간부터, 어른이 되고, 심지어 노인이 되어서까지 그 감정을 내려놓지 못하고, 그 희망에 의지하게 된다. 그 첫사랑 같은 달콤한 행복은 누구도 부정하고 싶지 않고, 잃고 싶지 않은 것이다.

## 관리

생명을 전도한 후에는 잘 '관리'해야 한다. 그들과 자주 대화하며, 신앙이나 생활에서 어떤 어려움이 있는지 살펴보고 서로 도우며 격려해야 한다. 회원들이 어떤 고민이 있으면 우리는 최선을 다해 도와주고 기도하며 지원했다. 요컨대 생명들이 교회에 있으면 걱정이나 염려가 없고, 하나님께서 모든 문제를 도와 해결해 주신다는 믿음을 심어주는 것이 중요하다.

물론 신앙에 대해서 더더욱 관리가 필요하다. 지도자는 생명들과 각 부서의 회원들이 제대로 기도하고 모임에 참석하는지 보살필 책임이 있다. 때때로 생명들이 죄를 짓거나 유혹에 빠져 이성이나 악평을 몰래 접하는 경우가 있다. 이러한 생명들을 특별히 돌보고, 더 많이 있어주고 달래줘야 한다. 내가 신앙이 힘들 때는 지도자가 더 자주 연락해 주며, 밥을 사주고 기도해 주고, 재교육의 말씀을 들려주며 하나님이 함께하신다는 것을 알려주어 신앙심을 잃지 않도록 도왔다. 이러한 '챙김'이 과연 교회의 인원이 줄어들지 않기 위한 것인지, 진정으로 걱정해 주는 것인지, 나는 훨씬 나중에야 구분할 수 있었다.

## 하나님의 애인

하나님이 인류를 창조한 목적은 무엇일까? 바로 '사랑'이다. 성경의 고대 문자와 언어로 많은 오해를 불러일으킨다고 선생은 설명하시며, 하나씩 과학적으로 해석했다. 아담과 하와의 타락이 금단의 열매[12]를 먹은 것이 아니라 성관계를 가진 것이라고 가르쳤다.

섭리 안에는 하나님의 창조 목적을 이루는 길이 두 가지 있다. 첫째, 교회 안에서 하나님이 창조 목적을 같은 이해를 가진 이성과 정해진 나이에 하나님이 허락하고 축복한 아래에서 결혼하여 자손을 번식하고, '가정 천국'을 이루며, 나아가 '사회 천국, 국가 천국, 지상 천국'으로 모여지는 것이다. 이러한 사람들은 '축복 가정'이라고 불리며, 그들의 자녀는 '2세', 또는 '은하수'라고 불렀다. 허락받은 사람만 '축복식'에 참여할 수 있으며, 정해진 날에 남녀가 교회에서 만나 서로를 이해하고 적합한 대상으로 느끼면, 선생에게 결혼 신청해서 허락받으면 '성혼식'을

---

[12] '금단의 열매'는 '성관계'를 비유한다는데 선생은 성경을 인용하여 설명했다.
첫째, 그들이 '금단의 열매를 먹은' 후 자신이 벌거벗었다는 사실을 깨닫고 부끄러움을 느꼈다.
창세기 3:7 그들의 눈이 밝아져서 자기들이 벌거벗은 것을 알고 무화과 나무 잎으로 치마를 엮어 입었더라.
둘째, 하와는 그후 임신의 고통에 대한 저주를 받았다.
창세기 3:16 여자에게 이르시되, '내가 너의 고통을 크게 하여 너가 자녀를 낳을 때에 많은 고통을 겪게 하리라. 너는 남편을 사모하겠고, 남편은 너를 다스릴 것이다.'
셋째, '동산의 나무'는 아담과 하와를 비유하며, 동산의 나무에 있는 '금단의 열매'는 그들 사이의 기관, 즉 성기라는 비유이다.
창세기 2:9 여호와 하나님이 땅에서 각종 나무를 자라게 하시니 보기에 아름답고 먹기에 좋은 것이었고, 동산 중앙에는 생명나무와 선악을 알게 하는 나무가 있었더라.

거행하여 결혼할 수 있다.

둘째, 결혼하지 않고 기독교의 수녀처럼 평생 하나님을 섬기는 것이다. 그들은 오로지 하나님만 사랑하며 일생을 섭리에 헌신하고, 만국에 복음을 전파하여 하나님의 창조 목적을 이룬다. 이러한 사람들은 '신앙의 스타'라고 불린다.

## 신앙의 스타가 되겠다고 다짐하다

나는 어릴 적 특별한 꿈이나 목표가 없었다. 항상 가졌던 신념은 오직 사랑이었고, 나를 열정적고 무모하게 앞으로 나아가게 할 무언가를 찾고 싶었다. 섭리를 만나고 나서 '하나님을 사랑하는 것'이 바로 내가 모든 것을 걸고 추구하는 인생의 목표가 되었다.

남녀 모두 '신앙의 스타'가 될 수 있지만, 대체로 여성들이 많았다. 교회에서는 여성이 일반적으로 하나님과 신랑 신부의 사랑을 더 쉽게 이해할 수 있다고 설명했다. 그런데 하나님과 선생을 사랑하는 남성 스타들도 있으며, 심지어 선생을 너무 사랑해서 성전환 수술을 원한다고 말한 사람도 있었다. 언니들이 말하기를, 선생이 여신도를 성추행한 혐의로 고발되었을 때, 보도에서 교회에 남성 스타가 없다고 하자 남스타들이 분노하여 방송국에 가서 선생을 변호하고, 섭리에 남성 스타도 있으며 하나님을 사랑하는 것은 성별에 관계없다고 외치며 변론했다.

목사님은 스타로 뽑힌 사람들의 공통적인 특징은 선생을 깊이 사랑하는 사람들이라고 말했다. 이들은 하나님을 깊이 사랑하며, 선생이 하나님의 육신이라고 확고히 믿기 때문에 선생을 하나님으로 여기고 사랑을 쏟는다. 결국 '평생 하나님을 위해 살아간다'는 큰 결정을 내리는 것은 진정으로 사랑하지 않고서는 모든 것을 포기하는 선택을 할 수 없다.

  그때 나는 목사님이 나에게 스타가 되라고 암시하고 격려하는 것처럼 느꼈다. 그래서 스스로에게 반문했다. '나는 하나님을 사랑하지만, 과연 하나님을 위해 얼마나 헌신할 수 있을까? 나는 선생이 하나님의 몸이라는 것을 얼마나 깨달았을까? 정말로 결혼과 진로를 포기하고, 진정으로 평생 하나님만을 위해 살아갈 수 있을까? 선생을 하나님으로 여기고 사랑을 쏟는 것은 과연 어떤 개념일까?'

  한 번 성령 집회에서 정조은 목사가 '하나님의 짝사랑'에 대해 말했다. 그녀는 선생이 젊었을 때 한 여자를 짝사랑하던 사연을 이야기하며, 하나님이 그처럼 매일 우리를 기다리고 지켜보고 계신다고 했다. 우리의 모든 행동이 하나님 마음을 움직이게 하며, 우리의 모든 생각도 하나님께서 마음에 두고 계신다고 했다. 선생이 하나님의 짝사랑을 겪고 깨닫게 되었을 때, 더욱 힘을 내어 전도하고 결혼하지 않기로 결심했으며, 평생 오직 하나님이 주신 사명을 다하기로 마음먹었다고 했다.

  나는 평생 하나님을 위해 살고 결혼하지 않고 스타가 되는 것을 고려하기 시작했다. 내 인생, 시간, 목표, 꿈, 사랑을 모두 하나님께 바치고 싶었다. 하나님은 나의 미래이자 기쁨, 평생 사랑할 분이다. 앞으로 어떤 어려움이 닥치더라도, 길이 아무리 외로울지라도, 이 사랑을 통해 전능하신 하나님—나의 남편—을 의지하며 모든 것을 이겨낼 수 있다고 나는 믿었다.

  나의 18세 생일, 교회 예배가 끝난 후, 언니들과 중고등부의 회원들이 나를 위해 생일을 축하해 주며 노래 부르고 케이크를 나눠 먹었다. 그러나 혼자 집으로 돌아가는 길에 나는 갑자기 깊은 공허함을 느꼈다. 그래서 발을 돌려 센트럴 부두 쪽으로 가서 사람이 없는 곳에서 혼자 찬양을 부르며 춤을 추기 시작했다. 예전에 한 교회 언니가 나에게 특정 찬양을 열 번 부르면 하나님이 실제로 옆에 오신다고 말했었다. 그래서 나는 그 찬양을 그대로 열 번 불렀다. 비록 하나님이 나에게 오셨다는 느낌은 들지 않았지만, 하나님께서 내 진실한 마음을 아시고 내 사랑을 기뻐 받으셨다고 믿었다. 사람들이 중요하게 여기는 18세 생일을 나는 하나님께 바치며, 나와 하나님 사이의 추억이 되었다.

그 해 크리스마스 날, 교회에서 대규모 전도 집회를 준비했고, 나는 열심히 춤을 추며 공연했다. 집회가 끝난 후, 나는 집에 돌아와서 예수님을 위해 미리 준비한 작은 깜짝 선물을 꺼냈다. 나는 작은 촛불 몇 개를 사용해 내 방 바닥에 하트 모양으로 둘러놓고, 그 안에 앉았고 두 손을 모으고 눈을 감았다. "예수님, 저의 일생을 다해 창조 목적을 이루고 싶습니다. 오늘 드리는 생일 선물은 이 약속 하나입니다. 저는 평생 오직 당신을 위해 살겠습니다. 저의 모든 시간과 사랑을 당신께 드립니다."

그렇게 나는 신앙스타가 되기로 결심했다. 그리고 나는 교육을 받은 대로, 하나님과 예수님, 선생을 같은 분으로 여기며, 그들에게 모든 사랑을 쏟겠다고 약속했다. 그때 나는 신앙의 스타가 되기 위해 신청하고 허락을 받아야 한다는 것을 몰랐다. 이 결정은 나와 하나님 사이의 약속이라고 생각했기 때문에 아무에게도 말하지 않았고, 교회의 언니들에게도 이야기하지 않았다.

사랑의 이름으로, 하나님의 이름으로, 단지 그 이유만으로도 충분히 사람이 모든 것을 쏟게 할 수 있다.

## 섭리의 대기지 : 월명동 첫 방문

2012년 고등학교를 졸업하면서 나는 '유혹'을 거부하고 학교 친구들과 졸업 여행을 가지 않았고, 가족여행에도 참석하지 않았다. 대신, 한국에서의 유학 프로그램에 간다고 거짓말을 하고, 섭리 매년 열리는 '수련회'에 참석하기로 했다.

월명동은 섭리의 발원지로, 매년 여름 전 세계의 회원들이 방문하는 대규모 모임인 '수련회'가 열린다. 언니들은 내가 월명동에 갈 수 있도록, 인터넷에서 한국어 학원 유학 공고와 포스터를 찾아서 포토샵으로 날짜와 다른 정보를 수정하여 나에게 주면서 부모님을 속이는 방법을 가르쳐 주었다. 나는 이 유학 공고 포스터를 엄마에게 보여주며 잘 말해서 한국에 다녀오라는 허락을 받아냈고, 한국 가는 공항에서 언니들과 찍은 단체 사진을 보냈드렸더니, 엄마는 대부분 여자들만 있는 그 사진을 보고 안심하셨다. 나에게는 월명동에 첫 방문이라 기대와 설렘이 가득했다.

월명동은 서울에서 몇 시간이 걸리는 지역인 대전시 금산군에 위치해 있다. 그곳은 시내에서 멀리 떨어진 시골 지역으로, 긴 시골길과 산길을 지나가니 마침내 도착했다. 우리는 소나무와 자연의 향기로 가득한 산길을 걸어 올라갔다. 안내자는 선생이 이곳의 소나무 향을 매우 좋아한다고 말했다.

## 월명동의 역사와 사연

선생은 처음 선교를 시작할 때, 서울에 교회를 세운 후 하나님으로부터 계시를 받았다고 한다. 후에 선생이 태어나고 수도 생활을 했던 산으로 돌아가 그곳을 하나님의 성전으로 개발하라는 하나님의 명령이었다.

언니들은 나에게 월명동 개발에 관한 다큐멘터리 영상을 보여준 적이 있다. 그 영상에서는 '선생의 야심작'이라는 돌조경이 조성된 배경을 자세히 다루는데, 돌을 세우는 작업은 매우 어렵고 힘난했다고 한다. 돌이 다섯 번이나 무너진 적도 있었지만, 선생은 불굴의 정신으로 마침내 이 거대한 작품을 세웠다고 한다. 그중 대표 돌들에는 '이 모든 구상은 하나님, 감동은 성령님, 보호는 예수 그리스도, 기술 실천은 나와 제자들' 그리고 '생명을 사랑하라'라는 글이 새겨져 있다.

지도자들은 월명동의 산 자체의 지형이 이 땅의 운명을 설명하고 있다고 했다. 이 산의 형태를 보면 하나님이 세상을 창조하시기 전에 이미 이 땅을 준비하셨음을 알 수 있다. 높은 곳에서 내려다보면 월명동의 지형은 여성의 자궁처럼 보이며, 이는 신부, 사랑, 생명을 잉태하는 것을 상징한다.

나는 산수(山水) 신화는 영화와 소설에서만 존재한다고 생각했는데, 지도 사진을 보면서 그것이 눈앞에 실제로 존재한다는 사실을 깨닫는 순간 소름이 돋았다.

언니들은 월명동이 사계절 내내 재미있는 곳이라고 말하며, '천국 같은 곳'이자 '자연 성전'이라고 했다. 이곳은 신성하면서도 흥미로운 신비한 장소이고 섭리에서는 월명동을 찬양하는 많은 노래를 창작했다.

잔디밭 옆에는 우물이 있으며, 목사들은 그 물이 약수라고 마음과 몸의 질병을 치유하는 능력이 있는 성수(聖水)라고 했다. 그리고 우물 옆에는 선생이 깊이 기도했던 기도 동굴이 있는데 동굴 안에는 여러 개의 긴 복도가 서로 이어져 있으며, 곳곳에 의자들을 놓아, 신도들이 앉아 기도할 수 있도록 되어 있다. 그 안에서도 작은 물웅덩이처럼 생긴 우물도 있다. 목사들은 바깥에 있는 우물의 성수도 이곳에서 흘러나온다고 말했다.

월명동 산에는 많은 소나무가 심어져 있다. 선생은 소나무를 좋아하는데, 이는 상록수로서 어떤 폭풍우나 눈보라를 만나도 여전히 굳건히 서 있는 사랑을 상징하기 때문이라고 했다. 선생은 감옥에 있는 동안에도 줄곧 편지를 통해 나무를 관리했다고 한다. 소나무 사진을 찍어 감옥으로 보내고 나무의 상태를 자세히 보고하도록 시켰다.

한 번은 한 회원이 월명동에서 찍은 자기 사진을 선생에게 보냈는데, 선생의 답장은 그 회원에 관한 것이 아니라 그 사진 속에 회원 뒤에 있던 소나무에 관한 내용이었다고 한다. 이 이야기를 들은 우리는 저절로 웃음이 나왔다. 선생의 솔직함이 정말 귀엽고 순수하며 사랑이 가득한 분이라고 생각했다.

밤에 나는 몇 명의 여자 회원들과 함께 잔디밭에 누워 별이 빛나는 하늘을 바라보았는데, 나는 태어나서 이렇게 많은 별을 본 적이 없고, 심지어 움직이는 별도 보았다. 내가 주님의 고향인 월명동 잔디밭에 누워 하늘의 별을 바라보다니 마치 꿈을 꾸는 것 같았다.

나는 현실의 걱정, 고민, 우울로부터 멀리 날아와 진정한 평안에 이른 것이다. 내가 지구에 오신 주님과 동시대에 살고 있고, 그 주님을 알아보고, 하나님이 이 땅에 하시고자 하는 주님의 역사에 동참하게 된 행운아라니. 이 모든 것이 너무 아름답고, 지나치게 행복해서 믿기지 않을 정도였다.

### 수련회

수련회 기간 동안, 우리는 관광객처럼 월명동 가이드의 설명을 들으며 산의 여러 장소를 둘러보았다. 월명동의 시설은 아직 개발 중이지만, 너무나 신기하고 아름다워 월명동에 반해 버렸다.

월명동 산비탈에는 두 층 높이의 건물이 있었다. 위층은 예배당으로, 대략 몇 백 명을 수용할 수 있다. 아래층은 미술관으로, 선생의 그림과 그가 수집한 형상 돌들을 전시하고 있었다. 미술관에서 인상 깊었던 것은 가운데에 전시된 선생이 감옥에서 회원들에게 편지를 쓸 때 사용했다는 백여 개의 볼펜이었다.

또한 수련회의 주요 프로그램인 대규모 말씀 모임이 있었다. 부서별로 하는데, 모임 당일, 잔디밭은 수천 명의 중고등학생과 지도자들로 가득 차 있었고, 마치 대규모 야외 음악 축제처럼 인파가 북적거렸다. 말씀이 시작되어, 정조은 목사가 말씀을 전했다. 그녀는 변함없이 아름답게 꾸미고, 힘 있고 감동적으로 말했다.

그 후, 또 다른 여학생이 무대에 올라 자신이 가지고 있던 청각 장애가 선생에 의해 치유된 기적을 간증했다. 신약성경에 사람들을 치유하는 기적을 행하신 예수님처럼, 이 시대에는 선생이 기적을 베풀고 계셨다.

  그 후 매년 여름, 나는 홍콩 교회 회원들과 함께 한국에 가서 성지인 월명동을 방문하고 수련회에 참여하게 되었다.

2013

## 더 깊은 정체성과 생활 습관의 통제

고등학교를 졸업한 후, 졸업 시험의 성적이 예상보다 잘 나오지 않았고, 나는 원하지 않은 과목을 선택해 홍콩 이공대학교에 입학했다. 내 대학 생활은 고등학교 시절과 마찬가지로, 학교에 다니는 것을 제외한 모든 시간을 교회에 쏟았다. 통학 시간에도 지하철과 버스에서 전도하거나 성경을 읽었다. 그때 나는 엄마에게 기숙사에 살고 싶다고 요청했는데, 가족의 '감독'도 없고 학교 친구들의 '방해'도 없어서, 내 생활권(圈)과 삶은 점점 더 교회에 집중되었다.

대학에 입학해서 나는 학교 친구들과 처음부터 거리를 두고 어떤 동아리 활동에도 참여하지 않았다. 홍콩 이공 대학교에서 나랑 친해진 유일한 두 명의 친구는 같은 반 친구들로, 한 번 수업에서 그룹 활동을 통해 알게 되었다. 한때 그들에게 전도하고 싶었지만, 그들이 남자친구를 사귀게 되어 포기했다.

그때 나에게 아침 일찍 일어나 기도하는 것은 큰 도전이었다. 제때 일어나지 못하면 하루 종일 매우 자책하게 되는데, 이는 설교 말씀에 따르면 하나님의 말씀을 지키지 않는 것은 하나님을 사랑하지 않는 것이기 때문이다.

그래서 나는 스스로를 격려하기 위해 한 편의 그림을 그렸다. 금빛 야수는 나의 영성을, 보라색 야수는 나의 육성을 상징하며, 두 마리의 야수가 싸우는 모습에서 결국 영성이 승리하는 그림이었다.

또한 나는 두 손이 합쳐진 그림을 그렸다. 원래의 의미는 주님께서 나의 손을 잡고 모든 어려움을 함께 이겨내는 것이었지만, 교회의 목사께서는 그것을 거꾸로 보면 기도의 손처럼 보이고, 옆으로 보면 생명을 구원하는 손처럼 보인다고 말했다.

그 시절, 교회에서는 회원들이 매일 하는 신앙 활동을 기록하는 '기본 신앙 기록표'를 도입했다. 기록표에는 새벽 기도, 낮 기도, 성경 읽기, 주일 및 수요일 말씀 읽기, 계시의 말씀 읽기, 전도, 건강 관리(운동하기), 미디어 보지 않기, 예배 참석, 찬양 부르기 등이 포함되었다.

나는 매일 매일 그것들을 하고 매일 매일 기록했는데 한때 모두 만점을 받았다.

매주 토요일, 우리는 아침 7시에 함께 배구를 하고 그 후 한국어 수업에 참석했다. 선생이 배구를 좋아한다고 해서, 우리는 섭리 홍콩 팀을 구성하여 연습하기로 했고, 선생이 감옥에서 나오시면 함께 배구를 할 수 있기를 희망했다. 인원이 부족해 지도자들이 남녀가 함께 팀을 이루는 것을 허락했지만, 여전히 코치가 있는 동안만 같은 코트에서 같이 연습했고 남녀가 양쪽으로 나뉘어 따로 따로 연습해야 했다.

어떤 음란한 생각도 없었지만, 나는 우연히 한 남자 회원을 바라본 것으로 큰 죄책감이 들어 자책에 빠졌다. 더러운 오물을 뒤집어쓰기라도 한 것처럼 스스로를 참을 수 없어서, 나의 사랑인 하나님을 상처 입혔다고 느끼며 화장실로 달려가서 크게 울었다.

그때 선생이 자포자기하지 말라고 하신 말씀과 찬양을 부르면 악마를 쫓아낼 수 있다는 것을 떠올렸다. 그래서 나는 화장실에서 혼자서 노래하고 춤추기 시작했다. "주님은 나의 희망의 빛, 환난이 있어도, 희망 빛 찬란하다!" 나는 다시 웃음을 되찾고 계속 배구 연습에 임했다.

일정 시간이 지나 교회 지도자들은 드디어 나의 노력을 인정하여 교회의 사역을 나에게 맡기기 시작했다. 소그룹 리더, 대표 기도, 찬양 인도 등 여러 역할을 맡게 되었다. 그때의 나는 신앙을 중심으로 살아가는 것에 익숙해졌고, 내 미래가 교회에 있음을 믿으며 대학교 졸업 후 교회를 위해 헌신할 생각이었다.

그때의 여러 일들을 다시 되돌아보면, 나는 심각하게 정신적으로 그들의 지배를 받고 생활을 통제당하였다. 나의 젊음을 몽땅 그곳에 쏟아 부어 정신과 육체의 모든 에너지가 하나도 남김없이 다 빠져나간 듯 허탈하지만, 부인할 수 없는 것은 그 시절이 지금의 나를 만들어 주었다는 것이다.

## 정식으로 신앙의 스타가 되다

얼마 후, 홍콩 교회에서 내부 분열이 발생하여, 한국에서 한 목사가 홍콩으로 와서 사건을 진정시키게 되었다.

이 중년 여성 선교사 목사의 이름은 정랑정이었는데, 이 역시 선생이 지어준 것이었다. 그녀는 조선족으로 한국인의 혈통이지만 중국에서 자라서 중국어와 한국어를 구사했다. 랑정 목사는 십대 때 중국에서 전도되었고, 이후 선생이 중국을 방문했을 때 함께 있었다고 한다. 그녀는 키가 큰 편이고 몸매가 약간 통통하며, 눈이 크고 둥글고, 어깨까지 내려오는 긴 단발을 가지고 있어 친근한 인상이었다. 그녀는 특히 나를 잘 챙겨주어서 그 시절 나는 자주 그녀를 따라다녔다.

그 후, 나는 신앙의 스타 총책임자인 주영령 목사와 만나게 되었다. 영령 목사는 한국 사람으로 대학교에서 중국어를 전공하여 예전에 중국에서 선생의 통역을 맡았다고 한다. 그녀의 키는 약 178cm로, 키가 크고 마른 편이며, 여성스러운 짧은 머리를 하고 있었다. 그녀는 세련되고 품위 있으며 우아한 옷차림을 하고 고급스러운 인상이다.

영령 목사는 나와 또 다른 홍콩 신앙 스타, 나보다 한 살 많은 모델부 언니 한 명에게 자기가 묵고 있는 호텔에서 함께 수영하자며 비키니 수영복을 챙겨오라고 하였다. 나는 스스로 몸매가 좋지 않다고 생각했기 때문에 비키니를 거의 입어본 적이 없었으나, 언니들과 수영하는 것이니 별 생각 없이 집에 있던 흰색 비키니를 가져갔다. 호텔에서 식사를 마친 후, 영령 목사는 우리에게 비키니로 갈아입자고 하며 '수영하기 전에 선생께 보낼 사진을 먼저 찍자'고 말했다. 나는 이러한 그녀의 제안도 전혀 이상하다는 생각이 들지 않았다. 선생은 신의 육신이며 생명의 주인인데 비키니 차림이라고 해서 여자들을 음란한 시선으로 바라볼 것이라고는 상상도 못했다. 주영령과 정량정 목사도 우리와 함께 사진을 찍었다. 마치 친한 여자 친구들끼리 호텔에 놀러와 즐겁게 추억을 남기는 것 같은 분위기였다. 사진을 찍은 후 우리는 수영하러 갔다.

며칠 후, 영령 목사는 선생이 나에게 보내온 편지의 내용을 전해줬다.

「메이플, 잘 지내고 있니? 나를 걱정하지 마, 나도 잘 지내. 네 사진을 봤는데, 너는 정말 예쁘다. 너도 말씀을 전하고 강사가 되어 하나님의 복음을 잘 전해라. 너도 스타가 되어라. 안녕.」

이와 같은 선생의 편지 내용을 전해들은 순간, 나는 너무 놀랐다.

'선생님은 내 마음을 다 아시고, 내가 정말 하나님을 사랑한다는 것도 아시고, 내가 한 기도를 들으신 것 아닌가. 내가 신청하지 않았는데 선생님이 먼저 나를 신앙 스타로 지명하시다니.'

나는 하나님과 선생님에 대한 감사로 충만했다. 나에게 예쁘다는 외모에 대한 평가도 전혀 음란함으로 들리지 않았고, 할아버지가 손녀에게 해주듯, 사랑하는 사람의 기분을 좋게 해주려는 칭찬으로 이해했다. 나는 정성을 다해 선생에게 답장을 썼다. 선생님과 하나님을 마음을 다해 사랑하겠다고 약속했다.

스타가 되려면 '신앙 스타 정보 카드'를 작성해야 했다. 그것은 개인 정보를 수집하는 양식으로, 국적, 소속 교회와 부서, 통과 날짜를 비롯하여 성경 읽은 횟수, 전도한 사람 수, 키와 체중, 심지어 어릴 적부터 앓았던 병력까지 기재하게 되어 있었다.

'이성의 죄'(이성을 마음으로 좋아하거나 신체적인 접촉을 했던 일을 이성의 죄라고 한다)도 작성해야 했고, 과거에 저질렀던 죄를 구체적으로 명시하고 회개를 했는지, 선생의 용서를 받았는지까지 표시해야 했다. 심지어 가족들의 인적 사항과 주소까지 적어 내야 했다.

이러한 것들은 마치 '입학 조건'처럼 보였다. 이 정보 카드를 받는 목사는 카드에 적힌 내용이 모두 비밀로 관리될 것이니 걱정하지 말라고 했다. 그렇게 엄격한 절차를 거쳐 나는 공식적으로 신앙 스타가 되었다.

영령 목사는 한국으로 돌아가기 전, 모든 홍콩 신앙 스타들에게 선생의 이름으로 선물을 사주었다. 그것은 빅토리아 시크릿의 팬티였다. 그녀는 이것이 선생이 스타들에게 주는 선물이며, 남편이 아내에게 주는 것이라고 했다. 영령 목사는 정말로 선생의 돈으로 구입한 것이라고 설명했으니, 그 팬티가 내가 선생에게 받은 첫 선물이었다.

"신앙 스타는 하나님의 아내이며, 육도 하나님의 것이다. 여러분은 몸도 바쳐야 한다. 즉, 모든 시간과 마음을 믿음에 쏟고, 진정한 아내처럼 하나님인 남편을 사랑하며, 마치 가정을 잘 돌보듯 교회를 잘 관리하고 회원들의 본보기가 되어야 한다. 이것은 개념적인 것이 아니라, 실제로 하나님의 몸인 선생을 신랑으로 여기고 사랑하는 것이다."

스타가 된 후 이런 내용의 교육을 매우 자주 들었다.

신앙 스타들은 말씀뿐 아니라, 하나님에 대한 열정을 몸으로도 표현한다는 사실을 알게 되었다. 나는 홍콩 신앙스타의 자격으로 한국의 한 지역에서 열린 여스타 모임에 참석하게 되었는데, 이러한 스타 모임은 보통 선생의 편지 전달, 선생의 예전 영상 시청, 선배들의 이야기를 듣는 시간으로 채워졌다. 몇몇 선배들이 무대에 올라와 노래하고 춤을 추며 하나님께 영광을 돌릴 때, 선생의 수영 사진을 들고 열정적으로 섹시한 춤을 추며, 선생의 사진에 입을 맞추기도 했다.

"선생님은 정말 멋져요! 선생님, 사랑해요! 우리는 선생님에게 열정적이에요!"라고 외쳤다. 나는 그 장면을 보면서 처음에 어색하고 의아했지만, 옆에 있는 모든 언니들이 웃고 환호하는 모습을 보고, 아마도 이런 모습이 하나님의 애인으로서 마땅한 태도인가 보다 하고 생각했다.

## 선생을 만나기 위해 교도소에 가다

여름이 되자 우리는 월명동에 다시 갔는데, 이번에는 조금 특별했다. 우리 모델부 네 명의 여학생이 월명동에 있는 기숙사에 배정받았다.

그 기숙사는 신앙 스타들을 위해 특별히 만들어진 것으로, 네 개의 큰 화물 컨테이너로 구성된 네 개의 방이었다. 시설은 매우 심플했다. 우리를 인솔하는 언니가 우리에게 이 방에 대해 다른 사람에게 말하지 말라고 주의를 주었다, 다른 회원들이 혹시 질투할 수 있기 때문이라고 했다.

우리 네 명에게 특별한 숙소를 배정해준 이유는, 선생이 우리를 목사로 양성할 계획을 가지고 앞으로 교회를 떠난 지도자를 대신하길 원하시기 때문이라고 했다. 선생은 또한 우리 네 명 각자에게 약 천 홍콩 달러의 용돈을 줬다.

또한, 정랑정 목사는 나와 지난번에 홍콩에서 비키니 사진을 함께 찍었던 신앙 스타 한 명만을 조용히 불러내더니 우리를 비밀리에 서울 동대문으로 데려갔다. 우리가 입을 정장 드레스를 사기 위해서였다. 우리 둘은 교도소로 가서 선생을 직접 만나도록 정해져 있었던 것이다. 이 소식을 들은 나는 너무 놀랐다. 선생을 직접 만날 수 있다니, 내가 거기에 뽑히다니, 상상도 못했던 엄청나게 큰 사건이 내게 벌어지고 있었!

우리 일행이 동대문에 도착했을 때는 꽤 늦은 시간이었다. 랑정 목사와 우리 둘은 한밤중에 옷을 고르기 위해 온 시장을 헤맨 끝에, 그녀는 나에게 연한 핑크색의 정장 원피스를 골라주었다. 한국의 기상 캐스터들이 입는 스타일로, 단정해 보이면서도 약간 귀여운 느낌이 있고, 지나치게 격식 있게 보이지 않도록 적당히 짧은 스커트 길이의 무난한 스타일이었다. 랑정 목사는 새로 산 원피스와 어울리는 귀엽게 반짝이는 하트 모양의 귀걸이와 목걸이 세트도 함께 사주었다.

다음 날 아침 일찍, 우리는 깨끗이 씻고 정성스레 단장을 한 후, 대전

교도소를 향했다. 교도소에 도착한 우리는 입구에서 여권으로 방문자 등록을 한 후, 량정 목사를 따라 대기실로 들어갔다. 우리 외에도 두 명의 한국 여스타가 함께 와 있었다. 매번 다섯 명만 면회할 수 있기 때문에, 교단에서는 최대한 스타나 중요한 인물들이 선생을 만날 수 있도록 배려했다. 이때 정조은 목사가 왔다. 그녀 뒤로는 남자 경호원들이 따라왔다. 나는 그녀를 가까이 보는 것이 처음이었다. 그녀는 우리에게 친절하게 영어로 인사한 후, 곧 있을 선생과의 면회에 대해 설명해 주었다.

시간이 되자, 선생이 교도관과 함께 방의 다른 쪽 문을 열었다. 우리는 유리 너머로만 만날 수 있었지만, 내 마음속에는 설렘과 신기함이 가득했다. 선생은 우리를 보고 어린아이처럼 웃으며 손을 흔들었다. 그가 앉자, 정조은 목사가 익숙하게 면회실의 수화기를 들어 우리를 소개했다. 선생은 우리를 바라보며 너그러운 표정을 지었고, 매우 기뻐 보였다. 선생은 한국어로 말했지만, 나와 같이 비키니 사진을 찍었던 그 홍콩 스타 언니는 그의 질문을 어느 정도(아주 간단한 한국어 단어를 듣고 추측했다) 이해할 수 있었다. "홍콩은 다들 잘 지내고 있니?" 나는 홍콩 언니와 함께 기쁘게 고개를 끄덕이며 대답했다.

그 후, 선생이 말씀을 시작했고, 정조은 목사는 "네, 아멘!"이라고 대답하며 말씀을 필기했다. 그녀가 말씀을 열심히 기록하는 모습, 선생이 정성을 다해 가르치는 모습을 눈 앞에서 보다니, 나는 눈물이 흘렀다. 나는 이 복음을 땅끝까지 전하고, 모든 민족을 하나님께로 인도하겠다고 속으로 다짐했다.

너무 정신이 없어 면회 시간이 얼마나 걸렸는지는 알 수 없었지만, 내 기억 속에서는 그 시간이 매우 순식간으로 짧게 느껴졌다. 우리가 떠나기 직전, 선생은 유리 너머에서 우리 한 사람, 한 사람에게 각각 하이파이브를 해주었다. '가장 힘든 분은 선생님인데도, 우리를 이렇게 격려해 주시는구나' 하는 생각이 들었다.

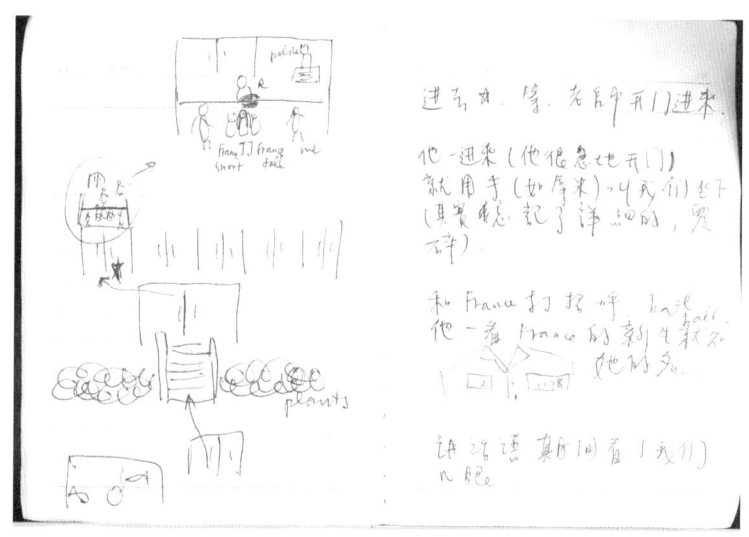

일기에서 그 장면을 기록한 그림

## 선생이 나를 미래의 홍콩 대표로 세우다

나는 홍콩으로 돌아온 후 더욱 열심히 신앙생활에 매진했다. 나는 반드시 한 민족, 한 민족에게 복음을 전하며 나아가겠다고 다짐하고, 그 마음을 담아 선생에게 편지를 썼다. 편지를 받아 본 선생으로부터 답장이 왔다. "내가 직접 너를 키워서 홍콩의 목회자가 되게 할 것이다." 그때부터 나는 더욱 사명감을 가지고 교회에 헌신하게 되었다.

교회에서 어떤 활동이든, 나는 최대한 모두 참여했다. 7시간의 기도회, 하루에 한 끼만 먹는 절식 기도(그때는 '하루 한 끼' 식습관이 유행하지 않았다) 등, 나는 다 주저하지 않았다. 그리고 열심히 우리 주님이신 선생을 사랑하려고 노력했다.

사실 선생이 거의 70세인 노인이다 보니, 그분에 대해 사랑하는 연인 같은 감정은 도무지 생기지 않았다. 언니들은 늘 선생을 신랑처럼 사랑해야 한다고 재촉했으나, 아직 남녀 사이에 사랑하는 감정도 제대로 느껴 본 적이 없는 미성년자인 나로서는 아무리 노력해도 불가능한 과제였다.

하지만 말씀에서는 선생을 사랑해야 진정으로 하나님을 사랑하는 것이라고 했기에, 나는 매일 선생을 위해 3시간 기도하며 그분을 사랑할 수 있는 마음을 하나님께 간구했다. 나는 매우 구체적으로 기도했다. 매일 선생이 맛있는 음식을 드실 수 있도록, 덥지도 춥지도 않게, 손발이 아프지 않게, 눈이 건조하지 않게 지켜달라고 기도했다.

그렇게 기도를 계속하던 어느 날, 그를 위해 기도하는데, 가슴속에서 따뜻한 온기가 솟구치는 것을 느꼈다. 나는 그것이, 드디어 선생을 진심으로 사랑하는 마음을 느낀 것이라고 믿었다.

이제 와서 생각해 보면, 기도라는 행위가 정말로 "신과 소통하는 것"인지, 아니면 "자기 세뇌"인지에 대한 의문이 든다. 내가 섭리에서 경험한 기도의 힘은 사람을 완전히 설득할 수 있을 정도로 매우 컸다. 나는 기도를 통해 성령을 받았고, 생각지 못했던 이치를 깊이 깨닫기도 했고, 심지어 보이지 않는 하나님과 주님을 깊이 사랑하는 일이 가능했다.

만약 내가 당시 거의 70세인 노인 선생을 신랑처럼 사랑하는 터무니없는 일이 기도를 통해 가능했다면, 기도로 성취하지 못할 일은 없을 것이다. 그런 방법과 이치로 자신을 설득하고 격려하는 건, 기도의 성취나 하나님의 응답이 아니다. 잘못된 세뇌로 지속적인 주문에 걸려 당치 않은 착각에 빠진 것이다.

하나님이 직접 역사하시는 섭리에서, 특별한 대우, 특별한 택함을 받고, 특별히 양성 받으며, 특별한 사명이 맡겨지는, 매우 특별한 '인정'과 '혜택'이 주어지자, 나는 내 인생의 방향을 찾았다는 확신이 생겼다. 섭리는 나의 운명이자 천명으로 느껴졌고, 이제 곧 성인이 될 어린 메이플은 달리 생각할 방도나 여지가 전혀 없었다.

## 10 기숙사에서의 집단 생활

홍콩의 전 목회자 정조열 목사와 여러 지도자가 교회를 떠난 후, 정랑정 목사가 자연스럽게 새로운 목회자가 되었다. 그녀는 교회를 재정비한 후, 나에게 홍콩 교회의 비밀 기숙사로 이사 올 것을 제안했다. 그곳에서 그녀와 다른 여성 회원들과 함께 지내라고 했다. 기숙사는 주로 스타와 지도자들이 거주하는 곳이었다. 남자 기숙사도 있다고 들었지만, 자세한 것은 나는 전혀 몰랐다.

여자 기숙사는 교회 근처의 500평방피트 넓이의 아파트로, 한 개의 거실과 세 개의 방이 있는데, 10명 이상이 거주하고 있었다. 방마다 여러 개의 이층 침대가 있고, 곳곳에 예수님, 선생, 그리고 월명동의 사진과 포스터가 붙어 있었다. 아파트가 협소하여 생활환경은 '참새 우리'(홍콩

아주 작은 아파트의 칭호) 같았지만, 함께 지내는 여자들이 서로 잘 어울려서 매우 따뜻하고 정감 있는 분위기였다. 이곳은 건물의 10층에 위치해 있어서 '10'이라는 암호로 불렸다.

나는 그중 한 방의 아래층 침대에서 자도록 배정받았다. 위층 침대는 의사 언니가 사용하고 있었고, 내가 신입생 때 친하게 지냈던 A가 같은 방을 쓰고 있었다. A는 키가 작은 편이라 창가에 작은 침대 매트를 깔고 자도록 배정되었다. A와 갑자기 멀어진 후 오랜만에 다시 만난 것이라, 그녀는 나를 환영해 주었고, 나도 낯선 기숙사에서 생각지 못했던 아는 친구를 만나 안심이 되었다. 우리는 다시 좋은 친구가 되었다.

## A

나는 A와 함께 교회에 가고, 함께 식사하며, 학교에 다니며 다시금 쌍둥이처럼 지냈다. 그녀는 성격이 부드러우면서 털털하며 유머도 있고, 나를 잘 챙겨주었다. 그녀와 함께 있을 때, 나는 특히 행복했다.

그림자처럼 늘 붙어 다니는 우리 둘을 보고, 회원들 중 몇 사람이 농담 반 진담 반으로 "너희 정말 연인 같아. 서로에게 특별히 잘해주잖아."라는 말을 했다.

그런 말을 듣자, 난 또 마음이 불안해지기 시작했다. '내가 지금 A를 하나님보다 더 좋아하는 건가? A를 좋아하는 마음을 주님께서 싫어하시는 건 아닐까? 이게 죄가 되는 마음일까?' 그런 생각이 들자 두려움이 커졌다.

나는 자책감이 들었다. 아무리 생각해도 감옥에 계시는 70세를 앞둔 선생님보다 A가 더 좋았고, A와 함께 노는 것이 기도하는 것보다 즐거웠다. 섭리에서 선생님보다 더 사랑하는 것은 모두 죄이다. 게다가 나는 이 섭리 역사와 주님을 위해 온 인생을 바치기로 작정한 스타가 아닌가.

나는 나 자신에게 실망했다. 극심한 자책과 혼란 속에서 나는 선생에게 편지를 쓰고, 죄를 고백하며 감정을 털어놓았다. 그리고 하나님과 그분의 몸인 선생을 온전하고 완전히 사랑할 수 있기를 간절히 바란다고 고백했다.

이 편지를 정랑정 목사에게 전달했고, 그녀가 한국어로 번역한 후 한국의 편지 관리국에 보냈다. 랑정 목사는, "네가 선생님께 직접 택함 받고 관리 받은 사람인 만큼 온 마음으로 선생님을 사랑해야 해. 너무 걱정하거나 자책하지 말고, 선생님 앞에 회개해. 그러면 반드시 용서해 주실 거야."라고 이야기해 주었다. 그러더니, 나에게 홍콩을 떠나 한 해 동안 월명동에서 지내며 A에 대한 감정을 정리하고 신앙의 성장에 집중해 보면 좋겠다고 제안했다.

그래서 나는 다니던 대학을 휴학하기로 결심하고, 부모님께 한국어를 배우기 위해 유학을 다녀와야겠다고 말했다. 나는 또다시 가짜 공지를 만들어 가족을 속였다.

2014

나는 1월에 한국에 도착했다. 주영령 목사가 인천공항으로 나를 마중 나와 주었고, 오랜 시간 차를 운전하여 월명동까지 직접 데려다 주었다. 그녀는, 내가 지난번 월명동에 지낼 때 묵었던 스타 전용 기숙사에 내가 지낼 방을 마련해 주었다. 그녀와 헤어진 후, 나는 내 '정양기'(靜養期)를 시작했다.

겨울의 월명동은 정말 아름다웠다. 눈이 내린 후 온 땅이 하얗게 덮이면, 홍콩에서는 볼 수 없는 하얀 세상이 펼쳐졌다. 눈이 부실 정도로 아름다운 경치였다. 선생은 월명동이 모두의 고향이라고 늘 이야기했다. 월명동에는 천국으로 가는 문이 있기 때문이라고 했다. 월명동은 산 속이라 기온이 도심보다 훨씬 낮았다. 매섭게 추운 날씨였지만, 나는 여전히 새벽에 샤워하고 야외에서 기도했다. 기도를 마치고 나면 채 마르지 않았던 머리카락이 빳빳하게 얼어버리곤 했다.

## 나의 동반자, 애별 언니

나중에 나는 유럽 출신의 한 스타 언니를 알게 되었다. 그녀는 키가 크고 아름다운 서양 혈통의 그녀는 교회에서 모델부와 신앙 스타로 활동하게 되었다. 그녀는 매우 신실한 사람이었고, 이후 한국에 와서 공부하고, 휴일에는 월명동에 자주 갔다. 그녀의 이름은 "주애별"이다. 나보다 여섯 살 많은 애별언니는 유창한 한국어를 구사하며, 이곳에 거주한 지 오래 되어 모든 것에 익숙해져서 새로 온 나를 잘 챙겨줬고, 우리는 서로 좋은 동반자가 되었다.

나는 점차 산속 생활에 익숙해졌다. 월명동은 도시의 생활과는 완전히 반대되는 곳으로 불편한 점도 있었지만, 애별 언니가 나를 이곳저곳으로 데리고 다니며 월명동의 구석구석을 소개해 주고, 선생의 이야기를 들려주었고, 나와 깊은 대화를 했다. 우리는 이렇게 친언니 친동생처럼 각별한 사이가 되었다. 자연 속에서 평화롭고 단순한 생활을 하면서, 나는 하나님을 더 깊이 느낄 수 있었다.

### 사랑이란 도대체 무엇인가

월명동에서의 정양 기간 동안, 나는 선생과 계속 편지를 주고받으며 속 이야기를 털어놓게 되었다. 나는 참사랑에 대해 이해하기 어렵다고 고백했다. 사람을 사랑하기도 어려운데, 보이지 않는 하나님을 사랑하는 것은 어떤 마음인지 어렵기만 했다.

선생은 사랑의 감정과 기쁨은 상대방을 위해줄 때 느낀다고 수없이 가르쳐 주었다. 상대방의 필요와 소원을 자신보다 더 중요하게 여기고, 서로를 믿고 신뢰하며 모든 것을 하나님께 맡기면 된다고 했다.

나는 하나님을 사랑하기 위해 노력했다. 한편으로는 지옥에 대한 두려움 때문이었고, 다른 한편으로는 하나님께 대한 죄송함과 사랑에 대한 갈망 때문이었다. 하지만 하나님을 위해 아무리 많은 시간과 정성을 쏟아도 내 마음은 여전히 외로웠다.

매번 기도할 때마다 이 풀리지 않는 마음의 매듭을 하나님께 하소연했고, 월명동 야심작 쪽에 '사랑솔'이라는 소나무가 있었는데 나는 그 소나무를 꼭 껴안고 울었다. "하나님, 제발 저에게 하나님을 잘 사랑하도록 인도하여 주옵소서. 저는 아무것도 원하지 않습니다. 오직 주님을 사랑하는 마음을 간절히 간구합니다."

　선생은 내가 깊은 고민으로 힘들어한다는 것을 알고, 나를 선생 전용 방에서 하룻밤 자게 해주었다. 월명동 근처에 교회에서 구입한 시골 여관이 하나 있었는데, 선생은 비록 감옥에 있지만, 그곳을 섭리 기숙사로 개조하면서 그중 가장 큰 스위트룸을 선생을 위해 준비해 '선생님 전용 방'으로 정해 놓았다.

　선생은 나를 그곳에서 자게 하면서, 자기의 영이 나를 만나고 사랑해 줄 것이라고 말했다. 또한, 한 여자 목사에게 '신랑이 신부에게만 줄 수 있는 선물'을 사주라고 시켰다. 그 여자 목사는 나를 서울 명동의 고급 속옷 가게로 데려가서, 결혼식 날에 입는 흰색 레이스로 장식된 신부용 속옷 세트를 골라주었다. 선생은 내게 편지로 "사랑은 밭을 갈듯이, 노력해야 얻을 수 있다. 매일 매일, 마치 신혼 첫날밤처럼 뜨겁게 하나님과 선생님을 사랑하라."고 말씀했다.

　이건 또 무슨 뜻일까? 나는 기도한 후, 선생이 말하는 사랑은 '서로 너 나없이 가까이 여기는 감정'이라고 생각했다. 설교 말씀 속에서도 '생각은 영계의 실상'이라는 이야기가 자주 언급되었는데, 선생과 매일 함께 사는 모습을 상상하며 그렇게 사랑하라고 하신 건가? 이것이 정신사랑, 영적 사랑이 아닐까?

　얼마 후, 놀랍게도, 선생은 나를 다시 감옥으로 오라고 하여, 만나러 가게 되었다. 이번에는 주영령 목사가 나와 동행했다. 주영령 목사는 나에게 말했다. "선생이 정말 너를 아끼신다. 해외 스타 중에서 선생을 두 번씩이나 만난 사람은 거의 없단다!"

또한, 선생은 나에게 편지하기를, '미나'라는 언니를 찾아가라고 했다. 미나 언니는 나에게 선생이 수감된 감옥 근처의 한 아파트를 알려주었다. 그 아파트 베란다에서는 감옥의 마당이 훤하게 내려다 보였다. 죄수들은 매일 오후 1시에 나와서 운동을 하도록 정해져 있었는데, 선생이 나를 미나언니에게 가라고 한 것은 선생이 운동하는 모습을 멀리서나마 직접 보여주고자 함이었다.

나는 미나 언니의 지시에 따라 혼자서 그 아파트에 들어갔다. 미나 언니는 이 아파트의 존재가 특급 비밀이라며, 절대 아무에게도 말해서는 안 된다고 다짐을 받았다, 심지어 그녀의 교회 목회자도 모르는 비밀이라고 했다.

그 아파트 안에 들어서자 매우 간소한 가구만 있고, 사람이 거주하는 흔적은 보이지 않았다. 미나 언니는 내가 만난 한국인 중에서 손꼽히는 미소녀. 그녀는 키가 크고 피부가 하얗고 매끄러우며, 검고 반짝거리는 긴 생머리가 그녀의 아름다움을 더해주었다. 그녀는 자신이 여기 사는 것은 아니라고 하면서, 선생에게 받은 자신의 사명이 매일 오후 1시에 이 자리를 지키는 것이라고 말했다. 그녀의 뒤를 따라 베란다에 나가보니, 바닥 청소에 쓰는 대걸레 하나가 한쪽 벽에 세워져 있고 그 옆에 망원경이 놓여 있었다. 미나 언니는 설명하길, 선생이 나오시면 우리는 대걸레를 밖으로 흔들어야 하고, 그러면 선생이 우리가 여기 있다는 것을 알게 될 것이라고 했다.

오후 1시가 되자, 정말로 교도소 마당으로 죄수들이 나왔다. 나는 망원경으로 죄수들 사이에서 선생을 금방 찾을 수 있었다. 그 모습을 보자 나는 울컥하고 눈물이 났다. 선생은 옷을 올려서 기지개를 켜는데, 키가 작은 그는 둥글둥글한 배를 드러냈으며, 보통 한국 할배와 별 차이 없었다.

　선생은 오늘 내가 오는 것을 어떻게 알았을까? 미나 언니가 알려준 대로 내가 아파트 창문 밖으로 대걸레를 흔들자, 선생은 나 쪽을 바라봤다. 선생은 운동하는 척 팔다리를 움직이면서 벽에 손가락으로 무언가 글씨를 쓰기 시작했다. 망원경으로 보니 그가 천천히 써내려간 글씨는 다름 아닌 '메이플'이었다! 나는 다행히 한글을 배웠기에 그게 나의 이름이라는 것을 알 수 있었다.

　선생이 아파트 쪽을 힐끔힐끔 보면서 스트레칭을 하는 동안 시간이 금세 지나갔다. 운동 시간이 다 끝났는지 선생은 다른 죄수들과 함께 교도소 건물 안으로 들어가 버렸다. 나는 방금 내게 일어난 일이 실감이 나지 않아 한동안 멍하니 빈 마당 쪽을 바라보다가 그 자리에 무릎을 꿇고 앉아 눈물을 흘리며 기도했다. 이런 비밀스러운 기회를 주신 하나님께 감사드리며, 일편단심으로 믿음을 잘 지키겠다고 다짐하고, 하나님께 선생이 하루 속히 출소할 수 있도록 간구했다.

　이 일로 나는, 하나님이 나를 정말 사랑하신다고 깊이 믿게 되었다. 매번 실수하고 실망하며 자포자기하는 나를, 하나님은 포기하지 않으시고 변함없는 사랑을 알게 했다. 내가 뭐라고, 하나님이 이토록 나를 귀하게 여기시다니. 이런 엄청난 비밀을 보여주시다니. 하나님은 나의 마음을 꿰뚫어 보시고, 나의 몸부림과 내 진심을 다 알고 계신 거라고 믿어졌다.

　사랑받고, 용서받고, 포용받는 것은 인간에게 매우 필요한 심리적 지원이다. 이것이 많은 사람들이 교회에 충성을 다하는 이유이기도 하다.

그러나 그때의 나는 당시에 내가 받은 이런 따뜻한 지원과 지지가 결국 잡아먹을 양을 위해 던져주는 미끼였음을 몰랐다.

## 선생의 암시 - 한국 유학

1년이 빠르게 지나갔다. 나는 선생과 꾸준히 편지를 주고받았는데 선생은 한국의 기후가 좋고 많은 외국인들이 한국에 살고 싶어 한다고 늘 얘기했다. 정랑정 목사는 그것이 나에게 한국에 머물라는 선생의 암시라고 했다. 한국은 재림의 나라이며, 섭리에서는 '중심국'이라고도 했다. 나는 그때 '세계의 중심, 역사의 중심에서 배우는 것'보다 더 좋은 길은 없으며, 이것이 바로 큰 기회이고 한국이 나의 미래라고 느꼈다. 나는 한국에서 유학하고, 세계에서 가장 많이 사용되는 언어 중 하나인 스페인어를 전공하여, 미래에 세계 각 나라를 다니며 복음을 전하고 싶었다.

그래서 나는 엄마에게 한국 유학을 허락해 달라고 간청했다. 엄마는 처음에 반대하셨지만, 그 당시 아빠랑 이혼하신 상태라 끝까지 반대하지는 못하셨다. 여러 번 설득하여 유일한 보호자인 엄마의 허락을 받아냈다.

그때 홍콩 교회에서는 떠난 사람들이 서로 질투하고 돈 빼고 그런 갈등 때문에 탈퇴한 거라고 했다. 나에게는 마치 부모님이 이혼했을 때처럼, 둘이 서로 사랑하는 마음 아직 있더라도 자존심을 극복하지 못해서 헤어진 것과 같아, 아쉽고 마음이 아팠다.

해결할 수 없는 문제가 무엇이기에, 과거 함께 했던 수많은 순간을 포기하고 이별을 선택하는 걸까? 사람들 간의 관계는 너무나 많은 만남과 이별로 가득 차 있다는 생각에 난 불안함을 느꼈다.

하지만 하나님은 언제나 변함없이 우리를 사랑하고 이해하며 용서하신다. 하나님의 절대적이고 영원한 사랑, 그 사랑을 체험할 수 있는 교회 안에서의 삶, 그 사랑을 전해 준 선생이 섭리에 계시기에, 난 모든 것을 포기하고 영원히 섭리 길을 따라갈 것이다. 나중에 내가 혼란스럽고 싫증을 느낄 때에도 계속 견디게 하는 이유였다. "하나님이 해결할 수 없는 것이 무엇이냐? 이해가 안 되면 물어보고 기도하라. 하나님은 반드시 너를 깨닫게 해주실 것이고, 네 마음의 갈등을 풀어줄 것이다." 언니들은 항상 이렇게 말했다.

아마 나도 나의 '사랑의 능력'을 증명하고 인정을 받고 싶어서, 그렇게 모든 것을 내걸었던 것 같다. 결국 사랑은 비이성적이고 미친 짓이다. 사랑을 위해 모든 것을 걸 수 있다는 것은 하나의 용감함과 대단함이다. 나는 하나님을 위해 얼마나 기꺼이 희생할 수 있을까? 나는 어떤 삶을 살아야 할까?

나는 홍콩 이공대학교의 교수에게 임신했다고 거짓말을 했다. 그렇게 학업을 중단하고, 스스로 퇴학 절차를 밟은 후 짐을 챙겨 한국으로 유학 갔다. 나는 한국 외국어대학교에 합격하여 본격적으로 한국에서의 생활을 시작했다.

신앙의 무서운 점은 한 사람을 지배할 수 있고, '자발적으로' 모든 것을 내놓게 만든다는 것이다. 신앙인들이 말하는 '믿음'은 '미지(未知)의 것을 믿는 것'이며, '증명할 수 없는 것을 믿는 것'이다. 그들이 주장하는

'증거', 예를 들어 '기적'이나 '이론'을 통해 자신의 신앙이 '진실'이라고 저마다 주장하지만, 그것이 진짜라고 누가 장담할 수 있겠는가? 죽은 후에는 알 수 있을까?

2015

## 한국 대학 생활

"한국 대학 문화가 너무 타락했다." 목사가 말씀했다. 모두 술을 마시고 놀며, 남녀 관계가 혼란스럽다. 한국의 대학에서는 대부분의 학생들이 새내기 환영회에 참여하며, 선배들과 함께 밤새 술을 마시는 모임이 많다. 또한, 대학 근처에는 노래방과 술집이 많이 있어 대학생들은 '소개팅'과 같은 사교 모임을 즐기며 다양한 사람들을 만나는 것을 좋아한다.

한국의 남자들은 적극적이며, 길거리에서 전화번호를 달라고 하는 문화가 있다. "안녕하세요. 당신이 제 이상형일 것 같아요. 남자친구가 없으시다면, 전화번호를 받을 수 있을까요?"라고 예의 있게 물어본다. 교회에서는 개강하기 전부터 학교에서 이러한 상황이 발생하면 단호히 거절하라고 단단히 교육했다.

아닌 게 아니라, 나는 외국에서 온 유학생들이 남자 선배에게 좋아하는 감정을 가졌다가 배신을 당하거나, 술에 취해 임신하게 되어 학업을 포기하고 본국으로 돌아갔다는 소문을 들은 적 있다.

나에게도 전화번호를 물어온 선배들이 몇 명 있었는데, 그때 마음이 살짝 흔들리기라도 하면 곧 자책과 죄책감에 빠져 한동안 힘들었다. 나는 이 문제를 선생에게 편지할 때 물었더니, 선생은 답장을 통해 한 가지 방법을 알려주었다. 그 후로 나는 선생이 알려준 방법대로, 누군가 전화번호를 물어오는 상황이 생기면 중국어, 영어, 한국어 등 세 가지 언어로 욕을 해버려서 상대방을 물리쳤다. 나는 일부러 강인하고 냉담한 사람인 듯 꾸미고, 남학생들이 접근하지 못하도록 단단히 벽을 쳤다. 그렇게 나는 '육적인'[13] 대학 캠퍼스에서 깨끗하고 하나님이 원하시는 삶을 살기 위해 노력했다.

교회 교육을 받은 나는 학교에서 누구와도 사귀지 않고, 어떤 학과 모임에도 참석하지 않았다. 수업을 듣고, 수업이 끝나면 교회에 가고, 전도만 했다. 알고 보니, 섭리의 회원들은 한국의 대학에 널리 퍼져 조직적이고 체계적으로 학교 내에서 활동과 전도를 하고 있었다. 대학마다 책임자를 두어 소속 대학 회원들이 매일 모이게 했다. 우리도 학교에서 매일 '조회 모임'을 열어 함께 노래를 부르고, 기도하고, 교리 공부를 하며, 전도 방향에 대해 논의하기도 했다. 일상생활에 고민이나 어려움이 있을 때는 진심으로 서로를 위로하고 도와주었다. 그때 나는, 아빠가 실직하시고, 엄마가 나의 학비를 혼자 감당하실 때라서, 엄마에게 용돈 얘기를 하기가 쉽지 않았다. 나의 형편을 잘 알고 있는 교회 언니들은 내게 아주 적은 금액의 집세만 내도록 경제적 도움을 주기도 했다.

우리는 매일 모여 함께 전도 활동을 했다. 그러나 우리는, 우리가 '섭리인'이라는 것도, 심지어 지금 하는 게 '전도'라는 사실도 철저히 숨겼다. 우리는 일반적인 건강하고 재미있는 활동을 소개하는 사람으로 철저히 위장하고 학생들에게 접근했다. 내가 전도 당한 방법과 동일하다.

그중에서 가장 인기 있었던 방법은 대학 신입생 환영 강좌였다. '성공의 정의', '효과적인 학습 방법', '인간관계' 등은 젊은이들의 흥미를 이끄는 내용이다. 또한, '선배와의 모임'도 인기가 많았는데 학생들은 선배에

---

13  섭리의 신앙 용어로 신앙에 속하지 않고 세속적인 것을 지칭한다.

게 안내받기를 희망하기 때문이다. 그 외에도 모델 클래스, 댄스 클래스와 같은 취미 활동도 상당히 인기가 있었다. 우리는 '다양성'과 '긍정적' 이미지를 내걸고 자유로운 대학 플랫폼에 스며들어 대학생들의 관심을 끌기 위해 여러 방법을 계속 시도했다.

우리 섭리인 외에도 캠퍼스에서 노방 전도를 하는 다른 널리 알려진 이단 교파들이 있었다. 그들은 항상 우리의 경쟁 상대였으므로, 우리는 그들에게 적대감을 느꼈다. (나중에 알게 되었지만, 한국의 사이비 종교들은 전도 방법이나 조직 문화, 교리, 주장하는 내용 등이 대부분 유사하다. 선생은 다른 단체가 우리의 방법을 베꼈다고 했지만, 사실 서로 베끼는 것이고, 수백 년 전부터 비슷한 교리와 수법으로 단체의 이름과 교주만 바뀌어 이어져 온 것이다. 한국의 사이비 종교 역사도 믿기 어려울 정도로 오래되었다. 사이비 안에 빠져 있는 동안에는 이러한 사실을 알 길이 없다.)

한 번은 다른 이단 교파 사람들이 나에게 접근해 온 적이 있다. 나는 당연히 그들도 우리처럼 다른 핑계를 대며 접근할 줄 알았지만, 그들은 단도직입적으로 자신들이 어디의 신도라고 밝히며 내게 자신들의 성경 해설을 들을 관심이 있는지 물었다. 나는 매우 놀랐다. 그들이 어떻게 이렇게 대담하게 자신의 정체를 드러내는지 이해할 수 없어, 그들이 존경스럽기도 했다. 적어도 그들은 당당했고 두려움이 없어 보였다. 섭리 선배들 말에 의하면, 예전의 섭리도 그렇게 했고, 심지어 대학에서 대놓고 공개적으로 동아리와 모임을 개최하기도 했다. 그런데 선생이 억울하게 감옥에 갇힌 후 부득이하게 조심스러워진 거라 했다.

## 한국에서 전도

나는 전도할 때 매우 조심스러웠다. 외국에 와서 처음 본 사람에게 먼저 말을 건다는 것이 결코 쉬운 일이 아니었다. 나는 보통 젊은 여자들을 전도 대상으로 삼았다.

우선 나를 외국인이라고 소개하고, 한국 친구를 사귀고 싶다고 말을 걸었다. 어느 정도 친해진 후 조심스럽게 성경 수업을 소개했다. 나의 경험에 비춰보면, 일반적으로 한국 사람들은 영어를 하는 사람에게 호감을 느끼는데, 나의 외모도 친근감을 갖게 만드는 데 한 몫 한 것 같았다. 나는 대부분의 사람들과 어렵지 않게 친구가 될 수 있었는데 여자 친구 대하듯 전도 대상을 다정하게 잘 챙겨주고 기꺼이 함께 시간을 보냈다.

나는 신앙의 스타로서 '질이 좋은' 생명을 전도할 책임이 있었다. 즉, 신앙의 스타가 될 수 있는 대상을 전도하는 것이다. 선생은 설교 중에 자기보다 조건이 좋은 사람, 더 뛰어난 사람을 전도해야 한다고 했다. 섭리인의 질이 좋을수록 사회적으로 설득력이 커지고, 대중이 자연스럽게 따라오게 된다. 선생은 하나님이 외모로 사람을 택하지 않으신다고 가르치고, 인간의 가치는 여러 면에서 평가되어야 한다고도 늘 말했지만, 현실에서는 외모가 뛰어난 사람을 '질이 좋은 생명'이라고 평가하고 있었고, 이런 사람을 전도했을 때 지도자들마다 특히 적극적으로 환영하면서, 선생에게 각별히 보고하는 것을 여러 번 경험했다. 그리고 선생도 곧바로 답장을 준다.

나는 한국 모델부 언니들에 비해 174cm로 다소 작은 편이다. 나는 말씀에서 배운 대로 나보다 더 키가 크고 아름다운 모델감을 전도하기 위해 노력했다. 한국 모델부의 전도 방식은, 먼저 관심 있는 사람과 함께 패션 워킹 연습 프로그램에 참여하게 하고, 그 후에 "외적인 것뿐 아니라 내적인 것도 갖춰야 진정 멋진 모델이 될 수 있다."고 설득하여, '남다른 모델'이 되기 위한 방편으로 결국 성경 수업을 받도록 연결하는 것이 최종 목적이었다.

나는 강남 거리에서 전도하는 것을 좋아했다. 그곳 사람들은 '질이 좋은' 대상이 많았다. 여자들은 매우 멋지게 꾸미고, 키가 큰 사람도 많았다. 한 번은 골프 프로 선수와 대화하게 되었는데, 그녀는 섭리가 원하는 모든 조건을 갖추고 있었다. 우선 외모가 아름답고, 키가 크며, 능력도 뛰어나고, 신앙이 없고, 심지어 남자친구도 없었다. 그녀에게 모델이 될 수 있게 소개해 주고 싶다고 했더니, 그녀도 관심을 보였다. 나는 그녀를 전도하기 위해 정성을 기울였으나 나중에 신앙에 대해 이야기하자 연락이 끊겼다.

한편, 유럽의 애별 언니는 남미, 케냐 등 여러 국가의 사람들을 전도해서 섭리 말씀까지 듣게 되었다. 나는 언니가 전도한 외국인들을 관리하는 사명을 맡았다. 외국인이 전도되면, 나 같은 외국인에게 가르치고 관리하는 일이 맡겨졌다.

나는 아무리 정성을 쏟아도 전도에 성공한 사람이 여전히 제로(0)였다. 전도 실적이 전무한 나는, 도대체 능력이 부족한 것인지, 기도가 부족한 것인지, 아니면 하나님을 사랑하는 마음이 부족한 것인지 의문이 들었다. 그럴수록 나는 매일 노방전도를 다니며 더 할 수 없을 정도로 열심히 노력했다.

전도 실적의 통계를 내본 결과, 100명에게 말을 걸어야 전화번호 하나를 받을 수 있고, 전화번호를 준 사람 중 계속 연락하고 만나주는 사람은 10명 중 한 명이었다. 나는 전도하는 일에 어려움을 느끼면서, 내가 섭리에 전도된 것이 기적적으로 느껴졌고, 섭리에 들어온 사람 모두 '만 명 중 하나'의 선택을 받은 귀한 사람이라 생각하게 되었다.

외국인의 어려움은 언어 장벽이었다. 대만에는 경험이 풍부한 번역 시스템이 있고 인력도 많지만, 영어권의 경우 인력이 항상 부족했다. 그때 나는 영어와 중국어는 물론 한국어도 어느 정도 능숙해진 상태라 나의 언어적 재능이 하나님을 위해 많은 사역을 할 수 있을 것이라고 느껴졌다. 언젠가 해외 선교에서 내 언어 능력을 활용하여 복음을 전파할 수 있기를 희망했다.

매년 모든 회원은 개인 정보를 업데이트해야 하며, 가장 중요한 것은 전도 성적이었다. 모든 사람은 교회의 웹사이트에 전도한 사람 수를 등록해야 하며, 이를 통해 단체에서 통계가 된다.

섭리 안에는 경쟁적인 분위기가 있어, 누가 더 많은 사람을 전도하고, 질이 더 높은지를 봤다. 마치 영화계 행사처럼 섭리에서도 매년 연말에 시상식이 열리며, 전도가 가장 뛰어난 개인, 부서, 교회 및 국가에 상이 수여됐다.

전도 실적이 형편없던 나는 이런 시상식이 다가오면 어디론가 숨어버리고 싶을 정도로 괴로웠으나, 이제 와서 돌아보면 내가 전도를 못한 덕분에, 더 많은 사람을 생지옥에 끌어들이지 않았으니, 진심으로 다행이고 감사하게 생각한다.

한국에 있는 동안 나는 문득문득 가족들이 몹시 그리웠다. 하지만 편하게 나눌 수 있는 말이 거의 없고, 더 이상 거짓말은 하고 싶지 않아서 내 대학 생활을 간단히 설명하는 것이 대화의 전부였다.

매년 홍콩에 한 달 정도 귀국하여 가족을 만날 수 있었는데, 부모님을 볼 때마다 그들의 주름과 백발이 점점 늘어가는 모습을 보며 마음이 아프고, 빨리 그들에게 전도하고 싶다는 마음이 간절해졌다. 여동생과도 관계가 점점 소원해지고, 내가 할 수 있는 것은 손편지를 쓰는 것뿐이며, 언젠가 다시 그녀를 전도할 수 있기를 희망했다.

## 또 다른 전환점

그 해 여름, 애별 언니가 대학교를 졸업하고 본토로 돌아갔다. 그 후 나는 선생에게 편지를 써서 조은 목사의 교회에 가서 배우기를 간절히 바란다고 말했다.

조은 목사의 교회는 서울을 약간 벗어난 외곽 지역에 위치해서, 내 대학에서 약 두 시간 거리에 있지만, 나는 그 교회에 가고 싶다는 의지가 강했다. 그러나 선생에게 답장은 얼른 오지 않았고, 다른 목사들은 내게 그 교회에 가는 것이 어려울 거라고 했다. 나는 더욱 열심히 기도하며 하나님께 기회를 달라고 간구했다.

그러던 중 어느 날 꿈에 정조은 목사가 나타났다. 꿈에서 조은 목사는 내 손을 잡고, "나는 너에게 생일 선물을 줄 것이다. 너를 내 교회로 초대하겠다. 내가 너를 직접 키우겠다."고 이야기했다. 이런 꿈을 꾼 지 얼마 지나지 않아, 나는 선생에게 허락을 받았다. 선생은 내게 조은 목사의 교회에 가서 정조은 목사에게 열심히 배우라고 당부했다.

## 표상교회인 주님의 교회에 들어가다

정조은 목사는 섭리의 기준자이고 선생 다음으로 섭리에서 중요한 사명자로서, 나에게 큰 영향력을 행사한 사람이다.

그녀는 키가 크고 강한 카리스마를 가진 멋진 여성으로 보였다. 그녀는 스타들에게 선생을 대하는 법을 가르쳤다. "우리는 대통령 부인처럼, 외부 사람들 앞에서는 공적인 자리에서 대통령에게 하듯 공손하게 대하고, 집에서는 남편을 대하듯 다정하게 지내야 한다."고 했다.

조은 목사가 담임하는 교회의 이름은 '주님의 교회'로, 그녀의 지도력으로 선교 성과가 눈에 띄게 향상되어 출석 신도 수가 천 명이 넘는 '섭리 표상 교회'였다. 선생은 다른 교회들에게 '주님의 교회'를 본보기로 삼아야 한다고 늘 치켜세웠다. 그런 주님의 교회에 막상 첫발을 디디게 되자, 나는 마치 국제적인 대기업에 입사한 기분이고, 명실상부 세계의 중심에서 대단한 명성을 가진 사람들에게 배우게 된 느낌이 들었다.

## 정조은 목사의 사람들

전 세계의 섭리 회원들은 누구나 조은 목사와 가까워지고 싶어 했다. 그녀가 여러 사람 앞에서 누군가를 아는 척이라도 해주면 그 위상이 당장 달라졌다. 주님의 교회에는 조은 목사 측근에 몇 명의 특별한 여성들이 있다. 이들은 조은 목사가 특별히 양성한 사람들로, 그녀의 곁에서 그녀의 물건을 챙기거나 그녀의 말을 기록하는 등의 일을 담당했다. 그들의 나이는 나와 비슷한 또래였고 키가 대부분 180cm 정도로 나보다도 훨씬 컸다. 또한 모두 눈에 확 띌 정도로 매우 예쁘다.

그들은 정조은 목사를 따라다니며 특별한 대우를 받았다. 모임에서는 항상 가장 앞자리에 앉고, 특별 회의에 참여할 수 있으며, 때로는 대모임 사회를 맡거나 모임에서 교육의 말씀을 전하는 역할을 하기도 했다. 이들은 섭리의 '풍운 인물(風雲人物)'이었다. 그녀들은 모두의 부러움의 대상이고, 심지어 질투하기도 했다.

조은 목사는, 그녀들은 신앙에 공적이 있으며, 지도자가 될 운명에 있는 사람들로서 특별한 양성을 받게 하기 위해 뽑아 곁에 두는 거라고 설명했다. 또한 사람마다 각자 자신만의 길과 시기가 있으며, 하나님이 각 사람을 키우는 방식이 모두 다르다고 덧붙였다.

가끔 나는 하나님이 사람을 어떻게 택하시는지 궁금했다. 하나님의 나라에서도 계급이 있는 걸까? 내가 한국인이 아니라서 저 자리엔 갈 수 없는 걸까? 난 겉으로 표현하지는 않았지만, 마음속에서는 종종 그 언니들이 매우 부러웠다.

## 계시를 받기 시작했다

그 해 크리스마스를 앞두고, 선생은 내가 원하는 선물이 무엇인지 편지로 알려달라고 했다. 나는 말씀을 깨닫고 싶다고 답장했다. 나는 확실한 '깨달음'을 진심으로 받기 원했다.

또 한 가지 소원은, 선생께서 내 이름을 바꿔주시기를 바랐다. 나는 '물과 성령으로 거듭나다'는 말씀을 좋아해서 '수성水聖'으로 바꾸어 주셨으면 했다. 선생은 '수성水聖' 대신 빼어난 별이라는 의미인 '수성秀星'이 어떻겠냐고 새 이름을 제안해 주셨다. 그리고 나는 선생의 성을 따라

'정수성'으로 이름이 바뀌었다.

선생은 내가 주님의 교회에서 기도회를 인도하라고 맡겨주었다. 나에게는 엄청나게 큰 기회였다. 천 명이 넘는 사람들 앞에서 말씀을 전하는 것은 내 꿈이자, 큰 사명이었다.

기도회 전날, 학교에서 집으로 가는 차 안에서, 나와 비슷한 나이로 보이는 한 백인 소녀를 만났다. 그녀는 내 옆에 앉아 자신이 기독교인이라며, 내게 하나님을 믿는지 물었다. 그리고 말하기를, "나는 예수님을 위할 수만 있다면 행복해요. 그 외에는 아무것도 신경 쓰지 않아요."라고 처음 본 나에게 속애기를 털어놓았다. 그녀가 내게 말을 걸어온 것이 예사롭지 않게 느껴져 그녀의 말에 나는 깊이 감동받았고, 마치 하나님께서 기도회를 앞둔 나에게 힘을 주신 것처럼 느껴졌다.

기도회 당일, 룸메이트 언니가 내 머리를 멋지게 스타일링해 주었고, 선생을 면회 갈 때 입었던 노란 정장을 갖춰 입고 주님의 교회로 출발했다. 나는 무대에 올라 단상에 서서, 고개를 들고 가슴을 펴고, 하나님의 임재를 확신하며 한 문장 한 문장씩 힘차게 하나님의 말씀을 전했다.

말씀을 마치고 음악이 흐르자, 나는 간절하고 진솔하게 말했다. "아무리 무거운 문이 있어도 강한 바람에는 저항할 수 없습니다. 우리의 마음의 문이 아무리 꽉 닫혀 있어도, 성령의 바람이 불어오면 우리는 마음의 문을 열 수 있고, 기적이 일어날 것입니다. 기적은 공상적인 일이 아니라, 하고자 하는 의지를 불러일으키는 것입니다! 주님을 사랑하는 마음! 성령께서 우리를 도와주실 것입니다! 다 같이 성령을 간구합시다! 주여! 주여! 주여!" 모두가 격렬하고 열정적인 음악 속에서 뜨겁게 기도했다.

그날 밤은 내 인생에서 가장 자신감이 넘치는 순간이었다.

## 섭리교 세력 확장- 316 휴거날

말씀에 따르면, 3월 16일은 선생의 생일이다(후에 실제 생년월일이 아님을 알게 되었다). '316'의 의미는 매우 중요하다: '3'은 '성삼위'를, '1'은 '하나'를, '6'은 한국어 발음에서 '육체'의 '육'과 같은 음을 가짐으로, '316'의 의미는 '성삼위가 한 육체를 지상에서 행하신다'는 것이었다. 성경 요한복음 3장 16절에도 '하나님이 세상을 이처럼 사랑하사 독생자를 주셨으니…'라고 기록되어 있다.

2015년 3월 16일, 선생은 특별한 날이라고 했다. 그날은 '휴거날'로, 성경 예언의 '그 날, 그 때'이며, 지구 역사상 가장 중요한 날이다! 그때부터 우리는 더욱 드러내어 선생을 중심으로 삼았고, 심지어 예수 이름 대신 "정명석의 이름으로 기도합니다."라는 말로 기도를 마치게 되었다.

2016

## 교회에서 '승진'

2016년, 교단은 섭리 전체에 선생이 2년 후에 출소할 것이라고 발표했다. 우리는 모두 기뻐하며 더욱 목숨 걸고 열심히 준비했다.

그때, 나는 홍콩에서 많은 청중을 전도하여 멋지게 선생을 맞이하겠다고 결심했다. 그래서 한국에서 다니던 외국어대학교를 휴학하고 홍콩으로 돌아가기로 결정했다. 우선 선생에게 편지하여 내 의사를 알리자, 선생은 나에게 '강도사'라는 직분과 '홍콩 교회 부목회자'의 직함을 주어, 나는 정량정 목사와 함께 일하게 되었다.

나는 선생의 인정을 받은 것이 매우 기뻤고, 신앙적으로 드디어 성장하여 '교회 고위직'이 되었고 이제 선생을 위해 '강산(江山)을 다스릴' 자격이 됐다는 사실에 자부심을 느꼈다. 홍콩교회 내의 선배들은 내 나이와 경력에 비해 이렇게 중요한 직책을 맡은 것에 놀라워하면서, 나를 환영해 주었다. 우리는 함께 주님을 맞이할 준비를 하게 되어 무척 기뻤다.

나는 홍콩 교회의 대학부를 관리하며, 각 회원들과 면담을 통해 그들의 신앙 문제를 해결하는 데 도움을 주었다. 또한, 전도 활동을 기획하는 데 적극 참여하고 교회에서 모임과 예배 설교도 맡았다. 그 해 여름방학에는 월명동의 영성 수련회를 이끄는 책임을 맡았고, 특히 중고등부를 돌보는 데 힘썼다.

그때부터 나는 '선교비'를 받기 시작했다. 이는 성직자의 월급에 해당하는 것으로, 홍콩 달러로 약 3,000에서 5,000달러 정도였다. 이 당시 교회는 새 장소를 임대하여, 나는 교회의 새로운 기숙사에서 다른 자매회원들과 함께 생활하게 되었다.

### 스타 사인 사진

스타들은 개명과 성직을 받는 것 외에도, 선생의 사인 사진을 얻기를 원했다.

언니들의 개인 전신 사진은 모두 예쁘고 짧은 원피스를 입고 있으며, 운 좋으면 이런 사진에 선생의 친필 사인을 받을 수 있다. 메시아의 사인이기 때문에 그 가치는 대단한 것으로, 만약 선생이 그 위에 특별한 메시지를 적어준다면, 이는 돈으로 매길 수 없는 귀한 가치의 선물이 된다. 하지만 아무나 쉽게 얻을 수 있는 것이 아니었다.

개인 사진 외에 단체 사진도 있다. 내가 한국에 있을 때, 한국의 스타나 모델들과 함께 촬영한 사진이 있었다. 모두가 선생에게 가장 아름다운 모습을 보여주기 위해 많은 정성을 기울였다. 때로는 귀여운 드레스를 입거나, 때로는 패셔너블한 청바지를, 때로는 우아한 드레스를 입었고, 젊은 중고등학생들은 교복을 입기도 했다. 명절에는 한복이나 다른 의상을 입기도 했다.

선생에게 사진을 찍어 보내는 것은 감옥에 갇힌 그에게 작은 기쁨과 사랑을 전하고, 이 세상에 오신 주님을 사랑하는 사람들이 늘어나고 있음을 보여주기 위한 것이었다. 그리고, 스타들은 선생과 더 친밀한 1:1 관계를 맺기 원했다.

어느 날, 정랑정 목사가 나를 특별히 개인 사진 촬영에 데려가 주었고, 그곳에서 촬영한 사진을 선생에게 전달했다. 선생은 내 사진에 사인을 해주고 '위치다. 실천이다'라는 말씀을 적어 주었는데, 이는 '하늘의 위치는 사람이 지상에서 얼마나 말씀을 실천하고 하나님을 사랑하는지에 달려 있다'는 의미였다. 나는 선생의 이 선물이 마냥 감사했고, 정랑정 목사의 이끄심 덕분에 신앙의 여러 축복을 누릴 수 있었기에 감사를 표했다.

또한, 정랑정 목사는 홍콩의 여스타들도 사인 사진을 받을 수 있도록 힘을 썼다. 정랑정 목사는 홍콩 교회에 있는 열 몇 명 여스타들을 모아 멋진 단체 사진을 촬영하도록 준비했다. 정랑정 목사와 몇몇 언니들은 가슴이 보이도록 깊이 파인 드레스를 입고 섹시한 포즈를 취하며 자신들의 매력을 드러냈다. 나는 엄마가 결혼할 때 입었던 드레스를 몰래 가져와 그날 촬영에 입었다.

선생은 단체 사진에 사인을 하시면서 '휴거 사랑'이라고 적어주셨고, 정랑정 목사는 '너는 몸짱이다'고 답장했다. 이 말을 들은 우리는 모두 웃었다. 왜냐하면 정랑정 목사는 몸이 통통해서 사진이 잘 안 나올까 본인이 걱정했는데, 선생은 이렇게 유머러스하게 그의 마음을 위로하고 기쁘게 해 주신 것이었다.

우리는 선생이 정말 '신사적'이고, 사람의 마음을 잘 이해해 주시고, 또한 사람들을 웃게 만드는 능력이 탁월하다고 생각했다. 이러한 작은 순간들이 우리에게 큰 기쁨과 사랑을 주었고, 선생의 따뜻한 마음이 소중하게 느껴졌다.

언니들의 의상과 포즈에 대해 나는 한 번도 그것이 음란하다는 생각을 해 본 적이 없다. 절대적인 신뢰와 사랑의 표현이라고만 생각했다. 정조은 목사는, 선생을 대할 때는 마치 아내가 남편을 대하듯 경계가 없는 관계처럼 대하라고 했으니, 음란은 상상조차 할 수 없는 일이었다.

나는 이렇게 의도적으로 몸매를 드러내는 것을 선호하지 않지만, 내 신랑이 내 모습을, 외면뿐 아니라 내적인 마음도 함께 아름답게 여겨주기를 바란다.

스타 부서에서는 선생께 보낼 사진을 찍을 때 그렇게 섹시한 옷을 입지 말라는 공지를 발표한 적이 있었다. 모든 문서는 교도관의 검사를 받아야 하며, 선생에게 불리한 오해가 생기는 것을 원치 않았기 때문이다. 나는 섭리를 떠난 후에야 들었지만, 교도관들은 뇌물을 받았고, 심지어 더 엉뚱한 사적인 사진들도 선생에게 전달될 수 있었다고 했다.

나중에 교회를 떠난 한 스타 언니는, 선생이 그녀에게 하체 사진을 찍어 컴퓨터로 꽃 모양으로 편집해 선생께 보내라고 지시했다고 말해주었다.

한 번은 정량정 목사가 열 몇 명의 홍콩 여스타들을 데리고 침사추이 로얄 가든 호텔에서 아주 성대한 만찬을 베푼 적이 있다. 목사는 그 자리가 선생이 주신 돈으로 마련되었다고 말했다. 선생은 감옥에서 제대로 입지도 먹지도 못하면서 멀리 홍콩에 있는 우리를 기억하고 이렇게 근사한 디너로 대접을 해주시다니, 나는 선생의 배려와 사랑에 몸 둘 바를 모를 정도의 행복을 느꼈다. 비록 선생과 함께 얼굴을 맞대고 식사를 하는 것은 아닐지라도, 그의 영이 함께하신다고 믿었고, 그 자리에 모인 우리는 여러 명이었지만 각자 선생과 일 대 일로 마주 보며 사랑하는 마음을 가지게 되었다.

그 당시 나는 홍콩 대표로서 선생과의 소통이 꽤 빈번했고 거의 매달 그의 답장을 받았다. 나는 교회 관련 사항, 나의 신앙 발전, 그리고 선교 상황에 대해 수시로 보고했다. 물론, 신랑에 대한 사랑도 잊지 않고 애정 표현도 매번 빼먹지 않고 잘했다. 나는 이미 '선생님!'이라는 소릴 들으면 자다가도 '사랑합니다!'라는 말이 자동으로 튀어나올 정도로 섭리스타 교육에 길들어져 있었다.

어느 날 나는 선생에게 쓰는 편지에, 선생이 닭띠임을 언급하며, 그 의미가 깊다고 이야기를 했다. 나는 선생에게 마치 닭이 울듯이 때를 알리는 구세주라고 감탄했다. 그러자 선생은 내게 "맞아, 그리고 너는 얼룩말이야. 내가 가장 좋아하는 동물이야."라고 답했다. 나는 그 말이 너무 사랑스럽고 기뻐서 며칠 동안 진짜 얼룩말이라도 된 듯이 뛰어다녔다.

지금 생각해 보면, 그때의 내가 참 어리석었다. 변태적이고 역겨운 노인의 유혹인 줄 모르고 기뻐하다니. 난 이제 얼룩말이 제일 역겹고 싫다.

2017

## 정조은 목사의 홍콩 순회

2017년 5월 20일, 홍콩에서는 정조은 목사의 순회 집회가 열렸다. 이는 홍콩 교회에 매우 중요한 행사였다. 순회를 준비하기 위해 모두가 밤낮으로 계획하고 준비하는 데 몰두했다.

행사 장소는 홍콩 과학원에 위치한 고곤회의센터로 결정했다. 이곳은 마치 '금빛 알'처럼 생긴 독특한 디자인의 새로운 장소다. 우리가 이 장소를 선택한 이유는 이 디자인이 '새 생명의 탄생'을 상징하기 때문이었다.

순회 과정 동안 나는 '홍콩 대표'로서 VIP들과 함께 있었다. 다른 나라에서도 대표들이 참석했으며, 나는 통역과 다양한 일을 도왔다. 사진도 항상 가장 앞쪽과 가운데에서 찍혔고, '정수성'이라는 내 이름이 점점 더 많은 사람들에게, 심지어 해외로까지 알려지게 되었다. 그러한 사명감과 내 정체성의 인정은 내가 이전에 경험해본 적이 없는 것들이었다.

나중에 보니, 다른 피해자들도 대부분 섭리교회에서 어떤 지위와 중요한 사명을 가지고 있었다. 이런 우월감이 사이비교에 매료시키는 요인 중 하나임을 깨닫는다. 그 느낌을 좋아했던 나를 자책하지만, 인정받고 싶어 하는 마음은 인간 본성이 아닌가. 이단 사이비는 이러한 인간 본성을 매우 잘 이용하기 때문에 딱 한 번만 그들에게 마음 문을 열면, 쉽게 벗어날 수 있다고 그 누구도 장담하기 어렵다. 사람을 속이는 데 특화된 그들의 음침한 속내를 읽어내기엔 나는 당시 내가 느끼던 것보다 훨씬 더 어렸고 너무 순수했다.

## 신학

2018년 선생의 출소를 준비하기 위해 2017년은 매우 중요한 한 해였다. 그 해에 선생은 정조은 목사를 신학원의 새 교장으로 임명했다. 섭리는 항상 내부 신학원을 운영해 왔지만, 실제 장소는 없었다. 대신, 온라인을 통해 교육을 진행하고, 월명동에서 정기적으로 모임과 수업을 개최했었다.

모두가 이 일에 대해 매우 신나고 기대하고 있었으며, 많은 사람이 '신학원에 입학'하고 싶어 했다. 입학을 위해서는 반드시 심사를 거쳐야 했다. 연령 제한이 있었고(젊은 사람만 수용), 기본 신앙(성경 읽는 횟수, 전도한 사람 수, 과거의 행실 등)이 좋고, 충분한 조건을 갖추어야만 '입학'할 수 있었다. 졸업도 쉽지 않았다. 최소 세 명 이상 전도해야 하고, 이성과의 부적절한 관계나 동성애를 범해서는 절대 안 된다. 만약 이를 위반하면, 전체 앞에서 사과하고 자격을 박탈당한다.

나는 모든 심사에 통과하고 바라던 신학원에 입학하게 되었다. 나는 부모님께 목사가 되어 세계 각 나라에 선교하겠다는 결심을 이야기했다. 그 당시 나는 대학을 휴학한 상태였고, 신학 분야에서 발전하고 싶었다. 부모님은 나의 결정을 그다지 좋아하지 않으셨지만, 어쩔 수 없었다. 딸은 이미 자기 갈 길이 정해진 성인이었다.

당시 나는 가족 앞에서 매우 순종적이었고, 담배나 술을 입에 대지 않는 것은 물론이고, 가족들이 걱정할 일을 일절 하지 않았기 때문에, 부모님은 내가 다니는 교회에 대해 긍정적인 인식을 가지게 되었다. 그들은 이 교회가 사이비라고는 전혀 생각지 못했고, 약간 새로운 형태의 기독교 교회라고 알고 계셨다.

  교회는 조직적이고 힘이 있었고, 회원들은 남녀노소 모두 순수하고 선량했다. 교회는 아이들을 우선적으로 잘 챙기고, 긍정적인 메시지를 가르치며 전파했다. 또한 아이들에게 다양한 발전 기회를 제공했다. 목사가 되는 것 외에도, 여러 분야의 선배들이 도움을 줄 수 있었고, 대기업에 들어갈 기회도 있었다. 누가 이런 교회를 의심하거나 반대할 수 있을까?

  이것은 일종의 경영 전략이다. 그들끼리 "작은 사회"를 구축하고, 그 안에서 '인재를 양성'하며, 지속적으로 그 '작은 사회'의 발전을 이어가는 것이다. 헌금과 다양한 방식의 금전적인 비용 징수는 이 '작은 사회'의 경제적 원천이 된다. 사람들은 이것이 '하나님의 뜻을 위해, 하나님의 세력을 확장하고, 지상천국을 이루기 위해' 하는 일이라고 생각하지만, 사실은 사이비 교리를 세우고 그들만의 왕국을 만드는 것이다.

  그들은 자신만의 브랜드, 학교, 의료 기관, 사업을 세우고, 여러 방면에서 지속적으로 발전해 나갔다. 그들만의 인프라를 탄탄하게 구축하는 동시에 그 비전을 미끼 삼아 순종적으로 '열심히 하는 일꾼'을 양육하고, 하나님의 나라를 세운다는 명분으로 노동력을 착취하며 끊임없이 수익을 창출하는 구조를 만드는 것이다.

  이전의 신학원 과정은 대학 강의처럼 월명동에서 강의 형식으로 진행했지만, 정조은 교장이 취임한 이후, 수업 방식이 달라졌다. 이제 수업은 성령 집회처럼 이루어져, 열정적인 말씀을 듣고, 그 후 함께 뜨겁게 기도하는 형식으로 확 바뀌었다.

"불은 어디서 오는가? 확신에서 온다! 네가 말하는 것을 진정으로 믿을 때, 그 말은 힘을 가지게 된다. 너의 눈빛, 몸짓, 자세, 호흡 모두 달라질 것이다. 이제는 움츠러들 때가 아니다. 숨고 피할 때가 아니다. 당당하게 말씀을 전할 때다! 말씀은 불이다. 우리는 하나님의 능력을 받을 때, 말씀의 능력을 받는 것이며, 말씀을 확실히 믿는 것이다! 우리는 더 이상 한 사람씩 전도할 것이 아니라, 사람들을 모아 한꺼번에 그들을 모임과 예배로 데려가야 한다. 말씀과 성령이 그들을 직접 녹여 변화시키게 하자! 지금은 마지막 기회의 때다!"

정조은 목사는 신학 수업에서 이러한 말씀을 불같이 뜨겁게 전했다.

말씀을 듣고 나니, 나도 불타오르는 듯한 심정을 느꼈다. 우리 젊은 신학생들은 이전보다 더 열심히 신앙의 사역을 수행했다. 마치 대학의 '동아리 회원'인 것처럼, 선거에서 표를 얻기 위해 선거운동에 애쓰는 사람처럼, 우리는 다양한 활동을 기획하고, 거리에서 홍보하며 사람들을 전도했다. 자신의 모든 힘을 다해 싸워본다는 건 인생에서 일면 좋은 경험이다. '같은 목표를 위해 단결하여 함께 싸우는' 열정은 우리에게 큰 힘이 되었고, 그 과정에서 많은 것을 배웠다. 다만, 그 경험이 사이비 교주가 아닌 진정 옳은 가치를 추구하는 데 쏟은 열정이었다면, 하는 아쉬움이 가득할 뿐이다. 나는 섭리를 위해 나의 모든 열정을 아낌없이 쏟아 부었다.

## 정랑정 목사와의 문제, 그리고 또 죄를 지었다

나는 교회의 부목회자였다. 나는 교인들의 신앙 문제를 상담하고 해결해 주었으며, 신입생들에게 말씀을 가르치는 사명도 가지고 있다. 홍콩 교회의 대표 목회자인 정랑정 목사는 예배 때 내게 설교를 하도록 기회를 주었다.

그러나, 나의 신앙이 하루하루 성장할수록, 랑정 목사가 나를 질투한다고 느끼게 되었다. 그녀는 나를 키워준 스승이지만, 단 둘이 대화하거나 함께 있을 때면, 그녀의 말투에서 묘한 감정이 느껴졌다. 랑정 목사는 "선생님은 나만 혼내시고, 너에게는 안 그러시니 넌 걱정할 필요 없어." 또는 "어차피 수성이 있으면 되지, 나는 없어도 괜찮잖아." 같은 말을 하여, 나는 랑정 목사와의 관계를 고민하게 되었다.

한 번은 정조은 목사의 어머니와 몇 명의 유명한 남자 목사들이 홍콩으로 여행을 왔다. 나는 그들을 에스코트하는 일을 맡아 며칠간 그들을 수행하고 있었다. 조은 목사의 어머니는 섭리에 많은 양아들과 딸을 두고 있고, 나에게도 친딸처럼 살갑게 대해 주었다. 손님들의 방문 일정을 위해 A가 운전을 맡게 되어, 나는 오랜만에 A와 온종일 함께 일정을 소화하게 되었다.

그 며칠 동안, 나는 A와 매일 만나며 방문한 VIP들을 돌봤다. 나와 A는 언제나 이야기할 주제가 넘쳤고, 함께 있을 때마다 즐거웠다.

나는 랑정 목사와의 관계로 계속 고민하고 있었고, 아무에게나 털어놓을 수 없는 이야기였기 때문에, A를 만나자 비로소 속 얘기를 털어놓을 수 있었다. A를 한동안 볼 수 없었으나, 잠시 이야기를 나누자 우리 둘은 금세 예전과 같은 친근감이 들면서 행복했다.

이것이 화근이었다. 나는 A에게 느끼는 친밀감으로 인해 선생에게 죄책감이 들었다. 나는 A와 말이 통하고 함께 있을 때 마음이 편하다. 왜 나는 나를 사랑해 주시고 키워 주신 선생께는 그런 마음이 들지 않는지 이해할 수 없었다. 모두 내 탓인 것만 같았다. '나는 지옥에 갈 것인가?'라는 두려움에 짓눌렸다. 하나님이 나를 그렇게 사랑하시는데, 내 마음은 왜 이 모양인가?! 게다가 A는 동성인데 A가 좋고 A와 함께 있는 것이 재미있어 시간 가는 줄을 몰랐다. 그러나 선생에게 느끼는 사랑은 그렇지 않았다. A를 만나자 내가 선생에게 느끼는 마음은 의무감, 책임감 등 무거운 것들이라는 생각이 점점 뚜렷해지면서 두려웠다.

하나님에 대한 의문과 분노, 전심으로 주님만을 사랑하지 못하는 나에 대한 자기혐오와 실망, 깊은 죄책감이 얽혀서 나를 압도하고 있었다. 숨 쉬는 것조차 버거웠다. 나는 얼마 남지 않은 힘을 쥐어짜서 나를 미워했다. 세상에 나처럼 쓸모없는 사람이 없는 것만 같았다. 그러면서도 하나님께 버려지는 것이 너무도 두려워 비굴하게 매달렸다. "주여. 나를 도와주세요. 주님만 사랑하게 저 좀 구해주세요. 저를 버리지 말아 주세요."

엄마는 내 팔과 다리에 생긴 상처들을 발견하고, 나의 정신적, 감정적 상태가 극단적인 상황에 이르렀다고 판단했고, 즉시 나를 정신과 의사에게 데려갔다.

의사에게는 나는 많은 것을 말하지 않았고, 단지 신앙을 가진 사람으로서 내 행동에 대해 매우 실망하고 있다고만 고했다. 의사는 나에게 약간의 항우울제와 수면제를 처방해 주며, 충분한 휴식을 취하라고 조언했다. 엄마는 나를 심리 상담사에게도 데려갔고, 그곳에서도 나는 솔직하게 이야기하지 못했고 교회에 대한 것들을 알리지 않았다.

  엄마는 나를 심리 상담사에게도 데려갔으나, 그곳에서도 나는 교회에 대한 이야기를 마음 놓고 알릴 수 없었으므로 겉도는 이야기만 했다. 의사는 나에게 그림을 그려보라고 했다. 그림으로 내 마음의 상태를 살펴보려는 것 같았다. 나는 작은 치타와 하늘을 나는 독수리를 그렸는데 치타는 도로의 가시덤불에 상처를 입고 있었지만, 여전히 산을 오르려 애쓰고 있었고, 독수리는 높은 하늘에서 그 모습을 지켜보고 있었다.

  그림을 그리면서 나는 치타가 나 자신이라는 말을 했다. 그리고 독수리가 선생과 하나님이라고 말하고 싶었지만 그 사실을 입 밖에 내지 못했다. 갑자기 눈물이 쏟아져 내렸고 말도 제대로 나오지 않았다.

  한 번 고요한 수면을 불쑥 뚫고 솟아오른 내 감정은 마치 해일처럼 거세게 휘몰아치며 도무지 통제가 되지 않았다. 나는 나 자신에게 원망과 실망감을 느꼈고, 하나님께 실망을 안겨드리고 있다는 생각에 괴로웠다. 주님은 나의 죄로 인해 감옥에서 저 고생을 하시는데, 주님을 사랑하는 나의 마음은 턱없이 부족하다. 아니, 그런 것이 내 안에 있기는 한가? 이런 내가 교회 강대상에 서서 설교를 하다니, 이건 하나님을 속이는 더러운 짓이 아닌가. 통제를 벗어난 내 마음은 더 이상 내 마음대로 되지 않았다. 나는 선생님이 시키는 것 말고 다른 것들을 훨씬 더 원하고 사랑한다는 걸 인지한 것이다.

  내 안에서 터질 것 같은 감정은 마치 잔뜩 웅크렸던 호랑이 같아서, 조금만 방심하면 통제력을 뚫고 뛰쳐나와 주변 사람들을 해칠 것만 같았다.

나는 교회에 가지 않았고, 회원들과의 연락도 끊었다. 곧 교회 전체에 정수성이 변질되었다는 소식이 퍼졌다.

나는 자신감을 완전히 잃었다. 나 자신에게 실망했고, 얼마 전까지 하나님을 뜨겁게 전하던 내가 부끄러워 교인들 앞에 더 이상 고개를 들 수 없을 것 같았다. 선생은 이렇게 감정의 바닥을 기고 있는 나에게 편지를 보내왔다.

"수성아, 하와보다 나쁘면 안 되지. 한국으로 돌아와라."

결국 나의 구원은 하나님께 있고, 선생은 하나님이 보낸 이 시대의 메시아임엔 틀림이 없지 않은가. 아무리 발버둥 쳐도 인간은 하나님의 주관하심에서 벗어날 수 없다. 난 여전히 내키지 않았지만, 하나님이 누구보다 특별히 사랑하는 신부임에 감사하고, 이렇게 부족한 나에게 먼저 손을 내밀어주신 주님께 순종하는 마음으로 어렵사리 한국으로 돌아가기로 했다. 진리는 여전히 진리이며, 영혼의 운명은 내버려둘 수 없고, 하나님의 사랑은 절대 포기할 수 없는 것이다. 그때 나의 믿음은 이러했다.

## 한국으로 돌아갔다

2017년 겨울, 나는 주님의 교회로 돌아가서 정조은 목사를 만났다. 조은 목사는 주내와 아별이라는 이름의 여성 목사 두 명에게 나를 돌봐주도록 지시했다. 두 여자 목사는 나이가 서른 살 후반에서 마흔 살 가까이 되었고 두 사람 모두 키가 크고 날씬했다. 그들은 신앙의 저점을 겪은 뒤 다시 일어선 경험을 가지고 있고, 조은 목사와는 밀접한 관계였다.

조은 목사는 나에게 한국에 머무르라고 하면서, "네가 도망치지 않게 네 여권을 몰수할까?"라고 웃으며 말했다. 그때 나는 그 말을 농담으로 들었기 때문에 여권을 건네지는 않았으나, 나중에 내가 탈퇴한 후 다른 탈퇴자로부터 그들이 실제로 다른 사람의 여권을 압수한 적이 있다는 얘기를 듣고 내 여권을 내주지 않은 것이 천만다행이라고 생각했다.

한국의 겨울은 매우 춥다. 홍콩 사람에게는 더 그런 것 같다. 조은 목사는 세심하게도 두 목사를 통해 나에게 긴 패딩 외투를 사주었다. 또한 나를 주내 목사 집에서 지내게 하고, 집세까지 대신 내주었다. 나는 주내 목사 집의 작은 방에서 약 두 달 동안 지냈는데 그 기간 동안 주내와 아별 목사는 매일 번갈아 나를 돌봐주었.

그들은 매일 나를 위로하고 하나님의 말씀과 그들의 이야기를 들려주며 나를 격려했다. 그들은 과거에 하나님 앞에 큰 실수를 저질렀고, 타락하여 클럽에 가기도 했지만, 끝까지 신앙을 포기하지 않고 완전히 회개하고 반성하여 결국 큰(교회에서 중요한 사명을 맡은) 목사까지 되어 교회의 주요 부서를 맡게 되었다.

그들은 나에게 교회를 떠난 사람들은 끝내 좋은 결말이 없다고 말했다. 어떤 이는 암에 걸렸고, 어떤 이는 남편에게 배신당하거나 가정이 파탄 났다. 혹 잘 지내는 경우도 있지만, 하나님을 떠난 사람들은 심리적으로 큰 고통을 겪고 우울증에 시달리게 된다고 했다.

그 후, 선생이 나를 불러 다시 선생을 면회하러 가게 되었다. 정조은 목사는 나를 데리고 선생을 만나러 감옥에 갔다. 선생은 나에게 이렇게 말했다. "가끔 사람들은 한쪽 일에 너무 집중하다 보면 다른 쪽을 소홀히 하게 된다. 하나님도 나도 너를 벌써 용서했으니 절대 낙심하지 말아라."라고 했다.

　선생을 만나고 나오면서, 정조은 목사가 나에게 이야기했다. "너는 선생님한테서 답을 얻었지, 그렇지? 다시 잘 하면 되는 거야. 나는 아직 너를 키우는 데 힘을 다하지 못했어!"

　어느 날, 주내 목사는 나에게 영화 <모아나(Moana)>를 보도록 특별히 허락해 주었다. 그 영화는 디즈니 애니메이션으로, 주내 목사는 가끔은 이렇게 단순한 영화를 보는 것도 괜찮다고 말했다. 그동안 섭리는 어떤 미디어도 보는 것을 금지해 왔기 때문에, 상황에 따라 교리가 바뀔 수 있는 건지 궁금했지만, 그때는 더 이상 묻지 않았다. 어쨌든 영화를 볼 수 있게 된 것은 매우 기뻤다.

　영화에 인상적인 장면이 있었다. 주인공 모아나가 실의에 빠졌을 때, 그녀의 할머니가 그녀에게 자신의 정체성과 사명을 기억하라고 말하자, 모아나는 다시 힘을 내게 되었다. 영화를 보고 난 후, 나는 스스로에게 이렇게 말했다. "그래, 나는 정수성이야. 나는 하나님의 신부이며, 홍콩의 대표야. 홍콩 교회의 아픈 역사와 하나님의 아픈 마음은 모두 내가 위로하고 회복해야 해!"

　영화를 보고 온 나에게 주내 목사는 영화도 가끔은 나름 유익이 있다고 말했다. 어떤 회원은 한국의 유명한 영화인 <신과 함께>를 몰래 보았다가, 사후 세계에서 지옥의 무서움을 실감나게 느끼고는 신앙이 훨씬 좋아졌다고 했다. 또 어떤 신앙 스타는 할리우드 영화 <원더 우먼>을 보고 주인공이 '자신을 희생하여 세상을 구하는' 정신을 배워서 더욱 열심히 전도하게 되었다는 얘기도 해 주었다.

### 아빠를 전도하다

다시 섭리를 위해 열심히 뛰기로 마음을 다잡은 나는 우선 아빠에게 복음을 전하기로 결심했다. 가족을 지옥에서 구하고 싶은 마음이야 당연한 것이지만, 아빠가 섭리에 오신다면, 나는 신앙의 중심을 더 확실히 회복할 수 있을 것만 같았다. 그만큼 나는 흔들리고 불안한 심정이었다.

얼마 전, 내가 정조은 목사 일행의 홍콩 순회 일정을 수행하느라 너무 바빠 가족과 연락을 거의 하지 못하는 바람에 아빠를 무척 걱정시켰다. 아빠는 무슨 일 때문에 연락이 안 되었는지 계속 추궁하여 결국 나는 진실을 털어놓게 되었다. 나는 한편으론 이것이 아빠에게 복음을 전할 기회일지도 모른다고 생각했다. 아빠에게 내가 다니는 섭리 교회에 대해 소개하고, 교리를 잘 가르치는 강사를 엄선하여 아빠가 섭리의 성경 공부를 배울 수 있도록 연결했다.

아빠는 내가 이야기한 후, 예상대로 인터넷에서 정보부터 검색하고, 부정적인 리뷰를 보게 되었다. 나는 아빠에게 내가 수 년 동안 이 교회를 직접 따르면서 이상한 일이나 성범죄 사건을 전혀 경험한 적이 없다고 강조했다. 인터넷에 떠도는 것들은 전부 날조된 가짜 뉴스라고 말했다.

일반 교회를 다니는 아빠는 성경에 다양한 해석이 있다며, 섭리의 성경 해석이 충분히 타당할 수 있다고 인정했다. 아빠는 '선생이 메시아'라는 결론만큼은 끝까지 받아들이지 않고 의심을 품었지만, 나와 자주 신앙에 대해 대화하고, 교회에서 섭리인들의 선량함과 열정을 보며 조금씩 내 신앙을 존중하기로 했다.

그는 가끔 우리 교회 활동에 참여하고, 선생에게 편지를 쓰기도 했다.

엄마와 이혼한 후, 아빠는 나와의 관계를 소중히 여겼기 때문에, 나에 대한 존중과 신뢰가 그를 교회로 이끌어 준 것이다.

후에 나는 아빠에게 '중심국'의 표상 교회[14]인 주님의 교회와 월명동을 보여주고 싶어서, 아빠를 한국으로 초대했다. 아빠가 한국에 있는 동안, 목사들은 아빠를 적극적으로 맞이해 주었고 정성스럽게 대접하며 좋은 음식을 제공하고, 전용 차량으로 편하게 이동할 수 있도록 배려해 주었다. 또한, 교회에 대해 모든 것을 친절하게 설명해 주었다. 월명동에 갔을 때, 영어를 유창하게 구사하는 남자 목사가 나와 아빠를 위해 특별히 가이드해 주었다. 그 목사가 성경을 스무 번 읽었다고 하자, 아빠는 그에 대해 깊은 존경심을 느꼈다.

아빠는 "어떻게 그렇게 많은 돈으로 월명동의 돌과 나무를 샀냐?"고 물었다. 역시 어른들의 사고방식은 다르다. 나는 이런 질문이 다소 예의 없다고 생각했지만, 목사는 침착하게 답했다. "모두 교회에서의 헌금 덕분입니다. 섭리 안에서 모두가 한 마음으로 성전을 세우는 데 참여하고, 이곳은 마치 우리의 집, 고향과 같습니다."

주님의 교회의 한 장로는 통통하고 웃음이 가득한, 다소 천진난만한 인상이었다. 그는 아빠를 따뜻하게 맞이하며 장난스럽게 아빠의 얼굴에 입을 맞추기도 했다. 그 순간 아빠는 환하게 웃었고, 그런 모습을 보며 나는 큰 위안을 느꼈다. 아빠가 섭리 사람들과 가까워지는 모습은 다행이었지만, 내 신앙이 완전히 회복되지 않은 것에 대한 죄책감과 불편함

---

[14] 모든 다른 교회의 본보기가 되는 교회로, 모든 면에서 가장 우수한 교회를 의미한다.

은 여전히 마음 한 켠에 남아 있었다.

주내 목사와 아별 목사가 나와 아빠를 데리고 서울 명동을 구경시켜 줬다. 우리는 카페에 앉아 대화를 나누었고, 분위기는 마치 학부모님과 학교 선생의 면담처럼 느껴졌다. 주내 목사가 나의 신앙생활과 최근의 감정 기복, 자주 화를 내는 문제에 대해 이야기하자, 요사이 불안정한 나의 심리 상태를 알고 있던 아빠는 나에게 목사님들께 예의 바르게 대해야 한다며 아이한테 경고하듯 말했다. 그 순간 나는 원인 모를 분노와 억울함을 느꼈다. 그러나 즉시 감정을 표출하는 것은 아니다 싶어 참았다.

내가 화를 낸 것은 단순한 반항심이 아닌데, 내가 느끼는 신앙생활의 압박감을 그 자리에서 당장 아빠에게 설명하긴 어려웠다. 내 감정이 그렇게 나쁜 것일까? '너를 위해서' 또는 '구원을 위해서'라는 말에 나는 얼마나 홀로 참고 솔직한 감정을 억눌러 왔는가. 왜 하나님의 '사랑'이 이렇게 숨이 막힐까? '나를 위해서'라는 명분은 항상 나에게 순종을 강요한다. 조금이라도 내 감정을 표현하면, 나는 신앙이 안 좋은 사람, 성격이 나쁜 사람으로 결론이 나버린다. 그런 명분을 들이대며 내게 인내를 강요해 온 목사들과 선생 그리고 하나님이 정말로 나를 위한 것일까?

이런 생각이 들자 내면의 감정이 더욱 요동쳤다. 하지만, 아빠의 마음을 상하게 하고 싶지 않았고, 나를 돌봐주는 목사한테 화를 내고 싶지도 않았다. 무작정 참다 보니 가슴이 답답해져서 토할 것 같았다. 결국 나는 더 이상 견딜 수 없어 자리를 박차고 일어서 밖으로 도망쳤다. 뒤에서 나를 부르는 목소리가 들리자, 나는 더 열심히 뛰었다. 모든 사람, 모든 상처, 모든 고민으로부터 도망치고 싶었다.

모퉁이를 돌아가니 약국이 보였다. 뒤쫓아오는 주내 목사를 피해 숨고 싶어서 나는 2층으로 뛰어올라갔다. 그러나 이내 그녀에게 붙잡혔다. 더 이상 갈 곳이 없었다. 그 자리에 무너져 내린 나는 크게 울었다. 목사는 나를 꼭 안아주며 "미안해, 수성아, 미안해."라고 말했다.

후에 나는 아빠를 위해 선생과의 면회를 신청했다. 아별 목사와 이전에 홍콩을 방문했던 문 목사가 함께 우리를 동행하여 선생을 만나게 되었다. 문 목사는 선생의 지도를 받아 성공적으로 화장품 브랜드 상프리Shangpree를 창립했으며, 심지어 유럽과 미국 시장에도 진출했다. 한국 대통령 문재인도 그에게 상을 수여했다. 그날 문 목사가 선생을 만나러 간 목적은 이 기쁜 소식을 전하고 선생께 감사의 인사를 드리기 위함이었다. 목사는 나에게 "선생이 처음으로 이렇게 스타의 부모를 만나주시는 거야, 수성아, 선생이 너를 정말 많이 아끼신다."고 말했다.

선생을 만났을 때, 선생은 아빠에게 매우 친절하게 이야기했고, 나는 아빠 곁에서 그 말을 하나하나 통역했다. 선생은 아빠에게 말씀을 잘 배우라고 하시고, 홍콩의 회원들이 대부분 학생이니, 교회의 어른으로서 홍콩 교회를 보호해 주기를 부탁했다.

면회 후, 문 목사는 우리를 저녁 식사에 초대해 주었다. 식사하는 자리에서 문 목사는 아빠에게 '선생의 말씀을 듣고 사업에 성공한 이야기'를 해 주었다. 아빠는 사업가이기 때문에 그 이야기에 특히 깊이 빠져들었다. 그 후 문 목사는 우리를 백화점으로 데려가 자기의 매장을 구경시켜 주었다. 한국의 여러 대형 백화점 화장품 구역에 그들의 전문 매장이 있었고, 아시아에서 영향력 있는 뷰티 제품 소매 그룹인 사사Sasa에도 그들의 제품이 진열되어 있었다. 그 회사 대표인 문 목사의 이런 설명과 간증은 아빠에게 설득력이 매우 컸을 것이다.

  선생은 아빠가 사업을 하고 싶어 하는 것을 알고 있었기 때문에 인삼 사업을 제안했다. 잘 알려져 있듯이, 한국은 인삼의 생산국이며, 가장 많이 생산되는 지역이 바로 월명동이 위치한 충남 금산이다. 선생은 섭리 회원이 운영하는 인삼 제품 회사도 있다며, 아빠에게 이 제품들을 홍콩에 판매할 시장을 개척해 보라고 말했다. 그래서 아빠와 나는 그 사업을 시도해 보았지만, 결국에는 성사되지 않았다.

  교회 안에는 그런 사례가 많다. 스포츠, 예술, 문학, 상업, 의학, 정치, 법률, 연예계 등 여러 분야에서 선생의 지도를 받고 성공했다는 이들의 간증이 종종 들려온다. 나는 이제, 성공한 사람은 소수이고 그렇지 않은 사람도 많이 있다는 걸 알게 되었다. 선생이 백 명에게 지도를 하면 그중 한 명 정도만 성공한다. 성공한 사람들은 선생과 하나님 덕분이라고 드러내고 간증해서 널리 알려지지만, 실패하게 되면 항상 개인이 '책임분담'을 잘 못한 거라고 비난받거나, 알려지지 않게 조용히 묻힌다. 안타깝게도 사람은 자기 생각보다 단순하다. 남의 '간증'을 통해 선생의 능력과 공로를 쉽게 믿지만, 정작 그 '간증'을 꼼꼼하게 '검증'하는 사람은 없다. 그것이 바로 '맹신'이 된다.

## 여전히 풀리지 않은 사랑의 문제

  나는 지옥에 가는 것이 두렵고, 구원의 기회를 잃는 것이 두렵고, 가족이 구원을 잃는 것도 두렵지만, 무조건 복종하고 참으며 감정을 억누르는 삶을 계속하고 싶지 않았다. 과거에 경험한 하나님의 깊은 사랑, 하나님과 함께한 기적, 세계를 향해 전도하려는 포부를 놓을 수 없었다. 동시에 세상에 대한 호기심, 사랑에 대한 갈망, 사라지지 않는 외로움이 항상 믿음을 포기하고 싶게 만든다… 이 두 가지가 계속해서 갈등하며 내 안에서 소란을 일으킨다. 이것이 영적 전쟁[15]이며, 마음의 싸움인가? 이 고통은 악마의 시험과 방해인가?

마음이 외롭고 혼란스러울 때, 나는 찬양을 부르며 산책하곤 했다. 한강을 따라 다섯 시간을 걸어본 적도 있다. 외로움은 도대체 어디서 오는 걸까? 분명히 하나님이 내 곁에 계시고, 분명히 나는 찬양을 부르고 있으며, 교회의 친구들도 많지만, 마음의 고독은 여전히 사라지지 않았다. 기도를 시도해 보았지만, 하나님에 대한 분노가 여전히 풀리지 않는다. 예전부터 이해하지 못했던 것들이 완벽하게 해결된 것도 아니다. 하나님이 기회를 주시니 '언젠가는 이해하고 깨달을 수 있을 거라'는 희망을 가지고 버텼다. 하지만 이번에는 더 이상 나 자신을 설득할 수 없었다.

당시 내 마음을 어지럽혔던 문제들을 글로 표현하기가 매우 어렵게 느껴진다. 섭리를 경험해보지 않은 사람에게 그 압박감을 전달하는 것은 어쩌면 불가능한 일지도 모른다. 나는 우울, 분노, 죄책감, 불안의 어두운 구름에 덮여 있어, 빛을 볼 수 없었다. 누군가와 이야기하고 싶었지만, 털어놓을 상대가 없었다. 교회 사람들이 주는 답은 항상 같았다. 기도하고 말씀을 보라고. 교회 밖 '세상 사람들'에게 말하면 그들은 전후 사

---

[15] 신앙의 갈등과 마음의 갈등. 에베소서 6:12에 따르면 "우리의 씨름은 혈과 육에 대한 것이 아니요, 통치자들과 권세들과 이 어두운 세상의 주관자들과 하늘의 악의 영들에게 대함이라."이다.

정을 모르고 교리도 이해하지 못하니, 말이 통하지 않을 거라 생각했다. 결국 난 사람들에 둘러싸인 외톨이였다.

　섭리 길을 가는 동안 나는 나 자신을 설득하는 데 능숙해졌다. 내키지 않는 일을 해야 할 때, 감정적으로나 육체적으로 지쳐서 단 한 발도 내딛을 수 없을 때, 나는 항상 나를 설득할 새로운 방법을 찾아냈다. 일반적으로 다이어트는 어렵다고들 한다. 얼마를 굶고 얼만큼 힘들든, 그에 비례해서 지방이 줄어드니까, 참는 건 당연하고 참지 않고는 성공할 수 없다. 내게 신앙도 비슷하게 느껴졌다. 힘들지만, 영혼이 축복을 받기 위해선 육체적으로 투자해야 한다. 나에게 육체의 고통은 '올바른 길을 가고 있다'는 증거이며, 내 고통과 힘듦은 '당연한 감정'이었다. 먼저 고통받으면 나중에 달콤함을 누리게 되는 것은 당연한 이치가 아닌가.

　선생의 가르침은 늘 인내를 강조하고 육체를 끊임없이 스스로 채찍질하게 했다. 그런 생활이 처음에는 성실한 사람이 되는 것 같아 뿌듯했으나, 점점 참는 습관이 생기고, 알람 소리를 못 들어 새벽 기도를 빼먹는 정도의 실수에도 나 자신에게 실망하며 불안함을 느꼈다. 학교나 사회에서 만난 누군가에게(이성이든 동성이든 불문하고) 호감을 느끼고 기분이 좋아지면, 즉시 죄책감이 밀려왔다. 죄책감 뒤에는 회개와 좌절이 뒤따랐다. 나는 선생만을 사랑해야 한다는 스타의 의무감에 항상 짓눌려 있었다.

　쉼 없이 채찍질을 하다 보니 나는 언제부턴가 의문이 들었다. 천국, 휴거, 그리고 하나님의 사랑이 정말 존재하는가? 내가 이렇게 모든 걸 포기하고 영원한 보상을 받을 수는 있는 걸까? 그 직전에 내가 조금 더 버티지 못하고 무너지면 어쩌지? 그 보상을 막상 받아 보니 내 마음에 좋지 않고, 지금처럼 감사하고 받아야 한다며 강요당하면 어쩌지? 천국에서는 내 진심을 표현할 수 있을까? 무의식 깊은 곳에서 어쩌면 난 오래전부터 이런 의심의 싹을 틔우고 있었는지도 모른다.

목사들의 동행과 위로, 돌봄은 과연 나를 위한 것인가, 아니면 나를 교회에 남게 하여 선생께 바치는 '공물'로 만들기 위한 것인가? 돌이켜보면 참 기특한 의심이 아닐 수 없다. 섭리에서 가르치는 진리가 사실은 허접한 모순덩어리라서 따르는 게 힘들 수밖에 없다는 것까지는 아직 알아차릴 수 없었다.

## 나를 월명동으로 보냈다

얼마 후, 아별 목사는 나를 월명동 근처의 섭리 숙소에서 지내게 해줬다. 나는 월명동으로 내려가 효빛이라는 여자 목사와 함께 살게 되었다. 효빛 목사는 아별 목사와 비슷한 나이로, 대학 시절에 전도되어 섭리에 왔다. 그녀는 키가 큰 편이고, 외모가 아름다웠는데 배우 이영애를 조금 닮았다.

효빛 목사와 만난 첫날, 나는 심한 장염에 걸려서 너무 아파 끙끙대며 바닥에 굴렀다. 효빛 목사는 그날 처음 본 나를 병원에 데려가게 되었는데, 그 목사는 설사로 더럽혀진 내 속옷을 깨끗하게 세탁해 주었다. 나중에 다른 사람을 통해 그 이야기를 전해 듣고, 나는 큰 감동을 받았다. 처음 만나는 사람에게 그렇게 더러운 것을 처리해 주다니, 효빛 목사의 마음 씀씀이가 보통이 아니라고 느껴졌다.

월명동에서 지내던 어느 날, 나는 정유인 목사 목사를 만나게 되었다. 그녀는 삼사십 년의 섭리 경력을 가진 초창기 원로 목사로, 나이가 육십 대였다. 어린 시절부터 선생을 따랐고, 섭리 내에서 중요한 인물이었다. 젊었을 때는 섭리의 치어 팀에서 활동했으며(치어와 모델은 외모가 좋은 여성들로, 스타가 될 확률이 가장 높은 부서들이었다), 현재는 스타 부서의 관리를 맡고 있다. 정랑정 목사가 내 신앙의 엄마라면, 그녀는 내 신앙의 할머니라고 할 수 있다. 육십 대인 효빛 목사는 늘 젊은 스타일로 꾸미고, 웃음이 가득하며, 유쾌한 성격이었다.

우리가 만났을 때, 유인 목사는 나에게 밥을 사주며 자신의 이야기를 많이 해줬다. 그녀는 교회의 행정일로 압박감이 너무 크고, 말을 듣지 않는 스타들을 돌보는 것이 너무 힘들어서 자주 두통이 있다고 말했다. 많은 부정적인 감정으로 인해 한동안 심각한 불면증에 시달려 매일 네 시간도 못 잔다고 했다. 그녀는 한때 정신과 감정이 한꺼번에 무너져 본 적이 있다며, 내 마음을 특히 잘 이해하고 알아줬다.

유인 목사는 나에게 말했다.

"교회에 너무 많은 규칙과 제약이 있어서 힘들지? 예를 들어 짧은 치마를 입지 못한다든지⋯ 어린 여자아이들은 당연히 예쁘게 입고 싶지, 맞지? 걱정하지 마, 선생님이 감옥에서 출소하시면 그때부터 우리는 뭐든지 입어도 돼! 신랑이 없을 때야 조심하는 거지, 신랑이 곁에 있으면 신랑에게 보여 드리려고 예쁘게 입는 거니까, 뭐가 문제야? 하하!"

할머니 같은 목사님이 먼저 그런 말씀을 해주시니 나는 그간 가장 마음에 걸려 있던 문제에 관해 처음으로 물어볼 용기가 생겼다.

"목사님. 사랑한다는 게 뭔가요? 하나님과 선생을 어떻게 실제로 사랑해요? 그분들의 사랑을 우리는 어떻게 느낄 수 있을까요?"라고 조심스레 여쭤보았다. 섭리에서는 종종 '사랑은 뇌의 사랑, 정신의 사랑'이라고 말하지만, 나는 솔직히 그런 것만으로 행복할 것 같지 않고, 선생님을 사랑한다고는 전혀 느껴지지 않는다고 말씀드렸다.

그녀는 나에게 물었다.

"선생과 친해지고 싶어? 남자친구처럼 키스하고 싶어? 하하!"

생각지 못한 그녀의 질문에 나는 더욱 혼란스럽고 이해할 수 없었다. 그녀는 계속해서 말했다.

"너처럼 예쁜 여자가 선생님께 가까이 가면, 선생님은 어떻게 반응하실까? 하하하!"

나는 계속 침묵하며 그녀의 말의 의미를 생각했다. 선생과 가까워지는 것은 무엇을 의미할까? 마음이나 정신이 가깝게 느껴지려나? 둘의 사이가 막역하게 친해지는 건가? 선생님 곁에 자주 있을 수 있다는 뜻일까? 설마 남자친구처럼 키스하는 것? 농담이겠지? 영혼은 영계에서 키스할까? 도대체 그녀는 왜 웃는 걸까? 만 가지 질문이 내 머릿속을 떠돌았지만, 더는 그녀에게 물어볼 용기가 없었다.

주변에 사는 회원들은 가끔 마을 체육관에 모여 함께 배구와 배드민턴을 즐겼다. 내 생활은 낮에는 카페에서 알바를 하고, 밤에는 운동을 하며, 가끔 언니들과 함께 도시에 나가 쇼핑하는 것이었다.

마을에는 식당을 운영하는 섭리의 선배 아주머니도 계시는데, 그녀는 자주 나에게 무료로 음식을 만들어 주며 이야기를 나누곤 했다. 마을에서는 낮 시간이 특히 빨리 지나갔고, 세상과 완벽히 차단되어 있었기에 불안함이 없고 편안한 일상을 즐길 수 있었다. 여전히 신앙에 대한 혼란과 마음속의 공허함은 있었지만, 전쟁통에 찾아온 휴식처럼 오랜만에 느끼는 편안함과 평화로움이었다.

2018

2018년 초, 선생이 곧 출소하게 되니 모두가 긴장했다. 선생은 2월 18일 형기를 채우고 출소하실 예정이었다. 설 명절은 흩어져서 각자 보낸 후, 월명동으로 모두 모여 '사랑하는 주님의 귀환'을 맞이하기로 계획을 세웠다.

선생은 전 직원에게 편지를 써서, 감옥 안에 쌓인 많은 편지와 문서를 정리하며 그곳을 떠날 준비를 하고 있다고 전했다. 주내 목사는 농담으로 나에게 말했다.

"수성아, 그때 꼭 좋은 자리를 잡아줘야 해. 그때 사람이 너무 많아서 선생을 아예 못 볼까 걱정이야! 월명동에 사는 사람들은 미리 자리를 잡을 수 있으니 정말 좋겠다! 그 장면은 분명 장관이겠지?"

선생이 감옥에서 보낸 10년 동안, 모두가 이 날만을 기다리며 믿음과 사랑을 지켜왔다.

주님을 맞이하기 위해 전 세계의 회원들이 월명동으로 오려고 하고, 모두가 선생을 보기 위해 열광하니, 질서를 유지하기 위해 교단에서는 공지를 내렸고, 허가받지 않은 사람은 월명동에 들어올 수 없다고 선포했다.

2월 설 연휴가 되자, 월명동의 언니들은 하루 이틀 동안 가족을 만나러 고향에 갔다. A는 내가 혼자 월명동에서 설을 보내면 무척 외로울 것을 염려하여, 한국에 와서 나를 보겠다고 말했다. 이런 것도 죄가 되는 건 아닐까 걱정은 되었지만, 텅 빈 월명동에서 홀로 명절을 보내고 싶지 않아 나는 큰마음을 먹고 A를 만나러 서울로 갔다. 언니들이 없는 틈을 타서 몰래 빠져나와 A와 신촌에서 짧으나마 즐거운 시간을 보냈다.

A가 홍콩으로 돌아가는데 갑자기 나도 같이 가고 싶고 답답한 월명동

으로 돌아가기가 싫었다.

"나도 너와 함께 홍콩에 갈 거야. 나는 선생님을 뵐 면목이 없어."

어디서 그런 용기가 솟았는지 나는 즉시 비행기 표를 사서 월명동에 있는 짐도 아랑곳하지 않고, 빈손으로 비행기에 올라 버렸다. 나는 주님을 뵐 면목이 없다고 느꼈고, 이 시대에 제일 중요한 역사에 참여할 자격이 없다고 생각하며 도망쳤다.

홍콩에 도착하니, 가족들은 내가 돌아온 것에 매우 놀라워했고 좋아했다. 하지만 내 마음속에는 무거운 돌이 얹힌 느낌이 들었다. 왜냐하면 나는 주님을 맞이할 기회를 포기하고, 그동안 지켜온 신념과 하나님에 대한 사랑을 놓치고 있다는 것을 알고 있었기 때문이었다.

## 직접 선생을 본다

홍콩에서 정랑정 목사는 "내 영혼을 살리려"고 끊임없이 나에게 연락했고, 선생이 그녀에게 나를 한국으로 데려오라고 하셨다고 전했다. 내가 한국으로, 섭리로 돌아가는 것을 거부할수록, 내 마음의 갈등과 우울감은 더욱 심해졌다. 결국, 자책감과 지옥에 대한 두려움을 견디지 못하고, 내키지 않는 발걸음을 돌이켜 정랑정 목사와 함께 여전히 추운 월명동으로 돌아갔다.

갓 출소한 선생은 월명동에 거주하고 있었고, 그의 경호를 위해 월명동의 경비는 매우 삼엄했다. 허가받지 않은 사람은 절대 월명동에 들어갈 수 없었다. 나와 정랑정 목사는 선생으로부터 특별히 허가를 얻어 선생 앞으로 소환되었다, 그 유명한 청기와로.

나는 정랑정 목사와 함께 청기와에 들어갔고, 거실로 안내받았다.

청기와는 선생이 거주하는 집이다. 청기와에 막상 들어가니 겉에서 볼 때 상상했던 것보다는 좁아 보였다. 목사들은 항상 선생이 결코 영광이나 부를 탐하지 않고, 월명동은 하나님께 바친 곳이라 선생이 사는 집은 소박하고 실용적이라고 강조했다. 거실에는 고풍스러운 큰 시계, 다양한 수석, 소파, 책상, 그리고 길고 큰 돌로 된 차탁이 놓여 있었다.

내가 들어갔을 때, 유명한 여자 신앙 스타들과 목사들 여러 명이 차탁에 빙 둘러 앉아 있었고, 선생은 주인 자리에서 앉아 있었다. 나이가 일흔이 넘은 선생은 평상복 차림으로 전형적인 할아버지였다. 예전에 사진으로 자주 봤을 때는 이목구비가 뚜렷하고 피부가 건강해 보였는데, 직접 만나니 감옥에 오랫동안 갇혀 있었기 때문인지 힘든 세월의 흔적이 얼굴에 나타났다.

그리고 선생은 내가 생각했던 것보다 훨씬 뚱뚱했다. 선생은 감옥에 있을 때 분명, 절식과 금식을 자주 한다고 들었기 때문에, 나는 그가 당연히 말랐을 거라고 생각했는데, 배가 불룩하게 나와 있어 깜짝 놀랐다. 이전에 감옥에서 보았을 때는 배가 이 정도로 크지는 않았기 때문에, 나는 선생이 아프리카 아이들처럼 영양 불균형으로 인해 배가 부풀어 오른 것일지도 모른다고 생각했다.

선생이 나와 정랑정 목사를 보고 함께 앉으라고 하였다. 내가 신앙 상태가 좋지 않다는 건 다들 알고 있기 때문에, 선생이 내 신앙을 살리려고 나를 만나주는 거라고 생각했다. 청기와에서 선생을 직접 뵐 수 있게 되어 나는 매우 감사하지만, 동시에 굉장히 어색함을 느꼈다. 그 곳에 있는 여자들 모두 단정한 원피스로 한껏 차려입고 있었지만, 나는 혼자 스웨터에 헐렁한 청바지 차림이라, 정랑정 목사가 나를 위해 드레스를 준비하지 않았다고 꾸중을 들었다.

몇 마디를 나눈 후, 선생이 갑자기 나에게 말했다.

"수성이 성령님께 물어보고 싶은 게 있어? 마음속으로 지금 성령님께 물어봐봐."

나는 얼떨떨했다. 주님은 모든 것을 아는 분이라고 알고 있었기 때문에, 나는 곧바로 눈을 감고 마음속으로 진지하게 물었다.

"성령님, 사랑은 무엇인가요? 어떻게 해야 하나님을 잘 사랑할 수 있나요?"

내가 눈을 뜨자, 선생이 말했다.

"성령님께서, 내가 너에게 답을 줄 거라고 하셨어. 나는 그 답이야."

선생의 대답을 듣고, 나는 그가 정말 모든 것을 꿰뚫어보고 있는지에 대해 의심을 가지지 않았다. 다만, 어떻게 하나님을 잘 사랑할 수 있을지를 알고 싶은 마음이 간절했다. 그래서 이번엔 말로 선생에게 같은 질문을 했다. 선생은 "사랑은 생활이다. 함께하는 삶이 사랑이다. 주님을 섬기는 삶이 바로 하나님을 사랑하는 삶이다. 복잡하게 생각할 필요가 없다."라고 대답했다. 나는 어렴풋이 이해한 것 같아, 고개를 끄덕이며 "아멘"이라고 대답했다.

목사들은, 선생이 감옥에 가기 전인 10년 전에는 종종 갑자기 사람들 앞에서 노래를 부르라고 시켰다며, 우리는 늘 잘 준비해야 된다고 내게 얘기한 적이 있다. 그런데, 그날 선생이 나에게 뜬금없이 노래를 부르라고 시켰다. 다행히 나는 섭리 노래 몇 곡을 부를 줄 알았고, 간단한 춤 동작까지 추가하자 선생과 언니들이 모두 좋아했다. 선생이 좋아하는 모습을 보니 내 마음도 뿌듯했다. 그 순간, 나는 하나님을 사랑하는 것이 사실은 정말 간단할지도 모른다고 깨달았다. 이렇게만 해도 정말 행복한 것 같았다.

그 해, 2018년, 악몽이 시작되었다. 사건이 발생한 순서를 이미 잊어버렸고, 사건들은 서로 얽히고 영향이 미치며, 마치 많은 매듭이 지어진 복잡한 실들처럼 엉켜 있었다. 나는 기억을 따라 최대한 배경을 설명하고 사건의 경과를 이야기하려고 한다.

## 선생 옆을 따라다니다

나중에 월명동의 규칙이 완화되어 더 많은 회원들이 자유롭게 월명동 방문할 수 있게 되었다. 모두 주님을 보기 위해 적극적으로 방문 신청했고, 선생과 한 번 악수를 하고 말을 나누고 싶어 했다. 특히 여성들은 스타이든 아니든 상관없이 긴 드레스를 입고 예쁘게 꾸며서 선생의 마음에 들기를 바랐다. 선생이 무슨 일을 하든 모두가 그 모습에 매료되자 선생의 행동이 의미 깊고 신비로운 순간처럼 느꼈다. 심지어 선생이 침을 뱉는 모습에도 회원들은 환호를 보냈다.

선생은 석방되었지만 완전히 자유로운 건 아니었다. 출소할 때 발목에 전자 발찌를 7년간 부착하라는 명령을 받아 출국은 금지되어 있고, 경찰이 언제든지 그를 추적할 수 있었다. 나는 선생의 발목에 있는 전자 발찌를 본 적이 있는데, 조금 더 두꺼운 검은 전자시계 같았다. 선생은 전자 발찌를 사람들에게 보이지 않게 하기 위해 긴 양말을 신었고, 바지 끝에 고무줄을 단 것을 특수 주문 제작하여 입었다. 바지 끝은 선생의 발을 감싸 전자 발찌가 드러나지 않도록 가려 주었다.

선생이 청기와에서 양말을 벗을 때 전자 발찌가 드러나자 이렇게 말했다.

"예수님이 십자가에 못 박힐 때 손바닥에 못자국이 남았듯이, 난 감옥에 다녀온 후 전자 발찌가 남은 거야. 이것들은 모두 십자가의 표식으로, 사랑과 희생의 상징인 거지."

모두가 그 말을 듣고 선생을 위해 마음이 아파했다.

선생은 월명동에서 다양한 활동을 했고, 나는 많은 시간 그의 곁을 지키며 여러 가지 일을 보았다.

## 골프카

선생은 자주 골프카를 운전하며 월명동을 돌아다녔다. 월명동을 찾아온 회원들은 모두 그 뒤를 따라가거나 골프카가 주차된 곳에서 그를 기다렸다. 선생은 종종 간식을 가지고 다니며, 수시로 따라오는 사람들에게 나눠 주었다. 그는 일부러 장난을 치며 멀리 있는 사람들에게 간식을 던지기도 했고, 모두가 재미있어했고 땅에 떨어진 것을 주워 들고 감사를 표현했다.

먹을 것을 던지는 행동을 이상하게 생각하거나, 그걸 주워 먹는 것을 자존심 상하게 생각하는 사람은 월명동에 아무도 없었다(그런 사람은 월명동에 올 리가 없으니까).

그래서 사람들은 선생이 던져주기 적당한 간식을 몇 박스씩 봉헌하기 시작했다. 그 장면에서 우리는 예수님이 산에서 설교하시던 '오병이어'의 기적을 떠올렸다. 성경에는 보리떡 다섯 개와 물고기 두 마리였지만, 섭리에서는 과자, 팝콘, 단팥빵, 에너지바, 과일 등 다양한 간식을 나누었고, 성경에 다 나눠주고 남은 것이 열두 광주리였던 것처럼 남은 간식은 수행원들에게 나눠주곤 했다(나는 탈퇴 후 정명석이 그때 무례하게 집어 던지던 한국의 특정 간식 중 특히 단팥빵에 대한 반감이 남아 절대 먹지 않는다).

한 번은 골프카에서 에너지 바를 먹고 있는 선생 주변에 사람들이 에워싸 모두 그 모습을 쳐다보고 있었다. 그때 선생은 바로 앞에 서 있던 나를 쓱 한번 훑어보더니, 먹던 에너지 바를 나에게 먹으라고 불쑥 내밀었다. 선생의 뜬금없는 행동에 순간 주변이 소란스러워졌다.

나는 에너지 바를 좋아하지 않았고, 더군다나 침이 묻은 에너지 바는 더욱 싫었지만, 도저히 거절할 분위기가 아니었다. 나는 이를 은혜로 여기며 선생이 나를 용서해 주시고 사랑해 주신 거라는 과대 해석을 하며 감사했던 기억이 난다. 그걸 본 주변 사람들은 나를 부러워했을 것이다. 섭리에서 선생에 대한 추앙은 그 정도로 병적인 수준이다.

내가 오랫동안 마음에 담아두었던 골프카에 대한 일화가 있다. 어느 주일 예배에서 선생은 "하나님은 약속을 지키신다."라는 제목으로 설교를 했다. 그날 예배가 끝나고 선생이 골프카에 올라타 316관을 떠나려 할 때, 갑자기 나에게 "타라."라고 했다. 골프카를 타는 것은 마치 왕의 차에 타는 것처럼 매우 영광스러운 일이었다. 나는 2014년에 선생이 편지로 약속한 것을 떠올렸다. 아직 감옥에 갇혀 있던 선생은 나중에 출소하면 나를 옆자리에 태워주겠다고 약속했었다. '그 오래된 약속이 이루어지다니…' 나는 감동에 벅차올라, 선생이 정말로 주님이라고 믿어졌다.

## 운동장에서

축구를 좋아하는 선생은 감옥에서 나온 후 거의 매일 마지막 일정이 축구였다. 남자 회원들은 선생과 함께 해가 지도록 축구를 했고, 다른 사람들은 옆에서 응원하며 "7번 화이팅! 신의 축구!"라고 외쳤다. 선생은 '7'이 하늘의 숫자라고 말씀하셨기에 7번 유니폼은 항상 선생의 것이었다. 선생이 속한 팀은 항상 이겼고, 선생은 매번 수십 골을 넣어 모두가 놀랐다. 나는 그렇게 많은 경기를 보면서 솔직히 말하자면, 사람들은 모두 선생에게 공을 양보하고 있었다. 하지만 나는 선생의 나이가 많고, 모두와 함께 운동하는 데 목적이 있으니 양보인지 아닌지는 그다지 중요하지 않다고 생각했다. 게다가 프로 축구선수인 회원조차 선생을 존경한다 하니, "내가 축구에 대해 너무 몰라서이다."라고 스스로를 설득했다.

이게 바로 세뇌의 가장 무서운 효과인 '자기 설득'이다. 이해하지 못해도 정답은 이미 정해져 있으므로 정답을 믿기 위해 스스로를 설득한다. 객관적인 견해나 정보는 알려고 들지 않는다. 어렵게 정리한 자기 설득이 깨져 버리면, 정답을 불신하게 될 수 있고, 그건 구원받는 데 치명적인 독이다.

어느 날 밤, 선생은 플라스틱 의자에 앉아 있고, 모두가 그 주변에 모여 그의 말씀을 듣고 있었는데, 정말 성경에서 사람들이 예수님을 따르는 장면과 같았다. 나는 조용히 그 무리에 가까이 다가가 뒤에 서 있었다.

"수정아!"

선생이 나를 발견하고 불렀다. 원래 선생이 지어준 내 이름은 '수성'이었지만, 선생은 항상 내 이름을 '수정'이라고 잘못 불렀기에, 나중에는 선생이 내 이름을 아예 '정수정'으로 바꾸셨다. 선생이 나를 부르자, 사람들은 선생이 나를 잘 볼 수 있도록 자리를 비켜주어, 선생과 나 사이에는 홍해 바다가 갈라지듯 길이 생겼다.

나는 "네." 하고 수줍게 대답했다.

"이리 와."

선생이 지시했다. 내가 선생 앞으로 가자, 선생은 손짓으로 나를 자기 발 옆에 앉게 했다. 선생은 한 사람을 가리키며 "내가 너희에게 IQ 퀴즈를 내줄게. 저 점선 의상을 보고 어떤 성경 구절이 떠오르니?"라고 물었다.

그 시기에 선생은 사람들에게 IQ 퀴즈를 내는 것을 좋아했고, 때로는 맞히는 사람에게 상금을 주기도 했다.

모두가 머리를 긁적이고 있는 동안, 선생은 나를 향해 계속 눈을 꿈적이며 힌트를 줬다.

"요한계시록! '그의 눈은 불꽃 같고, 머리에 많은 면류관이 있으며, 그 위에 쓰여진 이름은 그 자신 외에는 아무도 알지 못하느니라!'"

몇 년 전 감옥으로 면회 갔을 때, 선생이 나에게 요한계시록의 재림에 관한 구절을 다시 반복해서 읽으라고 했던 것이 생각났다.

내가 정답을 맞히자, 선생은 크게 웃었다. 그 순간, 나는 아직 선생을 진심으로 사랑하기는 어렵고 마음속에 많은 의문이 남아 있었지만, 선생을 기쁘게 할 수 있다는 것이 나름의 기쁨으로 다가왔다.

## 정식으로 선생을 따르기 시작

정조은 목사는 "내 신앙을 살리기 위해" 나에게 3박 3일 동안, 24시간 내내 선생 곁에 있으라고 시켰다. 나는 316 기념관의 선생 개인 집무실에서 수행부 언니들과 함께 선생을 기다리고 있었다. 선생이 경직된 표정으로 집무실에 들어섰다가 나를 보더니 순식간에 눈을 가늘게 뜨며 웃음으로 바뀌었다. 선생 곁에 서 있던 주내 목사는 웃으며 말했다.

"선생님이 수정이를 보자마자 기분이 좋아지셨네요. 앞으로 수정이를 자주 만나시게 해드려야겠어요."

선생을 수행하는 것은 누구에게나 허락된 일이 아니다. 사람들이 선생을 너무 많이 둘러싸는 것을 걱정했기 때문이다. 한 번은 인파가 너무 많아 통제가 안 되자, 선생이 크게 화를 냈다. 그는 크게 소리치며 말했다.

"왜 너희는 말을 듣지 않는 거냐? 기독교와 악평자들이 내 길을 막았는데, 너희도 막겠다는 거냐? 모두 무릎 꿇고 회개하라!"

우리는 모두 깜짝 놀라서 순간 조용해졌다. 목사들은, "하나님의 말씀과 권위는 그렇게 무섭고 엄격하다. 우리는 하나님의 자비 때문에 하나님이 화내지 않으실 것이라고 생각해서는 안 된다."고 했다. 그때 나는 처음으로 선생이 화를 내는 모습을 보았고, 하나님과 선생에 대한 경외심이 더해졌으며, 말씀을 안 지키면 정말 안된다는 것도 깨달았다.

그 후, 언니들은 자주 나에게 선생을 따라다니게 했다. 수행원들 중에는 남자와 여자 모두 있었다. 몇 명의 남자들은 보디가드를 맡고, 모두 체격이 크고 태권도도 할 수 있는 사람들이었다. 여자들도 키가 크고 외모가 멋진 사람들로, 어떤 이들은 보디가드 역할을 하기도 하고, 다른 일을 맡기도 했다. 남녀를 불문하고 대부분이 신앙의 스타이고, 이전에 정조은 목사 곁에서 수행비서로 활동했던 사람들이다. 나는 공식적으로 '임명'된 수행원은 아니었지만, 언니들은 나에게 항상 선생을 따라다니라고 지시했다.

그중 한 명의 여스타는 '신별'이라는 이름을 가지고 있었고, 나보다 몇 개월 나이가 많았다. 그녀가 섭리 교회에 다닌다는 걸 알게 된 부모님이 그녀를 강제로 데리고 가서 집에 감금한 적이 있다고 한다. 그녀의 이야기는 교회 내에서 널리 알려져 있으며, 공개적으로 간증도 했다. 신별은 조은 목사의 수행 비서를 하다가 나중에는 선생의 비서가 되었다. 또 한 명의 공식적인 수행원은 나보다 한 살 많은 '달별' 언니였다. 그녀도 나와 마찬가지로 고등학교 때 전도됐는데, 신앙을 위해 대학 입학을 포기하고 신앙에 전념하였다. 그녀도 조은 목사의 수행 비서를 하다가, 월명동에 와서 선생 곁에서 다양한 역할을 했다.

## 수행원이 하는 일

선생 곁에 가까이 있는 것은 사람들이 모두 부러워하는 자리로, 매우 귀한 사명이고, 이런 대우를 받게 된 것이 감사하긴 하지만, 나는 솔직히 그 생활이 정말 싫었다.

선생은 출소 후 월명동에 돌아오자, 매일 너무 많은 일을 하겠다고 고집을 부렸다. 그는 하나님으로부터 힘을 받았다고 하며, 다른 사람들보다 더 열심히 일해야 한다고 말했다. 그는 월명동의 여러 구석을 개발하고 꾸미고, 나무를 심고 돌을 세우며, 새로운 건물을 건축하고, 주변을 청소하는 등의 작업을 쉼 없이 진행했다.

공사 작업 외에도 선생은 다양한 손님들을 만났다. 구의원, 군 관계자, 국가대표 운동선수, 연예계 유명인, 기업가, 심지어 일반 기독교 목사들도 포함되었다. 이런 사람들을 만나는 것은 섭리와 선생에 대한 오해를 풀고, 전도하기 위함이다. 이 손님들은 회원들이 초대하여 월명동으로 데려오는 경우가 많다.

'특별히 임명된' 선생의 수행원들은 청기와를 관리하고, 선생을 위해 물품을 준비하며, 공급물을 관리하고, 만남과 모임을 주선하는 등의 일을 담당했다. 내가 맡은 일은 다른 업무 없이 오직 선생을 바싹 따라다니며 관찰하고 섬기는 것이었다. 나는 그 지시에 따라 선생 곁에서 선생과 함께 나무 가지치기 작업도 하고, 때로는 작업자들에게 제공할 과일을 준비하기도 했다.

선생을 따라다니는 일은 상상을 초월할 만큼 하루하루가 지루하고 힘들었다. 게다가 선생의 일정은 측근인 비서들조차 예측할 수 없기 때문에, 나와 수행 언니들은 그때그때 느닷없이 여기저기로 불려 다녔고, 종료 시간도 미리 알려주지 않아 언제 '퇴근'할 수 있을지 전혀 예측할 수 없었다.

선생 말이 법이고 전부였다. 선생이 우리에게 따라오라고 하면 무조건 따라가야 했고, 떠나라고 하면 즉시 떠나야 했다. 선생은 우리가 따라오지 않을 때, 우리가 메시아에게 적극적으로 배우지 않는다고 꾸짖었고,

어떨 때는 따라오는 사람이 너무 많다며 화를 내고 즉시 철수시킨 적도 있었다. 어느 장단에 춤을 추어야 할지 알 수 없는 우리는 영문도 모르고 야단을 맞았다.

자유롭게 떠날 수 없기 때문에 우리는 오도 가도 못하고 넋 놓고 때론 몇 시간씩 다음 지시를 기다리는 것이 매일 반복되는 업무 중 대부분이었다. 내 인내심은 금방 바닥이 났고, 불만이 쌓였다. 언니들은 예전에도 그렇게 선생을 기다렸다고 이야기해 주었다. 그녀들은 선생이 하시는 일은 비록 이해하기 힘들어도, 항상 하나님의 이유가 있다고 교육했다(그녀들은 나보다 오랜 세뇌로 익숙하게 '자기 설득'을 해내는 달인들이었다).

이유는 알 수 없지만, 선생은 나이가 무려 70세임에도 불구하고 매일 잠을 단 2~3시간만 자고 끊임없이 활동했다. 선생은 항상 시간이 너무 소중하다고 말하며, 잠을 너무 많이 자는 것은 낭비라고 말했다. 하지만 선생은 틈만 나면 졸았는데 그 모습은 정말 피곤해 보였다.

언니들은 항상 열심을 다해 하나님의 일을 하는 선생을 안타까워하며, 우리에게 선생이 주무시면 손발을 마사지해 드리라고 시켰다. 낮이건 밤이건 선생이 잠들면 곁에 있던 여스타들 몇 명이 선생 주위에 착 다가앉아 선생의 팔, 다리, 손을 각각 하나씩 맡아 마사지하는 것이 당연한 풍경이었다. 내가 본 마사지 장면에서 선생은 늘 옷을 입은 상태였다.

내가 '자기 설득'을 통해 해석한 이 상황은, 연로하신 부모님을 마사지해 드리는 것과 다를 바 없다는 점, 수면 시간까지 아까워하는 선생의 노고에 대한 존경의 표현이라고 이해했다. 선생을 가까이 섬기는 일이 힘들 때도 많았지만, 섭리 안에서 선생의 수행원을 특별하게 바라보는 애정어린 시선과, 어딜 가나 선생을 대접하듯 정성어린 존중을 받았기 때문에 나에게도 큰 의미가 있었고, 선생에 대한 경외심도 더 깊어졌다.

어느 날, 선생이 경사로를 올라가는데, 몇몇 목사와 회원들이 옆에서 함께 있었다. 유인 목사가 나를 보고 손짓하며 어서 오라고 불렀다. 이에 내가 유인 목사 곁으로 가자, 그녀는 내 손을 잡아 선생 옆으로 더 가까이 가도록 이끌며 말했다.

"수정아, 선생님 손을 잡고 선생님을 끌어드려."

주변 사람들도 선생도 이 말을 들었다.

선생이 연로하니 누군가 옆에서 도와드리면 좋겠지만, 이렇게 많은 사람 앞에서 내가 선생의 손을 잡는 것은 좋아 보이지 않을 것 같았다. 만약 누군가 그런 모습을 사진 찍어서 악평을 하면 어쩌나 걱정이 되었다.

그런 생각을 하는데 선생이 내 손을 벌써 잡아버렸다. 그의 손은 두툼하고 따뜻했다. 경사로를 올라가면서 선생은 손을 잡는 것 외에는 다른 신체 접촉은 없었다. 나는 산에 오르는 할아버지를 돕는 손녀의 마음으로 경사를 오르는 선생을 붙잡아드렸다. 주변에 함께 걷던 많은 사람들이 나를 부러운 시선으로 바라보는 것이 의식되는 건 어쩔 수 없었다. 선생은 섭리에서 가장 유명한 우주대스타이고, 여러 사람들 앞에서 난 그 대스타님과 악수한 셈이니까.

그러나 정조은 목사는 나중에 선생에게, 사람들 앞에서 여자 회원과의 신체 접촉은 피하라며, 남들에게 이야기거리를 주지 않도록 조심하라고 했다고 한다.

## 기괴한 형상들

선생은 나무나 돌에서 형상을 찾는 것을 참 좋아했다. 어떤 돌이나 나무의 형태가 사람과 닮아 있을 때, 선생은 이것이 모두 하나님의 작품이라고 했다. 그런데 선생이 발견하는 형상들이 꽤나 기이했다. 이를 테면 여성의 성기, 여성이 엎드린 자세, 남성의 성기, 다리를 벌린 여성의 자세라는 등. 선생이 이런 이야기를 할 때 나는 '자기 설득'마저 고장이 나는지 도저히 이해할 수 없고 너무나 의아했다.

왜 하나님이 이런 형상을 설계하셨을까? 유명한 고대 예술품이 사람의 나체를 묘사하거나 조각한 것처럼, 하나님의 가장 아름다운 창조물인 인간의 원초적인 형상을 보여주는 건가? 이것이 인체의 가치를 나타내는 것인지, 혹은 하나님이 인류를 사랑하는 상징인지 궁금했다.

고대의 전설들 중에도 비슷한 산맥 형상에 대한 이야기들이 있었고, 역사적으로 여성의 형태를 통해 깊은 의미를 전달하는 예술 작품이나 문물(文物)도 많았다는 것을 떠올렸다. 여성은 모성의 상

선생은 이 나무의 형상이 뒤에서 본 여성의 다리가 벌어진 엎드린 자세를 닮았다고 말했다.

징이자 생명을 잉태하는 존재로 여겨지는데, 선생이 말씀하신 것은 이와 비슷한 개념일까?

나는 언젠가 확실히 이해할 날이 오겠지 하며, 그 정도로 대충 넘겼다.

선생이 그린 그림에서도 나무의 형태를 인체의 다양한 자세로 표현한 것을 보았다. 무릎을 꿇고 기도하는 모습, 앉아 있는 모습, 그리고 여성의 나체를 그린 작품도 있었다. 자연의 나무와 돌, 그리고 선생의 그림 외에도, 선생은 많은 여성 나체 조각상을 구입해서 월명동의 여러 구석에 두었다. 왜 이런 조각을 두는 건지 잠시 의문이 스쳤으나 깊이 생각하지 않고 그냥 넘겼다. 선생을 오해하고 싶지 않았다.

어느 목사가 이야기하기를, 사람들은 자기 기준으로 다른 사람을 판단하기 마련이라고 했다. 자기가 음란하면, 다른 사람도 그렇게 보인다는 것이다. 일리가 있는 말이다. "뭐 눈에는 뭐만 보인다."라는 한국 속담도 있지 않은가. 그 목사는 선생의 순수함이 자주 오해받는 이유는 세상이 타락하여 사람들이 더러운 생각으로 가득하기 때문이라는 것이다.

그 당시 나는 선생이 왜 그렇게 많은 여성 나체를 그리는지, 그리고 왜 하나님의 '예술 작품'이 온통 나체와 성기로 넘쳐나는지 이해하지 못했지만, 선생이 음란한 사람이 아니라는 건 믿었다. 그저 '내가 모르는 깊은 예술성과 하나님의 비밀이 담겨 있겠지'라고 생각했다.

또한, 선생은 316관 근처, 연못 바로 뒤쪽에 대형 폭포와 수영장을 새로 건축했다. 선생은 우리에게 폭포의 형태가 여성이 다리를 벌린 자세라고 말씀하시고, 가운데 물이 나오는 곳은 여성의 성기라고 설명했다. 선생이 지어 붙인 폭포의 이름은 '성령 폭포'였다.

선생은 폭포 위쪽 동굴을 종유석과 크리스탈 샹들리에로 꾸몄고, 돌 테이블과 돌 의자를 배치하였다. 이 공간은 사람들이 모여서 휴식하고 교제할 수 있는 장소라고 했다.

## 316관에서의 생활

한동안, 나는 316관의 선생 집무실에서 수행원 언니들과 함께 생활하게 되었다. 선생의 집무실은 서로 연결된 세 개의 방으로 구성되어 있다. 맨 오른쪽 방에는 책상, 몇 개의 소파, 긴 테이블, TV 그리고 방 안에 욕실과 화장실이 딸려 있다.

왼쪽 방은 '하나님의 방'이라고 불렀는데, 방 안에 값비싼 대형 옥 조각상과 서양 귀족의 의자와 귀한 돌들로 장식되어 있다. 그 방에 들어가려면 선생의 허락이 필요했다. 나머지 가운데 방에는 큰 옷장 몇 개와 중국식 의자 몇 개, 테이블 하나와 한켠에 차를 준비할 수 있는 간단한 주방 시설이 있다.

나를 비롯한 수행원들은 가운데 방에서 함께 지냈다. 목욕할 때는 아래층에 화장실이 붙어 있는 욕실을 이용했고, 식사는 선생이 외식할 일정이 없으면 316관의 식당에서 급식을 먹었다.

우리는 각자 베개 하나와 이불 한 장을 배정받았다. 6, 7명이 약 100평 방피트의 방에서 함께 지냈기 때문에, 책상 밑이나 의자 밑에까지 잠자리를 펴야 했다. 이불 한 장으로 반쪽은 방바닥에 깔고 나머지 반쪽으로 몸을 덮고 새우잠을 잤다. 개인 물품을 보관할 곳조차 마땅치 않은 비좁은 장소였다. 우리 수행원들은, 겉보기에는 메시아의 최측근 비서라고 화려해 보이지만, 생활 수준은 열악하기 짝이 없었다. 우리는 새벽 일찍 일어나서 새벽 기도를 준비하고 조회(早會)에 참석해야 하고, 정해진 퇴근도 없이 늘 피곤과 수면 부족에 시달렸다.

 한 번은 새벽에 우리 방에 들어온 선생이 아직 자고 있는 나의 얼굴을 발로 밟으며 빨리 일어나라고 한 적이 있다. 선생은 장난을 친 것이겠지만, 얼굴을 발로 밟힌 나는 굉장히 불쾌했다. 그러나 메시아에게 화를 낼 수는 없는 일, 잠자리를 서둘러 정리하고 선생과 함께 중국식 의자에 앉았다.

 새벽기도 시간에, 선생은 또 말씀을 시작했다. 선생의 말은 사투리가 섞여 있어서 외국인인 나로서는 솔직히 절반도 알아듣지 못했다. 한번 말씀을 시작한 선생은 보통 언제 끝날지 알 수 없는 말을 한없이 이어서 한다. 한참 말을 하다가 갑자기 농담을 시작했다. 그날 선생의 농담이 특별히 기억에 남는다.

 "영어 이름 '조세핀' 알지? 이 이름이 진짜 웃긴다? 만약, 남편이 샤워할 때 갑자기 '조세핀아!'라고 부르면 얼마나 웃기냐구. 하하!"

 '조세핀아'는 한국어의 '좃에 피나'와 같은 발음이라, 좃(남자 성기를 가리키는 비속어)에 피가 난다는 농담을 한 것이다. 선생의 좋지 않은 발음에도 불구하고, 외국인인 내가 이 농담을 알아듣고 다른 언니들을 따라 제때에 같이 웃다니, 나는 언어적 소질이 탁월한 게 분명하다. 농담의 의미를 정확히 알아들은 나는 마음이 굉장히 불편했고, 순간 수십 가지 의문이 한꺼번에 떠올랐다.

 주님(선생)은 새벽 기도 시간에 왜 이런 농담을 하는 건가? 잠도 못 자게 사람 얼굴을 발로 밟아 깨워서 고작 이런 농담을 들으라고? 하나님도 야한 농담을 좋아하시나? 선생의 제자로서, 나는 선생의 이런 모습을 다른 회원들에게 이야기해도 될까? 그들의 신앙에 나쁜 영향이 미칠까? 시험에 들지 않을까?

또 한번, 우리는 선생 집무실 오른쪽에 있는 방에서 다 같이 새벽 기도를 했다. 선생은 소파에 앉아 있었고, 우리는 바닥에 둘러서 앉아 있었다. 그날 나는 수면 부족으로 인해 눈이 많이 건조해서 계속 뜨지 못하고 있었다. 선생이 나를 보자, 컵에 있는 물을 펜으로 찍어서 내 눈에 점을 찍어 촉촉하게 해주고, 눈을 뜰 수 있게 해주었다. 모두가 선생이 나에게 정말 부드럽게 대하신다고 했고, 나도 그의 세심한 행동에 감동 받았다.

그러고 나서, 선생은 나에게 "이제 수정이 말 잘 들어?"라고 물었다. 솔직히 나는 신앙이 안 좋고 모든 일에 반감과 불만을 느끼고 있었지만, 무의식적으로 "네."라고 대답했다.

"그럼 목사 해."

선생이 바로 나에게 목사가 되라고 하는 것에 나는 놀랐다. 보통 신앙의 공적을 보고서 직함을 주는 건데, 제도의 주인이 선생이라, 결국 선생의 마음대로인가 보다.

언니들도 집무실 생활이 너무 힘들고, 모두 제대로 쉬지 못해서 지치지만, "신앙을 위해 참고 견뎌야 하는 단련"이라는 말을 해서 감히 불평할 수가 없었다. 선배들에게 말하면 괜히 "옛날에 우리가 더한 고생도 했어. 그때 월명동 개발 전에는 화장실도 없었거든! 너희가 하는 고생은 아무것도 아니야, 참아봐, 선생을 따라다닐 수 있는데 얼마나 좋아!" 이런 말만 듣게 된다.

한번은 내가 한 일주일 동안 계속 장이 아팠던 적이 있다. 목사들은 환경 스트레스 때문일까 봐 걱정된다며 선생께 보고했다. 처음에는 선생이 나에게 안수기도를 해 주며 장에 좋은 마와 꿀을 먹으라고 했다. 언니들은 그래서 나를 위해 매일 아침 나에게 마와 꿀을 먹였고 쉴 수 있게 해줬는데 그래도 낫지 않았다. 결국 목사가 선생에게 또 환경 문제인 것 같다고 보고했고, 그제야 선생이 우리가 숙소를 해산시켜 숙소로 올 수 있었다.

## 선생의 말씀

선생은 말이 참 많다. 한번 말을 시작하면 몇 시간 동안 끝이 나지 않는다. 한때 매일 새벽에 조회를 하는데 선생은 새벽부터 쉬지 않고 말을 했고 어떨 땐 점심시간이 돼도 끝나지 않았다. 나는 매번 듣기 싫었고, 정말 졸려서 잠을 자고 싶었는데도 언니들은 늘 나를 조회에 데려갔다.

한 번은 선생이 건강과 위생에 대해 이야기하면서 남녀가 함께 있는 자리에서 여성의 민감한 신체 부위를 거리낌 없이 언급했다. 그는 여자들이 반드시 자궁과 하체를 깨끗이 씻어야 한다며, 심지어 수도꼭지를 여성의 신체 내부에 끼워 세척해야 한다고 말했다. 여자들이 성기를 제대로 씻지 않으면 생육 문제나 감염, 심지어 암까지 생길 수 있다고도 했다. 그는 의사도 아니고, 어떤 의료 자격도 없었지만 '주님'이기에 그 말에 이의를 제기할 수 있는 사람은 없었다. 나는 그 말을 듣고 의아했지만, 속으로 '선생은 위생에 대해 말하는 거겠지. 의심하지 말고 잘 배워야지'라고 생각했다.

## 가수

내가 가수가 된 계기는 작은 모임이었다.

그날은 20~30명이 선생과 함께 잔디밭에 모여 있었다. 오후와 저녁 사이 무렵, 선생이 내게 노래를 시켰다. 나는 사람들 앞에서, 선생이 작사·작곡한 경쾌한 노래를 불렀고, 언니들과 함께 연습했던 춤을 췄다. 분위기는 갑자기 밝아졌고, 모두가 함께 기쁘게 노래를 불렀다. 선생은 매우 만족한 표정으로 "내가 수정이를 가수로 임명해도 여러분 반대 없지? 수정아, 너 가수 해라!"라고 선포했다.

나는 노래를 배운 적도 없고, 잘 부르는 사람도 아니었다. 겉으로는 감사하다고 말했지만, 속으로는 '앗, 망했다'라는 생각이 들었다. 앞으로 계속 사람들 앞에서 노래해야 할 것이라는 불안감 때문이었다.

예상대로 그날 이후로 공개적인 자리나 사람들이 모인 곳에서는 예고 없이 갑자기 노래를 시켰다. '가수'가 된다는 건 실제 연예계로 나가는 것이 아니라, 섭리 내부에서 공연을 한다는 의미였다. 이는 매우 귀한 기회라고 받아들여야 했지만, 나는 준비도 없이 뜬금없이 사람들 앞에 나서야 한다는 것이 무척 부담스러웠다. 몇 번 노래를 한 뒤에는 몰래 화장실에 가서 울기도 했다.

선생은 공연할 때 반짝이 옷을 준비해 입으라고 했고, 무대에 꼭 그 옷을 입고 올라가야 한다고 말했다. 하지만 나는 반짝이 옷이 촌스럽고 보기 싫어서 사지 않고 버티다, 결국 선생께 꾸지람을 들었다.

한 번은 지도자 모임이 있었다. 선생은 또 갑자기 나에게 노래하라고 시켰다. 모임이 시작되기 전, 선생은 왜 아직도 반짝이 옷을 준비하지 않았느냐며 내게 화를 냈다. 옆에 있던 유인 목사는 선생의 반짝이 원피스를 꺼내 주며, 갈아입고 무대에 오르라고 했다.

나는 그 옷을 입고 무대에 올라 노래하며 춤을 췄다. 그런데 몸을 돌릴 때 치마가 휘날리면서, 아래 관중석에 앉아 있던 모든 지도자들(남자 목사들 포함)에게 속옷이 그대로 보이고 말았다. 순간 너무 부끄러웠고, 무대에서 당장 내려와 그 자리를 떠나고 싶었다.

하지만 선생은 노래가 끝난 후에도 나를 무대에 세워둔 채 사람들에게 이렇게 말했다.

"수정이는 내가 살렸어. 얘는 원래 신앙이 죽어가고 있었는데, 내가 잡아줬지. 계속 편지로 격려해주고 가수 되게 해서 하나님을 찬양하도록 만든 거야. 그렇게 영혼을 살렸어. 수정이는 외국인으로 혼자 남의 나라에 와서 얼마나 외로웠겠어. 그 고독감, 너희가 알아? 너희가 지도자라면 생명을 이렇게 세심하게 관리해야 돼."

모임이 끝난 뒤, 나는 언니들과 함께 선생을 따라 집무실로 돌아왔다. 선생은 소파에서 잠시 잠들었다가 깨어나며 미소를 지으며 말했다.

"꿈에서 수정의 영이 반짝이며 기쁘게 춤을 췄다."

그리고 선생은 집무실을 떠나셨다. 나는 눈물이 멈추지 않았고, 언니들은 "선생님의 말에 감동했지? 선생님이 참으로 너를 사랑하시네"라고 말했다.

내 눈물이 감동 때문이었는지, 속상함 때문이었는지 모르겠다. 선생은 늘 내가 원하지 않는 일을 하도록 강요한다고 느꼈다. 그런데 이렇게까지 애써주시는데, 내가 그를 탓해도 되는 걸까. 오히려 그 사랑에 감사해야 하지 않을까. 하지만 정말 속상했다. 이 복잡한 마음을 말로 표현할 수 없어, 나는 그저 눈물로 흘려보낼 수밖에 없었다.

그날 밤, 또 다른 모임이 있었고, 나는 다시 노래를 부르라는 지시를 받았다. 낮에 울었던 탓에 화장은 다 지워져 엉망이었지만, 그래도 순종하며 사람들 앞에서 '주님은 나의 희망'을 불렀다. 노래를 마친 후 선생 옆에 앉으라는 명령을 받았고, 나는 또다시 눈물이 터졌다. 옆에 있던 언니가 휴지를 건네며 "선생님을 위해 노래할 수 있어서 너무 행복하고 감동스럽지?"라고 말했다.

나는 아무 말도 하지 않았다. 내가 마치 앵무새가 된 듯한 기분이었다. 선생은 자랑하고 싶을 때 나를 꺼내 노래를 시키고 키우고 먹여주면서도 케이지에 가두어 놓는 듯했다. 그것은 '나를 사랑한다'는 명목으로, '나를 위한다'는 이유로 내가 하고 싶은 것을 하지 못하게 하고, 떠나지 못하게 하며, 주인 곁에 머물며 그가 원하는 것을 하도록 강요하는 것이었다.

그런 '사랑'은 곧 '사슬'이었다. 몇 년이 지난 지금까지도, 나는 그 느낌에서 벗어나지 못한 채 악몽을 꾼다.

조은 목사도 가수였고, 섭리 음반을 녹음하거나 공연하기도 했다. 한번은 어떤 가수 언니가 어느 행사에서 조은 목사의 전용 곡을 불렀는데, 그날 밤 나는 조은 목사 옆에서 그가 그 가수 언니에게 전화를 거는 장면을 목격했다. 조은 목사는 아주 무서운 말투로 혼냈다.

"너는 앉을 자리, 설 자리도 모르니? 내 곡을 감히 무대에서 공연해? 댄서가 누구야? 너는 이제 앞으로 무대 공연 자격을 뺏겨야 돼."

그때부터 나는 섭리에서 '앉을 자리, 설 자리'가 얼마나 중요한지, 얼마나 조심해야 하는지를 알게 되었다. 조은 목사의 이런 반응에 나는 놀라고 무서웠고, 반감이 생겼다. 그러면서도 동시에 그런 반감을 느끼는 나 자신을 자책했다. 내가 신앙이 약해서 그런가? 멘탈이 약해서 '소리 조금 크게 들어도 안 되는 공주병'이라 그런가?

### 각종 모임

선생은 월명동 건축 외에도 각종 모임을 개최하며 섭리 전 세계 각 부서와 교회를 만났다. 모임의 규모와 형식은 각각 달랐다.

한동안 월명동에서는 매주 신앙 스타 모임이 열렸다. 밤부터 해가 뜰 때까지 진행됐고, 스타들은 밤새 선생을 위해 춤추고 노래했으며, 선생의 말씀 시간도 있었다. 스타들은 신랑이신 주님과의 만남을 기대하고 즐거워했다. 그러나 강제로 참여한 나는 매우 피곤했다.

선생과 조은 목사는 중고등학생 선교에 힘을 쏟았다. 그들은 중고등학생들에게 많은 신경을 쓰며 다양한 활동을 열고 함께 놀이를 즐겼다. 선생은 밤에 학생회원들과 잔디밭에 누워 별을 보기도 했고, 형광봉을 들고 노래하고 춤추기도 했다. 분위기를 돋우기 위해 랩을 부르기도 했다. "니가 뭔데 나를 무시해? 나는 하나님을 위해 살아가는 사명자, 하나님의 뜻을 이루기 위한 사명자." 중고등학생들은 매우 신나고 흥분한 반응을 보였다.

　선생은 운동도 자주 했다. 주로 축구를 했지만 수영, 배구, 테니스, 탁구도 즐겼다. 선생이 어떤 운동을 하든 많은 사람들이 구경했고, 종종 섭리 라이브 방송도 진행됐다. 전문 운동선수들이 늘 함께했는데, 이들은 국가대표 출신 은퇴 선수거나 현역 선수들이었다. 그들은 선생을 매우 존경했고, 선생의 운동 기술을 칭찬하곤 했다.

　한 번은 아별 목사가 선생에게 말했다. 수정이 더 이상 가수를 하고 싶지 않다고. 그러자 선생은 나와 달별 언니에게 아나운서를 하라고 했다. 선생이 운동할 때마다 달별 언니와 나는 라이브 방송을 진행해야 했고, 달별 언니는 한국어로 설명하고 나는 그것을 중국어와 영어로 통역했다.

　달별 언니는 방송을 잘하기 위해 쉬는 시간마다 전문 경기를 시청하며 용어를 익혔다. 선생의 운동 시간은 예측할 수 없었고, 언제 끝날지도 몰라 식사 시간도 들쑥날쑥했다. 새벽에 갑자기 전화가 와서 즉시 월명동으로 올라가 방송을 해야 하는 날도 있었다.

　운동이 끝난 뒤 선생이 외식하러 갈 때면 우리도 따라가야 했다. 한 번은 활동을 마친 뒤, 나는 새벽부터 씻지도 못하고 옷도 갈아입지 못해 기숙사로 돌아가고 싶었다. 그래서 선생을 따라 점심을 먹고 싶지 않다고 말했다.

　"뭐라고? 수정아, 농담이지? 선생과 점심을 안 먹겠다니?"

　한 언니가 말했다.

　"맞아요, 저는 기숙사에 가서 씻고 쉬고 싶어요. 아침 내내 일을 했는데, 점심 먹으러 가면 언제 끝날지도 모르고…."

나는 기숙사로 돌아가고 싶은 마음이 간절했다.

매일의 일정이 예측할 수 없었고, 차가 없으면 그 외진 산골에서 늘 갇힌 느낌이었다.

"당연히 안 되지!"

언니의 말에 숨이 막혔다.

결국 나는 도망쳤다. 울면서 산을 내려가 산기슭에 도착했을 때, 기숙사에 사는 한 목사를 만나 그녀의 차를 타고 돌아왔다. 나의 이런 행동은 그들에게 대역부도(大逆不道)로 여겨졌다.

그때 나는 자주 반성했다. 내가 정말 온실 속 화초인지, 조금의 고통도 견디지 못하는 것인지. 식사와 수면이 불규칙하고, 오랫동안 '말 잘 들어야 한다'는 압박감을 느끼는 것이 젊은이들의 폐단인지. 더 이상 참을 수 없어 폭발한 것이 내 성격 문제인지. '고통을 겪어야 비로소 큰 사람이 된다'는 말처럼 하나님이 나를 조각하는 것인지.

독일의 한 신앙 스타가 있었는데, 선생이 그녀에게 희별이라는 이름을 지어줬다. 그녀는 나와 나이가 비슷했고, 키는 거의 190cm에 피부는 하얗고 금발이었다. 성격이 매우 착한 그녀는 탁구를 잘 쳤고, 선생은 그녀와 함께 치는 것을 좋아했다. 한국 남자들은 군대 훈련 중에 자주 탁구를 치는데, 선생도 그때 연습을 많이 했다. 선생의 운동 시간은 불규칙했고, 하고 싶을 때 하고, 하고 싶은 만큼 했다.

어느 날 밤, 이미 자정이 지나 나는 희별과 함께 기숙사에서 자고 있었다. 갑자기 선생이 비서 신별의 휴대폰으로 전화를 걸어와 "지금 탁구를 치고 있으니 너희 둘이 월명동으로 올라와"라고 말했다. 이 말을 듣고 정말 화가 났지만 갈 수밖에 없어서, 나는 희별의 방으로 올라가 문을 두드리며 그녀를 깨웠다. 희별은 "제발, 왜 이렇게 갑자기 올라오라고 해? 나 잠 좀 자고 싶어!"라고 외쳤지만, 우리는 마지못해 월명동으로 갔다.

선생은 다양한 대규모 스포츠 대회와 여러 해외 국가의 모임, 그리고 한국 전국 순회도 주최했다. 그런 모임에는 운동, 공연, 설교 등의 프로그램이 포함되어 있었다. 선생은 스타들, 신입생, 필요한 사람들과도 만났다. 또한, 병이 있는 사람들, 특히 허리 통증이 있는 사람들을 치료했다. 그는 자주 모두 앞에서 환자들의 척추를 교정해 주었는데, 무대에서 줄을 선 사람들을 하나하나 교정했다. 어떤 사람들은 선생에게 치료받고 즉시 허리 통증이 사라졌고, 일부는 다리 길이 짝짝이 문제도 즉시 해결되었다. 모두가 정말 신기하다고 말했다. 선생은 월명동에 있을 때도 가끔 공개 모임에서 접이식 마사지 침대를 꺼내 사람들의 척추를 교정해 주었다. 가끔은 누군가가 이를 촬영해 역사 기록으로 남기기도 했다.

선생이 있는 곳은 언제나 어디나, 공사를 불문하고 모두 하나님의 역사의 현장이다. 그가 운동하면 사람들은 병풍처럼 빙 둘러서 처음부터 끝까지 열중하며 그를 바라봐야 했고, "선생님 멋져요. 선생님 최고예요."라는 환호를 연신 보내야 했다. 그 대열에 끼는 것은 가문의 영광이고, 만일 거부하면 은혜를 귀하게 여기지 않는 심각한 불순종이며 비상식이고, 한 마디로 어이없는 짓이다. 선생은 자기가 원하는 스타가 응원 대열에서 안 보이면 불같이 화를 내며 심하면 심판을 해버린다. 그는 말 한 마디로 한 사람의 구원을 취소시킬 수 있는 메시아다. 그걸 믿는 섭리인에게 그의 심판은 목숨을 잃는 것 이상의 공포다. 지옥은 사후까지 영원히 지속되는 형벌이기 때문이다.

한없이 자애롭다고 온 섭리인이 입에 침이 마르게 치켜세우는 선생의 이미지는 조직적으로 조작된 포장에 불과했다. 막상 가까이 겪어보니, 그는 걸핏하면 심판으로 협박하고, 두려움에 굴복해 순종하면 여러 사람 앞에 세워 "내가 애 신앙을 붙잡아줬다."는 식으로 생색과 자기자랑과 인정으로 길들였다. 그는 늘 자신을 추종하는 인파 속에 홀로 주목받길 원한다. 그러다가 갑자기 피곤해지면, 떼거리로 쫓아다닌다고 느닷없이 화를 냈다. 그의 기분에 따라 선과 악, 옳고 그름이 바뀌지만 아무도 거기에 이의를 제기할 수 없으므로, 그의 곁에서 살아남으려면 체력이 기본이고 무엇보다 눈치가 빨라야 했다. 나는 그 불합리가 견디기 힘들었지만, '하나님의 세계'에 적응하지 못하는 스스로를 자책하며 견뎌야 했다. 견디지 못하면 살아서는 재앙, 죽어서는 영원한 불지옥에 떨어질 테니까.

섭리인이 아닌 일반인에게는 멀쩡해 보이는 사람들이 왜 그렇게까지 정명석의 말에 휘둘리는지 이해하기 어려울 것이다. 그를 메시아로 믿는다는 것은 그에게 나의 구원이 있음을 믿고, 그를 내 인생의 주인으로 받아들인다는 의미다. 얼마나 오래 바라고 절박하게 찾던 답인가. 내가 답을 찾기 위해 이상한 토끼를 따라 들어갔던 나무 구멍 안의 세상은, 눈에 닿는 모든 사람이 선생을 주님으로 믿고 있었고, 이게 틀릴지도 모른다는 의심은 뭘 모르는 굴 바깥 세상의 상식에 불과하다. 곧 온 지구가 선생이 메시아임을 알게 될 것이고, 먼저 온 우리가 왕 노릇할 것이다.

"나는 포도나무요 너희는 가지라. 그가 내 안에, 내가 그 안에 거하면 사람이 열매를 많이 맺나니 나를 떠나서는 너희가 아무 것도 할 수 없음이라. 사람이 내 안에 거하지 아니하면 가지처럼 밖에 버려져 마르나니 사람들이 그것을 모아다가 불에 던져 사르느니라."(요한복음 15장 5,6절)

선생에게 불순종은 인생을 포기한다는 선언이다. 인생을 포기할 수는 없는 일이다.

## 홍콩 대사

그때 나는 선생 곁에 있을 수 있는 그룹에 포함되었고, 모임에서 공연도 했기에 섭리에서 점점 더 유명해졌다. 나는 섭리 가수와 아나운서 외에도 선생이 공식적으로 '홍콩 대사'로 임명해 주었다. 내 임무는 선생에게 홍콩의 회원들과 소개할 사람들을 데리고 가서 선생과 연결해 주고, 홍콩 교회의 소식을 선생께 보고하는 것이었다.

선생에게 연결할 사람들은 대개 전도에 공적이 있거나 전문직 엘리트 또는 유명 인사들로 구성되어 있었지만, 대부분은 스타들이거나 스타가 될 만한 인재들이었다. 예를 들어 홍콩 유명 TV 방송사 창립자의 손녀도 포함되었다. 홍콩 교회에서 선생께 드릴 선물이 있을 때 나는 그 일도 도왔다. 홍콩 회원들은 망고스틴이나 중국 추석 음식인 월병을 공수해 오기도 했고, 금메달을 제작해 드리거나 작은 조각상과 보석 등을 선물하기도 했다.

한 번은 내가 랑정 목사가 지명한 홍콩 청년부 여자 회원 몇 명을 데리고 선생을 만나러 가는 심부름을 맡았다. 랑정 목사는 나에게 대학부의 한 여자 스타를 함께 데려오라고 했다. 그 대학부 스타는 나보다 몇 살 어렸고, 피부가 하얗고 키가 크며 긴 검은 머리를 가진 귀엽고 사랑스러운 외모였다. 랑정 목사는 그녀가 청년부는 아니지만 최근 신앙이 불안정해 선생을 만나면 도움이 될 것이라고 말했다. 선생은 그 대학부 스타를 보자마자 손을 잡고 환하게 웃으며 인사했다. 마치 귀여운 강아지를 만난 듯 그녀의 등을 토닥이며 그 자리에서 심지어 이름을 바꿔 주었다.

대외적으로 우리는 선생이 외모가 아니라 내면을 본다고 이야기하지만, 내가 직접 목격한 바로는 선생이 예쁜 여자아이들에게 특히 관대하고 사랑스럽게 대하는 것 같았다. 나는 또 스스로를 설득했다. '예쁜 여자아이들은 이성적으로 유혹이 많으니까, 혹은 그들이 특별한 하나님의 뜻을 가지고 있을지도 몰라.'

그리고 랑정 목사는 항상 이렇게 말했다.

"다 이유가 있다."

나는 보고해야 할 사항이 있을 때마다 최선을 다해 선생께 보고했다. 보고하는 일은 쉽지 않았다. 선생의 일정과 기분, 그리고 상황과 분위기에 따라 기회를 봐서 해야 했고, 특정 인물이나 환경에서는 마음대로 이야기할 수 없었다.

조은 목사는 항상 반드시 절차대로 보고해야 한다고 당부했다. 해외교회에 관한 사항은 해외선교국에 보고하고, 그 후에 국장이 선생께 보고해야 했다. 만약 권한을 넘어 자의적으로 보고하면 "규칙을 지키지 않는다."는 비난을 받을 수 있었다.

랑정 목사는 이런 지적을 가장 두려워했다. 하지만 절차를 따르면 오랜 시간이 걸리거나 심지어 무시당할 수도 있었다. 선생의 한마디가 운명을 좌우할 수 있기 때문에, 량정 목사는 나에게 비밀스럽게, 나와 선생 단 둘이 있을 때 보고하라고 지시했다. 신앙이 불안정한 사람, 병든 사람, 심각한 죄에 관한 회개 보고까지 나는 량정 목사의 위탁을 받아 직접 선생께 보고하곤 했다.

나는 홍콩 대사의 책임을 다하면서, 비록 월명동의 생활이 싫었지만 내 존재의 의미와 가치를 느끼기 시작했고 사명감을 즐기게 되었다. 그 당시 대학에 복학하지 않고 일도 하지 않던 나에게 량정 목사는 홍콩돈 8,000달러(한국돈 약 56만 원)의 선교비 월급을 쟁취해 주었다(나중에 어느 날 다시 3,000달러(한국돈 약 21만 원)로 줄어들었다. 그때 나는 기숙사 임대료나 학비를 내지 않아도 되었고, 생활비만으로도 꽤 괜찮은 금액이었다. 량정 목사는 심지어 내 가족 상황까지 고려했다. 한국에서는 부모에게 용돈을 주는 문화가 없지만, 량정 목사는 내 부모 용돈까지 감안해 나에게 남들보다 더 많은 선교비를 지급해 주었다.

선생은 나에게 이렇게 말했다.

"먹는 것과 생활에 대해 걱정하지 마. 여기서 모든 것이 해결될 거야. 내가 너를 아끼는 것은 곧 섭리 전체가 너를 아끼는 것과 같아."

## 화인 모임

그해, 월명동에서는 '화인 모임'이 열렸다. 대만, 홍콩, 말레이시아, 싱가포르를 비롯한 전 세계 화인 회원들이 1만 명 이상 모였다. 나는 아빠를 초대했고, 아빠는 직접 이 큰 행사를 경험했다.

모임 당일, 나는 사회자로 임명되었다. 아빠는 내가 무대에 선 모습을 보며 매우 자랑스러워하고 기뻐했다. 회원들도 아빠를 특별히 잘 챙겨 주었다. 선생이 축구를 할 때 아빠는 특별 게스트 자리에서 지켜봤다. 선생이 골을 넣을 때마다 아빠에게 하이파이브를 건네며 기분을 더욱 좋게 했다. 아빠는 끝내 선생을 주님으로 받아들이진 않았지만, 이 문화와 분위기에는 깊이 감탄했다.

화인 모임을 위해 모두가 긴장하며 열심히 준비했다. 함께 밤새워 장소를 마련하고 힘을 모았다. 홍콩의 남자 회원들은 선생과 축구를 하기 위해 무려 일주일 동안 금식했다. 그들의 소원이 이루어졌을 때, 모두가 크게 기뻐했다.

## 서양 회원들의 간증

그때 여러 나라 팀들이 월명동을 방문했다. 금발에 흰 피부를 가진, 나와 비슷한 나이의 유럽 여자아이가 모든 사람 앞에서 자신의 이야기를 나누었다. 어릴 적 아버지와 함께 공원에서 놀다가 동양인들이 선생을 따르며 해외 선교 모임을 하는 모습을 보았다고 했다. 그녀는 그 순간 마음속으로 다짐했다.

'나는 커서 꼭 이 남자를 다시 만나겠어.'

그리고 성인이 된 후 정말로 전도되어 섭리에 오게 되었다고 했다. 선생은 맞장구를 치며, 그때 멀리서 그 아이를 본 기억이 나고, 그녀가 빨간 옷을 입고 있었다고 말했다.

케냐에서 온 친구도 있었다. 대학 시절, 내가 그녀를 전도하는 데 도움을 주었기에 서로 아는 사이였다. 그녀의 간증은 더 놀라웠다. 비자가 만료되어 고국으로 돌아가야 할 때, 그녀는 선생에게 일정을 보고했고, 선생은 비행 날짜를 듣고 어떤 모임이 끝난 후에 떠나라고 말했다. 그녀가 원래 예약했던 항공편은 추락해 많은 인명 피해가 났다. 그녀는 "선생이 비행기를 바꾸라고 하지 않았다면 나도 그 사고로 죽었을 것"이라고 말했다. 이런 증언은 섭리 안에서 흔히 듣지만, 내가 아는 사람의 이야기였기에 충격이 더 컸다. 이 케냐 친구는 비자를 처리해준 출입국 직원에게도 이 이야기를 전하고, 그를 전도했다.

## 나의 마음

선생 곁에 있는 우리는 '자기 의지대로 못한다'는 것 외에도 '비판받는 압박'을 자주 느꼈다. 중심 그룹에 가까웠기에 많은 시선을 받았고, 자연히 온갖 말들이 오갔다. 의복에 대한 비판도 많았다. 요가 바지가 유행했을 땐 '예의가 없다'는 말이 있었고, 내가 공연할 때 입은 치마는 '너무 짧고 섹시하다'는 말도 들었다. 얼굴 때문에 선생이 특별히 아낀다는 소문도 돌았다. 이런 이야기들을 듣는 건 고통스러웠지만, 각자 맡은 역할을 잘 해내고 오해를 피하려 노력했다.

　우리는 선생을 도우며 각종 모임을 계획하고 진행했다. 선생의 의복은 언니들이 고르고, 특별 제작된 옷을 준비했다. 선생은 공닭이 그려진 유명 스포츠 브랜드를 특히 좋아했는데, 선생이 닭띠이기 때문이라고 했다. 속옷도 특별히 신경 썼다. 랑정 목사가 중국에서 주문한 실크 속옷을 선생이 착용했다. 식사는 조은 목사가 직접 메뉴를 정했고, 건강을 고려해 고급 재료만 사용했다. 언니들은 분업하여 선생을 위한 모든 것을 준비했고, 그 과정에서 나는 '섬김'이 무엇인지 배웠다.

　하지만 '모든 일을 조심해야 한다', '선생을 위해 생각해야 한다', '실수하지 않도록 세심해야 한다'는 긴장감은 내 일상을 누르고 있었다. 특히 '선생에게 오해를 사지 않도록 조심해야 한다'는 태도는 나를 숨막히게 했다.

　나는 선생을 가까이 따르는 것을 좋아하지 않았다. 주님의 곁에 있는 것이 특히 압박이 심했고, 마음대로 말하거나 행동할 수 없었다. 무엇보다 선생이 내가 상상했던 모습과는 너무 달랐다. 외모뿐 아니라 성격, 말투까지도 기대와 달랐다.

　가장 받아들이기 어려웠던 건 선생이 자신의 외모를 지나치게 자랑한다는 점이었다. 그는 자신이 "아직 젊다.", "피부가 매끄럽다.", "머리숱이 풍성하다.", "근육이 탄탄하다."고 자주 말했다. 이 모든 것을 하나님의 은혜와 자기 관리를 통해 유지한 것이라고 했다.

　선배들이 묘사하는 선생은 언제나 재미있고 인격적이며 완벽한 분이었지만, 내가 경험한 선생은 쉽게 화를 내고, 계급에 따라 사람을 대하는 모습이 불쾌하게 느껴졌다.

받아들이기 힘든 일들이 쌓여갔지만, 오랜 신념과 언니들의 배려, 선생의 챙김을 생각하며 억지로 나를 설득하고 받아들이려 했다. 그때는 선생이 그렇게 아껴주는 주님인데 내가 싫어한다는 건, 내 믿음이 부족하거나, 내가 잘못된 것이라 여겼다. 그렇게 스스로를 자책했다.

나는 언젠가 모든 것을 이해하고 깨닫기를 바랐다. 하나님과 선생을 더 이상 오해하지 않고, 내 신앙이 회복되어 지옥의 고통을 피할 수 있기를 간절히 소원했다.

나는 선생이 자주 자랑하는 모습을 싫어했고, '주님을 관찰하고 배우는' 긴 시간도 부담스러웠다. 그곳의 긴장감과 어색한 분위기는 나를 불편하게 만들었다. 하지만 가끔 선생에서 인생의 교훈을 배우고, 사랑받고 중요하게 여겨지는 느낌을 즐기기도 했다.

누군가는 내가 '특별히 대우받는' 허영심 때문에 속았다고 말한 적 있다. 솔직히 그런 특별한 대우는 나 자신의 가치를 믿게 하는 힘이었다. 선생이 나를 칭찬하거나 나 때문에 웃을 때면, 마치 하늘에 무지개가 뜬 것처럼 평소에 찌푸린 얼굴에 미소가 번졌다.

그러나 나는 농장에 있는 양처럼, 농부가 나를 잘 돌보고 먹이를 주는 이유가 결국 언젠가 나를 잡아먹기 위함이라는 사실을 깨닫지 못했다.

물론 따뜻한 순간도 있었다. 겨울철 월명동에서는 '난로를 둘러싸고 따뜻해지기'가 유행이었다. 성인 크기의 옛날식 숯불 난로가 운동장에 있었고, 선생은 그 난로를 자주 사용했다. 선생이 계신 곳에는 늘 많은 사람들이 모여들었다. 변함없이 음식을 나누고, 난로 위에서 고구마와 쥐포를 구워 주셨다. 얼음처럼 차가운 날씨 속에서 난로를 둘러싸고 따뜻한 고구마와 생선을 나누며 우리는 진정한 행복을 느꼈다. 그 장면은 참으로 따뜻하고 정겨웠다.

나는 하나님이 나에게 여러 사명을 주신 것이 나를 버리지 않고 다시 기회를 주신 것이라 생각하며, 정말 열심히 선생 곁에서 배우고 열두 제자처럼 되고 싶었다. 하지만 지금 돌아보면 그것은 강요에 의해 만들어진 생각이었다. 내면 깊은 곳에서는 왜 내가 싫어하는 일을 해야 하는지 끊임없이 고민했고, 이곳에서 도망치고 싶다는 진심이 조금씩 에너지로 쌓여가고 있었다.

그 시기 나는 주입된 생각과 내 마음속 진심 사이 어딘가에서 계속 방황하고 있었다. 생과 섭리의 문화, 그리고 조은 목사에 대한 존경과 사랑은 깊었지만, 가까이에서 접촉한 이후로 점점 반감이 커졌다.

나는 이에 매우 짜증나고 우울했다. 정말 처음부터 다시 돌아가고 싶었고, 새로운 신앙으로 삶이 희망과 신기함으로 가득 차 즐겁고 행복하며 로맨틱했던 시절을 그리워했다.

그래서 나는 자신을 월명동에 묶어 두고, 계속 왔다 갔다 하는 마음으로 시간을 보냈다.

하지만 가장 힘들었던 것은, 나를 혼란스럽게 만든 이상한 친밀한 행동들, 즉 '선생의 빈번한 신체적 접촉'이었다.

나는 선생이 언니들이나 나에게 했던 그 행위가 성폭력임을 한참 뒤에야 깨달았다.

## 이상한 친밀한 관계

하나님 앞에서는 모두 평등하지만, 섭리 안에는 분명한 규칙이 있었다. 누구나 선생을 쉽게 만날 수 없었고, 반드시 사전에 신청을 해야 했다. 이전 세대, 즉 선생이 감옥에 가기 전부터 수행원 역할을 했던 이들이나 '상록수'라고 불리는 선배 언니들은 각자의 자리에서 지도자 역할을 맡고 있었지만, 가끔 월명동에 와서 선생과 단독으로 만나는 경우가 있었다.

이 여자 목사들이 월명동에 올 때, 선생이 그들을 대하는 태도에서 그들의 관계가 얼마나 친밀한지 분명히 드러났다. 선생은 외부인들 앞에서는 여성들에게 늘 조심스럽게, 안수 기도나 공손한 악수 정도로만 대했지만, 이 선배 언니들에게는 마치 여자친구나 가족처럼 포옹을 하거나 손을 잡고, 심지어는 엉덩이를 가볍게 치는 행동까지 서슴지 않았다.

언니들은 그런 행동을 웃으며 받아들이고, 매우 즐거워하는 모습이었다. 나는 그 모습을 보며, 선생이 이미 그들을 '자기 사람'으로 생각해 딱딱한 예의에 얽매이지 않고 친근하게 대하는구나 싶었다.

어느 날 밤, 몇 명의 여자 선배 목사들이 월명동을 찾았다. 그들은 모두 상록수 출신이었고, 예쁜 원피스를 입고 왔다. 그 원피스는 꽤 섹시한 디자인이었으며, 얇은 끈만 달린 옷이었다. 내 엄마가 열대 국가로 여행 갔을 때 입었던 옷과 비슷했다. 그들이 그런 옷을 입었다고 해서 나는 놀라지 않았다. 우리도 이전에 비슷한 옷을 입고 선생을 위해 사진을 찍은 적이 있었기 때문이다. 선생은 신랑이고, 신부들이 그를 좀 더 예쁘게 꾸미는 것이 이상한 일이 아니었다.

그들은 한 명씩 차례로 선생의 집무실 오른쪽 방에 들어가 단독으로 만났고, 나머지 사람들은 가운데 방, 우리가 잠을 자는 방에서 기다렸다. 만날 때마다 문을 꼭 잠갔다. 나는 우리가 그들의 면담을 방해할까 봐 두려웠고, 개인적인 고민이 있으니 문을 잠그고 만나는 것이 이해되었다. 이후 조은 목사도 와서 선생과 함께 그 방 안에서 밤새도록 문을 잠근 채 시간을 보냈다.

우리보다 더 어린 스타들도 차례로 그 방에 들어가 선생과 단독으로 만났다. 가끔 언니들은 선생이 그려준 그림을 들고 나오기도 했고, 어떤 때는 감동에 눈물을 흘리는 모습이었다. 그 만남은 마치 왕과 일대일로 만나는 듯한 소중한 시간이었다. 선생은 다양한 선물(그림, 사인, 돌, 음식, 시계, 보석, 옷, 용돈)을 주거나, 기도와 축복(병 치유, 지혜, 능력, 영력), 말씀의 축복(진로 지도, 신앙 문제 해결)을 내리곤 했다.

선생은 또한 선배들에게 '하나님의 방'을 보여주기도 했다. 그 방은 집무실 왼쪽에 위치해 있으며, 허락 없이 들어갈 수 없는 공간이었다.

어느 날, 나는 선생과 조은 목사, 그리고 수행원 언니들과 함께 <하나님의 방>에 들어갔다. 그때 달별 언니와 신별도 함께 있었고, 우리는 유럽식 대형 소파에 앉았다. 선생과 조은 목사는 우리 맞은편에 앉아 있었다.

선생은 평소처럼 IQ 퀴즈를 냈다. "왜 쇼핑을 하면 덤이 따라오는지 아는 사람?"이라는 질문이었다. (그때 나는 '덤'이 무엇인지 알게 된 지 얼마 되지 않은 때였다.) 우리는 모두 답을 생각해내지 못했고, 선생은 "힌트로, 수정이와 관련이 있다."고 말했다. 그 말을 듣고 나는 부끄러워 고개를 숙였지만, 아무도 정답을 떠올리지 못했다.

선생은 "예쁘기 때문이야."라고 말했다. 한국어에서 '예쁘다'는 외모에 대한 칭찬이기도 하지만, 사랑스럽다는 의미로 어른들이 아이를 칭찬할 때도 쓰인다는 것을 나는 알고 있었다. 그런데 갑자기 선생이 오른손으로 그의 왼쪽에 앉아 있는 조은 목사의 가슴을 잡았다.

나는 정말 놀랐지만, 언니들이 아무 반응을 보이지 않는 것을 보고 나도 가만히 있었다.

선생은 스스로 설명했다.

"내가 스스로 원해서 잡은 것이 아니라, 하나님이 나를 통해서 한 것이다. 내가 뜬금없이 조은이의 가슴을 잡겠어?"

조은 목사도 한마디 보태 말했다.

"얘네들은 다 우리 애들이니까 다 알지 뭐. 선생이 만약 제 무릎이나 다른 데 잡으면 더 이상하지 않아? 하하!"

우리는 모두 조용했다. 언니들은 마치 많이 본 것처럼 아무렇지 않은 듯했다. 나는 마음속에 수많은 의문이 들었지만, 나도 그들의 편인 척하며 아무렇지 않은 척했다.

선생은 집무실 외에도 항상 머무르는 곳이 복도 끝의 방이었다. 그 방은 게스트를 만나는 곳으로 '응접실'이라 불렸다. 때로는 선생이 거기서 그림도 그리고 운동도 해서, 선생 전용 책상과 운동 기구들이 있었다.

어느 새벽, 나는 수행원 언니들과 함께 선생을 따라 응접실에 들어가 그가 운동하는 모습을 보았다. 그중 한 명은 고등학생 여자 스타였는데, 영을 볼 수 있는 능력이 있다고 했다. 선생이 운동을 마치고 우리 모두 바닥에 둘러 앉았는데, 선생은 우리의 척추를 봐주겠다며 달별 언니에게 누우라고 했다. 선생의 손이 그녀 상의 안으로 들어가 갑자기 그녀의 가슴을 잡고 흔드는 모습을 나는 직접 목격했다. 나는 정말로 놀랐다.

그러나 아무도 말하지 않았고 아무렇지 않은 듯했다. 달별 언니는 왜 이렇게 냉정한가? 옆에 있던 사람들은 왜 아무 반응도 없을까? 다들 이미 이런 상황을 많이 겪었나? 나 혼자만 이상하게 생각하는 걸까? 옆에 있던 고등학생 아이는 선생의 이런 행동을 본 적이 있는 걸까? 그 아이는 영계를 볼 수 있다고 했는데, 영계에서는 이런 일이 허용되는 걸까? 나는 마음에 계속 의문을 품었다.

그 시기에는 선생이 특히 인물 조각상을 좋아해서, 월명동에는 많은 여성 인체 조각상들뿐 아니라 약 2미터 크기의 선생 동상도 들어왔다. 하나님의 방에는 값비싼 옥석 예술품들 외에도 조은 목사의 큰 동상이 있었다. 그 동상은 두 손을 뒤통수에 놓고 자신 있게 가슴을 활짝 열고 서 있는 자세였으며, 나체였다.

조은 목사는 그 자세가 자기 스스로 구상한 것이라고 말했다. 나는 그때, 조은 목사가 성령님의 상징으로서 그의 동상이 있다는 것이 자연스럽다고 생각했다. 그러나 왜 나체인지에 대해서는 '르네상스 시대 예술품이 모두 누드인 이유'와 같이 깊은 의미를 따지지 않았다.

한 번은 선생이 나만 하나님의 방에 데려가 함께 들어가게 했는데, 조은 목사의 동상 앞에 서서 손으로 동상의 하체 성기를 만지며 웃으면서 나에게 말했다.

"우리는 언제 사랑하지? 키키."

나는 순간 어떻게 반응해야 할지 몰랐다. 선생이 말한 '사랑'이 성관계를 뜻하는 걸까? 선생의 뜻은 그가 나를 똑같이 이렇게 만질 거라는 의미일까? '사랑'이라는 말이 무엇을, 어떻게 하자는 뜻인지 백 번 생각해도 이해가 되지 않았다. 하지만 어떻게 질문해야 할지 몰랐고, 질문하기도 두려웠다.

그날 이후 문제가 생기더라도 나는 누구에게도 선생이 나에게 한 일에 대해 말할 용기가 없었다. 누가 이런 일을 알게 될지 몰랐고, 무엇보다도 나 혼자만 이상하게 느끼는 건 아닐까 하는 두려움 때문이었다.

## 첫 피해

위와 같이, 나는 월명동 생활에 적응하는 동안 무의식중에 피해를 입기 시작했다. 다음은 2022년 한국 경찰서에서 기록된 진술조서 일부 내용이다. 발생 일자를 정확히 추적하기 어려워, 나는 경찰에 대략적인 시기만 알려줄 수 있었다.

내가 처음으로 피해를 입은 일이었다.

피고인은 2018년 2월 23일부터 2018년 4월 중 일자 미상 오후. 충남 금산군 진산면 석막리 월명동 수련원 청기와 건물 내 피고인의 침실에서 피해자를 불러 "유방 검사를 하는 것이다, 유방암에 걸려 죽는 사람이 있으니 늘 검사를 해야 한다."고 말하고....

그날 나는 두 명의 서양 나라 스타들과 함께 청기와로 불려갔다. 선생은 자신의 침실을 구경시켜 주겠다 했고, 우리는 차례로 들어갔다. 그때 해외선교국 국장인 연애 목사도 따라 들어가 통역을 해주었다. 두 사람은 차례로 들어갔고, 각각 약 10분에서 15분 정도 후에 나왔다. 그들의 얼굴에는 모두 미소가 가득했다.

나는 마지막으로 들어갔다. 한국어로 말할 수 있으니 통역이 필요 없다고 생각했지만, 연애 목사는 여전히 방 안에 있었다. 만약 나와 선생만 있었다면 내 속마음을 털어놓고 신앙과 사랑에 대해 질문할 수 있었을 텐데….

**경찰** 피해 일시가 2018년 겨울경이라고 하였는데 더 명확히 특정할 수 있나요?

**나** 당시 두꺼운 자켓을 입었던 기억이 있어요. '슈퍼드라이'라는 브랜드 이름이 붙은 모자가 달린 털 후리스 자켓과 유니클로 고무줄 청바지를 입고 있었습니다.

경찰은 각 피해 사건마다 항상 시간과 장소를 먼저 물었다. 오래 전 일이어서 정확한 날짜를 기억할 수 없었기에, 나는 그때 입었던 옷을 떠올려 계절을 유추하며 최대한 정확하게 진술했다. 시간이 많이 흘렀음에도, 내게 일어난 사건이 낮이었는지 밤이었는지, 어디에서 무슨 일이 있었는지에 대한 기억은 머릿속에 셀 수 없이 많은 장면으로 토막토막 나뉜 채, 끔찍할 정도로 또렷한 파편으로 여전히 남아 있다.

**경찰** 그럼 언제쯤으로 기억하나요?

**나** 2018년 2~4월경 사이입니다. 제가 그 옷을 기억하는 이유가 살쪘냐고 물어보길래 이 옷이 살쪄보이나 싶어서 그 이후에는 잘 안 입었어요.

이후 경찰은 내 출입국 날짜 기록을 확인하여 피해 날짜의 범위를 좁혔다.

**경찰**  피의자의 방에 들어갔을 때 무릎을 꿇었다고 했는데 스스로 무릎을 꿇고 앉은 것인가요? 아니면 피의자가 무릎을 꿇으라고 하여 꿇은 것인가요?

**나**  제 스스로 꿇었어요.

**경찰**  무릎을 꿇은 이유는?

**나**  정명석이 의자에 앉아 있으니까 제가 서 있으면 이상하잖아요. 주님 앞에 있는데 무릎을 꿇는 건 자연스러운 행동이었어요.

경찰은 사건의 상세한 과정과 행위의 세부 사항, 그리고 시간의 길이까지 계속해서 물었다. 나는 그 기억을 떠올리기 위해 머릿속에서 장면들을 찾아내는 것만으로도 충분히 고통스러웠다. 더 어려운 점은, 내가 배운 한국어 형용사와 다양한 동사들을 떠올려 사건을 구체적으로 설명해야 한다는 것이었다. 내 머릿속에 들어 있는 기억의 파편들을 한꺼번에 경찰 앞 탁자 위에 쏟아놓을 수 있는 기계가 있다면 얼마나 좋을까, 그런 생각을 하곤 했다.

**경찰**  당시 연애목사가 침대 뒤편에 앉아 있었다고 했는데, 그럼 진술인이 추행당하는 모습을 연애 목사가 보고 있었나요?

**나**  잘 모르겠어요. 저는 창가 쪽을 바라보고 정명석을 쳐다보고 있었고, 제 등 뒤에 연애 목사가 있었기 때문에 연애 목사가 그 장면을 봤는지는 잘 모르겠어요.

**경찰**  당시 진술인의 신체부위 중 아픈 부위가 있어서 피의자에게 기도 요청을 하여 기도 명목으로 진술인을 불러 이러한 추행을 한 것인가요, 아니면 갑자기 이유 없이 피의자에게 불려가 추행 피해를 당한 것인가요?

**나** 기도 요청한 것도 없었고 갑자기 불려가서 당한 거에요.

**경찰** 과학적인 장비로 정밀검사를 해준 것도 아니고 자격증을 가진 의사도 아닌 피의자가 한 위와 같은 행위에 대해 진술인은 당시 어떤 생각이 들었나요? 실제로 피의자의 말대로 '검사하는 행위'라 생각했나요?

**나** 마음은 혼란스러웠지만 주님이니까 치유의 능력이 있겠지 생각했고 제가 믿음이 부족해서 내가 이상한가 생각했어요.

당시 선생은 20대 여성이 너무 늦게 유방암을 발견해 젊은 나이에 세상을 떠났다는 이야기를 했다. 조은 목사도 선생이 감옥에 계실 때 몸 검사를 받으라고 당부했는데, 병원에서 검사를 받은 후 암이 발견되었고 다행히 조기 발견 덕분에 생명의 위험은 피할 수 있었다고 했다. 이런 이야기는 교회에서 여러 번 들었던 내용이었다.

나는 늘 교육받았다. 하나님은 절대적이며 결코 실수하지 않는다. 만약 문제가 생긴다면, 그것은 사람의 책임이며 개인의 실수다. 기도가 부족했거나 죄를 지어 사탄에게 침범할 기회를 준 것이거나, 혹은 하나님이 주신 시험을 우리가 이겨내야 한다는 것이다. 하나님은 완벽하고 결함 없는 전지전능한 존재이며, 그 육체인 주님도 마찬가지다. 그래서 선생을 의심하기보다 나는 나 자신을 더 의심하게 되었다.

**경찰** …왜 만졌냐며 피의자에게 따져 물을 수 없었던 것인가요?

**나** 네, 정명석은 주님이니까요. 아예 말할 수조차 없었어요.

**경찰** 당시 2명의 스타가 먼저 피의자의 방에 들어갔다 나왔다고 했는데… 방에서 있었던 일에 대해 서로 얘기하지는 않았나요?

**나**  희별이라는 독일 친구가 밝고 기쁜 표정으로 "주님의 방에 들어간 사람들이다, 축복받았다, 믿을 수 없다."는 말을 했어요. 피의자의 방에 쉽게 들어갈 수 없잖아요. 그 두 명은 너무 표정이 밝아서, 저 혼자만 혼란스러운 건가, 나만 이상한 건가 싶었죠. 정명석이 그들을 만졌나? 나만 만졌나? 그런 생각을 했죠.

지도자들은 옆에서 "얼마나 감사한 일인지 알아야 된다."는 식으로 나이 어리고 이런 경험 없는 스타들에게 말한다. 정조은 목사도 나에게 모든 스타들에게 이렇게 안 하고, 나에게만 특별하게 하는 것이라고 하면서 "감사할 일"로 생각하게 만든다. 그때 독일 친구도 아마 마음 속에 나처럼 파도 치듯 혼란스럽지만, 겉으로 괜찮은 척 노력했을 것이다. 피해자들은 거의 다 그랬다.

**경찰**  다른 사람에게 말하지 못한 이유가 있나요?

**나**  스타들에게 항상 교육하는 게 있어요. 남들에게 자기가 받은 것을 쉽게 얘기하면 안 된다고 했어요. 편지나 선물을 받은 것을 얘기하면 사람들이 오해하고 스타들끼리 비교하고 서운해하니까 얘기하지 말라고 했어요. 그리고 저도 어떻게 보면 좀 더 정명석과 가까운 사람이잖아요. 그래서 다른 사람들한테 얘기하면 정명석을 욕할 수도 있는데, 그건 주님을 파는 거잖아요. 저로 인해 정명석이 욕을 먹으면 그것은 죄를 짓는 거니까 아무한테도 말하지 못했어요.

그때 나는 그 일의 정의를 판단할 수 없었다. 선생이 내 몸을 검사해

준 축복을 받은 건지, 아니면 선생과 더 가까워질 수 있는 축복을 받은 건지, 혹은 이것이 하나님이 내 믿음에 대한 시험인지 나는 알지 못했다. 하지만 나는 '축복'이나 '시험' 외에는 다른 정의를 생각하지 못했다.

어린 시절, 몇 살 때였는지 기억나지 않지만, 한 학원 남자 선생이 농담을 하며 내 가슴을 잡은 일이 있었다. "너가 만약 물고기라면, 이렇게 잡히는 걸 좋아하겠냐?"라고 말하며 뒤에서 나를 안고 손바닥으로 가슴을 잡았다. 그 행동이 고의인지 실수인지, 성추행인지 아니면 그냥 어린 아이랑 노는 것인지 알 수 없었다. 이후 엄마에게 이야기했더니, 엄마는 "그런가? 학원 선생이 너랑 노는 거겠지? 너도 아직 어리니, 그분이 그걸 의식하지 못했을 거야."라고 대답했다.

내가 너무 예민한 건가? 그 사람이 전혀 그런 의도가 없었는데 내가 오해한 것일까? 어렸을 때나 지금이나, 나는 내게 일어난 유사한 사건들을 어떻게 바라봐야 할지 모르겠다. 그러나 당시 주님을 믿었던 나는 한 가지를 확실히 알고 있었다. '이해하지 못해 하나님을 오해하는 사람이 되어서는 안 된다.'

## 내가 후계자라서

피고인은 2018년 3월경에서 2018년 4월 일자 미상 사이, 월명동 수련원 내 청기와 건물에 나를 불러 "하나님이 나를 통해 사랑해 주시고 계신다. 홍콩의 전 목회자였던 정조월에게도 이렇게 했는데, 네가 그 후임자니까 똑같이 사랑해야 한다."고 말했다.

**경찰** 오전, 오후, 저녁 중 언제 발생한 일인가요?

**나** 늦은 밤으로 기억해요. 피의자의 집에 들어갔을 때 정조은 목사가 있었는데, 정조은 목사는 서울로 가야 한다며 저에게 '주님을 지켜라'고 말했기 때문에 늦은 밤으로 기억해요.

**경찰** 피의자가 집으로 오라고 했을 때 어떤 생각을 했나요? 어떤 이유로 부르는지 예상했나요?

**나** 주님이니까 언제든 부를 수 있죠. 그리고 첫 번째 추행이 있은 후에도 수시로 청기와 건물을 왔다갔다 하면서 정명석과 식사하거나 수행하는 언니들과 만나기도 했으니까, 정명석이 불렀을 때 아무 생각 없이 간 거죠.

**경찰** 당시 정조은 목사가 "정명석을 지키며 잠을 자라."는 말을 했을 때 어떤 생각을 했나요?

**나** 주변이 산이고 나쁜 놈들이 올 수도 있으니까 지키라고 하니까 지켜야지라고 생각했어요. 그래서 아… 잠도 못 자겠다, 짜증난다는 생각을 혼자 했죠.

나는 누가 나를 청기와로 부른 건지 기억하지 못했다. 그날 밤, 나는 기숙사에서 쉴 줄 알았지만 청기와로 불려갔다. 세면도구, 화장품, 옷 아무것도 챙기지 않은 상태였다. 왜 정조은 목사가 그렇게 늦은 시간에 서울로 돌아가야 했는지, 왜 집 밖에 경호원이 있었고 집 안에는 언니들이 있었는데 나에게 '주님을 지켜라'고 했는지 이해하지 못했다. 또 이게 '내게 기회를 주는 것'인지, 아니면 선생이 나이가 많아 누군가 돌봐야 하는데 언니들이 너무 피곤해서 나를 대신 시키려는 것인지 그때는 그런 생각뿐이었다. 그리고 정조은 목사가 선생의 은색 실크 잠옷을 건네주며 화장실에 가서 씻고 이 옷으로 갈아입으라고 했다.

**경찰** 당시 진술인은 정조은 목사가 준 잠옷으로 갈아입고 피의자의 옆에 누웠다고 했는데, 정명석 옆에 누운 이유를 물어봐도 되나요?

**나** 이미 정명석은 거실에서 이불을 깔고 자고 있었는데, 정명석을 지키라고 했으니까 그 옆에 누운 거죠.

**경찰** 과거 검사를 핑계로 피해자를 만진 적이 있는 피의자의 옆에 누워 있으면 또 다시 같은 행위를 반복할 수도 있다는 생각을 혹시 하지 못하였나요?

**나** 그 생각은 안했어요. 그때는 신체 검사였잖아요. 이때는 다른 장소, 다른 분위기였고, 저에게 사명을 주신 거잖아요. 그래서 전혀 생각을 못했어요.

**경찰** 당시 피의자의 옆에 눕자 피의자가 피해자를 껴안고…했다고 했는데, 피의자는 자고 있었다고 했잖아요. 그런데 어떻게 추행했을까요?

**나** 피의자는 겉으로는 자는 것처럼 보였어요. 그런데 갑자기 팔로 저를 감싸 안았고, 그 팔이 점점 내려와서 신체 일부를 만졌어요. 저는 너무 놀랐지만, 그 상황에서 저항할 힘도 없었고, 무서워서 가만히 있을 수밖에 없었어요.

그것이 경찰의 업무라는 것은 이해하지만, 의심받는 기분은 참 좋지 않았다.

**나** 제가 누워서 '이렇게 가깝게 주님을 볼 수 있구나'라고 생각하면서 정명석을 쳐다보고 있었는데 갑자기 정명석이 눈을 떴어요. 그래서 제가 '선생님'이라고 말하자 그때부터 추행이 시작되었어요.

**경찰**　당시 피의자가 진술인을 어떻게 껴안고 어떻게 입을 맞추었는지 구체적으로 설명해주세요.

**나**　제가 '선생님'이라고 말하자 피의자는 가까이 와서 저를 껴안았어요. 그리고 입을 맞췄는데, 그 순간 마늘 냄새가 났어요. 그래서 선생이 진짜 마늘을 좋아하는구나 생각했어요.

선생은 항상 건강 관리의 중요성을 강조했다. 어린 시절 가난했던 집안에서 생마늘과 밥으로 끼니를 때우곤 했다고 했다. 한국인들이 생마늘을 좋아하고, 몸에 좋으며 살균 효과가 있다고 믿는 것도 알고 있었다.

내 마음속에서 선생은 자신의 건강을 매우 중요하게 생각하는 분이었고, 신부들을 세심하게 챙기는 신랑 주님과도 같았다. 그 순간 나는 단지 그런 생각밖에 할 수 없었다.

**경찰**　당시 피의자가 진술인을 어떻게 했는지 구체적으로 설명해 줄 수 있나요? 몇 번째 손가락을 사용했는지, 어떻게 했는지, 그리고 얼마나 오랫동안 지속되었나요?

이 책을 쓰기 위해 이 질문을 진술서에서 다시 읽었을 때, 내 마음은 쿵 하고 내려앉으며 위경련이 시작되었다. 당시 내가 어떻게 한국어로 대답했는지조차 지금은 기억나지 않는다. 엄마가 내가 고소하지 말라고 했던 이유를 이제야 이해할 수 있었다. 엄마는 내가 이런 고통을 겪기를 원치 않았던 것이다. 진술서에는 경찰이 "진술인이 대답하기를 힘들어하며 눈물을 흘려 변호사가 휴식을 요청해 14시 40분경 조사가 잠시 중단되었고, 15시에 재개되었다."라고 기록되어 있다.

**경찰**  행위를 한 이후의 상황에 대해 설명해 보세요.

**나**  아빠한테는 절대 말하지 말라고 했어요. 당시 정명석은 제가 우리 아빠를 전도한 사실을 알고 있었거든요. 그리고 "하나님이 나를 통해서 너를 사랑해 주셨다. 조월에게도 그렇게 했고, 너는 후임이니까 똑같이 해야 한다."고 말해서, 저는 "아멘" 하고 답했죠. 그 후 정명석도 잠이 들었고, 저도 잠들었다가 새벽 3시에 새벽예배를 가야 해서 그 전에 일어나 정명석이 운전하는 골프카트 옆에 타고 316관으로 이동해 예배당에서 예배를 드렸어요.

2013년 조월 목사가 섭리를 떠난 이후로 나는 그녀와 연락이 끊겼다. 그녀가 외국에서 결혼해 아이를 낳았다는 이야기를 전해 들었다. 나는 그녀와 연락이 닿는 교회 탈퇴자에게 부탁해 증언해줄 수 있는지 물었지만, 아무런 답변이 없었다. 홍콩 뉴스에 보도된 후에야 그녀가 나에게 연락을 해왔다. 그녀는 그때 갑작스럽게 떠난 것에 대해 사과하며, 지금은 매우 행복하다고 말했다. 그리고 나에게도 진정한 행복을 찾을 수 있을 것이라고 믿으라고 했다.

**경찰**  진술인이 다른 수행원들도 있었다고 했는데 누구인가요?

**나**  몇 명 있었는데 그 중 심정 언니만 기억나요.

그녀는 50대의 여성으로, 편지관리국의 담당 목사이자 큰 선배였다. 조은 목사가 떠나기 전에 "무슨 일이 있으면 심정 목사에게 이야기해."라고 말했다. 지금 생각해보니, 그녀가 그 자리에 있었던 이유는 내가 이상하게 느껴져 도망치거나 무언가를 하려고 할 때, 상황을 처리하고 나를 지켜보는 사람이었기 때문이다.

**경찰**  진술인이 들어왔을 때 수행원들은 주방과 옆방으로 이동했었다고 했는데, 이들은 왜 이곳으로 간 것이죠?

**나**  이 당시에 좀 불쌍했던 게 보통 수행원들은 주방에 이불을 깔고 자거나 새장이 있는 방에 이불을 깔고 잤어요. 그런데 최근에는 숙소를 제공한 것으로 알고 있어요.

한때 조은 목사가 나를 청기와에서 자도록 했다. 새들을 기르는 끝방에서 자라고 해서 나는 한 번만 가봤다. 그 방은 예쁘게 꾸며져 있었고, 고급스러운 긴 식탁과 의자들이 있었으며, 우아한 유럽식 두꺼운 커튼이 있었다. 그러나 새를 먹이기 위한 애벌레가 새장 밖으로 기어 나와 내 이불 위로 올라오는 바람에, 나는 청기와에서 잘 수 있는 그 '특별한 우대 축복'을 버리더라도 애벌레와 함께 자고 싶지 않았다.

**경찰**  진술인이 말한 이름들이 모두 실명이 아닌가요? 그럼 이들의 진짜 실명은 모르나요?

**나**  네, 몰라요.

지금 생각해 보면, 이름을 지어주는 것은 일종의 '정체성 통제' 수단이었다. '이름'은 한 사람의 정체성과 영혼을 의미한다고 믿는데, 새로운 이름을 부여받는 것은 이전에는 영광이자 정체성의 인정이라고 생각했지만, 사실 이는 영혼이 바뀌고 자아를 잃는 것이 아닐까 싶다. 성경 속 인물들처럼 하나님께 속하게 되는 것으로 받아들였지만, 그 과정에서 나 자신을 잃게 된 것이었다.

**경찰**  이 사건 며칠 후 정조은 목사에게 위 피해 내용을 말하자 "그게 사랑이다, 니가 예쁘기 때문이다."라고 말했다고 했는데 사실인가요?

**나** 네, 정조은 목사에게 "주님은 정신 사랑을 하라고 했는데 육적인 사랑도 뜨겁게 했어요, 이게 무슨 일인지 너무 혼란스러워요"라고 카톡을 보냈는데 만나서 얘기하자고 하여 청기와 건물로 저를 불러 피의자의 안방에서 이야기를 나눴어요. 둘이 앉아 있었는데 제 무릎을 치면서 "너 예쁘니까"라고 말했어요.

한국어에서 '예쁘다'는 '아름답다' 혹은 '귀엽다'는 의미로 해석될 수 있으며, 아이가 말을 잘 들을 때 부모나 어른들이 '사랑스럽다'는 뜻으로도 사용한다. 한때 교회에서 누군가가 '선생은 예쁜 사람만 사랑한다'고 불평하자, 조은 목사는 이렇게 가르쳤다.

"나도 선생에게 '만약 선생이 나를 예쁘다고 칭찬하면 모두가 선생을 오해할 것이다'라고 말했다. 그러자 선생은 '그건 말을 잘 들으니까 아낀다는 거야'라고 답했다. 선생은 키도 작고 잘생기지 않았는데, 하나님이 외모 때문에 선생을 택하셨겠어? 우리는 하나님의 말씀을 듣고 순종하는 사람이 되어야 한다. 하나님은 마음과 행동을 보시지, 외모를 보지 않으신다."

그래서 조은 목사가 그때 나에게 말한 '예쁘다'는 의미가 무엇인지, 나는 오랫동안 생각해 보았다.

**경찰** 그래서 진술인은 무슨 말을 했나요?

**나** 저는 너무 큰 죄를 지었는데도 불구하고 저를 택하시고 키워주셔서 감사하다고 얘기했어요.

나는 그때 그렇게 바보 같았던 나 자신이 너무 싫고 증오스러웠다. 속고 피해당했다는 사실조차 몰랐고, 가해자와 공범에게 감사한다고 말했다는 게 믿기지 않았다. 왜 내 생각이 그렇게 쉽게 통제될 수 있었을까? 심지어 고통을 당하면서도 여전히 복종할 수 있었던 이유는 무엇일까?

북한에 관한 책을 읽으면서 그 수단이 완전히 똑같다는 것을 알게 되었다. 사람의 생각이 고정되면, 감정과 느낌조차 '마취'될 수 있다는 사실이었다. 이는 유명한 심리학 모델인 '코끼리와 기수' 이론과도 맞닿아 있었다. 비유하자면, '이성'인 기수가 결정을 내리면, 코끼리 같은 모든 '생각과 감정'은 다룰 수 있게 된다. 하지만 작더라도 솔직한 감정은 자신에게 거짓말하지 않으며, 자신을 보호하기 위해 미약한 경고음을 울린다.

## A가 성산에 왔다

한번은 홍콩 팀이 월명동 성산에 왔고, A도 함께 왔다. A가 온다는 소식을 듣고 나는 매우 기뻤다. 드디어 나의 절친이자, 나를 진정으로 기쁘게 해주는 유일한 사람을 만날 수 있게 되었다. 나는 그날 밤 일부러 핑계를 대고 내 숙소 대신 A를 보기 위해 홍콩 팀이 묵은 모텔로 갔다.

다음 날 아침, 나는 홍콩 팀과 함께 월명동에 올라가 주일 예배에 참석했는데, 선생이 갑자기 나를 불렀다. 나는 집무실로 들어갔고, 언니들은 모두 방을 나갔다. 선생 표정을 보고 나는 큰일 났다는 것을 알았다.

선생이 말했다.

"어젯밤에 수정이 사탄에게 끌려가는 꿈을 꿨다. 꿈에서 나는 총으로 사탄을 계속 쏘아야 수정이를 구할 수 있었다. 너는 나에게 할 말이 있니?"

나는 속으로 선생은 역시 모든 것을 다 알고 있고, 영혼을 꿰뚫어보는 분이니, 분명 어젯밤 내가 죄를 지었다는 사실을 알고 있을 거라고 생각했다. (지금 생각해보면, 아마도 랑정 목사가 선생에게 보고했을 것이고, 선생은 꿈을 꿨다고 거짓말을 한 것 같다.)

나는 즉시 무릎을 꿇고 눈물을 흘리며 죄를 고백했다. 선생은 말했다. "너는 예전 XXX(내가 아는 스타 언니)도 여자와 죄를 저질러서 떠났다는 것을 아니? 그녀는 지금도 그 죗값을 감당하고 있으며, 계속 우울해하고 있어. 너는 그녀처럼 되지 말고, 앞으로 A는 월명동에 오는 것은 금지야. 팔을 잘라내라는 것도 아닌데, 동성과의 관계를 끊으라는 게 그렇게 힘든 일이니? 너 때문에 내가 예배가 늦어졌다."

내가 A와의 연락을 끊겠다고 약속한 후, 선생은 떠났다.

나는 나중에 유인 목사와 랑정 목사가 그날 A를 데리고 선생을 만나러 갔다는 것을 전해 들었고, A는 나에게 선생이 그녀를 용서하고 안수기도해 줬다고 말했다.

우리는 이후에 연락을 끊으려고 노력했지만, '주변의 일들로 힘들지만 말할 사람이 없는' 나에게 A는 유일한 출구였기에 그녀와의 연락을 끝내 포기할 수 없었다. 선생이 나에게 했던 신체 접촉의 일 외에는, 나는 무엇이든 A에게 이야기했다. 나는 그런 일에 대해서 A에게 말할 수 없었다.

그녀는 스타가 아니었고, 나 스스로 '이해하지 못하는' 것과 순수한 개인적인 '싫증'으로 인해 선생의 명성을 해치고 하나님이 나에게 주신 사랑을 배신할까 두려웠다. 나는 죄에 눈이 멀어 그것이 하나님의 사랑이라는 것을 이해하지 못했을 것이다. '하나님이 나를 그렇게 사랑하시는

데, 내가 하나님을 사랑하지 않는 것도 모자라 다른 사람들이 하나님을 오해하게 만들면 안 되지 않나?' 나는 그때 그렇게 생각했다.

## 공범으로 변해버린 과정

그 시기에, 내게 일어난 일 외에도, 나는 다른 여자 스타들에게 있었던 일을 목격했다.

한 여름 영성 수련회에서, 교주가 316관에서 전체 모임을 열었다. 교주가 탁구 치는 모습을 다 함께 보는 모임이었다. 모임이 끝난 후, 수행원 언니가 한 호주 여자 스타와 다른 서양 국가 여자 스타들을 비밀리에 응접실로 데려왔다. 그들은 나에게 번역을 도와달라고 요청했다. 교주는 스타들을 특별히 관리하곤 했고, 선물도 자주 줬다. 의류 회사 회원들이 교주에게 옷을 기부하면, 교주는 그것들을 스타들에게 나누어 주곤 했다. 옷들은 응접실에 나열해 걸려 있었고, 때로는 스타들이 직접 고르게 하기도 했으며, 때로는 교주가 골라주기도 했다.

응접실 한가운데에는 병풍이 있었고, 세 명의 스타들이 한쪽에서 기다리고 있었다. 선생이 부를 때마다 한 명씩 병풍 다른 쪽으로 이동했다. 선생은 스타들에게 옷을 골라주며 그들을 만졌다. 이야기를 하면서 만지작거렸고, 마치 할아버지가 손녀에게 말하듯 "아, 정말 귀엽고 예쁘구나"라고 했다. 나는 그가 '신랑 주님으로서 신부에게 사랑을 표현하는 것일까? 아니면 내가 처음 피해를 입었을 때처럼 믿음의 시험일까?' 생각했다. 고개를 돌려 선생이 그들이 허벅지를 만지는 모습을 봤는데, 그들은 아무 반응도 없었다. 그래서 나는 그들의 믿음이 정말 견고하다고 생각했다.

  호주 스타는 겉으로는 반응이 없었지만, 마음속에는 나처럼 혼란스러웠을 것이다. 나는 일부러 보지 않으려 했다. 둘이 '일대일'로 보내는 시간이라 생각했기 때문이다. 그때 호주 여자도 피해를 입었다. 나는 선생이 그녀에게 땡땡이 무늬 드레스를 골라 주는 것을 기억한다. 정말 잘 어울린다고 생각했다. 그녀가 만져질 때 머리를 돌려 나를 바라봤고, 나는 손짓과 입 모양으로 "It's okay."라고 했다. 마치 내가 매번 피해를 입고 난 뒤 조은 목사에게 이야기해 준 것처럼, 아무 문제 없다고 진정시켰다.

  그때 내 생각은, 그것이 사랑의 표현이든 시험이든 간에, 그녀가 하나님의 신부라면 나처럼 받아들여야 하고, 믿음이 성장해야 하나님과 더 가까워질 수 있다는 것이었다. 나 자신도 그때 세뇌당한 상태였다.

  매번 선생이 나에게 옷을 갈아입으라고 할 때, 그는 결코 자리를 떠나지 않고 자연스럽게 "옷을 입어 봐."라고 말했다. 선생은 주님이었고, 나는 내 믿음과 신앙이 확고하다는 것을 증명하고 싶었다. 그래서 나는 옷을 벗었다. 내가 그렇게 믿음을 증명하고 싶어 했던 것일까? 그때 내 생각은, 하나님을 사랑하려면 선생을 사랑해야 하고, 신뢰도 사랑의 한 형태이며, 선생은 주님이라는 것이었다. 보이지 않는 신랑이 한 육신을 통해 수년간 나를 기르고 사랑해 주었다. 이제 나에게 옷을 선물로 주시고 입어보라고 하신다. 상대방의 권위와 신분, 그리고 '사랑'이라는 명의가 결합되어, 나는 일흔이 넘은 노인 앞에서 스스로 옷을 벗게 되었다.

  선생이 조용히 나에게 사랑해주겠다고 말하면, 나는 곧 무슨 일이 일어날지 알았다. 그때는 좋아하지 않았지만 순종했다. 왜냐하면 그것도 하나님의 사랑이라는 이름으로 한 일이었기 때문이다.

한 회원이 이렇게 말한 적이 있었다.

"유명한 한국 드라마 <별에서 온 그대>의 남자 주인공이 그토록 매력적이고, 허구의 사랑 이야기가 그렇게 감동적이라면, 우리는 정말로 이런 동화 속 주인공으로서 얼마나 행복한지를 깨달을 수 있을까? 영원하신 하나님이 천억 년을 들여 사랑하는 우리를 창조하고 기다리며, 그 과정에서 사랑하는 우리를 위해 고통을 감내한 모든 것이 성경에 기록되어 있어. 이보다 더 깊은 사랑이 어디 있겠어? 하나님보다 더 완벽한 대상이 어디 있겠어?"

그 당시 현장에는 모두 여자 목사들이 있었다. 이들은 월명동에서 자주 보이는, 때때로 선생 곁에 있는 분들이었다. 내 생각에, 그들은 사건을 직접 보지는 않았더라도, 아마 그런 육체관계에 대해 알고 있었을지도 모른다. 그들은 상록수 같은 존재였고, 아마 과거에 같은 피해를 받았을 가능성도 있다. 선생은 그들에게 자신의 일에 집중하라고 했고, 그들은 정말로 우리를 전혀 보지 않고 다른 곳을 바라보았다.

나중에 경찰이 사건 당시 현장에 있던 사람 중 연락할 수 있는 사람이 있는지 물었을 때, 나는 그중 한 사람의 이름만 기억하고 있었다. 이후 경찰이 그 여자 목사에게 질문했지만, 그 목사는 나를 본 적이 없다고 거짓말을 했다.

뉴스가 보도되면, "성폭력 사건에 왜 증인이나 증거가 없는지 이해가 안 간다."는 댓글들이 많이 달린다. 그 여자 목사가 거짓말을 했다는 사실을 전해 듣고, 왜 증인이 없는지 알게 되었다.

나는 댓글 단 사람에게 이렇게 말하고 싶다.

"당신은 어떻게 생각하나요?"

다행히도 의리 있는 목격자가 있었다. 그녀는 당시 현장에 있던 스타 중 한 명으로, 나보다 몇 살 어린 미성년자였고, 나보다 먼저 섭리를 떠난 또 다른 피해자였다. 그녀는 자신의 삶을 살고 싶어 했기 때문에 함께 고발하지는 않았다. 하지만 내가 피해를 당한 것을 목격했고, 이후 첫 번째로 법정에 나와 나를 위해 증언해 준 사람이었다.

현장에 있던 사람들은 대부분 모든 과정을 목격했음에도, 일반적으로는 모른다고 하거나 심지어 자신이 그곳에 있었다는 사실을 부인했다. 그러나 이 어린 동생은 모두가 거짓말을 하는 상황 속에서도 위험을 감수하고 상대 변호사의 압박에 맞서 나를 위해 진실을 말했다. 그녀의 그 의리는 내가 평생 잊지 못할 것이다.

비슷한 피해 사건들이 훨씬 더 있었지만, 세부 상황을 기억하지 못하거나 굳이 되짚고 싶지 않았다. 내가 진실이 아니길 바랐던 그 장면들이 이제는 희미해졌으니, 그냥 흘러가게 두기로 했다. 다만 기억 속에서 비교적 선명하고 확실한 사건들에 대해서는 가능한 한 많은 증거를 제공하며 일일이 말했다.

## 정말 관계를 하게 될 건가?

피고인은 2018년 8월 어느 날, 정확한 일시는 알 수 없으나 오후 9시경 월명동 수련원 내 기도굴 안에서 피해자를 불러내 갑자기 "하체가 섰는데 여기서 관계를 해버릴까?"라는 말을 했다.

그 사건은 선생이 축구를 마친 저녁, 월명동 기도굴에서 벌어졌다.

**경찰** 당시 어떤 이유로 기도굴에 들어가게 되었나요?

**나** 기억하기로는 정명석이 축구 경기가 끝나고 기도굴로 저를 불렀어요. 그래서 들어갔는데, 무슨 말을 했는지는 잘 기억나지 않지만 갑자기 입술에 키스를 하고 "하체가 섰는데 여기서 관계를 해 버릴까?"라고 말했어요.

**경찰** 그 후에 어떻게 됐나요?

**나** 너무 충격을 받아서 표정이 굳었어요. 그러자 정명석이 제 얼굴을 보고 나가라고 했고, 대신 정연애를 부르라고 지시했어요.

그때 동굴 밖에는 대략 열 명 정도가 선생을 기다리고 있었고, 대부분 여자들이었다. 그들에게 선생을 한 번 만나는 것은 큰 축복이었다. 남자 신도 중 한 명은 자신이 증인이라며 당시 동굴을 지키고 있었고, 그런 일이 일어날 가능성은 없다고 주장했다. 그러나 나중에 연애 목사는 섭리를 떠난 후 증언하기를, 그때 정말로 내가 그녀를 안으로 부른 것이고, 그녀도 안에 아무도 없다는 것을 알고 있었다고 말했다.

그 순간이 내가 처음으로 선생이 성교에 대해 이야기하는 것을 들은 때였다. 그때까지 나는 선생이 다른 행동만 할 뿐 실제 성관계까지 하리라고는 생각하지 못했다. 다른 행동들은 사랑의 표현이나 신뢰의 시험으로 여겨졌고, 나는 단지 아직 깨닫지 못한 무언가라고만 생각했다. 그러나 성기를 삽입하는 성교를 한다는 건 너무 받아들이기 어려웠다. 그게 무슨 의미일까? 아이가 생기면 어떻게 하지? 다른 언니들도 그런 경험이 있었을까? 하나님의 뜻이 정말 그런 걸까? 연애 목사는 어떻게 생각할까?

**경찰** 기도굴은 언제든 아무나 들어갈 수 있나요?

**나** 기도하고 싶은 사람이 있으면 마음대로 들어갈 수 있지만, 기도굴 안에 정명석이 있으면 수행원을 통해 허가를 받고 들어가야 해요.

나는 연애 목사를 안으로 부른 후, 즉시 떠나 기숙사로 돌아갔다. 너무 피곤했기도 했고, 다른 사람들처럼 정명석이 청기와로 돌아가는 것을 배웅한 뒤에야 집에 가는 게 정말 싫었다. 가끔은 주님에 대한 첫사랑과 경외심을 잃은 것에 대해 자책하기도 한다. 게다가 너무 놀라서 더 이상 그 현장에 머물고 싶지 않았다.

## 좋아하거나 사랑의 반응

피고인은 2018년 11월 3일경부터 11월 4일경 사이, 월명동 수련원 내 316관 응접실에서, 홍콩으로 돌아가기 전 마지막 인사를 하기 위해 찾아온 피해자를 보고 "내가 너를 얼마나 좋아하는지 봐. 이렇게 몸이 반응하잖아"라고 말하며 피해자에게 옷을 벗으라고 요구했다....

나는 홍콩에 가기 전이나 다녀온 후에는 반드시 선생께 인사를 드려야 한다고 교육받았다. 어른에 대한 예의이자 주님에 대한 기본적인 태도라고 배웠다.

그날은 홍콩으로 떠나기 이틀 전쯤이었다. 언니들이 나에게 꼭 함께 가자고 했다. 316관 대예배당에서 모임이 끝난 뒤, 우리는 선생과 수행자들을 따라 강단 뒤쪽 문으로 이동했다.

**나** 수행원은 모두 여자였는데 누가 있었는지는 기억나지 않고, 그날 어떤 모임이 있었는지도 기억나지 않지만, 본당에서 일을 마치고 수행원들을 포함한 여러 명이 우루루 3층에서 2층 응접실로 내려왔고, 피의자는 응접실에 들어가면서 수행원들에게 '수정이만 들어와'라고 말하여 저만 응접실 안으로 들어간 거죠.

**경찰** 당시 응접실에 들어갔을 때의 상황은요?

**나** 들어가자마자 피의자가 의자에 앉았고, 저도 앉으라고 해서 마주 보고 앉았어요. 그런데 피의자가 발기되자 "내가 너를 이렇게 좋아한다, 이거 봐라, 몸이 반응한다."라고 말하며 일어나 병풍 반대편으로 이동했고, 저도 뒤따라 갔는데 커튼이 쳐 있었는지, 뭐가 있었는지 등 주변을 살피더니 저에게 옷을 벗으라고 했어요.

나는 새로 산 크림색 짧은 패딩 외투와 브랜드 Gap의 회색 스웨터를 입고 있었던 것을 아직도 기억한다. 그 스웨터는 내가 예전부터 매우 좋아했던 것이다. 언니들은 항상 상황과 선생에 맞춰 원피스를 입거나 운동복을 입었다. 나는 편안한 캐주얼 옷을 입는 것을 좋아했다.

**나** …아파서 "아" 하면서 소리를 내자, 정명석은 '이것이 자해도 하는데 이게 뭐가 아프냐'고 말했어요.

**경찰** 그게 어떤 의미인가요?

**나** 제가 2017년도부터 우울증이 있어서 자해를 한 적이 있었는데, 그 얘기를 한 거예요. 그래서 정명석이 저를 계속 옆에 두려고 하는 것은, 제가 자해하니까 옆에서 보살펴 주려고 하나 생각을 했었어요.

난 우울증으로 자해를 한 적이 있다. 이유는 단순하지 않다. 가장 컸던 건 정명석이 가르친 '천법'이다. 오직 주님만을 사랑해야 하고, 다른 감정은 모두 죄라는 섭리의 기준. 난 여자 친구를 향한 애정을 교리에 비추어 동성애로 해석하고, '신부는 오직 주님만을 사랑해야 한다'는 기준에 내가 어긋났다고 믿었다. 그건 하나님을 실망시키는 죄였다. 나는 죄책감과 두려움으로 스스로를 단죄했다. 줄곧 여학교를 다녀 남자와 거의 접촉해보지 못했던 나에게 교리가 주입되자 혼란에 빠진 것이다.

섭리에서는 모든 것을 '주님께 보고'하게 되어 있기 때문에, 선생은 여러 사람의 보고를 통해 나에 관한 모든 것을 알고 있었다. 하지만 선생은 늘 하나님, 성령님이 알려준 듯 거짓말을 했다. 나는 그 말을 그대로 믿었다. 내 상황을 알게 된 선생은 나를 불러다가 안수 기도를 해주고 자해를 멈추겠다고 약속하라고 했다. 나는 '주님과 약속했다', '이미 주님께 용서받았다'는 믿음으로 안도하고 더 이상 자해하지 않았다. 선생은 의사도 약물로도 치료할 수 없는 정신병을 자기가 고쳤다고 여기저기 다니며 자랑했다.

선생에게 죄를 용서할 권세가 있다는 그릇된 믿음은 왜곡된 안도감이었다. 이게 바로 거짓 교리의 '치료 효과'다. 교리로는 죄책감을 심고, 선생은 그 죄책감을 이용해 구원자처럼 연기한다.

그의 연기에 수많은 사람들이 깜빡 속아 넘어갔다. 콜라를 먹지 마라, 인터넷, TV, 영화를 보지 마라, 검은 옷을 입지 마라, 이성에게 눈길도 주지 마라. 너저분한 교리로 일상생활 전반에 신도가 지켜야 할 수많은 규칙을 압정처럼 뿌려 놓고 찔려서 피가 날 때마다 선생에게 달려가 매달리게 하는 것이 사이비종교의 핵심 기술이다. 그 죄책감에서의 구원은 오직 한 분, 그 교리를 심어놓은 선생에게 있기 때문이다.

나는 탈퇴 후 자연스럽게 이성애자임을 확인했다. 그리고 동성애를 정죄하지도 않는다. 이렇듯 사이비종교는 세뇌로 사람의 심리를 조작하고 조정한다. 자신들의 더러운 욕망을 채우기 위하여.

어느 날 조회에서 선생이 나를 무대 위로 불러 노래를 부르라고 시켰다. 노래를 부르고 나서, 선생은 모든 사람 앞에서 나를 홍콩의 수정이라고 소개했고, 나에게 물었다. "너는 월명동을 어떤 형용사로 묘사할 수 있냐?"

나는 잠시 생각했다. 월명동은 나에게 비밀이 많고, 하나님의 깊은 뜻이 담겨 있는 곳으로 느껴졌다. 예를 들어 수천 년 동안 묻혀 있는 돌들이 있고, 하나님이 다시 지상에 임재하는 장소이기도 하다. 그 외에도 선생이 나에게 했던 비밀스러운 일들이 있었다.

나는 아직 섭리의 '사랑'에 대해 잘 이해하지 못했고, 그 일들 때문에 더 혼란스러워졌다. 그 일들은 오직 나만 아는 것일까? 선생과 나, 그리고 하늘 사이의 비밀일까? 사랑하는 사이에는 '오직 두 사람만 아는 비밀'이 많다. 나와 주님 사이도 그런 것일까? 만약 다른 사람에게 이야기하면, 나의 무지와 이해 부족으로 인해 하늘의 비밀이 누설되어 선생이 오해를 받을까 두려웠다. 그렇게 되면 나는 예수를 배신한 유다가 될 것이다.

나는 일기에도 그 내용을 쓰지 못했고, 누군가, 심지어 후세 사람들이 이 '역사 기록'을 발견하면 섭리를 오해할까 두려웠다. 나는 영원한 죄인이 될 것이 무서웠다. 내가 질문조차 감히 하지 못하는 일들, 후세도 알 수 없는 비밀들은 이 성산(聖山)에 묻혀 있을 것이다.

'깊다.' 나는 대답했다.

"월명동은 매우 깊습니다. 발견할 것과 깨달아야 할 것이 바다보다도 더 깊거든요."

모두가 박수치며 내가 잘 말했다고 칭찬했다.

선생이 말했다.

"와, 정말 잘 대답했어. 하지만 사실 답은 아주 간단해. 내가 항상 여러분에게 가르치지 않나? 그것은 '아름답고, 신비하고, 웅장하다'야. 이것이 하나님의 형용사야."

선생은 다시 말하며 이 세 가지 형용사가 하나님 창조의 기준이라고 가르쳤다.

2019

## 엄마의 월명동 방문

연초에 엄마가 나에게 한국에 와서 나를 보고 싶다고 했다. 그때 엄마는 재혼한 상태였고, 그의 남편은 일본 여행 중이라 엄마는 한국에 오기로 했다. 나는 엄마에게 월명동에 가보라고 제안했다. 엄마는 그때 성경 수업에 관심을 가지기 시작했지만, 아직 공식적으로 과정을 듣지 않던 시기였다. 그녀는 내가 교회를 다닌다는 것을 알고 있었고(엄마는 그것이 일반 한국 교회라고 생각했다), 나는 엄마가 선생을 만나면 진정한 신앙을 시작할 것이라고 믿었다. 그래서 그렇게 제안했는데 엄마는 이에 반대하지 않았고, 한국에 온 후 나는 그녀를 월명동으로 데려갔다.

엄마가 월명동에 도착하자, 환경이 너무 좋다고 느꼈고 자연의 기운이 그녀에게 평온함을 주었다. 그때 월명동에는 많은 방문객들이 있었고, 대학생 그룹과 노인, 아이들도 함께 있었다. 대학생 그룹은 새로 연결된 신입생들이었는데, 그때 '버스 선교'가 진행 중이던 때였다. 즉 대학에서 학생들을 모집하여, 버스 한 대의 인원이 모이면 함께 월명동에 가서 선생을 직접 만나고 관람하는 프로그램이었다. 사람들을 직접 초대해 월명동에서 '관대하고', '인원이 많고', '긍정적이며', '재미있다'는 인상을 주면, 신뢰를 더 쉽게, 효율적으로 얻을 수 있다고 했다. 조은 목사는 선생이 나온 후 선교가 쉬워졌다고 말했다. 더 이상 '나는 정말 대단한 선생을 알고 있다'라고 말할 필요 없이, 사람들에게 그가 얼마나 대단한지를 직접, 바로 보여줄 수 있기 때문이라고 했다.

선생은 그때 대학생 그룹과 잔디밭에서 만나고 있었고, 내가 엄마와 함께 있다는 것을 알고 우리를 부르셨다. "수정아, 노래해봐!"라고 시켰기에 나는 신입생들과 엄마라는 전도 대상 앞에서 기쁘고 당당하게 보이려고 했다. 그래서 나는 노래와 춤을 추었고, 옆에서 지켜보던 엄마도 웃으며 박수쳤다. 언니들과 회원들은 '수정의 엄마가 왔다'는 것을 알고는 적절하게 엄마에게 인사하며, 엄마에게 그의 딸인 나를 칭찬했다. "수정이는 정말 착하고, 교회에서 중요한 역할을 맡고 있어요."라고 말했다. 부모님이 교회가 자녀를 얼마나 소중히 여기는지를 알게 하는 것은 매우 효과적인 전도 방법이었다.

  회원들은 엄마를 따뜻하게 맞이했고, 선생도 엄마에게 특별한 대우를 해주셨다. 선생은 화려한 양복을 입고 선글라스를 쓰고 계셔서, 엄마는 그가 온화하고 예의 바른 사람이라고 느꼈다. 그러나 사람들이 선생을 섬기는 모습을 보면서, 엄마는 조용히 나에게 물었다. "이게 한국 문화인가? 한국 사람들은 모두 어른에게 이렇게 굽신거리나? 거의 신을 모시는 수준이네." 선생을 위해 신발 끈을 묶어주고, 물과 수건을 건네주며, 옷을 가져다주는 것들은 선생께 대한 기본적인 예의였지만, 선생의 정체를 잘 모르는 엄마에게는 다소 이해하기 어려운 모습이었다.

  점심 시간에 선생은 엄마와 나를 청기와로 데려가 함께 식사하자고 했다. 선생의 이 초대에 나는 정말 감사했다. 선생과 청기와에서 식사하는 것은 모든 회원들이 갈망하는 기회였다. 식사 중에 선생은 엄마에게 자기소개를 하셨고, 대만의 전 대통령인 천수이벤과 친구라고 말했다. 또 아시아에서 선생을 따르는 사람들이 많다고 덧붙이셨다. 선생은 자신의 수집품을 보여주며, 그 돌과 장식품들이 얼마나 귀한 것인지 설명해 주셨다. 그러나 엄마는 선생의 이러한 '자랑'에 대해 약간 반감을 느껐다.

　엄마는 오랫동안 남자친구가 없는 나를 걱정하며, 선생에게 이렇게 물었다.

　"메이플은 이제 나이가 됐는데, 교회에서 그녀에게 알맞은 사람을 소개해 줄 수 없을까요?"

　선생은 신앙 스타의 부모를 접대한 경험이 많아, 이런 질문에 능숙하게 대답했다.

　"그건 애들의 개인적인 의지죠. 요즘 많은 젊은이들이 결혼을 원하지 않고, 각자의 꿈을 추구하고 있죠."

　이후 선생은 엄마에게 허리가 아프냐고 물었고, 엄마를 바닥에 누이게 한 후 직접 뼈를 맞춰주었다. 나는 엄마를 대신해 선생에게 감사 인사를 드렸고, 엄마도 딸을 잘 챙겨 주셔서 감사하다고 말했다.

　나는 나중에 엄마에게 물었다.

　"선생이 정말 대단하지? 한 번에 엄마 다리 길이를 맞춰 고쳐주셨잖아."

　엄마는 간호사인데 이렇게 답했다.

　"그건 일시적인 효과일 뿐이야. 나중에 다시 원래 상태로 돌아올 거야. 이런 문제는 장기적인 물리 치료가 필요하고, 한 번에 치료되는 것이 아니지."

　엄마의 대답에 나는 매우 불만스러웠다. 그녀가 선생의 진심과 노력을 받아주지 못하는 것 같았고, 선생의 치료 능력을 인정하지 않는 것에 실망했다.

엄마가 홍콩으로 돌아간 후, 나는 교회 사람들이 엄마와 더 많이 접촉할 수 있도록 했다. 그러면서 엄마는 정식으로 성경 수업을 듣기 시작했다. 홍콩 교회에서는 의사인 신앙 스타 언니가 엄마에게 성경 수업을 가르쳤고, 그 언니는 어른들을 잘 대하는 방법을 알고 있어 엄마도 꽤 좋아했다.

어릴 때부터 기독교 학교에서 자란 엄마는 성경에 대해 거부감이 없었고, 성경 수업 내용도 잘 받아들였다. 과학적 설명과 역사적 해석은 엄마에게 새로운 성경 해석으로 여겨져 괜찮다고 느꼈다. 그러나 선생이 곧 재림주라는 부분에 대해서는 거부감이 들었다. 그럼에도 불구하고 엄마는 예의 바르게 열린 태도를 유지하며, 가끔 교회 활동에도 참여했다.

## 서울로 돌아간다

나는 선생이 내가 월명동을 떠나 서울에 가서 다시 학교에 가는 것을 분명히 싫어할 것을 알고 있었다. 심지어 말씀 중에 엄하게 말했다.

"분명히 메시아가 여기 있는데, 사람들은 학교에 가겠다고 하네. 인생에서 가장 좋은 길은 주님을 따르는 것이다. 우리는 베드로처럼 예수님이 주님임을 알아차린 후, '모든 것을 버리고 예수를 따르라'고 해야 한다."(누가복음 5:11)

나도 선생의 말씀을 듣고 학교를 그만두고 싶었지만, 엄마가 단호히 반대했고, 사실 내 마음 속에도 월명동을 떠날 구실을 찾고 싶었다. 그래서 나는 엄마 때문에 복학해야 한다고 선생에게 말했다. 선생은 어쩔 수 없이 나를 허락했고, 주말과 휴일에는 월명동으로 돌아오라고 했다.

서울에 돌아가니 다시 자유의 맛을 느낄 수 있었다. 더 이상 누군가가 자꾸 나를 지켜보지 않고, 내가 무엇을 입는지 신경 쓰지 않으며, 내가 가고 싶은 곳에 제한이 없고, 내가 원하지 않는 일을 강요받지 않았다.

나는 작은 원룸을 구해 예쁘게 방을 꾸미고, 매일 스스로 요리를 해 먹으며, 원하는 시간에 일어나고, 일정을 자율적으로 정하고, 몰래 영화를 보기도 했다. 정말 자유로웠다. 수업 외에도 나는 복싱 수업에 참여하고, 새로운 카페도 자주 가보고, 온라인에서 개인 트레이너를 신청하여 매일 알차고 건강하게 지냈다.

그 후, 나는 점점 더 선을 넘어, 거리에서 남자에게 전화번호를 물어보면 주기도 했고, 그들과 연락을 하기도 했다. 또한 학교 선배인 지희 언니와 함께 여기저기 놀러 다녔고, 이태원의 바도 한두 번 가봤다.

지희 언니도 예전에는 섭리 회원이었지만 나중에 교회를 떠났다. 그럼에도 우리는 계속 연락을 유지했다. 우리는 바에 가는 것이 큰 죄인 것을 알고 있었지만, 일단 놀아보기로 하고 즐겼다. 너무 늦게까지 놀지도, 취하지도 않았고, 단지 분위기를 즐기다가 집으로 돌아왔다. 그렇게 놀다 보니 내 간이 커졌고, 교회와 다시 점차 멀어지면서 점점 더 세속적으로 되어갔다.

나중에 학교에서 한 오빠를 알게 되었고, 두 달 동안 매일 그를 만났다. 나는 그에게 섭리에 대해 말하지 않고, 단순히 내가 신앙이 있다는 것만 간단히 설명했다. 그와 함께하는 시간이 길어질수록, 나의 자책감과 두려움은 더욱 커졌다.

나는 일기장에 이 그림을 그렸다. 고슴도치가 나다.

나는 내 가시가 다른 사람(하나님)을 다치게 할까 두려운데, 또 다른 사람(하나님을 대표하는 선생)에게 깊이 상처받았다. 나를 사랑하는 하나님은 내가 좋아하지 않는 일을 하기를 원하시고, 내가 하나님을 사랑한다면 순종해야 한다고 했다. 그것이 모두 나를 위한 것이라고. 하나님과의 사랑은 반드시 자신의 모든 감정을 무시해야만 이뤄지는 것일까? 자신을 포기해야 지옥의 고통을 면할 수 있는 걸까.

한번은 아벨 목사가 서울에 와서 나를 찾아왔다. 그녀가 이렇게 행동하자 나는 큰일이 날 것임을 알았다. 선생이 내가 타락한 생활을 하고 있다는 것을 아셨거나, 아니면 언니들이 내가 신앙에 문제가 있다는 것을 발견했거나. 어쨌든 그녀는 나를 '관리'하러 온 것이었다.

"수정아, 너 도대체 무엇이 힘든지 말해줄 수 있니?"

아벨 목사가 만나자마자 바로 질문했다. 나는 무엇이라고 대답해야 할지 몰랐다. 내내 죄를 짓고 있다고 말할까? 아니면, 아무리 많은 설명을 들어도 하나님의 사랑을 이해하지 못한다고 말할까? 그렇게 말하면 정말 큰 역행이 될까? 분명히 선생이 그렇게 나를 아끼는데….

'악평 때문에 그런 건가? 섭리가 이상하다고 느끼는 건가?'

그녀가 다시 질문했다.

나는 그렇게 생각해 본 적이 없다. 악평을 본 적도 없고, 하나님과 선생에 대한 믿음은 여전히 흔들리지 않았기 때문이다. 비록 악평에서 언급된 어떤 성행위가 실제로 내게 일어난 적이 있지만, 그것도 하나님의 사랑이 아닐까? 비록 이해하지 못했지만, 그게 성범죄일 리는 없다고 생각했다.

내가 침묵하자 아벨 목사는 "내게는 그런 일이 전혀 없었다."고 덧붙였다.

나는 고개를 숙인 채 눈물을 흘리며 대답했다.

"악평 때문도 아니고, 선생을 의심해서도 아니에요. 저는 정말 이 사랑을 이해하지 못하겠어요."

"잊었니? 말씀에 환경이 중요하다고 했잖아. 이렇게 유혹이 많은 곳에서 영적인 사랑을 느낄 수 있겠어? 그러면 이렇게 해봐, 주님의 교회 숙소에 가서 지내봐."

그때 주님의 교회는 더 큰 성전 건물로 이사했고, 교회 안에는 여스타들을 위한 숙소가 새로 꾸며져 있었다.

"그렇게 하면 매일 예배당에서 아침 예배를 드릴 수 있고, 다른 여스타들과 함께 교류할 수 있어. 주말에는 월명동에 오면 돼. 너는 월세를 낼 필요도 없고, 그냥 짐만 옮기면 돼. 더 고민하지 말고, 그렇게 결정하자! 오늘 밤 바로 가자!"

그녀가 나를 적극적으로 설득했다.

나는 그것이 '나를 위한' 것, 나의 신앙과 구원을 위한 것인 줄 알았다. 마음속에서는 서울에 계속 남아 있다가는 결국 돌아갈 수 없는 지경에 이를까, 하나님을 떠나게 될까 두려웠다. '오늘 밤은 너무 급해요. 며칠 후에 짐을 정리하고 갈게요.' 나는 항복하고 순종했다.

나는 학교 오빠에게 신앙의 길을 선택했고, 하나님을 위해 결혼하지 않기로 결정했으니 헤어져야 한다고 말했다. 작별 인사를 한 후, 나는 주님의 교회로 이사했다. 주님의 교회로 가는 길에 나는 진심으로 기도하며 소원을 빌었다, 정말로 이번에는 잘 회복하고, 신앙과 하나님에 대한 사랑이 다시는 흔들리지 않기를.

## 다시 휴학, 교회 일에 몰두한다

주님의 교회로 이사한 후, 나는 자주 월명동과 서울을 오갔다. 평일에는 수업을 듣고, 주말에는 네 시간 버스를 타고 월명동으로 갔다. 장기간의 이동으로 몸이 피곤했고, 서울에 돌아가면 내 마음을 붙잡기 어려웠다. 주님의 교회에 살더라도 대부분의 시간은 혼자 학교에 있었고, 항상 세상으로 나가고 싶었다. 마음속의 갈등과 혼란은 숨을 쉴 수 없게 만들었다. 선생도 환경이 사람의 마음과 생각에 영향을 미친다고 가르치셨다. 결국 영원한 생명이 더 중요하지 않을까? 선생의 지도를 받은 후, 나는 다시 휴학하고 월명동으로 돌아갔다.

선생은 그때 메시지를 널리 전파할 수 있는 방법을 잘 활용하라고 하셨고, 월명동 근처의 마을에 약 네 층 높이의 건물을 구입해서 교회의 TV 방송국을 세웠다. TV 방송국의 일은 교회에 관한 영상을 편집하고, 노래를 녹음하는 것 등을 포함했다. 또한 선생은 '섭리 뉴스'를 창립하여 매주 교회의 최신 소식을 보도했다. 선생은 달별 언니에게 아나운서 역할을 맡기고, 나와 다른 몇몇 여스타들을 기자로 뽑아 보도를 작성하고 촬영하게 했다. 급여는 없었지만, 나는 이 '직업'이 매우 재미있고 신선함과 도전으로 가득 차 있다고 느꼈다. 교회의 모든 회원들은 TV 방송국에 '입사'하는 것이 최고의 진로 선택이라고 생각했다.

## 교회에서 아르바이트

학교에 가지 않게 되면서, 나는 엄마에게 학비와 생활비를 요청할 용기가 없었다. 그래서 랑정 목사에게 경제적인 어려움이 있다고 말씀드렸다. 랑정 목사는 선생의 허가를 받아 나에게 아르바이트를 마련해 주었다. 한국에서 내가 했던 다양한 아르바이트는 모두 섭리 조직 내에서 이루어졌는데, 섭리에 속한 호텔 청소, 회원이 운영하는 학원에서 영어 교사, 여스타 언니가 소유한 카페에서 웨이트리스 등이었다.

랑정 목사는 나를 신운이라는 여성 목사의 회사에서 일하게 했다. 신운 목사는 자신의 패션 브랜드를 가지고 있으며, 벌어들인 수익은 헌금으로 사용된다. 그녀는 중국 본토에 의류 공장이 있어 자주 중국과 한국을 오가며, 때로는 유럽과 미국에서 사업을 하기도 했다. 그 해에 신운 목사는 월명동 근처에 사무실과 주거 공간을 임대했다.

그녀는 나에게 월급으로 약 10,000 홍콩 달러를 주었고, 식사와 숙소도 제공해 주었다. 내 주요 업무는 간단한 주문 기록과 회계, 그리고 그 회사의 모델 역할이었다. 그때 또 다른 여자가 모델로 있었는데, 일본의 신입생으로 나와 동갑이었고, 그녀는 미스 재팬으로 알려져 있었다. 선생이 그녀를 매우 아꼈고, 그녀는 막 전도되었는데 선생이 바로 그녀에게 '햇살'이라는 이름을 지어주었다.

이동의 편리를 위해 나는 운전하는 법을 배웠다. 한국에서는 2주 만에 운전면허증을 취득할 수 있었다. 시골은 도로가 넓고 차가 적어, 나는 금방 운전하는 데 익숙해졌다. 내 차는 중고의 5인승 승용차로, 홍콩 교회의 돈으로 구입한 '홍콩 전용차'였다.

나는 선생의 허락을 받아 운전하게 되었고, 그가 안수 기도해 줘서 안전하고 사고 없이 운전할 수 있도록 축복해 줬다.

## 혼란을 느낀다

이 기간 동안 나는 계속 혼란스러웠다. 선생은 진짜였고, 내가 잘못했다. 왜 나는 신앙이 회복되지 않을까? 왜 나는 그렇게 많은 사랑을 받았고, 하나님은 나를 사랑하시고 택하시고, 나를 선생 곁으로 인도하여 특별히 키워 주셨는데, 나는 여전히 그렇게 불순종하고, 감사하지 않고, 고마워하지 않을까?

나는 혼자 운전하며 울었다.

"수정아, 너는 할 수 있어. 누구나 실수는 있기 마련이야. 다시 일어설 수 있어. 가수도 싫고, 아나운서도 하기 싫지만, 너는 그래도 열심히 버텨왔잖아? 왜냐? 다 하나님을 사랑하기 때문이지. 하나님은 다 아실 거야. 사랑은 무엇인지 우리는 천천히 배우고 있어."

나는 스스로를 위로하고, 격려하며, 설득하려고 애썼다.

그 당시 나는 앞으로의 삶에 대해 생각하며 매우 고민되고 머리 아팠다. 일기장에 이렇게 썼다.

아예, 지희 언니처럼 세상의 사람과 결혼하는 것. (지희 언니는 교회를 떠난 후 섭리 밖의 사람과 결혼해 행복하게 살고 있다. 그녀는 나에게 교회를 떠났지만 여전히 죄책감을 느끼고 있지만, 하나님은 결코 그녀를 버리지 않으셨고, 여전히 축복해 준다고 말했다.)

아니면, 리리처럼 (선생의 조카로 스타이지만 신앙이 깊지 않은 그룹에 속하며, 검은 옷을 입고 콘서트를 보고 이성과 연락을 한다.) 섭리에 있으면서도 대부분의 회원들과는 다르지만, 이성 간의 법칙은 지켜 연애는 절대 하지 않는다(그녀는 나에게 그것이 그녀와 하나님 사이의 '타협점'이라고 말했다.).

아니면, 애별 언니처럼 스타의 신분을 유지하면서 말씀을 듣되, 선생에게 가까이 가지 않고, 열심히 일해서 돈을 버는 것(애별 언니는 본국으로 돌아간 후 계속 공부를 열심히 하여 대학 교수로 일하게 되었다. 그녀는 선생의 지도를 받지 않고 자신의 의지대로 살았는데, 그것도 불순종이라고 할 수 있겠다).

아니면, 문 목사처럼 일하며 돈을 벌어 섭리를 위해 달리는 것 (문 목사의 헌신은 적지 않을 것이다. 그의 기업은 이미 국제적인 수준에 도달했으며, 그는 선생의 인도를 받은 후 사업에 성공한 사례이다.) 아니면, 랑정 목사처럼 목회를 하며 교리를 위해 헌신하는 것(이것은 보통 스타들이 가는 길이며, '가장 큰 사랑의 공적'으로 쌓는 길이기도 하다. 걸고 희생해야 할 것이 가장 많지만, 하늘의 축복과 사랑을 받는 것도 가장 많다.).

나는 정말 어떻게 해야 할지, 어떤 선택을 해야 할지 몰랐다. 그때는 그저 '한 발씩 내딛는' 방법밖에 없었고, 선생에게 물어보았다. 그래서 나는 계속 월명동에 머물며 떠나지 못했다. 이 모든 것이 내 생각이 통제된 것이라고 할 수 있지만, 나는 그것이 내가 한 선택임을 인정한다.

2019년 홍콩 시위와 항의가 일어났고, 사회가 혼란스러웠다. 랑정 목사는 나에게 선생에게 보고하여 사건이 진정되도록 기도해 달라고 부탁했다. 선생은 중국 정부가 종교의 자유를 억압하고 있으며, 앞으로 홍콩이나 화인 사회에서의 선교가 방해를 받을 것이라고 말했고, 하나님께서 심판하실 것이라고도 했다.

결과적으로 선생이 기도한 지 얼마 지나지 않아, 우한에서 코로나가 발생했다. 그때 당시 모두가 선생이 정말로 주님이라고 말했지만, 이후 팬데믹이 전 세계로 확산될 것이라고는 아무도 예상하지 못했다.

**2020**

## 교통사고

2020년 초, 하나님의 날 절기였고, 우리는 15일 동안 연속으로 끊임없이 공연하며 하나님께 영광을 돌렸다. 그때 홍콩 교회 팀이 월명동에 왔고, 나는 회원들과 함께 선생을 만났다. 선생은 특별히 홍콩 팀을 대둔산 호텔에 하룻밤 묵게 했다.

대둔산은 월명동 근처의 큰 산으로, 한국의 관광 명소이기도 하다. 한국 사람들은 특히 단풍을 즐기러 이곳에 등산하러 많이 간다. 근처에는 관광객을 위한 음식점과 상점들이 많고, 호텔도 있다. 나중에 섭리는 그 호텔을 매입해 리모델링한 후 직접 운영하며 회원들이 주식을 구매할 수 있도록 했다. 호텔 직원들은 모두 섭리 회원으로, 대부분이 스타들이었다. 직원들은 급여와 숙소를 제공받았고, 일반 호텔처럼 운영되었으며 섭리 외 손님들도 투숙할 수 있었다.

선생이 나를 돌아보며 말했다.

"수정이도 가겠지? 꼭 가야 해. 갈 거야?"

나는 마음속으로 정말 가고 싶지 않았다. 옷을 계속 가져왔다 갔다 하는 게 싫었고, 신운 목사가 서울에 가서서 집에 가서 고양이를 돌봐 달라고 부탁했기 때문에 대둔산 호텔에 갈 생각이 없었다. 하지만 나는 그저 대충 "네, 선생."이라고 대답했다.

그날 밤 고양이에게 밥을 주고 난 후의 일이 아무것도 기억나지 않는다.

나는 깨어났을 때 주위를 둘러보았다. 그곳은 기숙사도, 월명동도 아니었다.

"나는 어디에 있지?"라고 묻자, 옆에 있던 랑정 목사가 급하게 말했다.

"너 교통사고를 당했어! 지금 병원에 있어! 기억이 안 나?"

나는 일어난 일을 되짚어보며 누군가 나를 안고 병상에 눕혔던 기억이 어렴풋이 났고, 왼쪽 다리에 극심한 통증을 느꼈다.

"선생은요? 조은 목사는?"

나는 노령인 선생과 감기에 걸린 조은 목사의 건강을 걱정했다.

"선생과 조은 목사는 모두 괜찮아. 너는 먼저 너 자신을 돌봐야 해. 너 다리가 부러졌어!"

나는 하체를 살펴보았다. 병원복을 입고 병상에 누워 있었고, 왼쪽 다리가 매달려 있었다. 자세히 보니 무릎에 굵은 철침이 박혀 있었고, 철관으로 그 바늘을 매달아 놓은 듯했다. 마치 내 무릎이 솜처럼 바늘이 쉽게 지나갈 것 같았다. 다행히 나는 대퇴골만 부러진 상태였고, 의사는 수술 후 일정 시간이 지나면 다시 정상적으로 걷고 달릴 수 있을 것이라고 말했다.

나는 더 이상 보지 못하고 고개를 돌려 주변을 살펴보았다. 침대 옆에는 랑정 목사, 신운 목사, 그리고 몇 명의 언니들이 서 있었다.

"제가 운전한 기억이 없어요. 저는 기숙사에서 자고 있었던 거 아닌가요?"

"너의 차가 완전히 전복됐어! 의사가 네가 죽지 않은 건 정말 큰 기적이라고 했어! 내가 현장에 도착했을 때 네 얼굴은 피투성이였고, 정말 놀랐어! 다행히 머리를 다친 건 아니고, 귀가 찢어진 것뿐이었어."

그 장면은 마치 드라마 한 장면 같았다.

랑정 목사가 거의 울먹이며 말했다.

"네 부모님과 통화했어. 그분들은 너를 매우 걱정하고 있지만, 지금 코로나 팬데믹이 심각해서 그들이 한국에 와서 너를 볼 수 있을지 모르겠어. 먼저 선생과 통화해봐."

랑정 목사는 선생에게 전화를 걸어, 수정이가 깨어났지만 아무것도 기억하지 못하는 것 같다고 말했다. 그리고 스피커폰으로 전환한 후 전화를 내게 건넸다.

"수정아."

전화 반대편에서 선생 목소리가 들려왔다.

"내가 누구인지 아느냐?"

"선생님."

나는 조용히 대답했다.

"응, 그럼 됐어. 너는 전복을 먹어. 전복이 항염에 좋으니까 많이 먹어. 앞으로는 절대 운전하지 마, 알겠지? 내 말을 듣지 않으면 죽을 수도 있어. 그날은 성령께서 내게 감동을 주셔서 대둔산 호텔에 가라고 하셨단다. 성령님은 네가 교통사고를 당할 걸 미리 아시고, 내 입을 통해 네게 말해줘서 큰 사고를 피하게 하셨던 거야. 그런데 너는 듣지 않았고, 결국 사고가 났잖아. 다행히 성령님께서 널 구해주셔서 죽지 않게 하셨단다. 앞으로는 내 말을 꼭 잘 들어야 해, 알겠지?"

선생의 말씀을 들은 뒤 내 마음이 무너졌다. 전화를 끊고 랑정 목사가 다시 말했다.

"선생이 너에게 운전하지 말라고 하셨으니, 그냥 순종해야 해."

운전할 수 없다는 생각에, 앞으로는 월명동을 마음대로 떠날 수 없다는 사실이 너무 고통스러워 나는 비명을 질렀다.

"내 자유!"

언니들은 웃어야 할지 울어야 할지 모르는 표정이었다.

내가 교통사고를 당한 일은 섭리 안에서 모두 알려졌다. 선생은 예배 중에 여러 번 강조하며 이렇게 말했다.

"항상 내 말을 듣고, 하나님의 말씀에 순종해야 한다. 듣지 않으면 영적인 재앙이나 육체적인 재앙이 올 수 있다."

그 뒤 여러 사람이 나를 찾아왔는데, 모두 섭리의 언니들과 목사들이었다. 신운 목사와 랑정 목사는 번갈아 병실에서 밤을 지내며, 몸이 불편한 나를 돌봐주고 기저귀를 갈아주고 몸을 씻겨 주었다.

팬데믹이 심해지면서 한국은 외국인 입국을 금지했고, 부모님이 이미 구매한 비행기 표는 환불도 안 되고 취소되었다. 그때 비행기 표는 매우 비쌌지만, 환불이 불가능했다. 나는 매일 병상에 누워 있었고, 랑정 목사는 가끔 휠체어를 밀며 아래층 빵집에 데려가 주었다.

수술 후 나는 한방 요양원으로 옮겨졌다. 그때 전국적으로 팬데믹이 심각해지면서 모든 사람의 병원 출입이 금지되었고, 나는 4개월 동안 요양원에서 혼자 지냈다. 지팡이를 짚고 걸을 수 있게 되었고, 병원 복도에서 매일 만 보씩 걸으며 건강하게 먹고 잘 잤다. 조용한 시간을 보내면서 그림을 그리고, 시를 쓰고, 일기를 쓰며 내 감정과 생각을 기록했다.

나는 반복해서 내 신앙을 돌아보고, 앞으로의 방향에 대해 깊이 생각했다. 성령의 말씀을 따르지 않으면 정말 큰 문제가 생길 수 있다는 사실을 깨달았다. 예전에도 누군가가 선생의 말씀을 듣지 않아 교통사고를 당하거나 암에 걸렸다는 이야기를 들은 적이 있고, 선생도 나에게 주님을 떠나면 평생 우울증에 시달릴 것이라고 직접 경고했다. 이제 그 말이 진리임을 알게 되었다.

나는 신앙을 처음 시작했을 때 하나님께 기도했던 기억이 문득 떠올랐다.

"하나님, 제가 말을 듣지 않고 고집을 부리면, 저를 심하게 치셔서 손이나 발이라도 잘리게 해서라도 깨워 주세요."

"만일 네 손이 너를 실족하게 하거든, 찍어 버리라! 절단이 되어 영생에 들어가는 것이 두 손을 가지고 지옥에 가서 꺼지지 않는 불에 던져지는 것보다 나으니." 마가복음 9:43, 44

하나님은 이번 교통사고를 통해 나에게 경고하시고 다시 살 기회를 주셨다. 나는 남은 삶을 하나님께 감사하며, 다시 하나님과 주님을 사랑하기 위해 최선을 다할 것이다. 내 다리에 남은 흉터는 이번 교훈과 약속의 표식으로 삼겠다.

## 오늘도 감사

오늘도 존재하는 것에 감사하다.

그날 죽음에서 살려주시니

오늘도 숨쉬고

오늘도 느끼고

오늘도 기회가 있어요.

새로운 하루를 주시고

하루하루 지켜주시니

오늘도 주신 생명

주신 이 몸을

잘 써서

영원한 것을 위해

살아가길.

-2020. 2. 29.

병원에서는 아는 사람이 아무도 없었지만, 오히려 그 시기가 나에게 가장 편안하고 행복한 시간이었다. 나는 누구의 눈치도 보지 않고, 내가 좋아하는 일들을 할 수 있었다.

게다가 그곳에서 나는 26번째 생일을 맞았다. 팬데믹으로 인해 아무도 방문할 수 없었지만, 나와 같은 나이대의 요양원 인턴 의사 네 명이 내가 혼자 생일을 보내는 걸 알고 특별히 케이크를 사와서 퇴근 후 내 병실에서 축하해 주었다. 그때 나는 이 순간을 그림으로 남겼다.

그때 선생은 설교 중에 팬데믹이 하나님이 인류의 더러움과 죄에 대한 심판이라고, 곧 끝날 것이라고 했다.

### 홍콩으로 돌아간다

4개월간의 요양 생활이 끝나고, 내 비자가 만료되어 홍콩으로 돌아가야 했다. 떠나기 전, 랑정 목사는 내가 월명동에 가서 선생께 인사드려야 한다고 했다.

그때 나는 아직 걷기가 불편해 지팡이를 짚으며 한 걸음씩 힘겹게 선생께 다가갔다. 선생은 운동장에서 약 20명과 함께 계셨다. 나를 반갑게 맞아 주시며, 걸음걸이가 좋지 않다며 허벅지 안쪽 근육을 사용하는 걸음걸이 방법을 가르쳐 주었다.

그 말을 듣고 다시 걸어보니 내 걸음걸이가 즉시 교정되었고, 주변 사람들은 박수를 치며 선생의 능력을 칭찬했다. 선생은 "병원에서 그렇게 오래 있었는데도 의사들이 못 고친 병을 내가 즉시 고쳐 준다."고 말했다. 그리고 돌아갈 때는 척추도 조정해 주겠다고 약속했다.

차 보험료는 량정 목사가 대신 내 주었고, 다행히도 그녀가 좀 더 비싼 보험을 들어줘서 모든 의료비와 함께 약 300만 원(홍콩 달러 약 2만 달러) 상당의 보상금을 받을 수 있었다. 량정 목사는 그 돈을 받으려 하지 않았고, 나는 전액을 선생에게 헌금했다. 선생은 기뻐하며 마음으로 받겠다고 했고, 다시 200만 원을 내게 돌려주었다. 또한 선생은 내 가족에게 줄 선물도 주고, 나를 배웅했다.

교회의 세심한 돌봄과 지원에 나는 깊은 감동을 받았고, 내 가족도 멀리 있는 딸을 대신해 량정 목사가 돌봐 준 것에 매우 감사했다.

홍콩에 돌아온 후 나는 집에만 머무르며 일도 하지 않고 학교에도 복학하지 않았다. 엄마는 내가 홍콩에서 아무것도 하지 않는 것을 걱정했다. 그래서 나는 온라인으로 홍콩 회원들에게 한국어를 가르치기 시작했다. 시간당 200 홍콩 달러(한화 약 3만 원)를 받고, 소그룹 수업에서는 각자가 10~20 홍콩 달러 정도를 지불했다.

나와 같은 또래인 사촌 언니가 연예계에서 활동하고 있어 광고 오디

션을 보라고 권유했다. 광고 촬영으로 수익을 얻기 전에 나는 선생에게 허락을 받았고, 과외와 촬영으로 번 모든 돈을 선생에게 헌금했다. 이후 홍콩의 한 모델 회사가 계약을 제안했지만, 선생은 이를 허락하지 않았다.

그 외에도, 다리 부상이 회복된 후에는 친여동생과 함께 유튜브 영상을 시도해 보았다. 코로나 기간 동안 교회의 방향은 온라인 선교를 적극 활용하는 것이었고, 선생은 코로나가 하나님이 주신 기회라고 말하며, 우리가 하나님이 창조한 기술을 이용해 말씀을 더 널리 전파해야 한다고 했다.

많은 회원들이 온라인 전도를 시작하며 다양한 플랫폼에서 긍정적이고 건강한 말씀과 문화를 공유했고(섭리의 이름은 밝히지 않았다), 상당한 인기를 끌었다. 이미 유명한 유튜버 회원들도 자신의 플랫폼에서 말씀의 메시지를 서서히 전파하기 시작했다. 내 구상은, 가능하다면 동생에게도 전도를 하여 함께 선교 활동을 하자는 것이었다.

선생이 말한 그 시기에도 코로나는 멈추지 않고 오히려 더 심해져 세계적인 팬데믹이 되었다. 선생은 인류가 제대로 회개하지 않아 하나님께서 심판의 기간을 연장했다고 설명했다. 모두가 공포 속에 살았고, 엄마도 "이게 말세인가?"라고 내게 물었다. 나는 이것이 좋은 기회라고 생각해 즉시 엄마에게 많은 성경 수업 말씀을 전하며 더욱 집중해 전도했다.

그때 나는 특히 글 쓰는 것을 좋아했고, 많은 감정을 정리했다. '기적'을 경험한 후 나는 다시 일어설 수 있기를 간절히 바랐고, 신앙이 다시 좋아지기를 소망했다.

## 이렇게 하기로

2020년 1월 19일 밤 11시

차 사고 남

2020년 1월 21일 낮

병원에서 깸

다리뼈 부러짐

차가 폐차 됨

사고 난 기억 안 남

다들 기적이라 함

기억 안 나서 별로 감사하지 못함

하지만

생각할 수록 감동 감격

그날 이후

하루하루가 보너스

그날 죽었으면

지금 할 수 있는 것

하나도 못 했을걸

흉터들을 보면서

은혜를 기억하며

살려주신 하나님께

매일 감사 영광

돌리기로 -2020. 6. 15.

알편단심에게

과거에

잘못한

것들이

바람을

타고서

날아감

더이상

집착할

필요가

없단다

배우고

내버려

하나님

너에게

기회를

줬으니

새롭게

너답게

살아라

-2020. 6. 15.

하지만 가끔 나는 여전히 기운이 나지 않았다. 해결되지 않은 문제들은 여전했고, 마음속에는 의문들이 남아 있었으며, 처음 가졌던 열정을 다시 찾지 못했다.

**2020**
—
**2021**

## 다시 한국으로 돌아간다

홍콩에 있을 때, 선생은 가끔 나에게 전화를 걸어 한국으로 돌아오라고 했다. 교통사고 이후 내 신앙이 조금 회복되어 더 이상 신앙을 포기하거나 교회를 떠날 생각은 하지 않았지만, 여전히 무기력했고 놀고 싶은 마음이 남아 있었다. 그래서 사촌 언니와 몰래 친구들과 만나 놀러 가거나 영화를 보고, 노래방에 가기도 했으며, A를 만나기도 했다. 다행히 "팬데믹 때문에 한국에 돌아갈 수 없다."는 변명을 할 수 있었다.

약 반 년이 지나고, 한국 국적의 랑정 목사는 비자가 없어 홍콩에 돌아가지 못하고 월명동에 머물렀다. 그녀는 나에게 해외 회원들이 월명동에 신청할 수 있다는 이야기를 해주었고, 일부는 특별히 거기서 머물 수 있도록 허락받았다고 했다.

그 말을 듣고 갑자기 돌아가고 싶은 마음이 생겼다. 그들은 모든 것이 정지되고 격리된 상황에서 특별히 주님의 곁에 머물며 가까이에서 배울 수 있는 특별한 사람들이었다. 천재일우의 기회였다. FOMO(놓치고 싶지 않은 두려움)의 마음이었다. 동년배 젊은이들은 '특정 동아리'나 그룹에 들어가고 싶어 할지도 모르지만, 나는 '수도'로 돌아가고 싶었다. 교통사고와 '고집이 구원을 방해할까'하는 두려움도 더해져 나는 재학 신청을 하고 비자를 받았다.

한국 정부는 온라인 수업을 허용했지만, 나는 가족에게 학교가 대면 수업을 할 가능성이 있다고 거짓말하며 한국으로 돌아가겠다고 했다.

## 척추 교정

2020년 11월 21일 오전 7시에서 8시 30분 사이, 전북 완주군 운주면 대둔산 공원길 37, 대둔산 호텔 320호 객실에서 교통사고로 틀어진 골반을 잡아준다는 사람이 피해자의 지시에 따라 옷을 벗기고 반팔 히트텍과 … 입은 채 침대에 엎드려 눕게 했다. 몇 차례 뼈를 맞추는 듯한 행동을 하다가 계속해서 피해자를 화장실 욕조로 데리고가…

나는 14일간의 격리를 마치고 월명동에 돌아왔고, 어느 날 선생이 나를 대둔산 호텔로 부르셨다. 랑정 목사가 나를 데려다 주었고, 나는 비서 신별의 안내에 따라 선생의 방으로 올라갔다. 방은 매우 큰 스위트룸으로, 거실과 침실이 있었고, 거실에는 소파, 식탁, 그리고 러닝머신이 놓여 있었다.

**경찰** 대둔산 호텔 방문 날짜를 확인할 수 있는 다른 자료(메모 등)는 없습니까?

나는 아직 섭리를 떠나지 않았을 때, 선생을 통해 하나님이 주신 '사랑'을 매번 기록하고 싶었지만, 그 기록이 '나쁜 사람'의 손에 들어가 선생이 오해받을까 두려워서 얼마 쓰지 않고 중단했다. 월명동을 떠날 때는 신앙과 관련된 모든 것을 기숙사에 두고 과거를 잊고 싶었다. 그러나 랑정 목사는 그 일기를 가져가 변호사에게 제출했다. 변호인 측은 심리의사인 섭리 회원에게 내 일기를 감정하게 했고, 내가 환각과 성 중독 등 정신 문제를 앓고 있다는 진단서가 작성되었다.

**경찰** 피의자가 대둔산 호텔에 머문 이유를 알고 있나요?

**나** 가끔 저녁에 축구가 끝나면 호텔 사우나에 가요. 보통 사우나 끝나고 나서 방에 잠깐 있거나 쉬고 싶으면 쉬어요. 대둔산 호텔이 교회 소유잖아요. 그래서 자주 가요.

**경찰** 당시 진술인은 자발적으로 피의자에게 인사하러 간 건가요, 아니면 누군가 권유해서 간 건가요?

**나** 누가 연락했는지는 기억 안 나지만, 선생이 대둔산 호텔에 계시니까 인사하러 오라고 했어요.

나는 한때 자발적으로 기숙사에서 대둔산까지 걸어서 간 적이 있었다. 선생을 만나기 위해서였다. 사실 그때 선생이 그리워서 간 게 아니라, 내 신앙을 다시 불태우고 싶어서였다. 평소에는 차로 10분 거리지만, 한번은 아무도 나를 태워줄 수 없어서 3시간이나 걸어갔다.

왜 그랬을까? 그때 나는 내가 성폭력을 당한 사실을 전혀 인식하지 못했다. 내 마음속에서 선생의 위치와 정체성은 변하지 않았고, 여전히 인류의 구세주이자 신랑으로 여겼다. 나는 단지 혼란스러웠다.

사랑이란 무엇인가? 하나님의 사랑에 성적인 요소가 포함되어 있는가? 내가 죄가 있기 때문에 '이 사랑'을 거부하는 것인가? 나는 선생의 행동과 '사랑'을 이해하지 못했다. 가장 힘들었던 것은, 이 질문들에 답해 줄 사람이 없었고, 물어볼 용기도 없어서 혼자 고민하며 괴로워했다. 그 눈물과 갈등을 하나님은 다 보고 계셨을까?

**경찰** 피의자를 찾아갔을 때 객실 안에 피의자 혼자 있었나요?

**나** 아니요. XX 언니는 객실 안에서 정명석에게 교정을 받고 있었고, 신별은 거실에 있었어요. 저에게 기다리라고 해서 거실에서 기다렸어요.

나는 잠시 기다린 후, 선생이 침실에서 다른 여자 스타 언니와 함께 나왔다. 그녀는 예전에 나와 함께 걸그룹에서 춤을 췄던 언니로, 나중에 대둔산 호텔에서 일하게 되었다.

**경찰** 그럼 XX 언니도 대둔산 호텔에서 피의자에게 추행 피해를 당했을 가능성이 있나요?

**나** 당했을 수도 있겠지만, 직접 얘기를 나눈 적이 없어서 잘 모르겠어요.

선생은 우리 앞에서 그 언니의 척추를 교정해 주었고, 그 언니도 금세 많이 좋아졌다며 감사 인사를 했다. 그리고 나서 선생은 나에게 침실로 들어오라고 했다. 내가 들어가자 선생은 문을 잠그고, 옷을 벗고 침대에 누우라고 했다.

**경찰** 누가 문을 닫았나요?

**나** 정명석이 닫았어요. 교정 받는 건데 왜 문을 닫는지 의아했어요.

**경찰** 대둔산 호텔에 피의자를 찾아간 이유가 교정을 받으러 간 것인가요, 아니면 인사하러 간 것인가요?

**나** 인사하러 오라고 해서 갔는데, 교정을 해주겠다고 해서 받은 거예요.

**경찰** 그럼 진술인이 피의자에게 골반을 바로 잡아 달라고 부탁한 것은 아니군요?

**나** 네, 2020년 1월에 교통사고 난 이후로 교정을 부탁한 적은 없는데, 자기가 알아서 매일 교정을 해줬어요.

**경찰** 당시 피의자가 틀어진 골반을 잡아주거나 병을 치유할 능력이 있다고 생각해서 교정을 받았나요?

**나** 네, 주님이니까요. 치유 능력이 있다고 믿었죠. 그리고 매번 교정할 때마다 뚝뚝 소리가 나니까 제대로 된 건가 보다 생각했어요.

**경찰** 그럼 실제로 피의자가 교정을 해서 아픈 사람이 나은 것을 본 적 있나요?

**나** 완전히 나았다는 사람은 못 봤지만, 통증이 덜하거나 시원해졌다고 말하는 사람들은 종종 있었어요.

예전에는 사람들이 선생에게 교정을 받으려고 길게 줄을 서 있던 모습이 떠올랐다. 그 사람들이 교정을 받고 정말 나아졌을까? 나는 다리 길이가 맞지 않던 사람들이 교정을 받은 후 길이가 맞아진 경우가 많다는 것을 보았다.

엄마도 그런 교정을 받은 적이 있는데, 엄마는 일시적인 효과는 간단히 나타나지만 완전히 치유되려면 장기적인 치료가 필요하다고 말했다. 선생은 자주 허리와 가슴 근육을 강화하는 간단한 운동을 가르쳐 주며, 매일 백 번씩 하라고 시켰다. 사람들의 건강을 보살피는 주님이 사실상 색마인 줄 나는 생각하지도 못했다.

**경찰** 당시 피의자가 진술인에게 척추뼈가 잘 보이도록 옷을 벗으라고 했다고 하는데, 교정할 때 굳이 옷을 벗어야 할 이유가 없고, 옷을 입은 채로도 골반 교정이 가능할 것으로 생각됩니다. 진술인에게 옷을 벗으라고 한 이유가 뭐라고 생각하나요?

**나** 저는 그때 두꺼운 옷을 입고 있어서 벗으라고 한 게 아닐까 생각했어요.

**경찰**  그럼 그 전에도 교정할 때 매번 옷을 벗고 교정했나요?

**나**  아니요, 다른 사람이 있는 곳에서는 옷을 입고 했어요. 그리고 척추 뼈를 만질 때 두꺼운 옷을 입으면 잘 만져지지 않을 것 같아서….

당시 나는 교정을 더 쉽게 하기 위해 상의를 벗으라고 한 것이라고 믿었다. 다른 사람들은 옷을 입고 교정을 받았지만, 신뢰하는 사람이라면 더 잘 보이게 해서 교정이 더 순조롭게 진행될 것이라 생각했고, 그래서 나는 경계심을 느끼지 않았다. 감기에 걸렸을 때, 엄마는 나에게 상의를 벗으라고 하시고 민트 크림을 발라 마사지해주곤 했다. 그런데 그때 내가 입고 있던 유니클로 보온속옷이 검은색이라서 선생께 혼날까 걱정이 되었다. 결국 선생이 보고 나를 꾸짖었다.

"어떻게 검은색을 입고 올 수 있니? 앞으로는 검은색 입지 마!"

**경찰**  상황을 좀 더 구체적으로 설명해 주세요.

**나**  척추를 맞추려면 엎드려야 해서 엎드려 있었는데, 교정을 시작하더니 갑자기 반듯하게 누우라고 해서 누웠어요….

그 이후 일들은 경찰에게 자세히 이야기했다.

경찰은 내가 진실을 말하는지 확인하려고 자세하게 물어봤다. 자세, 시간, 옷차림 등등… 가장 기억에 남는 것은 선생이 나를 보는 눈빛이 싫었고, 그 허세 섞인 태도로 "내가 잘하고 있지? 주님이니까 흥분되지?"라고 말하는 모습이 싫었다. 더 싫었던 건, 마음속으로는 싫어하면서도 입을 열지 못했던 나 자신이었다.

**경찰**  이후 상황은 어땠나요?

**나** 화장실에서 나와 옷을 입고 거실로 나갔는데, 정명석도 나와서 거실에 있던 언니들에게 "수정이도 뼈를 고쳐줬다. 얘는 원래 차 사고 나서 성령님께 '수정이를 버릴까?'라고 물어봤는데, 왜 버리냐고 해서 이렇게 열심히 기도해주고 교정도 해주는 거다."라고 말했어요. 그 말을 듣고 '버림받을 수도 있구나' 하는 두려움이 생겨서 더 열심히 해야겠다는 생각을 했어요.

버림받고 내쳐질까 두려운 마음과 자신에 대한 죄책감, 그리고 나를 용서하고 키워준 것에 대한 감사함이 뒤섞이면서, 사건 전체에 대한 증오심이 완전히 가려졌다.

## 코로나 기간의 월명동

코로나 기간 동안, 섭리 전체와 월명동의 분위기는 완전히 달라졌다. 팬데믹으로 인해 교단에서는 특별한 승인이 없는 한 월명동 출입을 금지했고, 모든 사람은 먼저 격리 절차를 거쳐야 했다. 월명동 근처에 사는 목사들도 들어갈 수 없었고, 일부는 시내로 이사하거나 직장을 옮겼다. 이전 기숙사는 리모델링 공사를 진행하며 모든 거주 스타들이 다른 곳으로 이사해야 했다.

랑정 목사는 나에게 큰 방을 마련해 주었다. 드디어 개인 공간과 침대, 옷장을 갖게 된 것이다. 그전에는 언니들과 방을 함께 쓰며 바닥에 이불을 깔고 자야 했고, 옷도 쌓아두거나 간단한 옷걸이에 걸어둘 뿐이었다. 교회에 들어온 이후 처음으로 개인 방과 개인 침대, 개인 옷장을 가지게 되어 나에게는 그야말로 천국 같은 시간이었다.

그때 목사들은 모두 월명동 근처 토지나 집을 사들였다. 선생도 월명동 인근 마을 주택 단지 프로젝트에 투자해 건물을 지었고, 모두들 이 작은 마을이 선생 덕분에 크게 발전할 것이라 기대했다.

랑정 목사가 운전을 배우면서 나도 함께 다니게 되었다. 목사는 차로 1~2분 거리인 별빛 카페를 자주 찾았고, 거기서 세 명의 신앙 스타 언니들과 친해져 가족처럼 가까워지며 매일 만났다.

한국 정부의 '모임 금지령'으로 월명동에서는 대규모 모임이 사라지고 모든 모임이 온라인으로 전환되었다. 한 유명 한국 교파는 고집스럽게 대면 예배를 진행하다가 집단 감염이 발생해 뉴스에서 국민들의 비난을 받았다.

섭리에서는 Zoom을 활용해 크고 작은 온라인 모임을 이어갔고, 316관 예배당에는 대형 스크린이 설치되어 선생이 화면을 통해 모두와 소통할 수 있었다. 매 모임 전에는 선생이 어떤 반응을 보일지 리허설을 했으며, 참석자들은 '주님을 사랑합니다', '선생을 사랑합니다' 등의 팻말을 들고 조용히 과장된 표정과 제스처로 마음을 표현했다. 나는 이런 허위적인 모습이 매우 싫었다.

또 한 가지 새로운 일이 생겼다. 월명수의 대량 발송이었다. 팬데믹으로 모두가 불안해하며 하나님께 의지했고, 월명수의 치유 능력을 믿게 되었다. 월명동에 머물던 랑정 목사가 월명수 발송을 책임졌고, 각국 회원들에게 보냈다. 각 교회는 물을 함께 주문하고 배송비와 '수고비'를 부담했다.

랑정 목사는 작업 팀을 이끌어 월명동에서 물을 병에 담아 대형 용기에 모은 뒤 근처 우체국으로 집합 운송했다. 한국에 있던 나도 도우며 손이 차가워져 보랏빛이 되기도 했다. 선생은 설교에서 월명수를 마신 뒤 병이 나았다는 간증을 전하며, 팬데믹이 언제 끝날지는 인류의 행동에 달려 있다고 말했다. 사람들은 선생의 말을 깊이 믿었다.

예전에 교통사고로 요양하던 동안, 선생은 치유 능력이 있다는 월명수를 많이 마시라고 했다. 랑정 목사는 월명동의 월명수를 상자째 가져다줬다. 수술은 무사히 끝났고, 서서히 회복되자 사람들은 모두 월명수 덕분이라고 말했다. 하지만 나는 그 물의 특별한 효과를 느끼지 못했다. 그저 왼쪽 다리가 정상적인 속도로 회복되고 있다고만 생각했다. 그러면서도 문득, 내가 감사할 줄 모르는 건가 하는 생각이 들었다. 혹시 월명수를 마시지 않았다면 회복이 더뎠을지도 모르고, 다른 건강 문제까지 생겼을 수도 있다는 생각이 들어서였다. 결국 나는 계속 그 물을 마실 수밖에 없었다.

월명동에는 이제 남은 스타가 몇 명밖에 없어서, 나는 예전보다 선생과 독대할 시간이 더 많아졌다. 또는 한두 명의 스타와 함께 선생을 만나는 경우도 있었다. 어느 날, 우리 몇 명이 선생과 함께 텐트 안에 있었던 적이 있다.

선생이 나에게 물었다.

"수정아, 네 이름이 무슨 뜻인지 아느냐?"

나는 "수정석의 뜻인가요?"라고 대답했다.

선생은 "물井, 즉 산泉수의 뜻이야."라고 말하면서, "치유 능력이 있고, 깨끗하며, 소중한 의미를 가지고 있어."라고 덧붙였다.

그 후, 선생은 흰 종이에 내 이름을 서명해 주고, 파란 물井 위에 작은 소녀가 서 있는 그림을 그려 주었다. 선생은 수없이 산泉수의 소중함에 대해 이야기했고, 나는 감사한 마음을 품고 숙소로 돌아와 그것을 액자에 넣어 소중히 간직했다.

## 사건

피고인은 12월 6일 오후 2시 19분경부터 3시경 사이, 월명동 수련원 내 청기와 건물 끝 방에서 온라인 순회가 끝난 뒤, 사건 외 피고인의 비서(신별) 및 피해자와 함께 점심식사를 했다. 이후 신별이 방을 나가자 피해자에게 "이제 마음 안 변하지?"라고 말한 뒤 피해자의 머리 위에 안수하며 "내 영이 변화됐다, 흰 옷을 입고 있고 180cm 되었다, 휴거 되었다."고 말했다.

**경찰** 피해 일시를 2020. 12. 6.로 특정한 이유는요?

**나** 필리핀, 인도네시아, 홍콩 등 동남아 온라인 순회 날이었어요. 그날은 주일, 일요일이에요. 정명석이 설교하면 동남아 사람들이 온라인으로 접속해서 말씀을 듣는 날이에요.

그날, 나는 원래 내 숙소 방에서 랑정 목사와 함께 온라인 순회에 참여할 예정이었지만, 전화를 받고 선생이 계신 생방송 현장인 청기와로 오라는 지시를 받았다. 내 옆에 있던 랑정 목사를 부르지 않기에, 그녀의 얼굴이 어두워지는 것을 보았다.

모임을 위해 나는 한 여자 목사가 선물로 준 흰색 원피스를 입었는데, 살이 찐 탓에 꽤 몸에 붙었다. 날씨가 추워서 스타킹도 신었다. 청기와에 도착하니 수행원 언니들이 모두 있었고, 신임 해외 선교국장도 있었다.

선생이 나를 보고 "수정이 오늘 정말 예쁘다."고 말했고, 내가 감사의 인사를 한 뒤, 선생은 카메라에 비치지 않는 그의 옆자리에 앉으라고 손짓했다.

**경찰** 피해 시간은요?

**나** 주일 예배가 끝나고(10시~12시) 정명석과 비서인 신별과 함께 점심을 먹으면서 여자배구 경기를 (TV로) 봤어요. 한국팀끼리의 경기였던 것 같은데 정명석이 이런 말을 했어요. 경기하는 선수 중 우리 사람이 있으니까 그 팀이 이길 거라고. 그 선수는 아직 교인은 아닌데 전도중이라는 얘기를 들었어요.

선생은 정치인과 국가 운동선수들을 매우 중요하게 생각했고, 그들이 월명동을 방문할 때마다 특별히 대접했다. 내가 기억하기로는 지역 의원, 러시아의 고위 인사, 고급 군인(교회에는 '기드온'이라는 군인 부서가 있으며, 직업 군인 회원이 이 부서에 속한다), 국가대표 배구 선수, 축구 선수, 수영 선수, 육상 선수, 철인 3종 경기 선수 등을 월명동에서 만난 적이 있다.

우리가 거실에서 온라인 예배를 마친 후, 선생은 나와 함께 점심을 먹자고 했다. 우리는 긴 식탁이 있는 끝 방에서 식사를 했고, 선생은 계속 TV를 보았다. 그 후 신별이 혼자 방을 나가고 나와 선생만 남았다.

나는 랑정 목사와 계속 연락하고 있었고, 목사는 선생과 단둘이 있을 기회가 생기면 홍콩 교회 관련 몇 가지 일을 개인적으로 보고하라고 했다. 한 홍콩 가정국 부부가 아기를 막 낳았지만, 아기가 호흡기 문제를 앓고 있어서 그들은 나에게 선생께 아기를 위해 기도해 달라고 부탁했다. 신별이 나간 것을 보며 나는 지금이 기회라고 생각했다. 나는 랑정 목사가 보내준 아기 사진을 선생에게 보여줬고, 선생은 내 휴대폰에 있는 아기 사진에 손을 얹고 안수 기도했다. 기도가 끝나자마자 나는 랑정 목사에게 메시지를 보내 보고했다.

**경찰** 그래서요?

**나** 그래서 정명석이 기도한 후… 스타킹을 벗으라고 해서 벗었어요. 이어진 일은 내가 구체적으로 경찰에게 진술했는데 다 진술서 내용에 기록되어 있다. 선생은 그때 나한테 "이제 마음 안 변하지?"라고 했다. 나는 계속 신앙이 불안정했고 늘 월명동에서 도망가고 선생을 떠나고 싶었다. 놀고 싶어서 그런가? 말을 안 듣고 고집을 부려서 그런가? 내 마음이 변했나? 나는 이제서야 깨달았다. 내가 거부감을 느낀 이유는 내 몸이 나에게 준 경고 신호였다.

**경찰** 피의자가 성관계에 대한 피해자의 의사를 전혀 묻지 않고 왜 성관계를 하는지 등에 대한 어떠한 설명도 없이 성관계를 한 것인가요?

**나** 그렇죠. 지금 생각해 보면 2018년도부터 제 간을 봐왔던 것이고, 신별이 갑자기 나간 것도 이해가 됐어요. 그땐 몰랐지만.

**경찰** 만약 피의자와 주님과 신도(제자)관계로 만나지 않았다면 피의자와 성관계를 했을 것인가요?

**나** 아니요, 못생긴 할아버지와 절대 절대 하지 않죠. 그 당시에는 성관계가 끝나고 "네 영이 변화됐다, 니가 흰옷을 입고 180cm가 되었다, 휴거되었다."고 하여 제가 지옥에 갈 뻔했는데 이 행

*위로 인해서 구원받았다 생각했어요.*

　선생은 천국에 있는 사람들은 모두 키가 크고, 심지어 2미터가 넘는 천사들도 있다고 가르쳤다. 외모가 아름답고 빛날수록, 키가 클수록, 옷이 아름답고 깨끗할수록, 영혼의 수준이 높아지고 하나님에 더 가까워진다고 했다. 현실 세계에서도 사회에는 계급 개념이 존재하며, 관계, 외모, 재력, 때때로 노력과 재능에 따라 각 개인의 수준이 결정된다. 그러나 영계에서는 외모가 힘과 계급을 나타내며, 모든 것은 사람이 생전에 한 행동과 마음, 정신, 내면에 따라 결정된다. 나는 그것이 매우 공정하고 이치에 맞는 천법이라고 생각했다.

　처음 배운 성경 해석은 매우 과학적이고 이성적이어서 나에게 받아들여졌다. 그리고 10년 동안 매일매일 반복해서 듣다 보니, 뇌에 깊이 새겨진 '진리의 말씀'은 내 인지가 되었고, '열심히 공부해야만 미래에 안정된 삶을 살 수 있다'는 믿음처럼 확고하고 단단해졌다. 더불어 나의 모든 생활 환경과 대인 관계는 모두 섭리에 의해 형성되어, 마치 한 나라, 한 세계에 있는 것처럼 느껴졌다. 나의 정신과 몸은 섭리에 꽉 갇혀 있었다. 모든 판단, 생각, 행동은 그곳에서 정해진 규칙과 시스템에 따라 이루어졌다.

　이후, 선생은 축구를 하러 갔고, 랑정 목사도 와서 보았다. 랑정 목사가 나에게 선생에게 내 마음속 이야기를 했는지 물었고, 나는 했다고 대답하며, 선생이 기도해야 영의 사랑을 느낄 수 있다고 말했다고 전했다. 그리고 나는 다시 열심히 기도해야겠다고 했다. 모든 과정에서 나는 틈틈이 랑정 목사에게 상황을 보고하여, 선생에게 홍콩의 일을 이야기했다고 알려주었고, 그가 무엇을 하고 있는지도 알렸다. 그렇게 해서 랑정 목사가 상황에 맞게 월명동에 오실 수 있도록 하려는 것이었다. 하지만 내게 일어난 일에 대해서는, 선생이 랑정 목사는 모른다고 하셨기에, 나는 하나도 얘기하지 않았다.

## 하나님, 나는 당신을 미워한다

피고인은 3월경부터 4월 중 일자 미상의 오전 5시경에서 7시경 사이, 월명동 수련원 내 316관 응접실에서 뼈를 맞춰주겠다며 피해자를 불러 침대에 눕게 했다. 응접실 내 병풍 반대편에서 대기하고 있던 사건 외 수행원이 피해자가 있는 곳으로 들어오자, 피고인은 '뼈를 교정해줬다'고 말했다.

**나** 오랜만에 희별(독일), 햇살(일본)과 새벽기도를 갔을 때예요.

**경찰** 피해 발생 시간은요?

**나** 새벽기도 끝나고 5~6시경이요.

**경찰** 당시 진술인이 피의자에게 뼈를 맞춰달라고 요청한 것인가요? 아니면 피의자가 먼저 뼈를 맞춰주겠다며 불러낸 것인가요?

**나** 불러낸 거예요. 3층 대예배실에서 새벽기도를 마치고 집에 가고 싶었는데 신앙이 좋은 희별과 햇살은 정명석을 쫓아다녔어요. 그래서 차를 얻어 타고 가려면 기다려야 해서 새벽기도를 마치고 2층 집무실로 정명석을 보러 갔다가 잠시 다 같이 얘기한 후, 정명석이 나가면서 우리도 가려고 했는데 저를 불렀어요. 교정을 해주겠다고. 그래서 그때 희별이한테 뼈만 맞추고 갈 테니까 잠시 기다려달라고 하고 응접실에 간 거죠.

**경찰**  그럼 응접실에 단 둘만 있었나요?

**나**  원래 정명석 수행은 신별이 하는데 그때는 주정 언니가 수행을 해서 주정 언니와 제가 응접실에 갔다가 저는 정명석과 둘이 있었고 병풍 반대편에 주정 언니가 있었죠.

**경찰**  응접실에 침대가 있나요?

**나**  마사지 받을 수 있게 구멍이 뚫려 있는 침대가 있어요.

매번 사람의 척추를 교정할 때 선생은 "누워라."라고 말했다. 모든 사람은 마치 의사의 지시를 듣는 환자처럼 그렇게 행동했다. 비록 그런 상황에서 피해를 본 적이 한두 번이 아니었지만, 나는 여전히 지시에 따라 누웠다. 그 이유는 두 가지였다.

첫째, 그때 나는 그가 주님이라고 믿었고, 순종해야 한다고 생각했다.

둘째, 나는 그가 정말로 나를 치유할 것이라고 믿었다.

**나**  나중에 끝나고 정명석이 바지를 입었는데 바지가 젖어 있었어요. 그래서 주정 언니가 왔을 때, 흰색 옷이라 많이 티가 나서 '언니도 봤을 것 같은데'라는 생각을 했어요.

**경찰**  …주정이 진술인이 있는 쪽으로 건너왔다고 했는데 주정이 건너온 이유는요?

**나**  저도 신기한 게 알아서 온 거예요. 그래서 정명석은 주정을 보고 "뼈 잘 맞췄다."는 말을 하면서 내 허벅지에 닭살이 있는데 "얘 다른데는 다 부드러운데 여기만 닭살이다."라는 말을 하자 주정은 "그러게요, 크림을 발라야겠네요"라는 말을 했어요. 그리고 주정이 다시 병풍 밖으로 스스로 나가자 다시….

**경찰**  이후 그 행위는 어떻게 멈추게 되었나요?

**나**  스스로 그 행위를 멈추고 옆에 운동기구 있는데 잠시 거기에 앉아 (나무)작업하러 가야 한다고 해서…주정 언니가 다시 안으로 들어와 다 같이 셋이 나갔어요.

**경찰**  위 행위가 지속되는 동안 주정은 응접실 내 병풍 맞은편에 있었던 것인가요?

**나**  네.

**경찰**  그럼… 할 때 혹시 소리가 났나요?

**나** 아니요, 소리가 들릴까 봐 소리를 내지 않았고, 정명석도 자기 입에 손가락을 갖다 대며 "쉿!" 하듯이 조용히 하라는 표현을 했어요.

**경찰**  이때도 진술인은 이 상황이 너무 싫었지만 주님의 사랑을 거부하는 죄인이 되어서는 안 되고 주님에게 몸을 주는 것으로 그동안 지은 죄를 용서받을 수 있다는 생각이 들어서 거부하지 못했다는 취지로 진술하였는데, 사실인지?

**나**  네, 천장을 보면서 너무 싫다, 더럽다는 생각이 들었지만 이런 생각이 드는 게 죄인가 싶은 마음도 들었어요.

이 모든 것이 싫었다. 하지만 구원을 위해 복종할 수밖에 없었다. 그래서 일기장에 이렇게 썼다.

'So be it.'

만약 이것이 주님의 사랑이라면, 만약 이것이 운명이라면, 만약 이것이 제가 창조된 목적이라면, So be it. 나의 혐오는 단지 창조자에 대한 반란일 뿐이다. 나의 증오는 내 마음에 사탄이 있기 때문이다. 이렇게 해야 '영원한 행복'을 얻을 수 있다면, 비록 원하지 않더라도 원하지 않으면 안 된다. 마사지 침대에 누워 있는 그 순간, 나는 증오의 눈빛으로 천장을 응시하며, 천장을 뚫고 이 분노가 하늘에 닿기를 바랐다. 하나님, 나는 당신을 미워한다.

## '세척'과 '성수'

피고인은 4월 2일 밤 9시경, 월명동 수련원 내 기도굴 안에서 약수를 마시던 중, 함께 기도굴에 간 피해자에게 "씻겨 줄까?"라고 말하며 바지를 벗으라고 지시했다.

**경찰** 위 피해 이후 며칠간 극심한 가려움증으로 진술인은 병원에 방문하여 진료를 받았다고 했는데 병원 진료일자를 확인하였나요? *(이 때 변호사가 진단서 파일을 본 수사관에게 보여주어 확인하고)* 발병 및 진단일이 2021년 4월 5일로 확인되는데 그럼 며칠 후 병원에 내원한 것인가요?

**나** *3일 후 병원에 갔어요.*

그 3일 동안, 하체의 가려움 때문에 잠을 이룰 수 없었다. 아무리 찬물로 씻어도 가려움은 계속 심해졌다. 그때 나는 시골에 살고 있었고, 빨리 회복되기만 바랐다. 그래야 언니들에게 도시로 가겠다고 신청할 필요도 없고, 진료소까지 먼 거리를 이동할 필요도 없다. 나는 참을 수 없는 지경에 이르러서야 병원을 찾기로 결정했다.

**경찰** 기도굴에는 어떤 이유로 가게 되었나요?

**나** *정확히 기억은 나는데 그때 수행원은 없었어요. 그때 어떤 이유로*

기도둘에 갔었는지는 잘 기억이 안나요.

선생이 나를 들어오라고 했을 수도 있고, 누군가가 나에게 따라가라고 했을 수도 있다. 하지만 내가 따라간 이유는 오직 신앙을 위해서였다. 누군가 내가 선생의 '총애'를 받고 싶어서라고 말했다. 만약 그것이 정말 '하나님의 사랑'이라면 가능성도 있겠지만, 그렇지 않다면 나는 절대 원하지 않는다.

**경찰** 기도굴에 들어가자마자 바지를 벗으라고 했나요?

**나** 아니요. 정명석이 약수를 마신 후 저에게도 전용 컵에 약수를 떠 주어 마시게 했고, 정명석은 손과 얼굴을 씻은 뒤 저에게 "씻겨 줄까"라고 했어요. 제가 밤이고 추운데 어떻게 씻냐고 "지금요?"라고 묻자 "바지 벗어"라고 말했어요.

**경찰** 어떤 바지를 입고 있었나요?

**나** 운동 바지였어요. 운동 바지는 월명동 패션이에요.

수행원들이 요가 바지가 너무 섹시하다는 불만을 접수한 후, 우리는 일반 운동 바지와 운동복을 입어야 했다. 마치 운동복 브랜드 모델이 된 것 같았다.

'세척'을 받는 동안 나는 어릴 적 엄마가 여자들이 목욕하는 법을 가르쳐주던 기억과, 강아지를 목욕시키던 장면이 떠올랐다. 그때 내 마음속에는 주님이 생명의 주이시며, 부모님보다 모든 생명을 더 사랑하신다는 생각이 들었다. 월명수는 성수(聖水)로, 모든 병을 치료할 수 있으며 실제로 미네랄이 풍부하다. '씻겨 준다'는 것은 무슨 뜻일까? 왜 그렇게 해야 할까? 잘 이해하지 못했다.

기도굴을 떠나기 전에 선생은 돌담에 붙은 이끼를 보라고 했다. 빛에 가까울수록 이끼가 더욱 무성하게 자라고, 빛에서 멀어질수록 생명이 자라지 않는다고 말했다. 생명의 주님께 가까이 가야만 진리와 사랑의 빛이 있고, 그래야 살아갈 수 있다는 뜻이었다. 나는 방금 일어난 일이 무엇인지 잘 모르겠지만, 주님을 떠나면 죽게 된다는 것만 알고 "아멘"이라고 대답했다.

나중에 하체에 불편함이 생기자 나는 두려워지기 시작했다. 분명히 성수(聖水)인데, 그 성수 때문에 내가 아프게 된 것일까? 주님의 치유의 손길이 나를 감염시킬 수 있을까? 나는 혼란스러웠지만 말할 용기가 없어서 변명을 만들어 서울에 가서 치료를 받기로 했다. 산부인과 병원에서 의사에게 세균 감염이 있다고 들었다. 내 마음속에는 많은 의문이 떠올랐지만, 마지막까지 침묵했다.

한 번은 316관 선생 사무실에 들어갔을 때, 선생은 언제나처럼 문을 잠갔다. 선생이 문을 잠그는 것은 우리의 사적인 비밀을 보호하려는 것이라고만 생각했다. 우리가 선생께 마음속 이야기를 전하는 것을 방해하거나, 질투와 불만이 일어나지 않도록 하기 위해서였다. 사실 나도 선생과 단독으로 대화할 시간이 있었으면 좋겠고, 내 마음속 이야기를 털어놓고 신앙과 사랑에 관한 질문을 하고 싶었다. 하지만 소심한 나는 매번 그 말을 꺼내지 못했다. 다른 목사와 면담할 때도 항상 입을 꼭 다물고 한 마디도 하지 못했다. 내 감정을 표현하는 것이 두렵고, 상대가 나를 어떻게 생각할지, 어떻게 판단할지, 혹은 부담을 줄까 걱정했다.

선생은 나에게 그의 무릎 위에 앉으라고 했다. 나는 "선생, 제가 너무 무거워서 선생 다치실까 걱정이에요."라고 말했다. 그때 내 몸무게는 60kg가 넘었고, 선생은 나이가 많았기에 무릎이나 근육이 다칠까 걱정했다. 선생은 "어디가 무겁냐, 앉아라!"라고 했다. 내가 앉자 선생은 나를 안고 계속 말했다. "수정아, 그날 밤 하나님이 나를 통해 너를 사랑했다. 너는 이제 진정한 아내가 되었고, 우리는 부부처럼 지내자."라고 했고 나는 "네."라고 대답했다.

"부부처럼 지내자"는 무슨 뜻인가? 조은 목사와 언니들이 선생을 위해 크고 작은 일을 돌보고, 선생의 생활과 식사를 챙기는 것과 같은 것인가? 아니면 선생과 함께 하나님의 뜻을 이루는 것인가? 선생이 말한 '사랑'은 육체적인 관계를 포함하는가? 나는 마침내 용기를 내어 질문했다.

"선생님, 1대1의 사랑은 무엇인가요? 하나님의 사랑이 무엇인지 이해하지 못하고, 영적인 사랑과 육적인 사랑의 차이를 분별하지 못하겠어요."

선생은 자애로운 표정으로 대답했다.

"사랑은 함께 사는 것이고, 영혼과 육체가 하나가 되는 것이다. 만약 마음이 변한다면, 정말 아프고 비참할 거야. 하나님이 당신을 잃는다면, 물론 슬퍼하시겠지만, 다른 사람들을 통해 그 자리를 채우실 거야. 예전에도 많은 사람이 떠났고, 결국 너와 다른 사람들이 그 자리를 메우지 않았니? 반대로 떠난 사람들은 영혼이 지옥에 있고, 육체는 세상에서 우울증에 시달리고 있다. 주님을 떠나면 기쁠 수 있겠어?"

내 마음이 많이 혼란스러웠다. 주님의 용서와 구원, 사랑을 받는 것에 기뻤지만 여전히 이해하지 못하는 부분이 많았다. 하지만 선생께 더 이상 귀찮게 하고 싶지 않았고, 기본 신앙을 잘 하고 기도하며 말씀을 잘 듣는 것이 우선이라고 생각해 더 이상 질문하지 않았다.

나는 내 일기 속에 하나님, 성령, 성자, 그리고 선생과의 '대화'를 기록하며 내 마음 깊은 곳의 모든 감정을 표현했다. 나는 삼위일체와 선생을 정말 사랑하지만, 여전히 나 자신을 용서할 수 없고, 사랑에 대해서는 많은 의문과 혼란이 있었다.

그 후, 랑정 목사가 그 일기를 변호사에게 증거로 제출하며, 내가 선생을 사랑하고 자발적인 성행위였다고 주장했다.

## 하나의 나무 구멍 – 희망의 빛이 나타나다

**경찰** 그때 증인에게 과외 수업을 받는 학생이 있었죠. 증인이 모든 일을 그에게 이야기했더니, 그가 말하길 "이건 사이비 종교야, 그건 신의 사랑이 아니야."라고 했습니다. 이게 사실인가요?

**나** 네, 맞습니다.

**경찰** 그 남자는 누구인가요?

**나** 반재석(가명)입니다, 한국인입니다.

나는 깊은 산속의 답답한 생활을 도저히 견딜 수 없었고, 선교비도 예전보다 줄어들었기에 2021년 여름, 나는 과외 수업 알바를 찾아 외부 수입을 벌기 시작했다. 나는 개인 과외 수업을 위한 전화 앱을 찾아 다운받은 후, 개인정보와 이력서를 입력하고 학생을 찾기 시작했다.

몇몇 학생들이 나에게 영어 과외 수업을 요청했지만 모두 대면 수업을 원했다. 깊은 산에 사는 나에게는 교통이 정말 불편해서 나는 모두 거절할 수밖에 없었다. 그러던 중 한 군인이 전화로 영어 회화 수업을 신청하고 싶다고 연락이 왔다. 그는 남수단으로 파견될 예정이었고, 훈련소를 떠날 수 없어서 전화 수업을 희망했다.

그가 나보다 두 살 어린 남자였는데, 나는 교리 규정에 어긋남에도 불구하고 그에게 수업을 해주기로 결심했다. 수업 내용을 설명한 후, 그는 즉시 한 달 치 수업료를 내 한국 은행 계좌로 송금했다. 그때부터 그는 나의 학생이 되었다.

수업할 때 우리는 음성 통화만 했다. 나는 그에게 다양한 질문을 하며 영어를 더 많이 연습할 기회를 주려고 했다. 전화 너머의 그는 목소리가 무겁고 수줍지만 점잖은 사람이라는 느낌이 들었다. 그는 항상 내 질문에 짧게 대답하며 말투가 부드러웠다.

"당신의 이름이 뭐예요?"

"저는 반재석이라고 합니다."

"영어 이름은 있나요?"

"없습니다."

"그럼 제가 하나 지어줄게요! 사진 보내주세요, 당신의 얼굴을 보고 어울리는 이름을 찾아볼게요!"

나는 장난스럽게 이야기했다. 나는 이렇게 하는 것이 이성죄를 짓고 있다는 것을 알고 있었다. 하지만 신앙이 더 이상 회복되지 않는 것 같았고, 반쯤 포기한 상태였다.

나는 산에서의 신앙생활이 정말 싫었고, 선생도 싫었다. 그러나 지옥에 가거나 '영원한 사랑을 잃는' 두려움 때문에 섭리를 떠날 용기가 나지 않았다. 게다가 천 리 떨어져 있으니, 재석이라는 이 남자와는 감정적으로 발전할 가능성이 없다고 생각했다. 나는 그저 조금 놀고 싶었고, 답답하고 막막한 생활에 색채를 더하고 싶었다.

나중에 우리는 각자의 취미를 나누게 되었고, 서로 시를 좋아한다는 것을 알게 되었다. 수업 시간 끝나고도 재석은 자기가 좋아하는 시 작품을 나와 공유했다. 그 후, 우리는 수업 외의 시간에도 서로 메시지를 주고받으며 대화를 나누었다.

나는 그에게 더 개인적인 질문을 하기 시작했고, 그는 내 생활에 대한 불만을 들어주었다. 하지만 재석이 기독교인이라는 사실을 알게 된 후, 나는 월명동이나 교리에 관한 이야기는 전혀 하지 않았다. 대신 나는 코로나 팬데믹 동안 학교가 중단되어 시골 친척 집에서 지내고 있다고만 말했다.

하지만 내가 느끼는 외로움이나, 주변의 '친척 이모들'(지도자 언니들)로부터 받는 압박감 같은 많은 마음속 고민을 그는 하나하나 들어주었다. 재석은 마치 나의 비밀을 털어놓을 수 있는 나무 구멍 같은 존재가 되었다.

재석은 나에게 한 곡의 노래를 보내주며 듣고 기분이 좋아지길 바란다고 했다. 가사 내용은 누군가를 좋아하게 된 후 세상이 달라지는 느낌을 묘사하고 있었다. 나는 그가 간접적으로 고백을 암시하는 것이라고 추측했다. 그 후, 우리는 매일 전화 통화를 하게 되었다.

군대에서는 매일 정해진 일정이 있어 전화할 수 있는 시간도 규정되어 있었다. 평일에는 저녁 6시부터 9시까지, 주말에는 아침 9시부터 저녁 9

시까지 전화할 수 있었다. 그래서 나는 매일 저녁 6시와 주말을 기다렸다.

언니들에게 들킬까 봐, 나는 일부러 영어로 이야기하거나, 산 뒤쪽이나 사람이 없는 산길로 숨어서 모기한테 물리며 전화했다.

하루는 호텔에서 일하는 스타 언니가 아기 고양이 사진을 공유했다. 그녀는 산 근처에서 이 고양이를 발견했고, 입양할 사람을 찾고 있다고 했다. 재석이 고양이를 키운다는 것을 떠올린 나는 그와 더 많은 공통 주제를 만들고 싶어 즉시 고양이를 데려와 키우기로 했다. 또한 고양이를 키우면 쉽게 한국을, 그리고 섭리를 떠나지 못할 테니까.

나는 하나님의 품을 떠나지 못하게 나 자신을 '묶어두는' 것이었다. 고양이의 이름을 '꿈'이라고 지었다. 왜냐하면 나는 '꿈 계시'를 받았기 때문이었다. 꿈에서 성령님이 내 신앙이 흔들리고 있다는 것을 알고 나에게 "말씀을 계속 들어라. 끝까지 들으면 답이 있을 것이다. 이것이 진리의 말씀이기 때문이다."라고 말했다.

이 이름 '꿈'에는 또 하나의 의미가 있었다. 재석을 기념하는 것이었다. 나는 지옥에 가고 싶지 않으면 언젠가는 재석과의 관계가 끝나야 한다는 것을 알고 있었다. 그는 결국 남수단으로 군 복무를 가야 하니, 재석과의 사연을 하나의 꿈으로 여길 수밖에 없었다.

나는 일기에서 이렇게 썼다.

"성령님, 나는 또 죄를 지었습니다. 반재석이라는 남자를 좋아하게 되었습니다. 하지만 그를 잊어야 합니다. 그를 좋아하더라도, 구원과 휴거, 성삼위의 사랑보다 중요한 것은 없으니까."

나는 재석에게 마음을 붙이게 될까 봐 여러 번 연락을 끊겠다고 말했지만, 그를 차단한 지 얼마 지나지 않아 다시 연락하고 말았다. 매번 재석은 불안한 나를 위로하고 이해해 주었으며, 항상 나를 지켜주겠다고 말했다. 신앙에서 이렇게 무너지는 나 자신이 무력하고 실망스러웠지만, 재석의 진심은 정말로 저항할 수 없었다.

우리가 '성관계와 사랑'에 대한 이야기를 나눌 때, 그는 사랑이 얼마나 부드럽고 서로를 존중하는 것인지 깨닫게 해주었다. 그가 나에게 느끼게 해준 것은 신의 몸인 선생이 주지 못한 따뜻함과 안도감이었다.

10년 동안 하나님을 사랑했지만, 나는 처음으로 한 '인간'을 통해 사랑이 이렇게 평등하고, 두려움이 없으며, 자유롭다는 것을 배우고 실제로 느끼게 되었다. 재석과의 관계가 애매모호해지다가 서로 좋아하는 것을 확인한 후, 나는 그에게 교회에 대한 이야기를 시작했다.

"사실 나는 너희 기독교에서 말하는 이단이야."

"무슨 뜻이야?"

"나는 JMS 소속이야. 그래서 우리는 안 될 거야. 우리의 관계는 '이성죄'이고, 교회에서는 이성과 연락하는 것을 허락하지 않아. 나는 신앙의 스타이고, 결혼하지 않고 하나님만 섬기기로 다짐한 사람이야. 더구나 네 교회에서는 나를 '이단'으로 보니, 너도 '이단'과는 함께하지 않을 거야. 그러니 여기서 끝내고 앞으로 다시 연락하지 말자."

나는 어쩔 수 없이 말했다. 재석도 알고 있었다. 우리가 서로를 원하더라도, 한쪽이 신앙을 포기하지 않는 한 결코 함께할 수 없다는 것을.

재석은 친한 기독교 친구에게 우리의 일을 이야기했고, 그 친구는 그에게 즉시 나와의 연락을 끊으라고 조언했다. 나는 이미 그들이 '이단'과는 절대 관계를 맺지 않는다는 것을 알고 있었고 섭리도 사실 그들과 적대적이었지만, 재석과의 관계를 끊는 것은 도저히 할 수 없었다. 기독교인의 입장을 생각해보면, 나 같은 '이단'에게 조심하는 것이 맞았고, 피하는 게 옳은 일이었다.

그러나 재석은 오히려 나와 연락을 끊지 않았을 뿐만 아니라, 매일 나의 기분을 세심하게 물어보고, 최선을 다해 나를 위로하며 마음을 안정시켜 주었다. 재석이 나를 위해 모든 것을 무릅쓰고 보여준 진심은 나에게 큰 감동을 주었다.

그때부터 우리는 마치 연인처럼 대화했다. 비록 만날 수는 없었지만, 매일 오후 6시부터 9시까지 정해진 시간에 꼬박꼬박 전화통화를 하며 영화 같은 로맨스를 즐겼다. 물론, 때때로 교리 때문에 다투기도 했다.

"예수의 육체가 구름을 타고 다시 올 수 있다고 생각해? 그건 과학적으로도 불가능해! 이 비밀을 풀어준 분은 우리 선생이야! 이것은 부인할 수 없어!"

"너는 선생이 재림주라는 거야?"

"맞아, 그는 메시아야. 너희 기독교인들은 설명을 듣지 않고, 귀 기울이지도 않으며, 무조건 반대만 해. 말씀은 옳고, 선생은 옳아."

"정말 그렇게 생각해?"

"응!"

교리에서는 타협할 수 없다는 것을 알았기에, 그 이후로 우리는 더 이상 그것에 대한 이야기를 하지 않았다.

8월이 되자 재석은 남수단으로 출발하게 되었다. 그는 나에게 파병들이 한국을 떠나기 전에 가족과 작별 인사를 할 수 있도록 허락받았다고 말했다.

"내일 서울에 갈 건데, 만날 수 있을까?"

그의 물음에 나는 소리를 질렀다. 나는 원래 재석을 꿈으로 여기기로 했는데, 이 '꿈'이 현실이 될 수 있다니!

내가 '타락'할까 두려워서 재석에게 말했다.

"우리가 만나도 괜찮지만, 절대 피부 접촉은 없어야 해."

재석도 그에 동의하였다.

다음 날, 나는 랑정 목사에게 학교 일이 있다고 거짓말을 하고 서울로 갔다.

우리는 내가 한 번도 가본 적 없는 서울의 한 시내지역에서 만나기로 했다. 처음 보았는데, 그는 키가 크고 날씬했으며, 눈이 작고 코가 높았다. 군복을 입고 땀을 흘리고 있었지만, 전혀 땀 냄새가 나지 않았다. 우리가 길을 걸을 때, 나는 피부가 닿지 않기 위해 손을 잡고 싶다는 마음을 억누르며 그의 배낭 끈만 잡았다. 그러던 중 그가 내 허벅지에 우연히 손 닿았는데, 급히 허리를 숙여 사과했다. 그런 그의 모습은 정말로 선생과는 큰 대비가 되었다.

저녁을 먹은 후, 나는 이미 막차 시간을 놓쳤고, 재석은 다음 날 군대로 돌아가야 했다. 그래서 우리는 호텔에서 하룻밤을 보내기로 결정했다. 그는 신실한 기독교인이어서 결혼 전 성관계는 허용되지 않았고, 나도 지옥에 가는 게 두려워서, 우리는 호텔에 가더라도 절대 성관계는 하지 않기로 합의했다. 우리는 온라인에서 몇 개월 동안 알게 되었고, 대화도 매우 깊었지만, 재석을 실제로 만나는 것은 이번이 처음이었다. 재석의 공손한 태도는 나에게 큰 감명을 주었다.

우리는 옷을 입은 채로 침대에 누워 있었고, 그는 나에게 책을 읽어주었다. 나는 그의 팔에 기대어 있었고, 약 한 시간 후 그가 살짝 몸을 기울여 내 입술에 입맞춤을 했다. 그리고 그가 조용히 말했다.

"이건 내가 25년 동안 지켜온 첫 키스야."

나는 멍해졌다.

'어떡하지? 또 죄를 저질렀고, 또다시 선생께 회개해야 하나?'

마음으로 그를 좋아하는 건 어쩔 수 없지만, 이제 피부 접촉까지 생겼으니, 어떻게 선생께 다시 한번 범죄했다고 말할 수 있을까?

나는 순간 고민에 빠졌다. 그러나 그의 깊은 눈빛을 바라보며 나는 자신을 포기하기로 결심했다. 다만, 재석은 나에게 입맞춤 외에는 다른 행동은 하지 않았다.

그는 나에게 입맞춤한 건 참을 수는 없었지만, 사랑하는 사람에게 몸을 주는 건 반드시 평생의 약속을 하고 나서야 한다고 했다. 그의 이런 행동은 선생과 다시 한번 대조를 이루었다. 선생은 나를 좋아해서 생리적 반응이 일어났다고 했고, 내가 동의하는지 묻지도 않은 채로 자기 마음대로, 즉흥적으로, 조종하듯이 행동했다. 반면, 재석은 인내하고 절제하며 조심스럽게 나를 대했다. 과연 진정한 사랑은 무엇일까?

다음 날 재석과 작별 인사를 할 때, 그는 군대에서 훈련을 먼저 하고 남수단으로 간다고 말했다. 그는 나에게 반년 동안 기다려 달라고, 곧 돌아올 것이라고 했다. 하지만 내가 월명동으로 돌아가면서 일기에는

'Time to give up(포기할 시간이 됐다)'이라고 썼다. 그 순간, 나는 재석과의 관계를 포기하기로 결심했다.

일기를 뒤적이며 그 당시의 마음을 기록한 내용을 보니, 내가 세뇌당한 심각성을 이제서야 깨닫게 되었다.

욕심을 버려.
어느 한쪽은
꼭 버려야 돼.
한쪽만 택해야 돼.
넌
메이플이니,
수정이니?

나는 스스로를 설득하며 자연스러운 본성을 포기하고, 진정한 감정을 억누르기로 했다. 그렇게 해야만 '하나님의 애인'이라는 정체성을 잃지 않을 수 있다고 생각했기 때문이었다. 그 당시 긴 세월 동안 자신을 최면한 나의 결론은 이랬다.

'하나님은 진정한 사랑이다. 나는 정말로 하나님을 사랑한다.'

이제 나는 깨달았다. 내 진정한 감정은 그렇지 않다는 것을. 이것이 바로 세뇌의 결과, 심지어 자신조차 진짜 감정이 무엇인지 분별할 수 없게 만든다. "잘못된" 것을 좋아하게 되면, 그것은 '사탄이 준 느낌'이나 '가짜 감정'으로 간주하게 된다. 그때 나는 스스로 선택할 권리조차 허용하지 않았고, 선생이 말한 대로 자신을 최면 걸듯이 몰아갔다.

> 욕심을 버려.
> 느끼는 대로 하면
> 큰일 나겠지?
> 먹고 싶은 대로 먹으면
> 하고 싶은 대로 하면
> 근데 도대체.
> 내가 뭘 먹고 싶어?
> 얼마나 먹고 싶어?
> 뭘 하고 싶어?
> 얼마나 하고 싶어?

그때, 나는 비로소 스스로에게 질문하기 시작하고, 내 속마음에 귀를 기울이기 시작했다. 과거에는 선생이 말한 것이 진리이며 제일이고 답이라고 믿으며 스스로를 마비시켰다. 내가 스스로를 설득하고 '극기(剋己)' 하면 최상에 도달할 수 있다고 생각했다.

그제야 나는 깨달았다. 나 자신의 감정이야말로 나를 인도할 수 있는 가장 밝은 등불이며, 나에게 가장 적합하고 나만의 길로 이끌어 줄 것임을.

### 이런 마음으로
강아지가 주인이 만져주는 거

좋아하는 것처럼

새로운 길로 가볍게 산책하러 가는 거처럼

그리고 세상에 찾기 힘든

아주 깨끗한 보석을 찾아서

자꾸 손에 들고 감상하는 거처럼

이런 마음으로 자주 연락합니다.

– 2021. 6. 9.

사실 그 당시 매번 재석과 연락할 때마다 나는 정말 행복했다. 그 기쁨은 교회에서는 허용되지 않은 것이었다.

하지만 나는 여전히 '지옥에 간다'는 두려움을 떨쳐낼 수 없어, 다시 재석을 잊으려 스스로를 설득했다.

### 사랑. 선택

사랑에 선택이 없다

내 맘대로 안 되는 거니까

사랑은 선택이다

결국 사랑해서 선택한 거니까

– 2021. 6.

### 예기치 않은 메시지가 마치 알람처럼 내 인식을 '깨웠다'

얼마 지나지 않아, 나는 수술을 받아야 했다. 이전에 교통사고 수술 때

왼쪽 허벅지에 넣었던 금속판을 제거하는 수술이었다. 여전히 코로나19 팬데믹 기간이라 병문안이 허락되지 않았기에 나는 며칠간 혼자 병원에 있었다. 한 직업 간호사인 성리 회원 언니만이 허락을 받아 한두 번 방문해 돌봐주었다. 그녀는 음식을 가져다주고, 내가 움직이기 불편할 때 화장실에 가는 것을 도와주었다. 그녀가 없을 때는 혼자 병원에서 쉬었다.

어느 날, 해외에 있는 애별 언니가 나에게 메시지를 보냈다.

"너 선생님이랑 혹시 성관계 했어?"

언니는 그 전부터 가끔 나에게 선생님의 행동과 월명동의 분위기가 이상하다고 이야기했다. 나는 그런 이야기가 바로 악평이라고 생각하며 언니와 대화하기를 피했는데, 이번에는 그녀가 이렇게 직설적으로 물으니 나는 깜짝 놀랐다. 애별 언니는 어떻게 알았을까? 누가 언니에게 말했을까? 혹시 언니도 그런 경험이 있었던 걸까?

"진실을 말해줘. 나도 그런 경험이 있었거든. 선생님이 나를 만졌어." 그녀가 말했다.

세상에! 나는 드디어 이야기할 수 있는 사람을 찾았다! 나는 그렇게 오랫동안 참아왔고, 조은 목사에게도 확실한 답을 얻지 못했는데, 누구에게도 말할 수가 없었다. 이제 드디어 이를 아는 사람이 생겼다! 애별 언니와 이야기할 수 있다!

"진짜?! 나도야! 그동안 너무 힘들었어, 이야기할 사람이 아무도 없었는데, 이제 언니에게 이야기할 수 있어서 정말로 좋다!" 그리고 나는 계속 어떻게 만졌는지 등 세세하게 물었고 내가 겪은 일들도 털어놓았다.

"메이플, 솔직히 말하면 나는 그런 적 없어. 사실은 다른 해외 스타한테 들은 이야기들인데 나도 당했다고 너에게 거짓말했어."

"날 속였어?"

"미안해, 하지만 그래야 네가 진실을 말하거든. 그동안 내가 물을 때마다 네가 피했잖아. 나는 그게 사실인지 확인하고 싶었어. 그리고 네가 걱정됐어."

"언니 때문에 내가 사탄이 됐잖아! 예수를 배신한 유다처럼 되었어! 내가 이렇게 인정하면 선생을 배신하는 거잖아. 사람들이 선생을 어떻게 생각할까? 만약 그게 하나님의 뜻이라면 어쩌지? 만약 그게 하나님의 사랑이라면?"

"차분히 이야기해 보자. 해외의 몇몇 스타들이 나에게 그들이 성추행을 당했다고 말했고, 그때 너도 그 자리에 있었다고 하더라고. 나는 믿지 않아서 확인하고 싶어서, 이런 방법으로 너한테 물어본 거야."

그날 밤, 나는 애별 언니와 오랜 시간 통화했다. 도대체 이것이 하나님의 뜻인지, 하나님의 사랑인지? 모든 스타들이 이렇게 '택함'받는 걸까? 조은 목사의 입장은 무엇일까? 랑정 목사는 알고 있을까? 그들은 이 상황을 어떻게 보고 있을까?

수년간 가르쳐 온 "음란하고 더럽고 금방 변해 버리는 사랑이 아닌, 순수하고 깨끗한 영적 사랑"과 선생님의 실제 행동이 상반되는 것은, 도대체 뭘까? 몸도 마음도 정신도 영도 하나님의 것이라는 말이 도대체 어떤 의미일까? 이것이 극적인 비밀의 사랑인가? 과연 얼마나 많은 사람들이 이렇게 "택함"을 받은 걸까? 우리는 대화를 나눌수록 점점 이상한 기분이 들었다.

퇴원한 이후에도 여전히 혼란스러웠지만, 나는 점차 깨어나며 모든 것이 하나의 사기일 수도 있다는 생각이 들기 시작했다.

그때 나는 정말 혼란스러웠다. 도대체 내가 잘못한 건가, 선생이 잘못한 건가, 아니면 섭리가 잘못한 건가? 교리와 말씀, 그리고 그동안 체험한 기적과 사랑은 분명히 확실했는데 말이다.

어느 날, 마을버스를 타고 가고 있을 때, '성산'이라고 적힌 전단지가 눈에 띄었다. 그건 한 사이비 종교의 전단지로, 그들의 '성산'을 홍보하고 있었다. 인터넷을 검색해 보니, 많은 이상한 종교들이 저마다의 '성산'을 가지고 있으며, 자신의 '주'가 그곳에서 태어났다고, 산에서 수행을 했다는 내용이었다.

이런 '이야기'는 섭리와 크게 다르지 않았다! 나는 놀라서 즉시 사진을 찍어 A에게 보내며 소름 끼친다고 말했다. 과연 한국의 모든 '교파'들이 다 같은 걸까? 우리가 그동안 믿어온 것들이 이런 '한국의 이상한 종교들' 중 하나였던 걸까?

마침 비자가 곧 만료되니, 나는 빨리 홍콩으로 돌아가야겠다고 생각했다. 그래서 랑정 목사에게 돌아가겠다고 말했다. 그는 나에게 연장을 신청해 보라고 했지만, 나는 수수료를 낼 돈이 없다고 거절하며 집에 가고 싶다고 했다. 어차피 곧 서울에서 졸업 시험을 볼 예정이었고, 시험이 끝난 후에 돌아가겠다고 말했다.

어느 날 아침 일곱 시쯤, 랑정 목사가 갑자기 내 방 문을 두드렸다. 그녀는 선생이 나에게 전화를 걸어서 바꿔달라 한다고 했다.

"여보세요, 선생님."

"수정아. 내가 너에게 한 일은 모든 사람에게 다 하는 것이 아니야. 그것은 하나님의 사랑이야. 너의 신앙이 힘들어서 그런 거야. 하지만 만약 네가 원하지 않거나 시험에 든다면, 더 이상 그렇게 하지 않을게. 악평을 보지 말고, 하나님을 의심하지 마. 알겠니? 지금 바로 월명동으로 올라와서 나를 만나."

선생이 왜 갑자기 그런 말을 했을까? 랑정 목사가 선생께 무슨 말을 했나? 내가 홍콩으로 돌아가고 싶다는 말을 했던 걸까? 선생은 어떻게 내가 의심하기 시작했단 걸 알았을까?

나는 두려움과 혼란이 뒤섞인 채로 랑정 목사의 차에 올라타고 함께 월명동으로 향했다.

차 안에서 나는 조심스럽게 물었다.

"랑정 목사님, 저에게는 솔직히 의문이 있어요. 악평들이 사실이 아닌가요?"

"악평을 봤어?"

랑정 목사가 긴장하며 반문했다.

"그날 밤, 우리는 카페 언니들과 함께 선생을 만났잖아요. 목사님도 보지 않았나요? 선생이 그 언니 중 한 명의 배를 검사해 주겠다고 하면서 손을 그녀의 바지 안으로 넣었어요. 그게 이상하지 않나요?"

나는 그때 선생의 손이 만진 위치가 매우 의심스러웠던 기억을 떠올렸다.

"선생님이 그녀의 배를 보는 건데, 뭐가 이상해? 너는 악평을 본 거지? 영적으로 총 맞았나 봐."

랑정 목사가 변론했다.

나도 내 오해였으면 했다.

"아마 맞았나 봐요… 악평을 봤어요."

나는 거짓말로 얼버무렸다.

월명동에 도착하자 선생이 천막 안에서 나를 기다리고 있었다. 나는 랑정 목사와 함께 들어갔고, 선생이 나에게 악평을 봤냐고 물었고, 성령님이 다 알고 계신다고 했다. 나는 불안한 마음이 들었다. 성령님이 정말로 내가 선생을 의심하고 있다는 걸 아시는 걸까? 나는 테스트를 해보기로 했다.

"네, 죄송합니다. 진심으로 회개합니다. XX 언니가 악평을 저에게 보여줬어요."

그 언니는 내 대학 선배이자 스타였지만, 이미 한동안 섭리를 떠났고 연락이 끊긴 상태였다. 나는 의도적으로 거짓말을 하며 선생이 내가 거짓말을 하고 있다는 걸 진짜 아는지 시험해 보았다. 성령님이 정말 곁에 계신다면, 선생이 정말 주님이라면, 내가 거짓말하고 있다는 사실을 모를 리가 없지 않을까?

선생은 말했다.

"그 스타, 나는 그녀가 누구인지 알고 있어. 나와 서신을 주고받았던 애야. 성령님이 너를 용서했다고 하니, 앞으로 다시는 그런 일이 없도록 해라."

내 마음이 무너졌다. 선생은 내가 거짓말하고 있다는 걸 모른다. 성령님이 그에게 알리지 않았던 걸까? 그는 주님, 메시아가 아닌가? 이렇게 오랜 시간 내가 따랐던 이 사람은 누구인가? 나는 다시 확인하고 싶었다.

"선생님, 단둘이서 이야기하고 싶어요."

그러자 랑정 목사가 알아서 나갔고 나는 선생과 단둘이 남았다. 그건 내가 주도적으로 선생과 단독으로 대화하길 요청한 유일한 순간이었다.

"선생님, 정말 죄송합니다!"

나는 그저 후회하는 척을 한 것이지만, 이상하게도 정말 눈물이 줄줄 흐르기 시작했다.

선생은 내 머리를 쓰다듬으며 말해다.

"괜찮아. 성령님이 너를 용서했다고 하니, 내가 너를 껴안고 사랑해 줘야 한 대."

그러더니 자기 손을 내 옷 안으로 넣었다. 내가 다시 오해할까 싶어서인지 선생은 내 등을 가볍게 쓸어 만지고 더는 만지지 않았다.

## 내 인생에서 가장 어두운 밤

직접 테스트한 후, 나는 더 이상 나 자신을 설득할 수 없었다. 나는 성산을 떠나기로 결심했다.

2021년 9월 5일, 언니들이 나를 보내주지 않을까 걱정되어 나는 월명동을 몰래 떠나기로 했다. 만약 그들이 정말로 사이비라면, 나는 더욱 위험해질 것이고, 그들이 나에게 무슨 짓을 할지 알 수 없었다. 나는 정말로 위험에 처해 있는 걸까? 그런 생각이 드는 것도 너무 두려웠다.

나는 A와 계속 연락하며 모든 상황을 이야기하고 함께 탈출 계획을 세웠다. 먼저 가능한 한 많은 개인물건을 홍콩으로 보냈고, 캐리어를 정리한 후 도망칠 기회를 엿보았다. 짐이 너무 많아서 다 가져갈 수는 없었다. 선생이 준 꽃, 시계, 반지, 사인도 남겨두었다. 내 일기장도 남기기로 했다. 아픈 과거를 다시 보고 싶지 않기 때문이었다. 이전에 비자 만료가 다가온다고 했을 때, 선생은 나에게 수백만 원을 주며 비자를 연장하라고 했다. 선생은 매번 현금을 주었고, 나는 그 돈도 두고 가기로 했다.

또한, 나는 랑정 목사에게 편지를 썼다.

"랑정 언니, 그동안 많은 돌봄과 배려에 감사드립니다. 제가 무단으로 떠난 것은 이해할 수 없는 일들이 있었기 때문입니다. 악평을 보고 영향을 받은 것이 아니라, 실제로 일어난 일입니다. 저는 직접 경험했습니다. 정말 이해할 수 없어서 떠나기로 결심했고, 스스로 답을 찾으러 가기로 했습니다. 저는 섭리에서 언니를 가장 신뢰합니다."

그때 나는 그녀를 믿고 있었다.

내가 도망친 그 밤은 내 인생에서 가장 어두운 밤이었다. 선생에게 피해를 당했던 순간들보다 더더욱 어둡게 느껴졌다. 피해를 당했던 순간들은 내가 세뇌가 완전히 풀리지 않아 내가 피해를 입고 있다는 사실조차 제대로 인식하지 못했다. 그러나 그날 밤, 나는 혼자 서울로 도망쳤고, 그 밤은 평생 잊을 수 없는 어두운 밤이 되었다.

랑정 목사가 세차를 하는 동안, 나는 미리 준비해 두었던 짐과 고양이 꿈이를 데리고 미리 연락해 둔 택시를 탔다. 시골에서는 택시가 많지 않아, 보통은 친한 기사에게 전화를 걸어 예약해야 했다. 그 기사는 섭리 회원은 아니었지만, 월명동 근처에 사는 회원들을 많이 알고 있었다. 기사는 나를 알아보았고, 내가 홍콩의 수정이라는 것을 알고 있어서 나는 내 상황을 설명하지 않았다.

나는 수술을 한 지 얼마 되지 않아 완전히 회복되지 않았고, 걷는 것도 불편했다. 비행기 탑승일도 아직 오지 않았고, 이틀 후에는 졸업 시험도 봐야 했다. 하지만 그때 월명동을 떠나지 않으면 다시는 기회가 없을 것 같았다.

대전까지 도착 후, 나는 기차를 타고 서울로 향했다. 이후에 알게 된 사실이지만, 랑정 목사가 그 택시 기사에게 전화를 걸어 내가 타고 있는지 물어봤고, 차를 세우라고 지시했었다. 다행히 기사가 그 전화를 받았을 때 나는 막 차에서 내렸다.

기차 안에서, 섭리 회원들로부터 멀어진 순간 나는 비로소 긴장이 풀려 크게 울기 시작했다. 나는 정말로 10년 동안 사이비에 있었던 걸까? 나는 정말로 속은 걸까? 나는 정말로 피해를 당한 걸까? 나는 정말 뉴스에서, 영화에서 나온 그런 피해자인가? 나는 혼자 외국에서 도망치는 걸까? 내가 본 기적들은 무엇이었을까? 내가 들었던 성경 말씀은 무엇이었을까? 선생은 진짜 사이비 교주였던 걸까? 선생이 내게 한 말과 행동은 모두 거짓이었던 걸까? 모두 하나님의 사랑이 아니었던 걸까?

지금 이 상황은 어떤 상황인 걸까? 10년이라는 세월, 한국에서 보낸 이 시간 동안 나는 도대체 어디에 있었고, 무엇을 했고, 무엇을 경험했을까? 내가 가장 믿었던 사람들, 나를 돌봐주었던, 가장 친했던 사람들은 누구였을까? 그들은 도대체 누구였을까? 하나님은? 하나님은 어디에 계신 걸까? 하나님이 나를 여기에 이끌어주신 것이 아닌 걸까? 이 모든 것이 대체 무엇이었을까?

전화가 계속 울렸는데, 랑정 목사의 전화였다. 나는 계속 받지 않았다.

나는 재석에게도 상황을 이야기했다. 그러자 그는 한 기독교 목사에게 도움을 요청했고, 내가 사이비에서 탈출했다는 사실을 전하며 서울에서 나를 받아줄 수 있는지 물어보았다. 그러나 그 목사는 나중에 문자 메시지를 보내며 개인적인 이유로 나를 받아줄 수 없다고 사과했다.

서울에 도착하자, 나는 학교 근처의 민박에 갔다. 예전에 학교에 다닐 때 지나치며 본 그 민박이었다. 꿈이는 가방 안에서 계속 울었고, 집주인은 이를 보고는 고양이를 데려올 수 없다고 말했다. 여러 번 부탁한 끝에 집주인이 겨우 3일만 머물다가 나가라고 허락했다.

짐을 내려놓고 남은 돈을 세어 보니, 정말로 홍콩으로 돌아가기 직전까지 숙소 비용만 겨우 남아 있었다. 전화로 내 상황을 알게 되자, 재석은 나에게 돈을 송금해 주었다. 하지만 재석과 오래 통화할 수 있는 상황이 아니었다.

서울에서 혼자라는 사실에 나는 매우 무기력해졌다. 졸업 시험이 코앞이었지만 전혀 집중이 되지 않았다. 그러다 예전에 잠깐 사귀었던 선배 오빠가 근처에 살고 있다는 생각이 들어 그에게 찾아갔다. 하지만 문을 연 사람은 얼굴에 마스크팩을 하고 있는 여자였다.

"누구를 찾으세요?"

그녀가 놀라며 물었다.

"XX 오빠 계세요?"

"오빠 주짓수하러 나갔어요.. 무슨 일이세요?"

나는 순간 할 말을 잃었다. 다리에 수술한 상처의 실이 아직 안 풀렸다는 생각이 들었고, 소독과 드레싱을 해야 한다고 말했다.

"제가 방금 수술을 했어요. 오늘 혼자 서울에 왔는데, 너무 늦어서 약국이 문을 닫았어요. 소독약과 붕대가 혹시 있는지 여쭤 보려고요."

아마 그때의 나는 단지 누군가가 있어 주길 원했나 보다. 비록 낯선 여자여도 상관없었다.

"오빠는 없지만, 내가 상처를 소독해줄 수 있어요. 들어오세요."

그녀의 억양은 한국 사람이 아닌 것 같았고, 나중에 그녀는 말레이시아 사람이라고 말했다. 우리는 둘 다 외국인이어서 서로가 느끼는 어려움을 잘 이해할 수 있었다.

"나는 오래 전에 오빠와 다투었고 그가 나를 차단해서 연락이 안 돼요. 이렇게 갑자기 찾아온 건 정말 죄송해요."

그녀가 내 상처를 소독해준 후 나는 곧바로 사과를 했다.

"괜찮아요. 외국에 혼자 있으니까 도움이 필요할 수 있어요. 언제든지 필요한 일이 있으면 저에게 연락하세요."

그녀의 그 한마디가 내 마음을 녹였다. 하지만, 나는 낯선 사람에게 모든 걸 털어놓을 수 없었다.

"감사합니다."

나는 인사를 하고 곧바로 그 집을 떠났다.

방으로 돌아와 꿈이를 보고 있으니 나는 어떻게 해야 할지 몰라 불안해졌다. 이게 무슨 상황인가? 내가 꿈을 꾸고 있는 건가? 지금 영화에서 보는 것처럼 무서운 상황인 건 아닐까? 이제 나는 어떻게 해야 할까? 홍콩으로 돌아가면 꿈이는 어떻게 되지? 누구에게 맡겨야 할까? 섭리 외에 내가 아는 사람, 믿을 수 있는 사람은 아무도 없었다. 세상에 나 혼자 남은 느낌이었다.

절망이 깊어질수록, 나는 꿈이에게 울면서 말했다.

"미안해… 미안해… 정말 어쩔 수 없었어. 나도 도망치고 있어, 너를 돌볼 수가 없어."

울면서 꿈이를 안고 밖으로 나가, 그를 길에 두고 갔다. 내가 돌아서도 꿈이는 계속 따라왔다. 결국 나는 그를 높은 담 위에 놓았다.

"네가 자유로운 세상을 찾기를 바라…"

그 말을 남기고 나는 뒤돌아섰다.

잠시 후, 나는 마음이 놓이지 않아 작은 꿈이를 놓아두었던 거리로 달려갔다.

"야옹!"

날카로운 고양이 울음소리와 함께 이런저런 소리가 들렸다.

"꿈이!"

나는 외쳤다. 꿈이는 고개를 숙인 채 어두운 구석에서 천천히 걸어나왔다. 나는 즉시 그를 안았고, 그의 온몸이 피로 얼룩져 있고, 똥으로 더럽혀져 있다는 것을 발견했다. 꿈이는 다른 길고양이들에게 공격을 받은 듯했고 너무 놀라 대변을 본 것이었다.

나는 꿈이를 안고 민박으로 달려가 물로 씻어 주었다.

"미안해! 미안해! 미안해! 내가 어떻게 이런 짓을… 미안해!"

내 눈물이 꿈이의 몸에 떨어졌다.

꿈이는 나에게 화가 났는지 내가 안고 자려고 해도 계속 빠져나가 방의 구석으로 가 버렸다.

하나님이 나를 버리신 걸까? 내가 정말 지옥에 간 걸까? 지금이 바로 지옥 같은 세상 아닌가? 찬양 가사가 말하듯 '주님의 품을 떠나는 것은 끝없는 고독'이라는 것이 바로 이런 결과인가? 하나님을 떠나는 것이 이렇게 무력하고 차가울 줄이야… 내가 잘못한 걸까? 정말로 갈 길이 없구나.

그날 밤은 내 인생에서 가장 어두운 밤이었다. 결국 무너진 마음에 나는 유인 목사에게 문자 메시지를 보냈다.

"유인 목사, 저는 정말 혼란스러워요. 제가 정말 갈 길 안 보여요. 목사는 선생과 그런 관계를 한 적이 있나요? 그게 하나님의 뜻인가요?"

"너 어디니?"

유인 목사가 즉시 답변했다.

"서울에 있어요."

"나는 지금 부산에 있지만, 너를 보러 갈게."

## 유인 목사한테 설득당하다

유인 목사가 나를 만나기 위해 세 시간 동안 기차를 타고 왔다. 우리는 호텔에서 만나기로 했고, 그녀는 랑정 목사도 급히 서울로 왔다고 말했다. 그들은 서대문에 있는 호텔에 있었는데 유인 목사는 방을 예약해 두었고, 나에게 호텔로 오라고 했다.

호텔 방에 들어가서 나와 유인 목사만 둘이 있을 때 그녀는 나에게 도대체 무슨 일이 있었는지 물었다.

나는 말했다.

"저는 선생이 저에게 한 일들이 도대체 무엇인지 이해할 수 없어요. 그게 하나님의 사랑인가요? 성이 사랑인가요? 사랑이 있으면 성이 따라오나요? 영적인 사랑은 사랑이 아닌가요? 스타들만 육체적인 사랑을 할 수 있는 건가요? 남자들은요?"

그녀는 웃으면서 가볍고 부드러운 태도로 말했다.

"수정아, 혼란스럽지? 내가 젊었을 때 그런 일들이 있었을 때, 나도 정말 갈피를 못 잡았어. 나도 십대 때부터 전도되었고, 그때는 정말 아무것도 몰랐어. 나중에 깊은 기도를 통해서 이게 하나님의 극진한 사랑이라는 걸 깨달았어. 남녀 간의 사랑은 정말 뜨겁지 않니? 하지만 선생님이 남자를 사랑하는 방식과 여자를 사랑하는 방식은 다르단다. 여자는 고양이를 대하듯이 안고 쓰다듬어야 하고, 남자는 인정과 확신을 주는 거야. 그래서 선생님은 그들에게 사역이나 직무를 맡기고 공개적으로 칭찬하는 거지."

나는 여전히 이해하지 못하는 표정을 지었다. 유인 목사는 계속해서 말했다.

"너, 악평을 본 거니? 그래서 믿음이 흔들린 건가? 악평은 모두 거짓말이야. 그때 선생님이 중국에서 체포됐을 때, 나도 그 자리에 있었어. 그 여자들이 우리가 감금했다고 고발했지만, 우리는 아무것도 하지 않았어. 그 여자들은 공항에서 갑자기 뛰어다니며 '구해줘, 구해줘'라고 외쳤어." (유인 목사는 중국어로 "쯔우밍아(구해줘)"를 말했다.)

"나는 정말 그들이 이해가 안 갔어. 악평을 나도 봤고, 그 글을 쓴 사람들도 알아. 그들은 선생이 어떻게 그들을 사랑해 주고 어떻게 만졌다고 쓰지만, 사실 그들은 그런 사랑을 받고 싶어 했던 거야. 그걸 얻지 못하니 선생님을 그렇게 비난하는 거지."

나는 생각에 잠겼다.

'나도 그런 건가? 하늘의 사랑을 갈망하는 건가? 맞아, 나는 정말 하나님과 사랑하기를 바란다. 뜨겁고 변하지 않는 진정한 사랑을 원해. 인간의 사랑은 믿을 수 없어. 하지만 하나님의 사랑은 이해 못해. 만약 그런 몸의 접촉이 사랑이라면, 영원한 상대와 나누고 싶어. 나는 선생을 통해 그걸 얻은 걸까? 그런데 왜 나는 싫어할까? 내가 이해하지 못해서, 수준이 낮아서, 하나님을 오만하고 성질 더러운 할아버지처럼 보고 싶어하는 걸까? 내 안에 하나님의 사랑에 문제가 생겼기에 마음이 변해서 거부하는 걸까? 하나님은 모든 인류의 신랑이시고, 모두가 그 사랑의 최고 경지에 도달해야 하며, 하나님의 몸과 관계를 맺어야 하는 걸까? 그렇다면 일대일의 사랑은 무엇일까? 다처제 같은 건가? 사랑은 두 사람만의 것이 아닌가? 아니면, 내가 하나님의 사랑을 수준 낮은 인간의 사랑과 비교해서 받아들이지 못하는 걸까? 인간의 사랑은 결국 호르몬의 영향일 뿐, 단지 번식을 위한 걸까? 영화와 소설 속의 사랑은 모두 사탄의 연막이며 사람들을 하나님 사랑에서 방해하는 속임수일까? 선생이 나에게 그렇게 대하는 것이 성경의 롯과 그의 딸의 성관계처럼, 하나님의 에덴 회복의 뜻인가?'

수천 개의 질문이 머릿속에서 맴돌았지만, 나는 아무 말도 못 했다.

"아마 제가 오해했나 봐요. 나는 한동안 제대로 기도하지 않았어요. 제 문제겠지요."

나는 잘못을 인정했다.

"나중에 다시 기도해 봐. 하나님은 질문하는 사람에게 분명히 깨닫게 해주실 거야. 오늘 밤 여기서 자고, 시험이 끝난 후에 내가 너를 월명동으로 데려다줄게."

유인 목사가 말했다.

그날 밤 호텔에서 잤는지 기억이 나지 않지만, 재석이랑 연락이 될 때 나는 그에게 꿈이에 대한 이야기를 했고, 그는 친누나에게 부탁해 잠시 꿈이를 돌봐주기로 했다. 나는 몇십만 원을 주고 꿈이를 그녀에게 맡겼다.

나는 전혀 복습할 시간이 없었고, 바로 시험장으로 갔다. 스페인어과 졸업 시험이었고, 나는 약간의 기억만으로 시험을 치렀다. 시험 당일, 랑정 목사와 유인 목사가 나를 응원해 준다고 학교에 왔지만, 나는 그들이 나를 다시 도망치지 않게 지키러 온 것 같은 느낌이 들었다.

랑정 목사도 젊었을 때 도망친 적이 있다. 그녀는 교회의 규칙들이 너무 힘들어서, 새벽에 일찍 일어나 기도하고 예배를 드려야 했으며, 언니들과 함께 사는 것이 숨막혔기에 그랬다고 말했다.

랑정 목사는 언니들이 선생과 밖에 나간 틈을 타 짐을 싸고 집을 나섰지만, 문을 열고 나가자마자 전도사 언니와 마주쳤다. 그분이 평소에는 항상 선생을 따라다녔지만 그날은 갑자기 집에 돌아가고 싶었던 것이었고, 그래서. 우연히 랑정 목사의 도망을 발견하게 된 것이다.

그 후로 랑정 목사는 다시는 도망치지 않았고, 신앙이 좋아진 뒤에는 더욱 열심히 교회를 지켰다. 그녀는 내가 도망치고 싶어하는 마음을 이해한다고, 내가 정말 영원히 떠날까 봐 두려워한다고 말했다.

시험이 끝난 후, 나는 유인 목사와 랑정 목사와 함께 점심을 먹었다. 식사 중에 나는 유인 목사께 개인적으로 질문을 하고 싶은 게 있다고 말했고, 랑정 목사는 내 말을 듣고 알아서 자리를 피했다.

"유인 목사님, 저는 여전히 이해가 가지 않아요. 선생은 어떤 기준으로 사람을 선택해서 그런 '사랑'을 하시는 건가요? 랑정 목사처럼 그녀도 온 마음을 다해 주님을 사랑하지만, 그녀는 그런 '사랑'을 전혀 경험하지 않은 것 같은데요? 게다가 선생님은 저에게 랑정 목사에게는 말하지 말라고 하셨고요. 도대체 어떤 사람이어야 선생님은 그런 방식으로 '사랑'하실까요?"

유인 목사는 이렇게 대답했다.

"선생님의 마음대로야! 선생님의 마음은 곧 하나님의 마음이니까! 각자에게는 하나님이 주신 계획과 뜻이 있어. 너는 오직 너와 하나님의 관계에만 집중하면 돼."

짐을 챙기고 민박을 떠난 후, 나는 다시 유인 목사와 랑정 목사를 따라 월명동으로 갔다. 재석에게도 내가 유인 목사한테 연락한 이유는 정말로 갈 곳이 없고 마음이 너무 혼란스러웠기 때문이라고 이야기했다. 그는 놀라면서도 실망한 듯했고, 나에게 화를 냈다.

다음은 그가 경찰에 보낸 2021년 9월 7일의 전화 메시지 대화 기록이다.

> **나** "너도 내 입장을 생각해 봐. *10년 동안 나는 그가 주님이라고 진심으로 믿고 따랐어. 그가 나에게 준 것과 우리의 관계, 내가 힘들 때 나를 지탱해준 것들… 너도 내가 얼마나 충격을 받았는지, 마치 내 세상이 무너지는 것처럼 느껴지는지 생각해 봐…"*

*재석* "미안해, 누나의 말을 잘 듣지 못했어."

나 "정말 충격적이었어, 얼마나 많이 울었는지 모르겠어…"

*재석* "내가 생각한 것보다 더 많이 울었을 거야."

나 "너 때문에 나는 10년 동안 쌓아온 모든 것을 버릴 수 있게 되었어. 돈으로 계산할 수 있는 거야? 내가 너를 얼마나 좋아하는지, 얼마나 신뢰하는지 알고 있어? 너 정말 이해하고 있어?"

*재석* "미안해, 누나가 마음을 바꿀까 봐 두려웠어…. 미안해…"

나 "나는 늘 선생님 곁에 있으면서 그가 정말 메시아인지 고민했어. 직접 보고 듣고도 여전히 분간이 안 돼. 네가 나를 이상하게 생각할지도 모르겠지만…"

*재석* "내가 누나를 믿지 못했어, 미안해. 나는 누나가 걱정이었어. 나 그냥 누나에게 뽀뽀하고 사과할게. 누나에게 뽀뽀하면 누나가 웃을 거야!"

나 "하하. 시간이 날 때마다 너에게 연락할게, 네가 나를 포기하지 않기만 하면 돼."

*재석* "누나도 나를 포기하지 마. 갑자기 사라지지 마."

나 "제발 하나님이 어디에 계신지 보여줘."

## 돌아온 월명동

재석이 군대를 따라 남수단으로 가는 비행기를 탄 날, 나는 다시 월명동에 도착했다. 우리는 연락을 끊지 않았고, 그는 수시로 내 소식을 전해 달라고 했다. 언니들이 없을 때, 나는 몰래 재석에게 전화를 걸고, 계속 메시지를 보냈다. 그와 사랑 이야기를 나누면 나도 모르게 웃음이 나왔는데, 언니들이 "너 대체 왜 웃고 있는 거야?"라고 물으면 나는 그냥 귀여운 고양이 영상을 봤다고 대답했다.

이런 작은 비밀들이 내 마음에 따뜻한 감정을 불러일으켰고, 재석과의 소통은 나에게 큰 위안이 되었다.

나는 가족이 걱정할까 봐 아무 말도 못 하고 있었다. 하지만 그날 밤 소셜 미디어에 "오늘밤은 내 인생에서 가장 어두운 밤."이라는 문구를 올리자, 홍콩에 있는 사촌 언니가 즉시 연락을 해왔고, 도대체 무슨 일이 있었는지 내게 물어보았다.

나보다 한 달 먼저 태어난 사촌 언니는 내가 어릴 적부터 절친이었다. 교회에 다니기 시작하면서 멀어지긴 했지만, 그녀는 내가 신뢰할 수 있는 사람이기에 그에게 이야기했다. 나는 홍콩에 있는 가족에게 처음으로 상황을 이야기했다. 사촌 언니는 매우 걱정을 했고, 나는 A에게 연락하라고 했다. 모든 일이 어떻게 진행되었는지 나는 A와 연락을 계속 했기 때문이다. 그 둘은 계속해서 나에게 홍콩으로 돌아오라고, 월명동에 더 이상 머물러서는 안 된다고 권유했다.

내 머리는 마치 열이 나는 것처럼 혼란스러워서 아무것도 생각할 수 없었다. 그저 안전하게 홍콩으로 돌아가야겠다는 생각뿐이었다. 8월부터 그때 9월까지 계속해서 머릿속에 맴돌던 질문은 "선생이 주님인가?"였다.

이렇게 많은 일이 일어났음에도 불구하고 나는 여전히 혼란스러웠다. 세뇌를 받고 수년간 믿어온 세계가 거짓이라는 사실을 받아들이는 것은 말로 표현하기 어려운 두려움과 갈등을 안겼다. 북한에서 탈출한 사람들만 이해할 수 있을지도 모른다.

어쩌면 이것은 "부모님이 사실 양부모였다.", "오래 사귄 연인이 바람을 피웠다.", "세상에 산타클로스는 없다." 같은 '진실'을 받아들일 때의 감정과 비슷할까?

나는 월명동의 땅을 밟으며, 다시 익숙한 성산을 바라보았다. 하지만 아직도 그곳이 100% 진실하다는 믿음을 가질 수 없었다.

나는 다시 선생과 만났고, 우리 둘만 있을 때 선생이 말했다. "내가 너를 만지는 게 싫으면 만지지 않을게. 의심하지 마. 성경에도 예가 있어. 하나님이 죄가 아니라고 하신 일이지만, 만약 누군가를 시험에 들게 한다면 하지 말아야 한다고 하셨어." ("그러므로 만일 음식이 내 형제를 실족하게 하면, 나는 영원히 고기를 먹지 아니하여 내 형제를 실족하게 하지 아니하리라." 고린도전서 8장 13절)

선생의 말은, 본래 그런 행동이 문제가 없다는 것이었지만, 내가 받아들이지 않으면 하지 않겠다는 의미였나? 그러나 그 행동이 과연 하나님의 사랑인가? 만약 하나님의 사랑이라면, 나는 받아들일 수 있을까? 나는 항상 하나님이 기뻐하시는 일을 위해 내가 좋아하지 않는 일을 기꺼이 해왔는데, 그것은 정말 영원한 사랑을 이루고 싶은 마음이었다. 자신보다 상대방을 우선시하는 것이 사랑이 아닌가?

선생은 나에게 "힘들면 여행 한 번 다녀와"라고 했다. 졸업 시험을 막 끝낸 나는 그 말에 따라, 졸업 여행을 가기로 했다.

선생이 문 목사에게 나를 부산으로 데려가라고 했다. 그래서 나는 랑정 목사, 선생의 조카와 함께 문 목사를 따라 부산에서 먹고 돌아다니며 즐거운 시간을 보냈다. 모든 비용은 문 목사가 부담했다.

그는 내가 신앙의 어려움을 겪고 있음을 알고, 자신의 아버지 이야기를 들려줬다. 문 목사의 아버지는 병이 들어 큰 수술이 필요했지만, 수술 성공 확률이 매우 낮았다. 문 목사가 선생에게 물어보자 선생은 수술을 하지 말라고 했단다. 결국 아버지는 스스로 회복되었고, 의사가 예상한 것보다 더 오랫동안 건강하게 지내셨다고 했다. 문 목사는 그 일로 선생을 완전히 신뢰하고 그가 자신과 가족을 평생, 심지어 영원히 돌봐줄 것이라고 확신한다고 했다.

그때 나는 정말 혼란스러웠다.

'선생이 과연 주님일까?'

내 마음속에서 의문과 갈등이 뒤엉켜 있었고, 거의 미칠 지경이었다. 월명동으로 돌아가기 전, 문 목사가 나에게 말했다.

"수정아, 네가 목사가 되기 싫고 일을 하고 싶다면 내 기업의 문은 언제든지 열려 있으니 걱정하지 마라."

나는 랑정 목사와도 단독으로 대화를 나누었다. 그녀는 어린 시절 고향의 학교에서 가스 누출로 거의 죽을 뻔한 이야기를 해주었고, 하나님이 그녀를 구해주셨다고 했다. 그녀는 진정으로 내가 선생을 잘 믿기를 바라는 모습으로, 교회에서의 이야기를 진심으로 울면서 나에게 말했다. 나 역시 눈물을 흘리며, 그녀가 나를 위해 진심으로 걱정해 주고, 그동안의 보살핌에 감사하다고 말했다.

랑정 목사는 '선생과의 성관계'에 대해 전혀 모르는 것처럼 보였다. 나는 재석에게, 그 사실을 정말로 그녀에게 알려주고 싶다고 했다. 재석은 "그 언니에게 알려줘도, 믿음이 강한 사람은 여전히 부정할 거야."라고 말했다.

나는 "홍콩에 돌아가 안전이 확보되면, 그때 랑정 언니에게 말할 거야."라고 답했다. 재석은 "응, 이야기하면 당장 도움이 되지 않더라도, 시간이 지나면 그에게 도움이 될 수 있을 거야."라고 했다.

나는 정이 많은 사람이라, 그 순간 랑정 목사가 진실을 깨닫거나, 그녀에게서 신앙의 답을 얻을 것이라고 믿었다. 하지만 나중에 랑정 목사가 내가 용서할 수 없는 사람이 될 것이라고는 생각도 하지 못했다.

나는 월명동에서 한동안 함께 지냈던 언니들 중 한 명과도 이야기 나눈 적이 있다. 언니는 내가 무슨 일이 있었는지, 왜 서울로 도망쳤는지 물었다. 나는 어떤 일이 정말 이해가 되지 않는다고 답했다. 내가 그렇게 말하자, 언니는 내 말 뜻을 즉시 알아차렸다.

"수정아! 나도 그랬어. 처음에는 나도 정말 혼란스러웠어! 하지만 조은 목사와 대화한 후에 답을 얻었어. 그건 선생의 나쁜 습관이야. 우리 다 배웠잖아, 메시아도 인간이니까 나쁜 습관이 있을 수 있어. 성경에 예수님이 양치하고 목욕하는 기록이 없는데, 그에게도 나쁜 습관이 있었지만, 단지 기록되지 않았을 뿐이야. 선생의 나쁜 습관은 베트남 전쟁 때 생긴 걸 수도 있고, 혹은 초창기의 여신도들이 너무 방탕해서 선생이 이렇게 된 걸 수도 있어. 우리는 메시아의 훌륭한 내조자로서 그를 돕고 나쁜 습관을 고치도록 도와드려야 해. 그리고 드러낼 것은 드러내고, 숨길 것은 숨겨야 해. 이게 진정한 왕비이자 진정한 주님의 증인이 해야 할 일이야, 이게 바로 King Maker야."

그 언니는 선생이 나이가 들어감에 따라 조은 목사가 후계자가 될 것이라고 말했다. "그때는 태양이 지고 달이 떠오르는 것처럼, 예수님이 하늘로 올라간 후 성령이 성도들을 이끄신 것과 같아. 시대가 바뀌고, 새로운 시대가 올 거야."라고 설명했다.

그 말이 나는 이상하게 느껴졌지만, 완전히 부정하지는 못했다.

하지만 언니들과 선생의 행동은 여전히 나를 숨 막히게 했다.

나는 재석에게 불만을 털어놓았다.

"한국인에게는 '체증'이라는 개념이 있어. 항상 배가 아프면 '체한 것'이라고 해. 내가 '체증'인지 모르겠지만, 어쨌든 나는 쉬면 괜찮아질 거라고 생각해. 그런데 선생님은 끝까지 내가 '체증'이라고 고집해. 그렇게 늦은 시간에 꼭 나를 선생님에게 가게 하다니, 정말 숨이 막혀. 선생님은 '하나님이 미리 아셨기 때문에 주님을 통해 너를 치료해 주신다'라고 하면서, 나에게 가지 말라고, 기도해 주겠다고 했고, 손가락을 바늘로 찔러주겠다고 하면서 11시가 넘도록 이야기를 계속했어. 그리고 모든 사람에게 '선생님이 수정이의 병을 고쳐 주셨다'고 전했어, 정말 짜증 나."

재석은 "그들은 정말 잘못했어, 누나가 답답했겠네."라고 했다.

나는 "정말 숨이 막혀, 언니들이 싫어, 선생님도 싫어."라고 대답했다. 매번 재석과 이야기를 나눈 후 그는 나를 달래고 기분을 좋게 해주며, 내 마음을 진정시켜 주었다.

나는 이해가 가지 않았다. 성(性)과 사랑은 같은 것인가? 사랑이 있으면 성관계도 있는 것인가? 하나님의 사랑 안에서는 어떻게 되는 걸까?

마치 성교육을 전혀 받지 못한 소녀처럼 나는 재석에게 물었다.

나는 누군가가 자신의 욕망을 충족시키기 위해 타인의 감정을 무시하고 행동하는 것은 성범죄이고, 사랑이 아니란 것을 알고 있다. 하지만 진정한 사랑에는 성이 포함되어야 하는 것일까?

섭리 교리에서는 성이 하나님이 사람을 번식하게 하는 생리적 작용일 뿐이라고 가르치고, 사랑은 본래 정신적인 것이고, 상대를 배려하며 무조건 아낌없이 주는 것이라고 한다.

그렇다면 내게 일어나는 것은 사랑인가? 나는 기독교 신자인 재석에게 신앙과 사랑의 철학적 질문을 계속 했다. 나는 그저 재석이 나에게 부드럽게 천천히 뽀뽀하라고 했을 때, 내가 느낀 것은 깊은 사랑이라는 것만 알고 있었다.

십 년 동안 있었던 여러 일들을 떠올리면 나는 혼란스러워 진짜와 거짓을 구분할 수 없다. 내가 교회에 처음 들어갔을 때, 하나님께 기도하며 "내가 불순종하고 끝까지 고집을 부리면, 내 팔다리를 부러뜨려서라도 깨우쳐 주시옵소서!"라고 했던 적이 있다. 나는 재석에게, 내가 교통사고를 당한 것이 아마도 내 신앙이 흔들려서 하나님이 주신 경고일 수 있다고 말했다.

재석은 "누나의 다리가 이렇게 된 이유는 쉽게 단정할 수 없어. 그건 하나님이 네가 예전에 기도한 것에 응답하신 것일 수도 있고, 아닐 수도 있으며, 다른 뜻일 수도 있어."라고 대답했다. 태어날 때부터 기독교 가정에서 자란 재석도 확실한 답을 주지 못했다. 아니면 그는 나에게 하나님의 뜻이 아니라는 것을 직접적으로 말하고 싶지 않았던 것일 수도 있다. 나와 또다시 교리 문제로 충돌하고 싶지 않았기 때문에.

## 빨간 지붕집

　비자 만료로 인해 나는 이미 항공편을 예약했고, 부모님께 홍콩으로 돌아갈 것이라고 말했다. 며칠 후에는 반드시 출국을 해야만 했다. 그리고 출국 3일 전에는 서울에서 '코로나 음성 보고서'를 받아야 했다. 나는 선생에게 이 상황을 설명한 후 선생이 나의 귀국을 허락해 주었고, 빨리 다녀오라고 했다. 하지만 출국일까지 아직 날이 남아 있어 월명동에 머무는 동안 선생은 나를 위해 새로운 거주지를 마련해 주었다.

　선생은 내가 거주하는 기숙사 환경이 좋지 않아서 내 기분과 생각에 영향을 미친 것이라고 말했다. 섭리에 들어간 이후로 나는 항상 집단 생활을 해왔다. 홍콩에서는 열몇 명의 여자들이 작은 공간에서 함께 살았고, 한국에서도 작은 방에서 목사와 함께 지냈으며, 거의 열 명의 여자가 316관 사무실에서 함께 지내며 식탁 아래 빈 공간에서 잠을 잤다.

　그 당시 나에게 그 기숙사는 비록 화장실이 낡고 곰팡이가 가득했지만, 개인 침대와 옷장이 있는 독립된 방은 천국과 같았다. 나는 분명히 알고 있었다. 내가 힘들었던 이유는 거주 환경이 아니라 교리에 대한 이해 어려움과 사랑에 대한 의문, 그리고 이 교회와 선생의 진실성에 대한 의심이었다.

　의심은 정말 복잡하고 괴로운 일이다. 분명 뭔가 잘못된 느낌이 드는데, 진실을 알 방법이 없고, 이 사실을 말하면 현재의 상황이 깨질까 두려운 마음이다. 마치 연인의 외도를 의심하거나, 친한 친구가 배신했을까 의심하는 것과 같다. 말하는 순간 신뢰가 무너질 것 같지만, 그렇다고 말하지 않으면 계속해서 마음이 괴롭다.

섭리는 내가 10년 동안 믿고 따랐던 곳인데, 내가 속았거나 유린당했다는 생각이 무서웠다. 만약 이곳이 정말 사이비라면 내 생명도 위험할 수 있다. 나는 도대체 어떻게 해야 할까. 그때 나는 모든 것이 무너질 듯한 감정을 억누르며, 일단 아무 일 없는 척하고 '일단 홍콩에 안전하게 돌아가자'라고 스스로에게 설득했다.

선생은 내가 좀 더 편안하게 지내도록 하기 위해 월명동 산기슭에 있는 빨간 지붕의 작은 집에 살게 해주었다. 선생은 그 집이 비밀 장소라고 하며, 월명동과 가까워서 걸어서 올라갈 수도 있다고 말했다. 그 집은 공간이 더 넓고, 두 개의 방과 거실, 주방 등이 있었다.

나는 랑정 목사와 함께 그곳으로 이사하게 되었다. 빨간 지붕 집의 문 잠금 코드도 선생이 설정했다. 그것은 선생의 공간이었고, 선생이 주인이었기 때문에 우리는 비밀번호를 변경할 엄두도 내기 두려웠다. 선생은 그 비밀번호가 자신의 생일이라고 알려주었다.

## 재석의 권유

나는 마음속으로 빨리 홍콩으로 돌아가야겠다고 다짐했다. 처음 피해를 당했을 때부터 혼란스러웠고, 애별 언니의 연락을 받은 후에는 더욱 복잡해졌다. 하지만 아무에게도 털어놓을 수 없었다. 만약 월명동에서 죽임을 당하면 누구도 알 사람이 없을지도 모른다. 그래서 나는 홍콩에 돌아갈 때까지는 순종하는 척하기로 결심했다.

나는 남수단에 있는 재석과 계속 연락하고 있었다. 그날 나는 재석에게 말했다.

"내가 자고 있을 때, 갑자기 들어와서 나를 만졌어. 정말 빨리 여기서 떠나야 해."

재석은 긴장하며 물었다.

"누구야? 누가 들어왔어? 누구야?"

"나 너무 더러워…."

"누가 누나에게 뭘 했어? 누나는 더럽지 않아, 괜찮아. 정말 더럽지 않아. 전화해도 될까?"

"언니들이 있어서 안 돼."

"대체 누가 누나에게 뭘 했던 거야? 누나는 분명 원하지 않았잖아. 그 사람이 더러워! 미안해. 내가 누나에게 미안해. 내 순결을 누나에게 줘서라도, 누나가 더럽지 않게 할게."

"나는 물질을 위해 몸을 내주는 사람이 아니야. 나는 도대체 뭐지…. 분명 말씀은 옳은데, 왜 이렇게 되었지…. 10년의 세월이 도대체 뭐가 되었지…."

나는 점점 무너져내리기 시작했다. 여기 정말 사이비라는 것을 시인하고, 내가 속았다는 것을 인정하기 시작했다.

"그 '선생'이라는 사람이 갑자기 방에 들어온 거야? 누나, 경찰에 신고하자. 신고하고 그곳에서 나가자."

"안 돼. 이틀만 더 참으면 돼. 내일 두 번째 백신 맞으러 가, 그때 내가 몸이 안 좋다고 하면 돼."

한번은, 월명동에서 돌 공사를 하던 중 한 사람이 사고로 사망한 적이 있다. 그때 내부는 매우 긴장했으며, 이 사건이 알려지면 큰 문제가 될까 두려워했다. 그래서 교단과 선생은 이 일을 비밀리에 처리했다. 자세한 내용은 나도 잘 모르지만, 그들은 고인의 가족에게 일정 금액을 주고, 아는 사람에게는 반드시 비밀을 지키라고 명령했다. 그렇지 않으면 신의 명예가 훼손될 것이라고 했다.

나는 만약 그들이 정말 사이비라면 내가 집으로 돌아갈 수 없을 것이고, 영원히 이 진실이 감춰질까 봐 두려웠다. 그런 일은 생각조차 하기 싫었고, 다시 혼란스러워 미칠까 걱정했다. 내가 이미 마음이 변하고 있다는 것이 들키면, 정말 어떻게 될지 알 수 없었다.

"누나는 이런 일을 겪을 사람 아니야. 누나 잘못이 없어."

재석은 계속 나를 위로했다.

"내가 믿음이 부족한 걸까…. 내가 하나님의 사랑을 이해하지 못하는 걸까…. 너무 혼란스러워…. 사랑받고 싶어서 하나님이 이렇게 나에게 사랑을 주는 걸까…. 내가 오해한 걸까…."

나는 말할수록 머리가 더 복잡해졌다.

"믿음이 좋다고 그런 대함을 받아야 하나? 누나, 사랑은 상호하는 것이야. 그래야 몸과 마음이 하나가 될 수 있어. 누나 동의 없이 사랑을 핑계로 강제로 순종하게 하고, 누나의 몸을 만지는 것은 사랑이 아니야. 하나님의 사랑은 그런 것이 아니야. 제발 속지 마. 누나는 사랑하는 사람이 있잖아? 하나님은 그렇게 사랑하지 않아. 사랑하는 사람과 사랑해. 내가 너무 순진했어. 집에 있으면 안전하다고 생각했어, 내 잘못이야."

재석의 사랑에 대한 철학은 내가 이해한 것 같기도 하고, 모른 것 같기도 했다. 나는 이어서 말했다.

"내 사랑하는 방식이 잘못된 것 같아. 그리고 나는 하나님보다 너를 더 사랑하고 있어, 이것부터 잘못된 거야. 사랑은 온전히 하나님께 드려야 해…."

재석은 대답했다.

"아니야, 하나님을 사랑하고 경외하는 것은 맞지만, 하나님을 사랑하는 것과 사람을 사랑하는 것은 다른 종류의 사랑이야. 그러니까 나를 사랑해, 신은 '네 이웃을 네 자신처럼 사랑하라'고 말씀하셨잖아? 나를 안아줘, 내가 과거의 상처를 잊게 해줄게. 그 사람의 노예가 되지 마. 너의 사랑을 낭비하지 마."

재석의 말은 내가 10년 동안 쌓아온 신념을 다시 흔들어 놓았다. 처음부터 하나님은 신랑과 같은 존재라고 배웠고, 우리는 신부처럼 모든 사랑을 바쳐야 한다고 가르침 받았는데, 인류는 항상 하나님의 사랑을 갈망해왔고, 그것은 하나님이 인간과 사랑을 이루기 위해 창조했기 때문이 아닐까? 도대체 어디서 잘못된 걸까?

"나는 사랑받고 있는 건가, 아니면 강간당한 건가…. 구분이 안 돼…."

"신이 사람을 통해 일한다고 해, 맞아. 하지만 강요하지는 않아. 그런 상황에서는 더욱 자연스럽게 마음을 내어줄 수 있어야 서로 사랑하는 거야. 사랑은 순종이 아니야."

"나는 모든 걸 다 바쳤어, 선생에게…. 그는 하나님의 몸이지…."

"그럼 그한테 가, 그 사람이 하나님의 몸이라면. 나는 누나를 막지 않을게."

"재석아, 나를 사랑하지 마. 정말 복잡하고 힘들어…."

"그럼 누나는? 나를 사랑하지 않게 된 건가?"

나는 대답하지 않았다. 잠시 후, 재석이 다시 말했다.

"아니야. 누나는 그저 열심히 사랑하려고 했을 뿐이야. 그 사람이 하나님의 몸이라고 믿고 그에게 사랑을 쏟으려 했던 거야. 누나 잘못이 아니야. 미안해. 하지만 누나는 알아? 마음이 찢어질 것처럼 아파도, 나는 누나를 붙잡고 싶어. 우리가 경찰에 신고하자, 제발. 그곳에서 나가자."

"이틀만 더 참으면 돼. 신고하면 나만 손해야. 나는 괜찮아. 미안해."

나는 정말 그곳을 떠나고 싶었지만, 목숨을 지키기 위해서는 조심해야 할 것 같았다. 침착해야 하고, 아무 일도 없던 것처럼 행동해야 했다.

"미안해, 내가 누나를 혼란스럽게 했어. 나는 항상 누나 곁에 있을 거야."

"고마워. 나는 정말 너를 사랑하게 되었어. 너의 사랑이야말로 하늘의 사랑 같아."

재석이 보여준 사랑은 선생보다도, 지금까지 말씀에서 묘사된 진정한 사랑에 더 닮아 있었다.

홍콩으로 돌아가는 날이 다가오고 있었다. 정부의 규정에 따라 비행기를 타기 위해서는 코로나 백신을 맞고 72시간 이내에 음성 결과를 받아야 했다. 날짜를 계산해 보니, 나는 2021년 9월 13일에 월명동 근처 섭리의 병원에서 백신을 맞고, 그 다음 날 서울에서 검사를 받고 보고서를 받을 계획이었다. 그런데 백신을 맞고 나서 열이 났다.

량정 목사와 유인 목사가 나를 월명동의 정자에 데려가 선생을 만나게 했다. 그들은 선생에게 내가 열이 난다고 말했고 선생은 나에게 안수기도를 해 주었고, 그 후 열이 진짜 조금 내린 것 같았다. 그리고 선생은 나에게, 내가 천국의 집은 하나님 곁에 있다는 것을 보았다고 말했다. 나는 신앙 스타 중에서도 특별한 것이기 때문이라고 했다.

선생은 나에게 눈짓을 하며, 내가 선생과 관계를 가졌기 때문에 그런 특권이 있다고 암시하는 듯했다. 나는 마음속에서 도무지 이해할 수 없는 기분이 들었다. 나는 분명 이성죄를 짓고 있었고, A와 재석과 연락을 계속하고 있었으며, 선생에 대한 의심도 하고 있는데 어떻게 선생이 말한 대로 천국에 갈 수 있을까? 선생은 내가 홍콩에서 가족을 만난 후 반드시 돌아와야 한다고 강조하며, 내가 돌아오면 빨간 지붕 집을 꾸며 놓겠다고 했다.

만남을 마친 후, 나는 언니들과 함께 산을 내려가 빨간 지붕 집으로 돌아갔다. 언니들의 눈을 피해, 나는 재석에게 메시지를 보냈다. 그는 다시 나에게 경찰에 신고하지 않겠냐고 물었다.

"안 돼."

나는 말했다.

"신고를 하면 결국 내가 손해를 보게 될 거야. 누가 내 말을 믿겠어? 교회 사람들은 내가 남자친구를 사귀고 싶어서 거짓말을 한다고 할 거야. A의 일도 거론하며, 나를 동성애 죄인으로 몰아붙일지도 몰라. 내가 신앙 문제가 있다고 할 거고."

그때 나는 여전히 교회 사람들이 나를 믿는지 안 믿는지를 먼저 고려

했다. 외부 사람들보다 교회 사람들을 더 중요하게 여겼다. 그때 그곳이 나의 세계였으니까.

"맞아, 일반적으로 신고를 해도 결국은 합의로 끝날 뿐이야. 그들은 많은 변호사들이 있을 것이고, 싸우는 시간도 길어질 거야. 하지만 신고를 하면 다음 피해자를 막을 수 있어. 하지만 누나가 힘들다면 신고하지 않아도 괜찮아."

재석은 정의로운 사람으로, 공의를 지키려 했다.

"이미 그렇게 많은 사람들이 진실을 말했지만, 아무도 믿지 않잖아. 여기서는 그런 사람들이 거짓말한다고 교육하잖아."

목사들은 그들이 자칭 피해자라고, 돈을 받고 연기하는 거라고, 일부러 선생을 비난한다고 말했다. 그들은 정체를 드러내지 않으니, 책임질 것 없이 마음대로 그렇게 할 수 있다고 신도들에게 가르쳤다.

재석이 말했다.

"이해해. 지금 중요한 건 누나의 안전이야. 내가 누나를 혼란스럽게 해서 미안해. 내가 잘못된 말을 했어, 미안해."

"아니야, 너는 정의로운 사람이야. 옳고 그름을 명확하게 보는 사람이지. 하지만 나는 먼저 선생이 정말 메시아인지 확인해야 해."

"맞아. 확인이 되면 신고할 수 있어."

"문제는, 어떻게 확인해야 할지 모르겠어…."

"누나는 교회 안에서 어떤 사람이야? 무엇이 상록수야?"

재석은 교회와 교리와 관련된 질문을 던졌다. 나는 하나하나 설명해 주었다.

재석은 우리의 교리를 듣고 정리하며 내 사고를 분석했다.

"선악과를 따먹었다는 건 성관계를 의미한다고 했지. 성관계는 타락을 초래하고, 모세, 예수, 정명석은 각 시대의 주인이고, 정명석이 와서 최고의 구원을 이뤘다고 했구나. 신부급의 구원이니까, 정명석과의 접촉은 성범죄가 아니라 은혜고. 만약 성관계를 거부하면, 신의 시험을 통과하지 못하는 거구나."

"교리를 찾아봤어?"

나는 그의 이해에 놀랐다.

"응, 찾아봤어. 인터넷에도 많아. 유튜브에도 있고. 누나는 한국어로 이 모든 걸 배웠어?"

"처음엔 홍콩에서 배웠고, 이후에 한국어로도 배웠어. 영어 번역도 있고, 책도 많아."

"그렇구나. 분명 성범죄인데도, 신앙이라는 이름 아래서는 은혜가 돼. 사랑이라는 이름으로 이렇게도 행동할 수 있구나. 정명석이 성욕이 없다고 주장하면, 여자들에게는 마음대로 손을 대도 되는 거야? 성욕이 죄라면, 누나는 왜 그렇게 자책해? 남자를 조금이라도 아는 사람이라면, 정명석에게 성욕이 없다는 말은 믿지 않아. 누나가 나를 버리더라도, 나는 누나의 세계를 이해해야 누나를 도울 수 있어. 다시 설명해 줘."

"고마워, 재석아. 정말 고마워."

"성경 구절이 모두 비유라고 하면, 해석은 마음대로 바뀔 수 있잖아. 정명석이 선악과를 여성 성기라고 하고, 성관계라고 해석하면서 죄의식을 심어주는 거야. 성은 죄가 아니라 선물이야. 축복이야."

"하지만 하나님이 허락하기 전에 하면 죄야. 먼저 성장하고, 하나님의 축복 아래에서 해야 해."

우리는 교리에 대해 더 많은 이야기를 나눴고, 재석은 계속해서 선생의 교리를 반박했다. 나도 내가 배운 대로 반박했다.

"누나, 미안해. 내가 일부러 비판하려는 건 아니야."

"계속 해줘. 나를 깨우쳐 줘. 10년 동안 세뇌당해 왔어. 쉽게 안 깨져. 포기하지 말고 도와줘…."

"아직 밖이야? 전화할 수 있어?"

"지금 방에 돌아왔는데, 언니들이 있어. 그들이 들을 거야."

"그들이 계속 있어?"

"24시간 내내."

내가 한국을 떠나기 전까지 언니들은 내가 다시 의심하거나 도망치지 않도록 늘 내 곁에 있었다.

"정명석의 전자발찌가 십자가라고? 그는 여섯 명의 자신의 자녀를 죽였고, 여신도들에게 낙태를 강요하면서도 죄가 없다고 말한다고?"

"그건 과장된 거 아닐까?"

나는 그런 이야기를 들은 적이 없었다.

"악평을 보면 영이 총 맞는다고? 그럼 나랑 대화하는 것도 죄야?"

"맞아."

"여성에게 죄책감을 심어주고 성관계를 유도하는 건 범죄야. 우리의 죄를 위해 십자가에 못 박힌 예수님과는 전혀 달라. 그럼 누나는 왜 나와 대화하는 거야?"

"나는 하나님께 드린 사랑을 너에게 줬어. 나는 지금 이성 죄를 짓고 있어."

그 당시 나는 여전히 '선생을 통해 주어진 사랑'을 받아들이지 못하는 이유가 내 죄 때문이라고 믿고 있었다.

"그건 죄가 아니야. 사랑은 강요하지 않아. 그런데 1178은 무슨 뜻이야?"

"우리는 새벽 1시, 오후 1시, 저녁 7시에 기도해. 그러면 팔자가 펴진다고 해. 8은 선생이 감옥에서 쓴 수감번호이자 십자가의 상징이야. 한국 영토가 1178km라고도 하고, 이걸 하나님의 계시라고 말해. 그런데 나는 혼란스러워. 이게 진짜면 나는 어떻게 해야 해? 가짜면 나는 뭐가 되는 거지? 부모님께는 어떻게 말하지?"

우리는 계속 연락을 주고받았고, 나는 두려움과 혼란 속에서 괴로워하고 있었다.

## 마지막 피해

피고인은 2021년 9월 14일 저녁 8시부터 11시 사이, 월명동 수련원 내 정자 건물 2층 방에서 피해자를 상대로 범행을 저질렀다. 피해자는 홍콩 출국을 앞두고 PCR 검사를 받기 위해 서울로 올라가기 전, 마지막 인사를 하러 피고인을 찾아갔다. 그 자리에서 피고인은 피해자에게 "날이 덥지 않냐? 옷을 벗어라."라고 지시했고, 이어서 옆에 눕도록 요구했다.

**경찰** 사건 발생 장소인 월명동 수련원 내 2층 건물 정자는 어디인가요?

**나** 새로 지은 건물이에요.

새로 지은 정자는 잔디밭 근처 산쪽에 위치해 있었다. 그 정자는 두 층으로 되어 있으며, 아래층은 유리로 된 방으로 양쪽에 문이 있다. 왼쪽에는 화장실과 간단한 오픈 주방이 있으며, 병풍으로 구분되어 있었다.

그 옆은 거실 공간으로 중식 의자와 테이블, 그리고 큰 어항이 놓여 있다. 오른쪽 문을 열고 나가면 돌 계단이 있어 2층으로 올라갈 수 있다.

2층은 한옥 스타일로 외벽은 나무로 지어졌고, 창문은 전통적인 창살 장식이 되어 있으며, 한국식 지붕이 있다.

선생은 여자들이 아래층에서 기도할 수 있도록 따뜻한 온돌을 특별히 설치했다고 했다. 그곳은 밤에 겨울에는 따뜻하고 여름에는 시원하며, 바닥부터 천장까지 있는 유리창을 통해 별이 빛나는 하늘을 볼 수 있다. 주변은 소나무와 자연으로 둘러싸여 있어 매우 아름답고 매력적이었다.

그 외에도, 새를 좋아하는 선생은 웬만한 방만큼이나 거대한 새장을 설치했다. 그 안에는 몇 마리의 새가 키워지고 있었다. 새장은 운동장과 새로운 정자 사이에 위치해 있으며, 예배 후 선생은 신도들과 함께 그곳에서 새를 관찰하곤 했다. 선생은 운동장 한쪽에 큰 돌들을 무작위로 쌓아 '아지트'를 만들었고, 여기는 어른과 아이들이 놀 수 있는 '놀이터'라고 했다.

선생이 하는 어떤 건축이든 모두 하나님의 구상을 이루기 위해, 사람들을 행복하게 만드는 장소를 만들기 위한 것이었다.

언덕의 경사는 사람들이 미끄럼틀처럼 사용하거나 겨울에는 스키를 탈 수 있게 해주고, 정자는 사람들이 쉬고 기도할 수 있게 하며, 동굴은 더위를 피하고 추위를 막아주고, 연못과 폭포는 여름에는 수영하고 겨울에는 얼음 위에 스케이팅을 즐길 수 있도록 했다.

그 당시 선생은 316관보다 더 큰 '성전'을 건설할 계획도 세웠다. 내가 본 설계도는 로마 제국처럼 웅장하고 장관이었다. 선생은 월명동이 '지상 천국'이 되기를 바랐다.

**경찰** 2층 건물은 어떤 용도로 지은 건물인가요?

**나** 용도는 모르겠고 1층은 손님을 만나거나 면담하거나 정명석이 쉬는 공간? 아무나 들어갈 수 있는 건 아니고 라운지 같은 느낌이에요. 의자들이 놓여 있고 2층은 정명석이 쓰는 공간인데, 거기는 비번이 있어서 허락받고 들어가는 곳이고 한옥처럼 꾸며져 있고 신발을 벗고 들어가는 곳이에요. 의자도 있고 테이블, 세면대도 있는 공간인데 침대는 없지만 대나무로 된 깔판이 깔려 있었어요.

**경찰** 이때 인사하기 위해 진술인 자의로 피의자를 찾아간 것인가요?

**나** 유인 언니가 인사하고 가라고 시켜서 찾아간 거죠. 항상 홍콩 가기 전 인사를 하라고 시켰어요.

**경찰** 늦은 밤 피의자에게 인사를 하러 간 이유가 있나요?

**나** 저는 당일 백신을 맞아서 미열도 있었는데 그 밤에 언니들이 인사하러 가라고 해서 어쩔 수 없이 갔죠. 그래서 빨리 인사하고 오려고 했는데 그런 일이 또 벌어진 거죠.

**경찰** 2층에 올라갔을 때 상황을 말해 주세요.

**나** 언니들이 정명석은 2층에 있으니까 1층에서 기다리겠다고 했어요. 그래서 저 혼자 2층으로 올라갔는데 정명석은 흰색 나시티와 반바지를 입고 대나무 깔판에 누워 있었어요. 그래서 인사를 하자 날이 덥지 않냐며 옷을 벗으라고 하여 외투와 상의를 벗었고 보라색 운동복 바지를 입고 있었던 것 같아요.

**경찰** 그 다음 상황은요?

**나** 정명석이 새벽예배를 3시 전에 가야 하니 알람을 맞추라고 했어요. 저는 휴대폰을 꺼내 2시로 알람을 맞췄고 녹음 기능을 작동시켜 정명석이 하는 말을 녹음하기 시작했어요.

**경찰** 대화 내용을 녹음한 이유가 있나요?

**나** 제가 정명석에게 인사하러 간다고 반재석에게 말하자 분명히 또 그런 일이 있을 거니까 가지 말라고 하더라고요. 그런데 언니들이 인사를 하고 가라고 해서 어쩔 수 없다고 하자 그럼 증거라도 남기라고 해서 녹음한 거예요.

그 당시의 나는 사실 선생이 범죄자라는 것을 완전히 인식하지 못했고, 내게 일어난 일을 제대로 이해하지 못하고 있었다. 나는 경찰에 신고하겠다는 생각은 하지 않았고, 그저 재석이 한 말을 믿고 따랐다.

이후에 일어난 일들은 하나하나 상세히 경찰에게 말해주었다. 그것은 내가 죽을 때까지 다시는 기억하고 싶지 않거나 이야기하고 싶지 않은 일들이다. 녹음은 한 시간 넘게 되었고, 선생이 한 말, 내가 한 말, 충돌 소리 등이 모두 녹음되었다. 사건 후 나는 즉시 그 녹음 파일을 재석과 A에게 보냈다.

**경찰** 녹음 파일을 제출할 것인가요?

**나** 네. 정명석이 몇 시냐고 물어본 적이 있는데 핸드폰 시간을 확인하면서 녹음하는 것을 들킬까 봐 녹음을 껐어요.

"나의 하나님, 나의 하나님, 왜 나를 버리셨나요…? 저는 당신을 찾지 않았나요? 정말 간절히… 울면서… 당신은 어떻게 지금까지 방관만 하셨나요? 지금에서야 나를 고통에서 구해주시나요…? 물론 저를 구해주신 것에 감사하지만… 다시 믿고, 다시 사랑하라고요…? 내가 잘못했나요? 내가 무엇을 잘못했나요…? 재석아… 제발 나를 구해 줘…"

그 당시 2층에 있던 나는 계속 마음속으로 외치며 눈물이 멈추지 않았다. 선생은 이를 보고 웃으며 말했다.

"왜 울어? 선생이 너를 사랑하니까 감동했지?"

배가 너무 아파서 선생에게 화장실에 가겠다고 말한 후 나는 1층으로 내려갔다. 그때 언니들은 바닥에서 자고 있었다. 화장실에 가서 배가 아픈 이유를 확인해 보려고 했고, 나오는 순간 너무 피곤했는지 바닥에 쓰러지고 말았다. 이후 언니들이 나를 깨우며 선생이 내려왔다고 했다.

피고인은 2021년 9월 15일 0시에서 1시 사이 월명동 수련원 내 정자 1층에서 화장실을 갔다가 바닥에 쓰러져 있던 피해자를 발견하고 피해자의 맥을 짚어 본 후 "체했다."라며 바늘을 가져와 피해자의 손가락을 따고 만졌다.

**경찰** 당시 상황은요?

**나** 제가 쓰러져 있자 정명석이 제 맥을 짚었는데 체했다며 랑정이나 유인에게 손 따는 바늘을 가져오라고 해서 제 손을 따고 배를 문지르면서… 만졌어요.

한국 사람들은 손가락을 찔러서 피를 조금 빼면 장의 막힘을 치료할 수 있다고 믿는다.

**경찰** 어떻게 만졌나요?

아마 내가 한국어를 그렇게 오랫동안 배운 것 중 가장 유용하게 활용할 수 있는 순간이 바로 이때일 것이다. 진술을 하는 동안, 나는 머리를 쥐어짜며 가장 적절한 형용사와 동사를 찾기 위해 머릿속을 뒤적였다.

**나** 슬그머니 한두 번 정도 쓰다듬어 만졌어요.

**경찰** 당시… 옆에 랑정과 유인은 그 상황을 보고 있었나요?

**나** 정명석과 제 옆에 있긴 했는데 그 상황을 봤는지는 모르겠어요. 주변이 어두웠어요. 정명석이 정장을 입고 캄캄해서 제대로 안 보이는데 '이 사람이 정말 주님인가 아니면 변태인가'라는 생각에 많이 울었어요.

그때 그의 그림자를 바라보며 눈물이 멈추지 않았던 순간이 아직도 선명하게 기억난다. 그는 과연 나를 가장 사랑하는 신일까, 아니면 나를 성적 도구로 여기는 악마일까? 만약 내가 여기서 떠난다면, 범죄 집단에서 탈출하는 것일까, 아니면 진정한 사랑과 진리를 포기하고 여호와 하나님을 배신하는 것일까? 이 두 가지 극단적인 선택은 나를 정말 두렵게 만들었다.

피고인은 위와 같이 피해자를 강제로 추행하고 새벽기도를 다녀온 후, 2021년 9월 15일 오전 6시에서 7시 사이 피해자를 피고인이 운전하는 골프 카트에 태워 빨간색 지붕 집으로 데려다 준 후, 피해자의 방으로 들어가 문을 잠그고 "아까 내가 너무 많이 만져서 수정이 아픈가 걱정했어."라는 말을 하였다.

**경찰**  피해 발생 시간은요?

**나**  06시경이었던 것 같아요. 저를 서울로 데려다 주기로 한 차가 07시에 오기로 했는데 그 전이었으니까요.

잠시 후, 차가 도착했다.

## 서울에서

두 시간 동안 차를 타고 우리는 서울에 도착했다. 나는 차 안에서 내내 잠을 잤지만, 몸은 여전히 매우 피곤했다. 랑정 목사는 나와 함께 서대문에 있는 호텔에 체크인하도록 마련해 주었다. 그녀는 나에게 개인 공간을 주겠다고 두 개의 방을 특별히 준비했다고 말했다. 랑정 목사는 유인 목사와 함께 내 옆 방에 머물 예정이며, 필요한 일이 있으면 언제든지 부를 수 있다고 했다. 호텔 방에 혼자 들어갔을 때, 나는 재석에게 연락했다.

나는 전날 밤부터 아침까지의 모든 상황을 떠올리며 매우 피곤하고 혼란스러웠다.

"나는 정말 혼란스러워. 매우 매우 혼란스러워. 선생이 이번에 내 의사를 물어봤고, 나도 동의해서 한 일이야. 그게 사랑인지, 하나님의 사랑인지 나는 분별할 수 없어."

"누나는 지금 기분이 어때? 안전해? 언니들이 있어? 선생이 있어?"

"나는 서울에 왔어. 선생은 떠났어. 언니들은 옆 방에 있어."

"누나가 혼란스럽다면, 목사에게 도움을 요청해 봐."

그 목사는 사이비 종교에서 탈퇴하는 사람들을 도와주는 전문가로,

재석이 미리 그 목사와 연락을 취해 내 상황을 알려줬다. 그 목사의 이름은 조믿음이었다.

"목사가 나를 도와주지 못하면 어쩌지?"

"그럼 우리 방식으로 사랑하자. 나는 누나가 좋아하는 마카롱을 들고 홍콩으로 갈게."

이런 위로가 나의 마음을 안정시켜 주었다.

"내가 누나를 대신해서 목사와 연락해도 될까?"

"내 이름은 말하지 말고, 내 국적도 말하지 마."

나는 이어 조믿음 목사와 전화통화를 했다. 옆 방의 랑정 목사가 들을까 봐 두려워서 나는 낮은 목소리로 말했다.

"목사님, 안녕하세요. 제 친구가 제 상황을 이미 말씀드렸다고 했어요. 도와주셔서 감사합니다, 하지만 제 교회가 정말로 사이비인지 저는 아직도 모르겠어요."

"혼란스러운 건 이해해요. 하지만 그 안의 교리들은 모두 진실이 아닙니다."

목사님은 몇 가지 주요 교리의 잘못된 점을 설명해 주셨다. 하지만 나는 여전히 의문이 들었다. 내가 지금까지 믿어 왔던 '절대적인 진리'가 '잘못'일 수 있다는 것을 받아들이기 어려웠다.

"제가 당신을 이전에 그 교회에 있었던 탈퇴자와 연결해 줄까요? 그와 이야기하면 좀 더 나을 겁니다."

목사가 제안했다.

"하지만 저는 너무 두려워요. 만약 선생이 정말 주님이라면…"

"지금 결정을 내려야 해요."

목사의 목소리는 긴박했고, 마치 침몰한 배를 탈출할 때 구조대원이 바다에 뛰어들라고 하는 것 같았다.

"네. 그 탈퇴자와 통화할게요."

잠시 후 목소리가 부드러운 언니 한 명이 나에게 전화를 걸었다.

"안녕하세요, 당신이 수정이라는 걸 알아요. 저도 예전에 교회에서 지도자로 있었고, 스타였어요."

"언니, 안녕하세요. 저는 정말 혼란스러워요. 저에게 일어난 일들과 제가 수년간 배운 것들이 정말로 저를 혼란스럽게 해요."

"알아요, 이해해요. 저에게는 그런 일이 일어나지 않았지만, 그 안이 가짜라는 것을 스스로 깨달았어요. 선생이 감옥에서 나온 후, 선생이 말하는 내용을 이해하기 어려워서 저는 과거의 성경 이야기를 연구했어요. 더 깊이 있게 말씀을 탐구하기 위해 도서관에서 자료를 찾았죠. 그런데 '한 때, 두 때, 반 때' 같은 핵심 교리가 수백 년 전부터 존재했다는 것을 발견했어요. 그때 정말 놀랐어요. 그리고 몇몇 스타 후배들이 저를 찾아와서 선생이 그들에게 그런 일을 했다고 말했을 때, 비로소 선생과 교회가 가짜라는 것을 깨달았어요. 저도 예전의 인식을 지우는 데 오랜 시간이 걸렸어요. 우리는 모두 세뇌당했어요."

"정말이에요? 그럼 조은 목사는요? 그녀는 항상 선생이 주님이라고 증언하려고 애썼잖아요. 성령 집회에서 조은 목사의 눈물과 간절한 말이 모두 가짜라는 건가요?"

"수정, 조은 목사가 어떤 사람인지 나는 잘 몰라요. 하지만 그녀가 매우 부유하다는 이야기를 들었어요. 그 돈은 그녀가 여자들을 선생에게 연결해 줄 때 받은 보수래요. 그녀가 별장을 샀다는 거 알아요?"

그녀의 말은 해일처럼 나에게 강하게 쳤다. 나는 옳고 그름, 진실과 거짓을 분별할 수 없었고, 그때의 상황이 꿈인지 현실인지조차 알 수 없었다. 그저 평안히 집으로 돌아가고 싶은 마음뿐이었다.

전화를 끊고 나서 A와 사촌 언니, 그리고 해외에 있는 애별 언니에게 안부 전화를 했다. 그때 옆 방의 유인 목사가 나에게 샌드위치를 사다 놓았다며 먹으러 오라고 했다. 사촌 언니는 독이 들어갔을까 걱정하며 절대 먹지 말라고 했다. 그래서 나는 샌드위치를 받기만 하고 먹지 않았다.

애별 언니는 내 상황에 대해 매우 걱정하며 말했다.

"지희한테 가봐. 지희는 서울에 살고 있어. 안전을 위해 호텔에 있지 마. 호텔 직원에게 만약 무슨 일이 생기면 옆방 사람들이 해치려 했다고 말해 놔."

나는 불안해지기 시작했다. 내가 지금 도망쳐도 되는 걸까? 그들이 나를 죽일 수도 있을까?

나는 랑정 목사와 유인 목사에게 말했다.

"대학 선배 언니가 내가 홍콩에 돌아가기 전에 만나고 싶다고 해서, 그녀의 집에서 자고 내일 아침에 공항까지 데려다 준다고 해요."

랑정 목사와 유인 목사는 처음에는 반대했지만, 내가 오랫동안 그 선배 언니를 만나지 못했으니 보고 싶다고 하자, 결국 "그럼 알겠다."고 하며 나를 길까지 데려가 택시가 올 때까지 기다렸다.

떠나기 전, 유인 목사는 나를 꼭 안아주며 말했다.

"꼭 돌아와야 해. 우리와 선생은 월명동에서 너를 기다리고 있을게."

지희 언니 집에 도착했을 때, 배가 고파서 샌드위치를 먹었다. 그런데 독이 없었다. 내가 목사들을 오해한 걸까 살짝 자책했다.

지희 언니는 내게 도대체 무슨 일이 있었는지 물었다. 나는 녹음한 내용을 재생해 주었고, 그녀는 놀라며 말했다.

"내가 너를 잘 알고 너의 인품을 믿지 않았다면, 정말 믿을 수 없었을 거야."

그 후, 나는 간단히 엄마에게 내 상황을 전화로 전했고 모든 건 홍콩에 돌아가서 자세히 이야기하겠다고 했다.

다음 날 아침, 지희 언니가 나를 공항으로 데려가는 길에 선생이 전화를 걸어왔다.

"수정아, 나는 너를 위해 빨간 지붕 집을 꾸며 놓았어. 소파와 TV도 사줄게, 어떤 색을 좋아하니? 그거 알아? 나는 꿈을 꾸었는데, 성령이 수정을 믿고 안심하라고 했어. 오늘 산에 올라갔을 때 신기한 나무를 발견했어. 곧 신별이 사진을 보내줄 거야. 하나님은 정말 우리를 사랑하셔서 많은 신비한 선물을 주셔!"

나는 선생이 하는 말이 이상하다고 느꼈지만, 마음속에서는 '만약 그가 정말 주님이라면 어쩌지?'라는 생각이 맴돌았다. 옆에서 운전하고 있는 지희 언니는 말했다.

"우리는 그 안에서 오랫동안 지냈으니 생각에 영향을 받을 수밖에 없어. 너는 그곳에서 10년을 보냈으니, 이제 10년을 밖에서 지내 보면 객관적으로 판단할 수 있을 거야."

비행기를 타기 전에, 나는 재석에게 말했다.

"나는 정말 비행기가 추락했으면 좋겠어. 정말 죽고 싶어. 살아있다면 또 무엇을 마주해야 할지 모르겠어."

"적어도 나를 기다려야지. 우리가 만날 때까지."

우리는 재석이 파병 가기 전에 도시를 나갈 수 있게 되었을 때 이틀만 만났고, 그 이후부터 다시는 만나지 못했다. 하지만 그는 나에게 살아남을 이유를 주었다.

2021
—
2023

### 홍콩에 돌아온 후

선생의 예언한 날이 지났는데도 코로나19 팬데믹은 끝나지 않았다. 나는 호텔에서 21일 동안 격리되었다. 부모님이 갑자기 모든 것을 한꺼번에 받아들이지 못할까 봐, 나는 조금씩 천천히 상황을 이야기했다. 동시에, 나는 조민음 목사와 연락을 유지하고, 탈퇴한 사람들과도 연락하기 시작했다.

하지만 나는 가끔 혼란스러운 생각이 들었고, 과연 내가 섭리를 떠난 것이 맞는지 의심이 들었다. 어느 친한 외국인 탈퇴자가 예전에 JMS에서 높은 지위를 가졌던 계시자, '환'의 연락처를 나에게 주며 이야기해 보라고 권유했다. 그가 나를 도와줄 수 있기를 바랐다.

환은 한때 섭리 교단의 핵심 인물이었고, 그가 탈퇴한 과정을 통해 교단 내부에서 본 여러 가지 '진짜 모습'과 탈퇴 후 다른 피해자들을 어떻게 도왔는지 이야기해 주었다. 나는 혼란스러운 질문들을 환에게 털어놓았고, 그는 진지하게 나의 질문에 하나하나 답해주었.

환은 자신이 증거를 수집하려 했지만 실패했다고 말했고, 나는 그에게 녹음파일이 있다고 했다. 그는 매우 놀라운 반응을 보였다.

"이렇게 오랜 시간 동안, 이렇게 많은 피해자들이 있었는데, 아무도 증거를 수집하지 못했어! 이번에 드디어 그를 고발할 수 있겠다!"라고 말했다.

나는 다른 해외 피해자들과도 연락을 취해, 조민음 목사에게 도움을 요청하고 함께 선생을 고발하려고 했다. 환도 도와주겠다고 했고, 조민음 목사와도 연락했다. 환은 내가 전화기를 바꾸고 카카오톡도 삭제하라고 강력히 추천했다. 그는 그렇지 않으면 섭리 교단 사람들이 계속 나를 괴롭힐 것이고, 심지어 내 휴대폰에 이미 추적 장치를 설치했을 수도 있다고 경고했다.

나는 전화기를 바꾸는 것이 증거의 신뢰성에 영향을 미칠 것이라고는 생각하지 못했다. 나는 녹음 파일을 재석과 A에게 보내어 보관하도록 했고, iPhone의 클라우드 백업이 있으니 안전하다고 믿었다. 그러나 지금까지도 섭리 교단 사람들은 이것이 원래의 휴대폰이 아니고 녹음 파일이 가짜이고 조작된 것이라고 주장하고 있다.

그때 선생은 내가 이미 탈퇴한 것을 알아차리지 못하고 가끔 전화를 걸었다.

환은 내가 좀 더 많은 증거, 특히 선생이 스스로를 메시야라고 주장하는 증거를 확보하고 싶다면, 선생이 전화를 걸 때 녹음을 하라고 조언했다. 하지만 곧 섭리 교단 사람들은 내가 이상하다는 것을 눈치채고, 내가 더 이상 선생이나 비서와 연락하지 못하게 했다. 동시에, 나는 아빠에게 부탁해 홍콩에서 구입한 성전 계약에서 내 이름을 공식적으로 해제해 주기를 요청했다.

나는 또한 섭리 교회에서 아는 사람들에게 진실을 이야기해 달라고 부탁했다. 그리고 나는 홍콩 섭리 교회에서 친한 사람들한테, 10년 동안 친했던 친구들, 나를 고등학교때부터 봐왔던 사람들에게, 진실을 이야기해 주기 시도했지만, 그들의 반응들은 정말 나를 실망시켰다.

그러나 그들은 나를 믿지 않거나, 그것이 사랑이지 성폭력이 아니라고 설득하려고만 했다. 그중 한 가정국의 남성 교인과 통화할 때, 그는 끝내 나를 믿지 않았다.

나는 말했다.

"좋아, 믿지 않아도 괜찮아. 하지만 기억해, 내가 처음 성폭력을 당한 날은 당신의 딸을 위해 선생에게 기도해 달라고 구한 그날이야!"

이 소식이 퍼진 후, 홍콩 섭리 교회의 사람들은 내 인스타그램과 전화번호를 차단하고, 교회 전체에 나와 연락하지 말라는 공지를 내렸다. 그들은 내가 김 교수에게 돈을 받아 주를 비방하거나, 정신병이 있어서 주를 유혹하려다 실패해 분노하여 거짓말을 한다는 소문을 퍼뜨렸다. 결국 그들에게 나는 '사탄'이 되어버렸다.

내가 마지막으로 랑정 목사를 만난 것은 그녀가 홍콩에 단기 체류할 때 호텔에서였다. 내가 홍콩에 돌아오자마자 모든 진실을 그녀에게 이야기했을 때, 그녀는 충격을 받았고, 오랫동안 음식을 제대로 먹지 못했으며 심각한 불면증에 시달리고 있다고 말했다.

그녀는 계속해서 자신이 모르고 있었다고 주장하며, 그런 일은 결코 자신에게 일어난 적이 없다고 말했다. 나는 그녀가 정말로 몰랐는지, 아니면 그냥 연기를 하는 것인지 알 수 없었다. 나는 그녀가 녹음을 할까 봐 아무 말도 하지 않았다.

그녀는 홍콩에 와서 잠시 머물렀을 때 호텔에 숨어 있었고, 누구도 만나고 싶어하지 않았지만 나를 만나고 싶다고 했다. 나는 A에게 함께 가자고 했다. 호텔에서 A와 함께 그녀를 만났을 때, 몸이 좀 통통했던 그녀는 많이 야윈 모습이었다.

"나 어쩌라는 거니? 홍콩의 교인들에게 말해야 하나? 그들이 믿을지 말지를 스스로 선택하게?"

그녀는 눈물 자국이 남은 얼굴로 나를 바라보며 말했다.

"됐어요."

나는 차갑게 대답했다. 그때 나는 속으로 이렇게 생각했다.

'어차피 내가 신고하면 사건이 보도될 것이고, 그때 그들이 믿든지 말든지 스스로 선택하게 될 것이다. 지금 말하든 나중에 말하든 전혀 상관없다.'

"우리는 다시 만날 수 있을까? 한 끼라도 같이 먹고 싶어."

그녀는 애원했다.

나는 과거에 나눈 정을 생각해서 뿌리치지 못하고 대답했다.

"언니가 좋아하는 걸 먹자."

"그래, 내가 좋아하는 걸…."

그러고는 그녀가 다시 크게 울부짖었다.

A와 나는 뒤돌아보지 않고 떠났다.

2021년 12월 7일의 일기에 나는 이렇게 썼다.

"마음이 아프다. 안에 있는 몇몇 사람에게 이야기했지만, 그들은 내가 하는 말을 믿지 않거나, 그 일이 정말로 하나님의 뜻인지 분별하지 못했다. 이 억울함은 이미 나를 악몽에 시달리게 했고, 며칠 동안 내 생각을 장악했다. 나는 쿨하게 지낼 수 있을 거라고 생각했는데, 믿지 않으면 그만이지, 그들이 스스로 선택하고 책임지게 하자고 마음 먹었는데, 마음이 정말 아팠고 눈물이 흐르기 시작했다. 나는 그들의 입장을 매우 잘 이해한다. 나 자신도 오랫동안 고민하고 갈등하다가 진실을 깨달았다.

더군다나 그들은 그런 일을 직접 경험하지 않았으니, 그들이 그(교주)에 대한 충성을 느끼는 것도 이해할 수 있다. 나도 그렇게 생각했었으니까. 심지어 그런 일을 겪은 후에도 한동안은 충성심을 유지하며 내가 유다처럼 주를 배신하고 있는 건 아닌지 고민하기도 했다. 그 교리와 기적들, 내가 직접 보고 들은 모든 것…. 그 모든 게 거짓말이라는 것을 믿기 어려웠다. 나는 이해한다, 정말 이해한다. 하지만 그저 아플 뿐이다."

선생이 말한 예언에 따르면, 2020년 8월에 코로나19 팬데믹이 끝날 것이라고 했지만, 결국 2022년이 되어야 세상이 점차 정상으로 돌아오기 시작했다.

## 원점으로 돌아와 점차 땅에 발을 딛다

내가 열일곱 살 때 세상이 허무하게 느껴졌던 그 시절, 나는 삶의 이유를 찾고, 진리와 진정한 사랑을 찾았다고 생각했지만, 결국 그것은 하나의 함정이었다. 10년 동안 헛된 길을 걸었고 나는 결국 원점으로 돌아왔다.

나는 사람들의 반응이 두려웠다.

누군가가 나를 불쌍히 여기며 특별히 관대하게 대할 때, 나는 정말로 불쌍한 사람이 된 것처럼 느껴진다.

누군가가 내가 원해서 벌어진 일이라고 말하며 나를 비하하거나 무시할 때, 나는 스스로를 자책하게 되고 내 가치를 의심하게 된다.

누군가가 안타까운 마음으로 바라보며 사랑하는 사람을 아프게 한 건 내 탓이라고 말할 때, 나는 나 자신을 미워하게 된다.

누군가가 다른 사람들이 나를 받아들이지 않을까 걱정한다며 그 이야기를 꺼내지 말라고 할 때, 나는 내 경험이 부끄러운 일처럼 느껴진다.

누군가가 자기도 비슷한 일을 겪었다며 위로하려고 할 때, 나는 오히려 화가 나고, 그 사람은 내가 겪은 일을 이해하지 못할 거라는 생각이 든다.

누군가가 나를 빨리 사회의 흐름으로 되돌려 놓으려 할 때, 나는 지난 10년 동안 얼마나 뒤처졌는지, 얼마나 단절돼 있었는지를 다시 느끼며 더 힘들어진다.

누군가가 나를 걱정해서 자신의 고통을 참다가 결국 더는 못 참겠고 털어놓을 때, 나는 도와줄 수 없다는 무력감을 느끼고 화가 나기도 한다.

하지만 사실, 나는 이런 반응들에 정말 감사한다. 반응이 있다는 것은 나를 중요하게 여기고, 나를 걱정해 준다는 뜻이기 때문이다.

내가 가장 두려워하는 것은 사실 나 자신의 반응이다. 나는 도대체 어떤 감정을 느끼고, 어떤 생각이 진정한 나인지 잘 알지 못한다. 나는 매우 모순적이다. 이런 일을 겪으면서 내가 무너져 내리지 않은 것은 '긍정적으로 생각해야 한다'는 압박을 느껴서일까, 아니면 정말 그렇게 생각하는 것일까?

나는 그렇게 강한 사람인가? 내가 그저 강한 척하는 건가? 원래 이런 일을 겪으면 어떻게 느껴야 하는 건가? 정말 모순적이다. 하지만 확실한 것은, 나는 자신을 불쌍히 여기는 약한 사람을 싫어한다는 것이다.

그리고 나는 그가(정명석이) 나를 진정으로 사랑하지 않았다는 사실을 직면하는 것이 두려웠다.

'나는 사랑받은 게 아니구나. 그에게 나는 단지 성적 도구일 뿐이구나.'

나는 내가 독특하고, 특별하며, 대체 불가능하다고 생각했는데, 법정에 서는 순간, 모든 것이 '거짓'이라는 사실을 직면해야 했다.

나는 버림받는 것이 정말 두렵다. '나는 부족하다'는 생각이 계속 떠올랐다. 지금도 나는 악몽을 꾸고, 중학교 시절의 버림받고 배척당하는 장면이 계속 꿈에서 반복된다. 매번 그가 내 이름을 부를 때마다 행복을 느꼈는데, 그의 곁에 있을 때는 아무것도 두렵지 않고 걱정할 필요가 없다고 믿었는데, 마치 이 세상에서 그에게 의지하기만 하면 못 할 것이 없는 것 같은 느낌이었는데, 나는 그가 나를 정말 사랑한다고 믿었는데….

그렇게 신이 나를 사랑한다고 믿었지만, 안타깝게도 모든 것이 거짓이었다.

나는 여러 번 감정적으로 무너져 내렸고, 눈물이 멈추지 않았다. 댐이 터져버린 것처럼, 자살 충동까지 느꼈다. 나는 원통하고, 아프고, 자책했다. 모두 내 잘못이고 내가 바보였고 오만했다. 나 자신이 특별하다고 착각했기 때문에 속은 것이었다. 그래서 내가 당한 것이 당연하고, 나는 죽어야 마땅하다고 느꼈다. 내 태어남, 성장, 경험, 성격, 내가 한 모든 선택이 잘못이고, 오점이라고 느꼈다.

나는 가족 앞에서 결코 부담을 주지 않으려 노력하고, 그들이 걱정하지 않도록 애썼다. 하지만 나는 정말 폭발하고 싶었다. 모든 것을 부쉬버리고 싶고, 큰 소리로 외치고 싶은 충동을 느꼈다.

하지만 그렇게 해서는 안 된다는 것을 알고 있다. 나는 다른 사람들이 내 감정을 이해해주길 바라지만, 동시에 그들이 걱정하거나 내가 의도적으로 주목받으려 한다고 생각하기를 원치 않았다. 건강한 방법으로 감정을 발산하고 표현하고 싶지만, 운동이나 그림 그리기 같은 방법은 그저 일시적으로 시선을 돌리는 것 같아 망설여진다. 나는 매우 모순적이었다. 언제든지 폭발할 수 있다는 것을 알면서도, 동시에 내가 통제할 수 있다는 것도 알고 있다. 만약 내가 연기를 한다면, 정말 잘 할 수 있을 것 같다.

나는 누군가가 내 기분이 어떤지 물어봐 주기를 간절히 원했다. 누군가가 내게 기회를 주어, 내가 겪은 부정적인 경험들을 털어놓을 수 있게 해주길 바란다. 내가 어떻게 성폭행당하고, 속고, 배신당했는지, 그리고 어떻게 도망쳤는지를 이야기하고 싶었다. 그 당시 너무 외로워서, 누군가와 함께 그 경험을 나누고 싶었던 건가? 어쩌면 나는 사람들이 내가 정말 많은 일을 겪었다는 것을 알았으면 좋겠고, 내가 대단한 사람이라는 것을 인정해 주기를 바란다. 모두가 나를 이해하는 것처럼 보이지만, 진정으로 이해하는 것은 아닌 것 같았기 때문이다.

A는 내가 심리 상담을 받는 것이 좋겠다고 했지만, 나는 비싼 상담비를 감당할 능력이 없었다. 그래서 A는 '풍우란'이라는 성폭력 피해자 지원 기관을 찾아주었다. 풍우란(風雨蘭)은 무료로 신체 검사와 상담을 제공한다.

내가 '부정적인 에너지를 방출'할 때, 나의 이야기를 듣는 상남사 임혜민(실명) 언니는 정말 인내심 있게 나를 들어준다. 나는 마음속 이야기를 다른 사람에게 털어놓는 것이 부담이 될 것 같아 걱정하고 두려웠다.

매번 풍우란에 상담 받으러 가는 것을 기대하며, 마치 쓰레기를 버리거나 구토하는 것처럼 모든 감정을 배출하기를 기다렸다. 진심을 털어놓을 수 있는 '출구'가 있다면, 나는 인생에서도 서서히 '출구'를 찾을 수 있을 것이라고 믿었다.

하지만 병원에서 검사를 받았을 때, 나쁜 경험도 있었다.

"언제 강간당했습니까?"

의사가 서류를 보며 차가운 목소리로 물었다.

'강간'이라는 단어가 내 마음에 찔렸다.

"당신의 질문은 어떤 의도를 담고 있나요? 어떻게 환자에게 그렇게 무례하게 질문할 수 있죠? 당신은 의사가 맞나요?"

나는 이렇게 말하고 싶은 충동이 일었지만 겨우 참고 차분하게 말했다.

"그 '강간'이라는 단어를 쓰지 않으면 안 될까요?"

의사는 사과한 후 내 몸을 검사했다. 검사를 받았을 때 아파서 나는 눈물을 흘렸다. 만약 그런 일이 없었다면, 이 고통을 겪지 않아도 되었을 텐데…. 그러다 나는 엄마의 강인한 모습을 떠올리며 눈물을 참았다. 내 기억에는 엄마가 우는 모습을 딱 한 번 봤다.

나는 이모 집에서 사촌 언니와 외할머니와 함께 한동안 지냈다. 그때 이모에게 내가 겪었던 일을 이야기했는데 이모는 나를 안아주며 말했다.

"너의 감정을 적어 봐. 괴로운 것, 무서운 것, 기쁜 것, 사랑스러운 것, 눈물 나는 것, 달콤한 것… 그리고 나서 내려놔. 너 자신을 돌봐. 먼저 발을 땅에 내딛고 안정적으로 서 있어. 다른 사람의 요구에 너무 신경 쓰지 않아도 돼. 오늘 나한테 빌린 집과 음식, 바다, 하늘, 태양과 달은 나중에 10년, 20년 후에 갚아도 돼. 그때는 나도 늙어서 너에게 도움받을 일이 있을 거야."

우리 가족은 항상 유머러스하고 장난스러웠다. 사촌 언니도 나를 데리고 여기저기 놀러 다니며 새로운 친구들을 만나게 해주었고, 나는 조금씩 '정상적인 세계'로 돌아올 수 있었다.

그 시절, 나는 새로운 나에게 적응하는 것처럼 느꼈다. 10년 동안 뿌리 깊이 박힌 사고방식과 습관을 걸러내고 있었다. 컴퓨터 비밀번호는 바뀌었지만, 손가락은 여전히 자동으로 "316"이나 "Hananim(하나님)"을 입력하고 있었다. 교회에서 배운 것들도 여전히 활용하고 있었다. 나는 그 당시의 마음을 일기장에 적었다.

**2021.11.16.**

정조은 목사에게서 배운 정신은 불굴의 의지와 죽도록 충성, 사랑하는 남자를 지키는 여성의 그 강인함이었다. 자신을 돌보고 관리하며, 약한 사람이 되지 않으려는 멋진 이 여성으로부터 깊은 영향을 받았다.

이제 그들의 음모와 어두운 면을 알게 되었지만, 여전히 과거에 배운 것들로 삶을 대하고 있다. 종교와 신념은 결국 태도다. 사람들이 자신에게 믿음이 없기에 어떤 존재를 만들어 심리적 안식처를 찾으려는 것일까? 그건 스스로를 속이는 것이 아닐까? 버티는 힘은 사실 자기 자신 안에 있는 것 아닐까?

2021.11.10.
할머니가 늘 죽고 싶다고 하는데
하늘의 숙제는 다 해야 되는 것 같다.
주어진 생명을 다 사는 숙제
끝까지 살아야 돼
좋든 나쁘든 행복하든 불행하든.
나는 지금이 숨쉬는 때인 것 같다.
너무 많은 일들 있었다.
맞고 틀리고,
믿고 못 믿고….
고민을 너무 많이 했고,
삶의 의미에 대해서도 너무 많이 생각해서
지쳤다.
진심으로 나를 사랑하는 자들
나를 믿어 주세요.


2022.1.24.
이번에 들은 자연의 소리와 향기는 정말 기뻤다. 그건 그 끔찍한 곳이 아니니.

심리 상담을 가는 길에 버스 정류장에서 차를 기다리며, 건너편 도로에 있는 나무를 보았다. 나무 꼭대기에는 작은 노란 꽃들이 피어 있었고, 햇빛에 비춰 사진 전시물처럼 반짝였다. 예전에는 아름다운 것을 보면 선생이 가르쳐준 대로, 그것이 아름답고 매력적인 여신—성령의 상징이라고 생각하곤 했다.

나는 위대하지 않다. '사람들을 위해 희생'하는 것은 어느 정도까지밖에 할 수 없다. 하나님과 기독교에 대해 실망감과 분노가 드는 요즘이다. 모든 종교에 대해 반감이 있다. 내게 종교는 어떤 '체제'와 사고로 사람들을 통제하는 것처럼 느껴진다. 더 이상 어떤 종교를 믿고 싶지 않다.

예전에는 큰 야망이 있었고 인류를 구원하고 싶었으며, 세상에 길이 남을 업적을 이루고 싶었다. 섭리를 만나고 나서, '내 사랑을 만났고, 지구 끝까지 복음을 전하겠다는 꿈을 발견했다'고 생각했다. 그러나 지금은 나 자신조차 구원할 수 없는 상황이다. 이제는 사랑하는 사람들과 함께하는 것이 가장 중요하다. 내가 사랑하는 가족, 친구, 연인과 함께하고 싶다.

다른 사람들을 도울 수 있는 만큼 돕겠지만, 더 이상 나 자신을 억지로 밀어붙이지는 않겠다. 항상 나를 도와주고 아껴준 사람들에게, 진심이든 목적이 있든 간에 고마움을 느낀다. 나는 모든 일에서 무언가를 배우고, 어떤 감정을 느꼈다. 사랑, 기쁨, 만족, 슬픔, 분노, 성공감, 경이로움, 그리움, 인내… 좋은 감정이든 나쁜 감정이든 어쨌든 느꼈다. 섭리에서 배운 인생의 진리도 전부 틀린 것은 아니다.

선생은 40년 넘게 과감하게 복음을 전파해 왔다. 그 담대하고 당당한 목소리는 정말 존경스러웠다. 그 정신이 그를 현재의 대규모 세계로 이끌 수 있었던 것 같다. 옳고 그름을 떠나, 그는 어쨌든 대단한 사람이 아닐까. 나쁜 사람에게도 배울 점이 있지 않을까.

그는 그렇게 많은 말씀과 편지를 썼고, 수많은 설교와 전화 통화를 하며 관리하고 성전을 세웠다. 정말 대단한 일이다. 역사 속의 독재자와 폭군을 떠올려 보면, 그들이 한 일들이 옳든 그르든 간에 그들도 대단한 인물이었다. 그들이 이 세계에 미친 영향은 결코 적지 않다. 그런 능력은 누구나 가질 수 있는 것이 아니다. 그러나 결국 선과 사랑만이 영원히 남는 것이 아닐까? 세상의 주재자는 그의 기준으로 평가할 것이다.

## 고발 준비

나는 다른 피해자들에게 몇 달 후에야, 한국에 가서 교주를 고소할 준비를 할 수 있다고 말했다. 하지만 그들은 기다릴 수 없었다. 각자 삶이 있고, 모두 고소를 포기하겠다고 했다. 오직 한 명의 호주 친구만이 나와 함께 고소하겠다고 했다.

조민음 목사는 우리가 먼저 경제적 지원을 찾아야 한다고 말씀하셨고, 나는 애별 언니의 조언을 듣고 가장 큰 '반 JMS 조직의 사이트' 게시판에 댓글을 남겼다.

나는 이렇게 썼다.

"저는 홍콩의 스타입니다. 교주를 고발하고 싶고, 법적 및 경제적 지원을 받고 싶습니다. 어떻게 해야 할까요?"

그 사이트는 김경천(실명) 목사가 운영하고 있으며, 그는 JMS의 초창기 대목사였으나 나중에 탈퇴했다. 예전에는 악평 교육하던 JMS 목사가 김 목사를 '왕사탄'이라고 가르쳤다.

하지만 나에게 연락이 온 것은 사이트의 '관리자'였다. 그는 내가 고발하려면 증거가 있는지 물었다. 나는 증거가 없다고 부인했다. 왜냐하면 녹음 증거가 있다는 것이 조심스러웠다. 대신, 나는 그에게 반한국 사이비 종교의 조믿음 목사와 고발을 고려하고 있다고만 말했다. 그 후로는 더 이상 진행된 것이 없었다.

얼마 지나고 조믿음 목사가 나에게 연락해 오셨다. 한 교수님이 나와 연락하고 싶어 한다고 했다. 그 교수님은 악평 교육에서 가르쳤던 또 다른 '왕사탄'인 김도형 교수였다. 그는 수학 교수이지만, 20년 동안 이 종교 조직과 싸워 왔다. 그는 그 사이트 게시판에서 내 댓글을 보고 연락하고 싶다고 했다.

김 교수님과 처음 통화했을 때, 나는 계속 울었다.

"교수님, 저는 정말 죽고 싶어요. 매일 죽고 싶어요. 하지만 죽기 전에 교주를 고발해야 해요." 김 교수님은 "나는 당신을 전적으로 지원할 것입니다."라고 답해 주셨다.

나는 김 교수님에게 내년 초에 한국에 갈 것이라고 말했고, 우리는 계속 연락하며 준비를 했다. 그러나 김 교수님은 이후 환의 행동이 이상하다고 느끼고 나에게 더 이상 환과 연락하지 말라고 했다. 그 결과, 그는 나에 대한 정보를 JMS에 계속 전달하고 있었고, 그로 인해 그들이 나를 미행하게 되었다. 결국 나는 환을 차단하게 되었다.

김 교수님은 나에게 한국 방송사 MBC의 피디가 넷플릭스와 협력하여 한국 사이비 종교에 관한 다큐멘터리를 제작할 계획이라고 전하며, 내가 인터뷰할 의향이 있는지 물었다. 나는 그때 생각했다. 교주가 그렇게 심각한 범죄를 저질렀는데도 겨우 10년 형을 선고받는 것은 한국 법에 문제가 있는 것 같았다. 그동안 아무도 실명으로 나서서 폭로하지 않았기 때문에 교회 측에서는 항상 사람들이 돈을 받고 거짓말을 한다고 주장했다. 피해자들은 자신의 걱정거리가 있기 때문에 나서지 못하지만, 어차피 나는 더 이상 살고 싶지 않았고, 죽기 전에 내 모든 것을 걸고 세상에 알리고 싶었다. 내 모든 것을 걸고서라도, "나 메이플이 너 정명석을 고발한다."고 전 세계에 알리고 싶었다.

가족과 상의한 후, 가족은 내가 큰 압박과 복잡한 법적 절차를 겪어야 할 것을 매우 걱정했고, 긴 싸움을 해야 할 것이라는 점도 우려했다. 그러나 그들은 내 마음을 이해했고, 비록 동의하지는 않더라도 나를 지지해 주었다.

2022.2.20.
전투의 날이 점점 다가오고 있다.
24일에 한국으로 간다.
격리 7일,
촬영은 14일.
그 전에 경찰에 신고하고,
소송노 하고,
졸업도 해야 한다.
남은 날은 4일이다,
아니, 정확히 말하자면 3일이다.
내일은 사촌 언니 생일이고, 치과도 가야 한다.

모레는 사촌 오빠를 만난다.

그 다음 날은 짐을 챙기고, 저녁에는 엄마 집에서 저녁을 먹는다.

이후에는 공항으로 간다.

나는 준비가 되었을까?

가고 나면 다시 돌아올 수 있을까?

사실 준비할 것은 최대한 준비했다.

나는 죽는 것이 두렵지도 않고, 죽을 것 같지도 않다.

사실 죽으면 오히려 더 행복할지도 모른다.

가고 나면 무엇을 할까? 무엇을 마주할까?

나는 대충 알고 있지만, 사실 구체적인 개념은 없다.

매일 거의 똑같다.

무엇을 해야 할지 대충 알지만, 누가 앞으로의 일을 완벽하게 예측할 수 있겠는가?

사람이 모르는 것은 정말 많다.

그저 최선을 다하고, 최선을 다해야 한다.

힘을 적당히 쓰는 수밖에 없다. 왜냐하면 피곤해지니까.

한 걸음 한 걸음 나아가는 것이지, 무관심해서가 아니라 정말 그렇게 할 수밖에 없다.

이렇게 생각하면 인생이 매우 허약하다는 것을 느끼게 된다. 결국 운명에 달려 있는 것이다.

어쩌면 매순간 선택할 수 있고, 조금씩 운명을 바꿀 수 있다.

하지만 사실 선택은 습관에 영향을 받고, 습관은 과거에 영향을 받으며, 과거에 일어난 일들은 소아기까지 회상하게 한다, 결국 운명일 뿐, 우리는 무엇을 바꿀 수 있고, 무엇을 줄 수 있을까?

하늘이여, 도대체 왜 나를 창조했는가?

나는 왜 살아야 하는가? 인생의 의미는 무엇인가?

오늘 밤도 또 잠을 잘 수 없고, 이 끝없는 고민에 빠져 있다.

## 2022년 3월 16일 '큰 선물' – 하나님도 나를 막을 수 없다

한국에 도착한 후, 김 교수님과 다큐멘터리 감독인 조성현 피디님(실명)과 처음으로 공식적으로 만났다. 2주간의 다큐멘터리 촬영이 끝난 후, 2022년 3월 16일은 내가 교주에게 '큰 생일 선물'을 주는 날이었다.

나는 검은 정장을 입고 화장을 한 뒤, 출발을 기다리고 있었다. 그런데 갑자기 배가 아프기 시작했고 점점 더 심해져서 서 있을 수조차 없었다. 피디님은 즉시 나를 병원으로 데려갔고, 의사는 급성 위경련이라고 진단했다. 약을 먹고 잠시 쉬고 나서 우리는 기자회견장으로 서둘러 갔다.

피디님은 내가 차 안에서 계속 구토하는 모습을 보고, 혹시 돌아가야 하는 것 아니냐고, 다음에 기자회견을 열어도 괜찮다고 했다. 나는 만약 가지 않으면 교회 사람들이 내가 배가 아픈 것이 '신의 심판'이라고 말하며 손가락질할 것이라는 걸 알았다. 나는 그들에게 그들의 '하나님'도 나를 막을 수 없다는 것을 꼭 보여주고 싶었다.

나는 기자회견을 통해 "정명석, 그는 절대 메시아가 아니다!"라고 말하고 싶었다.

사실 그 전까지만 해도 나는 여전히 의심이 있었다. '만약 그가 진짜라면 어떻게 하지?' 그러나 그렇게 말하는 순간, 나는 완전히 혼란에서 벗어났다.

기자회견을 마친 후, 나는 호텔로 돌아가 밤까지 계속 잠을 잤다. 그날은 재석이 남수단에서 돌아와 한국에서 군 복무를 마친 날이기도 했다.

잠에서 깨어난 후 방 문을 열었는데, 마치 예수님이 부활해 동굴에서 나오는 것처럼, 교수님과 피디님이 두 손을 들고 나에게 인사하며 미소를 지었다. 교수님과 피디님은 많은 탈퇴자들이 나에게 감사하다고 전했다면서 기자회견을 하느라 고생했다고, 너무 잘했다고 했다.

## 진술

비록 이후에 나를 공격하는 많은 메시지와 영상이 등장하고, 전단지도 배포되었으며, 심지어는 오랫동안 알고 지내던 사람이 소셜 미디어에서 나를 "더러운 창녀"라고 욕하기도 했지만, 나는 계속해서 내가 할 일을 완수해 나갔다.

다음 할 일은, 경찰서에 가서 진술을 하는 일이다. 진술을 하는 며칠 동안, 나는 하루 종일 경찰서에서 질문을 받고, 일어났던 일을 회상하며 답변해야 했다.

물론, 경찰은 그 JMS의 사람들에게도 질문했다.

"아무도 그녀에게 선생이 메시아라고 가르친 적이 없다. 그녀가 스스로 말한 것이다."

"그녀가 스스로 교주를 만나고 싶다고 요청한 것이다."

"우리는 그때 그 자리에 없었다."

"나는 그 자리에 있었지만, 아무 일도 일어나지 않았다."

"그녀는 정신병을 앓고 있으며, 망상증과 성중독이 있다."

"그 돈은 그녀가 나에게 개인적으로 빌린 것이고, 교주가 그녀에게 돈을 준 적은 없다."

"선생은 나이가 많아서 성추행을 할 수 없다."

"우리 CCTV 녹화에는 그녀가 없다."

"선생은 그때 아프셨고, 나는 옆에서 선생을 돌보고 있었는데 그녀를 본 적이 없다."

"회 언니들, 특히 나와 가장 가까웠던 랑정 목사까지도 경찰에게 거짓말을 하며 나를 비난했다."

"그녀들은 내 고통을 똑같이 겪어야 해!"

경찰이 그들의 거짓말과 조작된 증거를 말할 때, 내 분노는 끝없이 치솟았고, 그들을 저주했다. 나도 그들이 세뇌당했다는 것을 이해는 하지만 그들은 분명 거짓말을 하고 있다. 진리를 지키기 위해 거짓말을 한다는 것, 거짓말을 정당화한다는 게 엄청난 모순이라는 걸 그제야 깨달았다.

그리고 그들은 내가 어찌되건 아무런 상관이 없는 자들이고, 수단과 방법을 가리지 않고 나를 공격하려 한다는 것도 분명해졌다. 그들에게 나와 맺었던 인연은 아무것도 아니었다. 그 순간, 나는 진심으로 랑정 목사와 나를 배신한 모든 사람이, 심지어 그들의 친여동생과 친언니, 조카들이 스타가 되어 내가 겪은 모든 일을 경험하기를 바랐다. 그들의 배신은 내가 성폭행당한 상처 위에 또 한 번 칼을 깊이 박는 것이었다.

경찰의 질문은 매우 꼼꼼했다. 그 악몽을 떠올리며, 그 자세가 어땠는지, 몇 분 몇 초 동안 지속되었는지, 왜 내가 거부하지 않았는지 등을 설명해야 했다. 이미 충분히 아픈 일이었다. 언니들의 증언을 들은 후, 경찰이 나에게 설명하라고 요구했을 때, 나는 더욱 어이없고 고통스러웠다.

"더 이상 묻지 마세요! 제발 더 이상 묻지 마세요! 저를 믿지 않거나 의심한다면, 의심하세요! 그녀들은 모두 거짓말을 하고, 저를 배신했다고! 교주가 처벌받지 않는다면, 그건 한국 사회의 문제이고, 저와는 상관없어요!"

나는 의자를 차고 울부짖었다.

"제발 저를 놓아주세요! 집에 가게 해주세요!"

나는 고양이처럼 두 손으로 담요로 만든 회색 방음벽을 미친 듯이 긁었다. 그 후, 나는 힘없이 바닥에 주저앉아 눈물을 흘렸다.

"더 이상 고소하지 않을게… 제발 저를 놔주세요…"

강제로 신문당했던 포로들의 이야기가 떠올랐다.

'정말로 너무 아플 때는, 정의를 포기하고 싶은 생각이 들기도 하는구나.'

경찰이 다가와 나를 안으며 말했다.

"메이플 씨, 죄송합니다. 이 사건을 열심히 조사할게요. 당신도 포기하지 마세요."

경찰이 조심스럽게 물었다.

"마지막 질문입니다. JMS 측에서 마사지 침대의 높이가 너무 높아서 피고가 성폭행을 할 수 없다고 주장하는데, 이는 어떻게 설명하시겠습니까?"

"이게 누구의 질문이에요?! 이게 무슨 질문이에요!"

나는 무엇을 설명해야 할까? 성산에 가서 그 방의 마사지 침대 높이와 교주의 키를 재야 할까? 내가 피해를 입을 수 있었음을 물리적으로 증명해야 할까? 나는 더 이상 무엇을 설명할 수 있을까? 실제로 있었던 일을 다른 이에게 입증한다는 게 이렇게 어려운 일인 줄 몰랐다.

진술이 끝나고 나면 항상 늦은 밤이었다. 나 자신도 모든 것이 거짓이기를 바라지만, 이 일이 진실임을 증명하기 위해 나는 온 힘을 다해야 했다. 몸과 마음이 지친 나는 밤하늘을 바라보며, 이 모든 '하늘이 주신 과제'를 마친 후에 세상을 떠날 수 있기만 바랐.

이런 경험을 하며, 나는 계속해서 이렇게 고통스럽게 살아야 하는 이유에 대해 고민했다.

한국의 거리에서 또 다른 유명한 사이비 종교가 전도하는 모습을 보자, 내 마음속에 불길이 치솟았다. 나는 그들에게 달려가 외쳤다.

"What the fuck are you doing? You go to hell yourself, stop bringing others with you!"

그들은 꿈쩍도 하지 않았다.

나는 내 상황을 생각했다. 지금 신고를 하더라도 긴 법적 절차를 기다려야 하고, 이 종교 조직을 무너뜨린다 해도 수많은 사이비가 여전히 존재하며, 교주가 감옥에 가더라도 그는 나이가 많아 곧 죽을 것이고, 나는 여전히 이 세상에서 상처를 안고 살아가야 한다. 그렇다면 내가 하는 일이 무슨 의미가 있을까? 나는 마치 어린아이처럼 거리에서 힘없이 쪼그려 앉아 고개를 숙이고 울었다.

교회 사람들이 나를 비난하는 글과 영상을 보며, 나는 일기에 내 분노를 적었다.

2022.4.19.

나는 열심히 사랑했다. 정명석이 아니라, 하나님을. 정명석은 신의 몸이기 때문에 그를 사랑하는 것은 하나님을 사랑하는 것이다. 나는 정명석을 사랑하려고 노력했다. 그가 감옥에 있을 때, 나는 내가 상상하는 주님, 자비롭고 선하며 나를 사랑하는 주님을 사랑했다. 그러나 정명석이 출소한 후, 나는 그를 직접 보았다. 나는 그 추하고 오만하며 성질 더러운 그를 사랑할 수 없었다.

하지만 여전히 이 역사가 진짜이기 때문에, 이 교리가 옳기 때문에 나는 노력했다. 아무리 싫어도 성산에서 견뎌냈다. 나는 정말로 성산의 생활이 싫었다. 갑자기 노래를 부르라고 하거나, 아나운서를 하라고 한다(매번 축구 경기는 항상 갑자기 진행됐다). 나는 축구를 싫어한다. 철인 3종 경기를 싫어한다. 나는 매일 그를 따라다니며 그가 하는 일을 지켜보았다. 정말 싫었다.

하지만 메시야는 정말 소중하다는 것을 알았기에 그 가치를 알아야 했다. 그래서 맛이 없더라도 맛있게 먹어야 하고, 싫어도 좋아해야 했다. 나는 진심으로 그가 매우 싫지만, 여전히 하나님을 위해, 공허한 것을 위해 모든 것을 견뎌냈다. 너희는 내가 얼마나 노력했는지 모른다. 맞다. 나는 정말 죄를 저질렀다. 그럼에도 불구하고 나는 항상 회개하고 다시 노력했다. 너희는 내가 노력하지 않거나 끝까지 하지 않고 포기했다고 말할 자격이 없다!

### 2022.4.26.

나는 또다시 악몽을 꾸었다. 10년의 악몽을 잊기 위해서 얼마나 오랫동안 악몽을 꾸어야 할까? 꿈에서 나는 언니들을 만났다. 그들은 분명 같은 고통을 겪고 있는데도 여전히 교회가 옳다고 생각한다.

꿈속에서 그들은 여전히 그곳에 갇혀 있었고, 실제로도 그렇다. 꿈에서 나는 진실을 드러내는 뮤지컬을 준비하고 있었다. 나는 주인공이고, 감독은 김도형 교수였다. 하지만 공연은 다시 연기되었고, 나는 다시 기다릴 수밖에 없었다. 빨리 공연을 끝내고 이 모든 일을 마무리하고 잊고 싶었다.

언니들은 적대적인 눈빛으로 나를 바라보며 아이들을 돌보고 있었다. 아이들이 물었다.

"사람들이 당신을 믿지 않으면 마음이 아프나요?"

나는 대답했다.

"사랑하는 사람과 헤어지는 것처럼 아프다."

나는 과연 신경 쓰는 이것을 그만둬야 할까? 정말로 아프다…. 그들이 믿든 말든 사실 내게 중요하지 않다. 그들의 선택이니까. 하지만 내 마음은 아프고, 지금도 아프다.

이 모든 경험을 겪으면서, 나는 항상 자살하고 싶은 충동을 느꼈다. 악몽에서 깨어나 눈물을 흘리며 내 옆에 자고 있는 재석이를 보았다. 나는 그에게 말할 수 없었다. 부담이 될까 두려워서. 외로움. 이 끝없는 악몽,

마음의 고통은 깊은 심연처럼 느껴져서 나는 미안해졌다. 아무에게도 말하고 싶지 않았다. 이 고통을 혼자 감당해야 한다고 생각했다.

엄마는 내가 이 소송을 포기하고 내 삶을 살라고 했다. 그녀는 항상 내 미래에 대해 걱정한다. 나는 내 마음을 말할 수 없었다. 아무에게도 내 짐을 주고 싶지 않아서. 이 순간, 나는 그저 죽고 싶다는 생각뿐이다.

한국에서의 시간 동안, 내 감정은 계속 불안하고 반복적이었다. 매일 악몽을 꾸었다.

'매일 악몽을 꾸는 것'이 과장이 아니라는 것을 알게 되었다. 나는 조민음 목사의 친구인 심리 상담사를 찾아가 도움을 받기 시작했고, 천천히 치유되고 있었다.

김 교수님과 조 피디님은 자주 나를 맛있는 음식점에 데려가 주었고, 그들은 나의 '한국 삼촌'이 되어 가족처럼 지내주었다. 재석은 항상 내 곁에 있어 나를 행복하게 하려 노력했다. 전통 한복을 좋아하는 그는 내가 한복 모델 대회에 참가하길 권유하며,

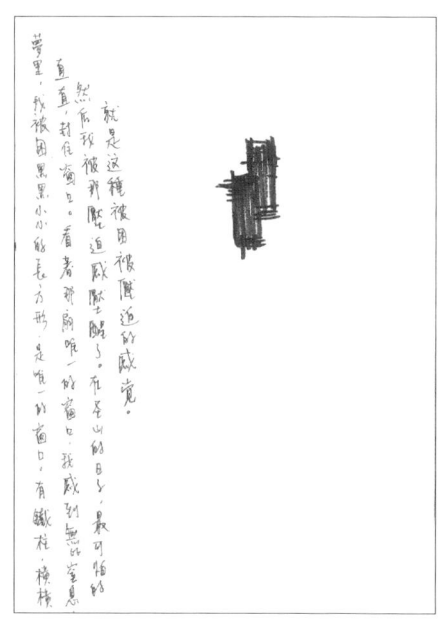

꿈 속에서 나는 어둡고 좁은 직사각형 공간에 갇혀 있었다. 유일한 창문이 있었지만, 철기둥들이 세로로 그리고 가로로 막고 있었다. 그 유일한 창문을 바라보며 나는 극심한 답답함을 느꼈다. 그러다 그 압박감에 깨어났다. 성산에서 보낸 날들 중 가장 두려웠던 것은 바로 이렇게 갇혀서 압박당하는 느낌이었다.

한국에 대한 내 기억이 증오와 고통만으로 가득 차지 않기를 바란다고 말했다.

한편, 엄마가 나를 학업을 계속 하라고 고집을 부린 덕분에 나는 결국 졸업 논문을 완성하고 2022년 8월에 졸업했다. 2014년에 1년 동안 한국어를 배우고, 2015년에 홍콩 이공 대학교를 퇴학한 후 한국 외국어대학교에 입학했다. 그 사이에 몇 년 동안 휴학을 했고, 8년 만에 드디어 졸업한 것이다.

졸업 후 비자 만료 기간이 되었고, 한국에서 적합한 직장을 찾지 못해 결국 고향인 홍콩으로 돌아가기로 결정했다.

홍콩으로 돌아가기 전에, 나는 공식적으로 한 장의 사진을 찍기로 결심했다. 죽고 싶은 생각은 결코 떠나지 않았고, 앞길이 막막했다. 해야 할 일은 이미 끝났으니 내가 아무런 애착도 느끼지 않는 이 세상에서 이제는 사라져도 되지 않을까? 삶과 세상에 대한 실망으로 가득 찬 나는, 이 세상에서 과연 얼마나 더 버틸 수 있을지 모르겠다.

이 사진은 내가 세상을 떠날 결정을 할 때 영정 사진으로 사용하고 싶었다. 이 프로필 사진은 아주 잘 찍고 싶었다.

### <나는 신이다>

그 후, 넷플릭스 다큐멘터리 <나는 신이다>가 방영되면서 홍콩과 한국에서 큰 반향을 일으켰다. JMS 교인들은 미친 듯이 반응하며, 심지어 한국에서 대규모 집회를 열고 집단으로 청원서를 작성하며 거리로 나가 시위도 했다.

또한 많은 신도들이 온라인에서 게시물을 올리고 영상을 제작하며 나를 비난하는 메시지를 보냈다. 뉴스와 온라인에서의 비난은 일부러 보지 않고 듣지도 않으려 했다. 그런 글과 이미지가 가득한 세상에서 나는 홍콩의 집 침대 속에 숨어 모든 것을 피했다.

2023.3.5.

넷플릭스가 드디어 방영되었고, 뉴스도 동시에 보도되었다. 여러 감정이 교차했다. 기쁘기도 하고, 우울하기도 하고, 상실감과 흥분, 걱정, 안도, 자기 연민, 자긍심, 감사 등 여러 감정이 복합적으로 밀려왔다. 사람들의 반응이 나를 많이 혼란스럽게 했다. 그들은 나를 걱정하고, 불쌍히 여기고, 나를 낮추거나 이용하려 하고, 혹은 질투하거나 감탄하며, 혹은 부러워하거나 마음 아파하거나, 좋아하거나 싫어하는 걸까?

부정적인 감정이 들 때는 자살하고 싶었고, 긍정적인 감정이 들 때는 모든 것을 이겨낼 수 있을 것 같았다. 나는 정상일까? 건강한 걸까? 나는 그저 평온하게 살고 싶고, 맛있는 음식을 먹고, 책을 읽고, 글을 쓰고, 그림을 그리고, 가족과 함께하고, 한국어를 가르치고 싶을 뿐이다.

그런데 세상은 내게 많은 비난을 쏟아낸다. 나와 내 가족, 그리고 내 곁의 사람들에게도 말이다. 정말로 세상에 더 많은 선함과 아름다움이 있기를 바라며, 나를 실망시키고 이 세상을 떠나지 않게 해주기를 바란다.

인터넷에서의 악성 댓글을 보고 난 후, 나는 그림을 그리고 글을 남겼다.

## 마귀

눈은 있으나 구슬은 없다.
표면만을 본다.
독설.
말로 상처를 주고 책임을 지지 않는다.
귀가 없다.
사람들의 말을 듣지 않는다.
광대 얼굴 가면.
스스로 웃긴 줄 안다.
그리고 위선적이다.
짐승처럼 비난한다.
미리 해피 할로윈.

천 가지 백 가지 감정. 차라리 감정이 없기를.

사이비를 떠나는 것은, 어쩌면 이집트를 떠나는 것과 같고 생명의 원정이다. 광야를 만나고, 가나안을 향해 가는 길에는 여러 어려움이 따른다. 삶은 정말 어렵다. 17세였던 나는 학교와 집에서 많은 다툼과 불화를 겪었다. 사이비에서는 화내는 것이 죄라고 가르쳤기 때문에 교회 사람들은 쉽게 화내지 않았다. 그래서 갈등이 적었던 것 같기도 하다.

하지만 지금은 탈퇴한 후 다시 이런 문제들에 직면하게 되었고, 여전히 존재하는 것처럼 느껴진다. 마치 한 번도 해결된 적 없는 것 같다. 아무리 겪어도 완전한 해결책을 찾을 수 없다. 아마도 숨 쉬는 한, 문제는 계속 마주하게 될 것이다.

세상은 많은 목소리로 가득 차 있다. 나는 앞길이 막막하게 느껴지고, 감정과 과거, 해야 할 일들이 엉켜 있어서 정리가 필요하다. 그럼에도 나는 섬돌을 밟으며 강을 건너듯, 한 걸음씩 답을 찾아가고 있다. 동시에 주변에서는 강해져야 하고, 삶을 직면해야 하며, 긍정적으로 나아가야 한다는 재촉의 목소리가 들려온다.

사람들의 그런 말들을 듣고 있으면 나는 흔들리게 된다. 왜냐하면 나는 중심이 없고, 자신감도 없으며, 내 감정과 판단을 믿지 못하기 때문이다. 항상 내 생각이 틀렸다고 느낀다. 마치 내 감정, 내 느낌, 내 판단이 모두 틀렸고, 있어서는 안 되는 것처럼 느껴진다. 다른 사람에게 맞추려는 것도 그들이 옳고 내가 틀렸다고 생각하기 때문이다. 이런 태도가 결국 나를 사이비에 빠지게 만들었다.

교리와 목사의 말은 늘 옳고, 나는 언제나 틀렸다. 내가 반감을 가지고 반항하고 싶은 것도 내 잘못이었다. 교리의 규칙은 도리이며 절대적인 법칙이다. 지키지 않으면 틀린 것이고, 회개해야 하며 사죄해야 한다. 그래서 그는 신의 이름으로 하는 말을 꼭 순종해야 하고, '하나님'이 기뻐하시는 일을 해야 한다.

그가 말하는 '죄'는 이성과 미디어를 접하는 것이었다. 이는 일반 사람들이 말하는 왜곡된 사고나 미디어 중독과 유사하지만, 정도가 다를 뿐이다. 교회 내에서는 선생이 자신의 귀와 눈을 잘 관리해야 한다고 했다. 듣고 보는 것이 바로 사상에 영향을 주기 때문이다. 그래서 이성과 미디어를 보지 말라고 했다. 미디어는 이성 사랑을 추구하게 만들고, 겉보기엔 순진하고 낭만적인 것 같지만 실제로는 섹스와 음란함을 유도한다고 했다.

선생은 이 모든 것이 사탄의 계획이며 함정이라고 했다. 한 사람을 사랑하면 신체적 접촉을 원하는 건 자연스러운 일이지만, 그것은 틀린 것이고, 음란하고 타락한 것이라고 가르쳤다. 미성년자 임신과 같은 사회문제는 이런 식으로 발생한다고 했다.

결국 선생과의 성관계는 성스럽고 순수한 사랑이 되었다. 선생은 음란한 생각이 없고 하나님의 몸이기 때문에, 그와 사랑을 나누는 것은 곧 하나님과 사랑을 나누는 것이라고 했다.

"선생을 사랑하지 않으면 하나님을 사랑하지 않는 것이다."라는 관념은 나를 죄책감에 빠지게 했다. "하나님을 사랑한다면 선생을 사랑해야 한다."는 사상 통제는 나를 순종하게 만들었다.

다큐멘터리의 방영은 한국 사회에서 큰 관심을 불러일으켰고, 정부도 이 사건에 대한 중요성을 인식하게 되어 조사를 가속했다. 내가 고소한 후 1년 넘

게 기다린 끝에 드디어 재판이 열리게 되었다.

## 일기

내 일기는 그 시절의 분노와 고통을 기록하고 있지만, 긍정적이고 적극적인 순간들도 있었다.

2021.11.18.
각자의 인생은 매우 다르게 살아갈 수 있다. '배우기'는 인생의 각 장과 절의 의미이자, 앞으로 나아갈 이유와 동력이 아닌가?
27년 동안 배운 것들.
내가 계속 추구하던 것이 결국은 중요하지 않다.
전적으로 믿었던 것이 결국은 사기였다.
진심으로 아끼던 것이 결국은 사라질 수 있다.
향기는 기억의 비밀 통로이다.
기억은 나를 형성하는 양분이며, 과거의 모든 것이 나에게 영향을 미쳤다.
한 선택이 맞든 틀리든, 내 과제는 틀린 것을 올바르게 바꾸고, 올바른 것을 더 올바르게 만드는 것이다.

## 2022.3.20.

어릴 때부터 나는 왜 살아야 하는지 자주 고민해 왔다. 사는 것은 결코 쉽지 않다. 도대체 이 세상에 내가 이곳에 남아 싸울 만한 가치가 있는 것이 무엇일까?

내일이면 28세가 되는데, 여전히 이 세상에 잡을 만한 것이 별로 없다고 생각한다. 최근에는 나를 믿느냐, 사랑하느냐, 결과가 어떻게 될지, 과정은 어떤지, 나를 어떻게 생각하고, 어떻게 말하는지 등에 대해 자주 고민하고 있다.

하지만 언제나 끝이 오는 날, 이 세상을 떠나는 날이 올 것이라는 생각을 할 때마다, 이 모든 문제는 그리 중요하지 않게 느껴진다.

28년 동안, 나는 다양한 정도의 달콤함과 쓴맛을 경험하고 시도해 왔다. 나는 언제든지 떠날 준비가 되어 있다고 생각한다. 해야 할 것과 해보고 싶은 것은 모두 해보았다. 내가 너무 무지하고 이 세상을 과소평가한 것일까? 이제야 나는 인생의 의미를 찾으려 하지 않아도 된다는 것을 배웠다. 그렇게 되면 영혼이 너무 수동적이 되어, 의미가 없으면 살 수 없을 것 같은 느낌이 든다. 오히려 아무 집착 없이도 살아가는 것이 진정으로 삶의 주도권을 잡는 것이다. 이제는 '무엇을 해야 할까'가 아니라 '무엇을 하고 싶은가'가 중요하다. 좋은 것은 즐겁게 느끼고, 나쁜 것은 어차피 지나갈 것이다. 음, 나는 지금 이렇게 생각하고 있다.

## 2022.8.27.

우리는 매일 좋고 나쁜 '사람'과 '일'을 경험하며, 어떤 일을 겪을지는 우리 마음대로 되지 않는다. 하지만 우리는 각 사건에 대해 어떻게 반응할지를 선택할 수 있다. 그것은 나의 권리이자 자유다.

오늘 아침 커피 향을 맡고 행복하다고 느꼈다. 좋은 날씨와 아름다운 자연을 보니 기분이 좋았다. 계속 행복하게 지내는 것은 나의 선택이자 노력, 그리고 나의 자유이다.

2022.9.1.

고통스러운 일이 발생할 때마다 '왜'라는 질문이 떠오른다. 왜 고통을 겪어야 할까? 왜 이런 일이 일어날까? 왜 살아야 할까? 왜 존재해야 할까?

그러다 보면 깊은 바다에 빠진 것처럼 '왜'라는 단어 속으로 빠져든다. 사람마다 답은 다르다. 많은 이들이 성장하기 위해서라고 말한다. 내 이모는 너무 많은 '왜'를 묻다 보면 우울증에 걸리거나 심지어 죽을 수도 있다고 한다.

고통은 어쩌면 당신이 아직 살아 있다는 것을 증명하는 것일지도 모른다. 때로는 아파야만 내가 살아있다는 것을 인식할 수 있다. 마치 현실과 꿈을 구별할 수 없을 때, 자신의 얼굴을 때려서 아픔으로 확인하는 것처럼. 고통은 단지 하나의 느낌일 뿐이지 않은가? 그리고 어떤 고통도 결국 지나간다. 그러니 무엇을 하려고 하지 말고, 그냥 조용히 기다리면 된다.

2023.2.28.

만약 한 가지 초능력을 가질 수 있다면, 나는 독심술을 원한다. 다른 사람의 마음속 비판을 듣는 것은 기분이 좋지 않겠지만, 적어도 상대방이 나에게 직접 상처를 주지 않기로 선택했다는 것을 알 수 있다. 봄이 오고 꽃이 피어, 자주색 제비꽃이 나에게 좀 더 열린 마음을 가지라는 메시지를 전해준다. 자연은 항상 사람을 위로할 방법을 알고 있다.

2023.4.6.

나는 마치 인격이 분열된 것처럼 느껴진다. 한때는 기쁘고, 한때는 슬프며, 한때는 죽고 싶고 또 한때는 삶에 대한 기대가 생긴다. 나는 정말로 세상에 지쳤고, 도망칠 수 없으니 살아가며 더 괴로운 것들을 마주해야 한다.

세상에 아름다움이 있다는 것을 알지만, 그런 '좋음'을 위한다고 고통과 증오를 견딜 수는 없다. 언젠가 정말로 '이 생을 헛되지 않았다'고 말할 수 있는 날이 오기를 바란다.

2023.5.7.

여전히 악몽을 꾸고 있다.

어젯밤 나는 꿈에서 제3자의 시각으로 한 소녀를 지켜보았다. 그 소녀는 한 노인이 강제로 노래를 부르게 했고, 노인은 부드럽게 소녀를 안고 있으면서도 그녀를 강제로 성폭행하며 노래를 듣고 있었다.

그 후 노인은 소녀를 투명한 유리 상자에 넣고 그녀를 가두었다. 이 장면을 바라보는 나는 큰 반응이 없었고, 그저 '그 소녀는 어떻게 아직 있지?'라고 생각했다.

나는 여전히 악몽을 꾸고 있다…. 제3자의 시각으로 이러한 것들을 바라보는 것은 마음이 아프지만, 그렇다고 해서 우울하지는 않다. 앞으로는 제3자의 시각으로 내 과거를 바라보아야겠다. 그렇게 하면 덜 아플 것이다.

2023.5.9.

그렇다. 사실 나는 살고 싶다. 적극적으로 살아가고, 상상을 초월하는 나를 살아내고 싶다. 나는 단지 이 일이 끝나기만을 바라는 것이 아니다. 이 일, 이 10년은 내가 잊고 싶은 과거가 아니라, '꼭 기억해야 할 인생의 교훈'이다. 이 10년은 나의 자산이자, 나를 만드는 과정이다. 나는 과거를 공백으로 두거나 결핍으로 만들지 않을 것이다. 나는 나 자신을 가장 아끼고, 가장 믿으며, 내가 상상을 초월하는 나로 살아가기를 가장 바란다.

2023.5.10.

내가 잘못한 걸까? 맞다. 내가 잘못했다. 사람을 너무 쉽게 믿어서 사이비 종교에 빠졌다. 너무 이기적이어서 상대방의 감정을 이해하지 못하고 피해망상에 빠졌다. 자신감이 부족해서 불안하고, 사람을 믿지 못했다. 잘못이라면 인정해야 하고, 책임을 져야 한다. 나는 그 결과를 감수할 준비가 되어 있다. 10년을 잃어버리고 수없이 속았지만, 삶은 계속 이어져야 한다. 잘못된 일에서도 무언가를 배우는 것이 중요하다.

2023.5.24.

분노. 피해자의 잘못인가? 피해를 당한 사람은 고발했을 때 비난을 받아야 하는가?

2023.5.25.

책을 쓰는 과정에서 과거와 현재를 오가며, 멀미가 난다.

매번 글을 쓰면 열몇 시간씩 쓰게 되고, 생각이 과거에 깊이 잠겨 있다가 현실로 돌아오는 데 몇 시간이 걸린다. 이렇게 반복하다 보면 마치 배멀미를 하는 것 같은 느낌이다.

2023.6.14. 03:00

잠이 오지 않으면 많은 생각이 떠오르지. 어젯밤도 그랬어. 예전 사진을 뒤적이며 글쓰기에 도움이 될까 싶었지만, 점점 힘들어지는 것 같아. 그 사진들을 보면서 '그래서 내가 그렇게 열심히 사랑하려 했구나'라는 생각이 들었어. 감정이 폭발할 것 같기도 해. 예전에는 모든 것을 다 내놓았었고, 내 마음속 상처가 정말 깊다는 걸 깨달았어.

다른 사람에게 내 아픔을 말하는 것이 부담이 될까 봐 두려웠지만, 이제는 참을 수 없어. 정말 아파. 사람들은 나를 의심하고, 다양한 소문이 돌고 있어. 드디어 내 아픔을 인정하게 되었어. 그냥 잊고, 피하는 것이 해결책일까? 나에게 방치할 수 있는 권리, 그리고 감정을 표출할 수 있는 권리를 허락해줄 수 있을까? 내 감정을 이야기해도 괜찮을까? 사랑은 대체 무엇일까?

2023.6.27.

정말로 반항하고 싶어.

"여자가 노출된 옷을 입으면 성폭력을 자초한다.", "여자는 자중해야 한다.", "데이트 앱은 나쁘다.", "여자는 늘 피해를 본다.", "여자는 놀러 다니면 안 된다.", "그렇게 하면 이용당하게 된다.", "자기 방어 잘못한 책임을 져야 한다."는 주장에 반항하고 싶어.

다른 사람의 입장에서 생각해 볼 수는 없을까? 여자는 두려움 속에서 살아야 하고, 자유가 없어야 하나? 남자는 걱정할 필요가 없는 걸까? 나도 "평범하게 지내야 한다."는 압박에 반항하고 싶고, "고생해야 성장한다."는 주장에 더 반항하고 싶어. 얼마나 많은 고통을 겪어야 인정받을 수 있는 걸까?

강한 여성은 피해자가 되지 않으며, 불쌍한 모습으로 보이지도 않고, 다른 사람을 비난하지 않는다. 그녀들은 일어서 맞서 싸운다.

어느 날, 나는 드디어 교주를 싸워 이긴 꿈을 꿨다.

2023.8.10. 5:40

교주가 내가 한국으로 돌아가라고 한 후 다시 나를 침해하려 했고, 랑정 목사도 나에게 교주를 기다리라고 방에 있으라고 했어. 그가 오면 또 나를 침해할 거라는 걸 알았기 때문에, 나는 스스로를 보호하기 위해 코로나에 걸렸다고 말하며 그에게 가까이 오지 말라고 했어.

하지만 그는 여전히 나를 희롱했어. 그 이후 나는 용기를 내어 그에게 "나는 정말 너를 싫어해, 너가 나를 만지는 것이 정말 싫어"라고 말했어.

그리고 그에게 물었어. "너는 신의 이름으로 불법적인 행동을 하고, 여러 가지 핑계를 대며 범죄를 저지르고 있는 거냐?!"

그 후 나는 그와 싸웠고, 그는 계속해서 패배했으며, 아주 추하게 지고 말았어. 그 주변의 추종자들도 점점 깨닫기 시작했어. 그들은 원래 채식을 했지만 결국 고기를 한 입 먹게 되었어. 내가 이겼다면, 앞으로는 악몽을 꾸지 않아도 될까?

## 두 번째 법정

2023년 9월 19일, 나는 다시 한국에서 법정에 섰다. 이번 재판은 정조은(조은 목사)과 다른 공범들에 대한 심리였다. 이번에는 내 여동생이 나와 함께 갔고, 재판은 하루 종일 진행되었으며, 오전 9시부터 오후 9시까지 계속되었다.

재판 전에 내 변호사가 공개 심리를 할지, 피고인들을 퇴장시킬지 물어보았다. 그는 내 스트레스를 줄이기 위해 비공개 심리를 제안했다. 나는 먼저 피고인을 보고 싶지 않다고 대답하며 퇴장해 달라고 요청했다. 그리고 잠시 망설인 후, 공개 심리를 하지 않기로 결정했다.

변호인 측 변호사가 바뀌었다. 그 여성 공법자들이 따로 고용한 변호사 팀이었다. 정말 싫은 사람들이었다. 그중 한 명은 외모는 신사 같았지만 속은 교활하고, 묻는 질문들이 아주 불쾌했다.

"그녀가 너에게 잠옷을 줬지만, 너를 교주 옆에 자라고 직접 말하진 않았잖아요?"

"증인은 그녀를 볼 수 없었는데, 그녀가 병풍 뒤에 있었는지 아니면 방을 나갔는지 어떻게 알겠어요?"

"증인은 그녀에게 세부 사항을 이야기했다고 했는데, 진술서에는 없다고 했잖아요. 왜 이제서야 그런 말을 해요?"

변호인들은 내가 피해를 당한 과정의 세부 사항을 반복해서 읽어내려가며, 의도적으로 나를 상처 주려 했다. 웃기는 것은, 모두가 내가 지난 재판에서 가르친 영어 단어 'confuse'를 기억하고 있었다는 것이다. 그리고 변호인들이 판사에게 질문이 부적절하다는 지적을 받고 기가 죽는 모습을 보며, 나는 그들을 비웃으며 "Fighting ^ ^ (화이팅)!"이라고 말했다.

심리 기간 동안 경비원이 옆 방에 있는 피고인들이 있는 곳을 드나들었고, 그들은 모니터로 심리 과정을 지켜보고 있었다. 경비원이 문을 열 때, 나는 그중 한 명을 보았다. 그녀는 내가 피해를 당했을 때 현장에 있었던 주정 목사였다. 그녀도 나를 보았다.

얼마 후, 방에서 갑자기 울음소리가 들렸고, 알고 보니 그녀가 천식 발작을 일으켜 결국 병원에 가게 되었다. 그녀가 돌아온 후, 그 방에 다시 들어가고 싶지 않다고 하며 방청석에 앉기를 요청했다. 변호사가 나에게 물어보았고, 나는 동의했다.

그 후 10분간의 휴정이 지나고 법정으로 돌아갔을 때, 나는 또 다른 두 명의 피고인을 보았다. 그들도 내가 아는 사람들이었다. 한 명은 교주의 비서인 신별이고, 다른 한 명은 국제부의 지도자였다. 경비원이 재빨리 나를 밖으로 나가게 했고, 그들이 피고인들을 방으로 데려간 후에 나를 다시 들어오게 했다.

그 두 언니는 나를 보자마자 즉시 통로 문 뒤로 물러났다. 두려워서인지, 아니면 다른 이유인지 모르겠다. 그들이 원피스를 입고 있는 걸 보니 구속되지는 않고 기소된 것이라는 걸 알았다. 그들은 수첩을 들고 함께 들어왔다가 다시 나갔고, 나는 예전의 예배 시간을 떠올렸다. 그들은 비슷한 옷을 입고 있었고, 그들은 한 패였다.

오랜 시간의 질문과 도발적인 어조, 표정, 그리고 '2년이 지났지만 아직도 과거의 고통에 갇혀 있다'는 느낌에, 나는 결국 화장실에 가서 소리 질렀다. 다행히도 내 여동생이 옆에 있어, 그녀가 내 머리를 마사지해 주며 나를 안아주고 마음껏 울게 해줬다.

여동생은 자기도 감정적으로 무너질 때 힘들었다고 하며, 이 시간이 반드시 지나갈 것이라고 나를 위로했다. 나는 "미안해, 그때 내가 네 옆에 없어서 좋은 언니가 되지 못했어."라고 대답했다. 여동생은 엄마의 부드러운 목소리로 "다 지나간 일이야. 지금 언니와 함께 할 수 있어서 기쁘고, 언니가 다시 돌아온 것이 행복해."라고 말했다.

모든 것이 지나갔다. 끝났다. 내가 가장 후회하는 것은 공개 재판을 하지 않았다는 것이다. 사람들은 내 고통을 모르고 있다. 사람들이 내 노력을 알고, 사이비의 악함을 알았으면 좋겠다. 내가 마지막으로 얻는 보상이 내 상처를 채울 수 있을까? 인생은 정말로 50:50, 즉 고통의 절반과 기쁨의 절반으로 나뉘어야 하는 것일까?

2023.10.31.

나는 성자를 그리워하고, 그 사랑을 그리워한다. 내가 가장 아픈 것은 그 사랑을 잃어버렸다는 것이다. 사랑하는 사람이 죽은 것처럼, 모든 행복이 사라진 것처럼, 내 사랑은 진실에 의해 죽임을 당했다.

## 이후의 날들

이후의 날들은 계속 살아가는 것이었다. 다른 나라에 떨어져 살게 되어 결국 재석과 헤어졌지만, 나는 평생 이 은인에게 감사할 것이다.

모든 친구들과 가족들은 이 모든 과정에서 나에게 힘과 도움을 주었다. 나를 도와준 귀인들과 사랑하는 가족들, 자연의 아름다움을 생각하며, 나는 조금씩 그 일어나지 않았으면 하는 과거의 일들을 잊으려고 했다.

나는 여전히 매주 한 번 이상 악몽을 꾸고, 주변의 사소한 것들이 나쁜 기억을 떠올리게 하기도 했다. 하지만 나는 좋은 것들에 집중하고 받아들이는 법을 배웠다. 나는 계속해서 살아갈 이유를 찾으려 했다. 새로운 것들을 탐험하고, 예전에 하지 못했던 일들, 예를 들면 반바지를 입고, 노래방에 가고, 영화를 보고, 술을 마시고, 여행을 하는 것 등을 하게 되었다. 맛있는 음식을 먹을 때마다 나는 "다행히 내가 죽지 않았어, 만약에 내가 삶을 포기했다면 이런 것들을 맛볼 수 없었겠지!"라고 말하곤 했다.

인생의 답을 찾기 위해, 나는 여러 권의 책을 읽었다. 에리히 프롬의 <사랑의 기술>, 빅터 프랭클의 <의미를 찾아서>, 그리고 기시미 이치로와 코가 후미타케의 <미움 받을 용기> 등은 나에게 큰 깨달음을 주었다. 만약 내가 17살 때 이 책들을 읽었다면, 그렇게 길을 잃고 사이비 종교에 빠지지 않았을지도 모른다.

Netflix 다큐멘터리가 방영된 후, 뉴스 보도가 적지 않았다. 사람들은 내가 유명해지려고 나선 것이라고, 동정을 얻으려 한다고 말했다. 나는 결과에 대해서 이미 여러 번 상상해 보았다. 내 마음이 강하고 긍정적일 때는 사람들이 나를 지지해 줄 거라고, 내 잘못된 선택을 올바르게 바꾸고, 잃어버린 시간을 되찾으며, 사실을 이야기해 사람을 구하고 보호할 수 있다고 믿었다. 그렇게 해서 선한 영향을 주는 사람이 되고 싶었다.

하지만 내가 마음이 약해질 때는, 내가 얼마나 어리석은지, 내 인생이 아무 가치가 없다고 느끼며 죽고 싶다는 생각이 들었다. 나는 비난받고 비웃음거리가 될 줄 알고 있었고, 역시나 사람들의 말은 내 상처에 소금을 뿌리는 것처럼 느껴졌다.

그럼에도 불구하고, 죽기 전에 진실을 말해야 한다는 생각은 확고했다. 그것이 내가 죽기 전에 꼭 해야 할 유일한 일이었다. 내 침묵이 또 다른 피해자 발생으로 이어지는 것을 원하지 않았다. 이것은 내가 하는 일의 결과와 상관없이 반드시 해야 할 일이었다.

비록 외부의 비판이 나에게 많은 압박을 주었지만, 나쁜 일이 생기면 항상 상대적으로 행복한 일이 균형을 이루고, 잃는 것이 있으면 얻는 것이 있다는 사실을 깨달았다. 결국 모든 것은 어떻게 바라보느냐에 달려 있다.

처음에는 고발하면, 모든 것을 내걸고 사실을 이야기하면, 모든 것이 끝날 줄 알았다. 난 없는 일을 꾸며댈 이유가 전혀 없다. 하지만 나는 다시 한번 순진했다. 인간의 추악함은 끝이 없었고, 아무리 잘못을 바로잡으려 노력하고, 선한 일을 하려 해도, 내부의 배신과 외부의 비난을 감내해야 했다.

그러나 쓰레기 더미 속에서도 가치 있거나 심지어 소중한 것을 찾을 수 있다. 싸움의 여정 속에서도 양심을 잃지 않은 사람들, 함께 싸우고 지지하며 위로해 주는 이들을 만날 수 있었다. 나는 여전히 정의가 존재하고, 사람들은 선함을 지니고 있으며, 세상이 완전히 악해져 버리지 않았고, 삶은 여전히 살 가치가 있다고 믿고 싶다.

나는 다른 탈퇴자들과 연락을 계속 해 왔다. 그들은 교회에 많은 정신과 시간을 쏟았기 때문에 사회 경험이 부족해 사회로 다시 들어가는 것이 쉽지 않다. 또한 탈퇴자들은 한때 살아온 유일한 이유가 사라져버린 탓에 삶의 의미를 잃기 쉽다. 지금 우리는 가끔 연락하며 서로 격려하고 있다.

다른 피해자들이 점차 합류해 함께 이 사이비 종교를 고발하고 있다는 소식을 듣고 나는 기쁘다. 심지어 나를 거짓말쟁이라고 비난했던 몇몇 사람들도 진실을 털어놓았고 고소에 동참했다. 이 모든 것에 대해 나는 정말 감사하게 생각한다.

나는 특별히 건강을 잃지 않으려 노력했다. 교회 사람들이 '하나님의 심판'이라고 말할까 봐 조심했다. 하지만 내가 건강하더라도 그들은 여전히 이렇게 말한다. "3월 21일에 외국의 어느 비행기가 추락한 것은 그 날이 수정의 생일이기 때문이다." 또는 "캐나다에서 화재가 발생한 것은 수정이 캐나다에서 태어났기 때문이다."

이런 말들을 들으면 웃음이 나오고 세뇌가 얼마나 무서운지를 실감하게 된다. 그 교리와 문화가 무의식적으로 내 뇌에 깊이 새겨져 있다. 내가 경험한 모든 것이 사실임을 알고, 그들과 완전히 단절했음에도 불구하고, 나는 여전히 무의식 중에 그 안의 노래를 흥얼거릴 때가 있다.

나는 종교에 대해 매우 반감을 가지게 되었다. 하지만 일반적인 교회를 지나칠 때, 신자들의 얼굴에 짓는 환한 미소를 보면 과거에 느꼈던 감정이 떠오르며 사람들이 왜 그렇게 교회를 좋아하는지 이해하게 된다.

한 번 어떤 코치가 나에게 여섯 가지 인간의 필요를 설명해 주었다.

1. **확실성**: 안정감이 필요하다. 사람은 삶에서 통제할 수 있는 부분이 있어야 안전하다고 느낀다.
2. **불확실성/다양성**: 삶은 고정적일 수 없다. 사람은 기대할 수 있는 변화가 필요하다.
3. **자아의 중요성**: 사람은 자신만의 독특함을 느끼고 싶어 하며, "나 아니면 안 되는" 것들이 있다는 것을 알고 싶어 한다.
4. **연결/사랑**: 한 마디로 인간관계이다. 사람은 혼자 살 수 없고, 다른 사람이나 사물과의 연결이 필요하다.
5. **성장**: 사람은 스스로 발전하고 발전하고자 하는 욕구가 있다.
6. **기여**: 이는 개인의 가치와 깊은 연관이 있다.

그의 말을 듣고 나서, 사람들이 왜 그렇게 쉽게 사이비종교에 빠지고,

또한 그렇게 벗어나기 어려운지를 이해하게 되었다. 사이비종교가 바로 이 여섯 가지 필요를 모두 충족시켜 주기 때문이다.

사이비종교 안에서는 안전감을 제공한다(신이 가장 강력한 보호가 되어 주고, 죽은 후에는 영생이 있다는 믿음). 또한 변화가 끊임없이 일어나는 사이비종교 내부에서의 발전과 성장, 굳건한 인간관계와 소속감, 생명을 구하는 사명감, 그리고 남다른 자부심 등 다양한 필요를 충족시킨다. 이러한 필요들은 다른 곳에서는 상대적으로 더 어렵게 얻을 수 있지만, 사이비종교에서는 쉽게 손에 얻을 수 있다. 진실을 깨닫기 전까지는 사이비종교가 나에게 행복을 주었던 것을 나는 부정할 수 없다.

나는 아직 치유 중이다. 가끔 아침에 일어나면 월명동이 아닌 곳에 있다는 사실에 혼란스러움을 느끼고, 현실감이 안 나면서 잠깐의 안도감도 느꼈다. 하지만 다음 순간, 다시 눈을 뜨면 월명동 기숙사의 방일까 봐 두려움이 밀려온다. 일상에서 겪는 여러 문제로 인해 감정적으로 쉽게 감정에 휩쓸리기도 한다.

매달 가장 기대되는 것은 성폭력 피해자 지원 기관 풍우란(風雨蘭)에 가서, 내 마음속의 '감정 쓰레기'를 정리하는 것이다. 주변 사람들에게 민폐를 끼치고 싶지 않아서, 나는 '쓰레기장 개방일'까지 부정적인 감정을 참고 쌓아두려 한다.

성적 피해자의 '후지후각'(뒤늦게 알고 뒤늦게 깨닫는다)이나 '신고에 대한 두려움' 같은 심리적 상태에 대해, 나는 대중이 이해하고 공감해 주기를 진심으로 바란다. 무지한 말을 하지 말고, 피해자들이 '2차 피해'를 당하지 않도록 배려해 주었으면 한다.

내가 왜 책을 쓰게 되었는지 묻는다면, 아마도 2년 전, 이모가 내 감정을 적어서 마음을 치유해 보라고 했을 때부터, 나는 조금씩 내 감정을 적기 시작했을 것이다. 나중에는 이 글이 사람들에게 도움이 될 수 있을 것 같아 진지하게 썼다.

글을 쓰는 과정에서 나는 마치 시간과 공간을 초월해 어두운 과거로 돌아가는 듯한 기분이 들었다. 그 장면들이 생생하게 떠오르고, 심지어 그때의 소리와 냄새까지 하나하나 떠올랐다. 현재와 과거를 오가며 나는 마치 멀미를 하는 것처럼 정신이 혼란스러워지고, 현실과 기억, 꿈을 구분하기 어려웠다.

다행히 곁에 있는 사람들이 나를 안아주며 "돌아가자, 현실로 돌아가자. 맛있는 거 먹으러 가자!"라고 말해주었다. 그 따뜻함 덕분에 나는 안정감을 찾을 수 있었다.

과정 중에 나는 반복해서 스스로에게 물었다. '왜 고통을 기억하고 이 책을 써야 할까?' 풍우란의 임 언니와 이야기하면서, 쓰는 과정이 내 감정을 표현하고 정리하는 데 도움이 된다는 것을 이해하게 되었다.

임 언니는 마치 방을 정리하는 것과 같아서, 정리한 후에는 버릴 것들을 버리고, 좋은 것들을 발견하고 남길 수 있게 된다고 했다.

탈북자 박연미의 책 <내가 본 것을 당신이 알게 됐으면>에서 '그 고통스러운 세월에 의미를 부여하고 싶다'고 말했다. 이 말이 바로 나에게 주어진 답이다. 10년의 세월은 지금까지 내가 가진 유일한 가치다. 고통스럽지만, 이 상처를 지울 수 없다면, 나는 그것을 긍정적으로 바꿔야만 살아갈 수 있다.

나는 계속 죽고 싶어 할 것이라고 생각했지만, 다른 사람들과 인생 문제에 대해 이야기하면서, 내가 긍정적으로 대답할 수 있다는 것을 발견했다. 또한, 나는 여전히 설레고 분노할 수 있으며, 감정이 살아 있고, 하고 싶은 것들이 있다는 것을 깨달았다. 나는 여전히 인생을 긍정적으로 생각하고 싶다.

어쨌든, 내 마음속 깊은 곳에서는 여전히 살아가고 싶어 한다. 이 세상이 더 살기 좋은 곳이 되고, 더 살아갈 가치가 있는 곳이 되기를 진심으로 바란다.

마지막으로, 이 책을 마치며 다큐멘터리의 조성현 피디님과 나눈 대화를 공유하고 싶다.

**조 피디님 [2023년 7월 5일 오전 5:38:06]**

"최근 며칠 동안 메이플이 어려움을 극복할 수 있었던 이유에 대해 생각해 보았어. 나는 내 자녀들이 어려움이 없는 사람이 되기보다는 메이플처럼 항상 어려움을 극복할 수 있는 사람이 되기를 바라. '부모의 사랑일까? 교육일까? 아니면 선천적인 성격일까?' 이런 것들을 고민하고 있어. 메이플은 어떻게 생각해? 메이플이 유명해지면 당신의 삶이 다른 사람들에게 많은 영감을 줄 것이라고 믿어. 곧 메이플을 만날 수 있을까? 어쨌든, 우리는 빨리 만나야 해!"

**나  [2023년 7월 5일 오전 8:48:49]**

"삼촌, 우리는 꼭 만날 거예요. 제가 생각하기에, JMS가 가르쳐 준 강한 정신과 선한 마음 때문일 수도…. 책을 쓰는 과정에서, 저는 정말 JMS에서 많은 것을 배웠다는 것을 깨달았고, 그곳에 깊이 빠져들었던 이유는 그때 정말 행복했기 때문인 것도 알게 됐어요. 그리고 제 마음이 이렇게 아픈 이유도 제가 진심을 다했기 때문이죠.

최근 영화에서 본 한 대사가 제 생각을 잘 표현해 주었어요. '나는 항상 좋은 면을 보려고 해. 그건 순진해서가 아니라 필요하기 때문이야.' 이 말이 제 마음을 대변해 줍니다. 어려움을 극복하기로 선택하면, 자신의 생각을 통제할 수 있죠. 하지만 이는 혼자서는 불가능한 일이에요. 제가 혼자서 견딘 시간은 사실 그렇게 길지 않았어요. 그때는 항상 제 곁에 재석과 삼촌들, 가족이 있었으니까요.

어려움을 뭐… 아직 극복하고 있죠 ㅎㅎㅎ 제 말 이해하시죠? 매일매일, 순간마다 계속해서 어려움에 맞서 싸우고 있어요. 한 번, 또 한 번 승리하고, 한 번, 또 한 번 실패하면서… 마치 숨 쉬는 것처럼요 ㅎㅎㅎㅎ 삶이 정말 어렵네요. ㅋㅋㅋㅋ

아이들에게 말하고 싶어요. 삶은 어려운 것이에요. 어려움은 매일매일 찾아오고, 낮과 밤처럼 왔다 갔다 해요. 사람은 아무것도 할 수 없고, 아무것도 할 필요도 없어요. 그저 삶을 끝까지 살아가면 되는 거죠."

조 피디님의 답장으로 보낸 내용이 이 책을 손에 들고 있는 여러분에게도 전해지길.

**조 피디님 [2023년 7월 5일 오전 10:32:58]**
내게 너무 소중한 나의 조카 메이플, 네가 보낸 메시지를 보고, 고통이 숨 쉬듯 왔다 갔다 한다는 말을 듣고 마음이 아팠어. 메이플이 느끼는 고통의 감정이 여전히 존재하는구나…. 하지만, 메이플이 극복한 어려움과 이루어 낸 성과가 얼마나 큰지, 이 '사실'을 정확히 인식해야 해.

너는 결코 고통 때문에 네가 이룬 성취를 과소평가해서는 안 돼. 내가 생각하기에 메이플이 긍정적으로 살아가려는 이유는 이미 많은 긍정적인 일을 해왔기 때문이야. 네가 과거의 고통과 아픔에서 벗어나기까지 얼마나 많은 시간이 걸릴지는 모르겠지만, 메이플이 견디는 동안, 나와 교수님, 그리고 모든 가족과 친구들이 항상 Maple 곁에 있다는 것을 잊지 말아줘."

## 후기

대중은 일반적으로 고발이 이루어지고 사회의 관심을 끌며, 교주와 공범들이 체포되고 메이플이 가족과 친구들 곁으로 돌아오면, 모든 것이 해소된 것이라 생각한다.

하지만 현실은 예측하기 어렵고, 결말이 나기까지 3년이 걸렸고, 그 과정에서 믿기 힘든 일들이 발생했다. 가장 충격적인 것은 법원이 JMS 측이 내 녹음 파일을 복제하는 것을 허락했다는 것이었다. 또한 탈퇴자들, 김 교수님, 조 피디님까지도 진실을 밝히는 과정에서 오히려 고소당했다. 이러한 여러 가지 모순은 Netflix 다큐멘터리 <나는 신이다>의 후속편인 <나는 생존자다>에서 방영되었다.

인생은 항상 예측할 수 없으며, 앞으로의 길은 어떻게 갈지 고민하게 된다. 상처를 치유하고, 인간관계를 재구성하며, 진로를 찾는 일 등, 삶의 모든 일에 도전과 성취가 가득하다. 매일 하늘이 던지는 과제에 맞서, 나는 지금 '발을 보며 걷'고 있다.

누군가는 나에게 현재 한국에 대한 느낌이 어떠냐고 묻는다. 다른 사람들이 한국에 대해 이야기할 때, 맛있는 음식, 한국 드라마, 한국 스타를 떠올릴 수 있지만, 나는 그와는 다르게 생각한다.

내가 떠오르는 한국은 사계절의 월명동, 신도들의 얼굴, 찬양 노래의 멜로디, 김치의 맛, 소나무의 향기, 혼자 타고 가던 고속버스, 시골행 장거리 버스, 한국어의 억양 등이다.

한국이라는 나라는 나에게 마치 한때 사랑했던 연인처럼, 그렇게 익숙하면서도 낯설고, 수많은 행복과 고통의 기억으로 얽혀 있다. 지금 한국에는 나를 지지하고 사랑해 주는 사람들이 있으며, 멀리서 끊임없이 기도하고 축복해 주신다. 그들은 항상 나에게 "언제든지 한국에 와, 우리는 너의 한국 가족이야."라고 말한다.

사이비종교를 만난 것은 불행하지만, 귀한 인연을 많이 만난 것은 행운이다. 내가 한 것은 단지 내 정체성을 드러내고 진실을 말하는 것이었다. 법과 사회에 대해 무지하고, 심지어 스스로를 돌보지 못한 나 자신을 탓하며, 나의 어리석음과 연약함에 실망했다.

그러나 나는 내 운과 복에 놀라움을 느끼며, 작은 한 걸음이 이렇게 큰 힘을 가져올 수 있다는 것을 깨달았다. 이것이 바로 우주가 정의를 위해 싸우는 모든 이들을 돕는다는 것에 대한 증거이다.

### 이 책을 손에 든 당신에게

이것이 저의 경험입니다. Netflix에서 방영된 것은 전체 경험의 10분의 1에 불과하며, 이 책에서도 충분히 설명할 수 없는 부분들이 있습니다.

 이 책을 읽고 난 후, 당신이 기억하길 바라는 것은 제가 살아가기로 내딛은 발걸음입니다. 그리고 당신도 삶에서 어떤 상황에 처하더라도 저와 함께 다음 발걸음을 내딛기를 바랍니다. 어느 순간, 길이 보이고 도움을 받을 수 있을 것입니다. 그때 당신이 걸어온 어려웠던 모든 걸음을 떠올리면, 모든 것이 꿈처럼 느껴져 언제 그랬냐는듯 가볍게 웃으며 지나갈 수 있을 것입니다.

 우리가 걸어온 모든 걸음은 스스로 걸어온 길입니다. 비록 잘못된 길을 걸었을지라도 다시 돌아서는 것도 '자신'이며, 결과를 바꾸는 것도 '자신'입니다. 우리가 가치 있는 존재이기 때문에 우리를 사랑해 주는 사람들이 있는 것이고, 항상 감사할 수 있습니다. 우리는 의심할 것 없이 이 지점에 도달한 '자신'이 될 자격이 있으며, 앞으로도 계속 그렇게 나아갈 것입니다. 넘지 못할 산은 없으며, 살아가는 것이야말로 엄청난 용기입니다.

### 생존자들과 탈퇴자들에게

 우리 정말 잘 살아가야 합니다. 우리는 강합니다. 우리는 '아무것도 잃지 않았다' 혹은 '지나간 것은 지나갔다'고 말할 수 있을 만큼 강합니다. '주님'을 잃었고, '인생의 답'을 잃었으며, '진리와 사랑'을 잃었지만, 우리는 자유를 얻었습니다.

 절대적인 옳고 그름이 없는 가운데, 우리는 스스로 인생을 마음대로 주체할 수 있게 되었습니다. 과거의 분노와 슬픔은, 그 모든 것은 반드시 비료가 되어 우리의 미래를 기를 것입니다. 우리 각자는 그렇게 선하고 용감하며, 그렇게 사랑스럽고 사랑받을 가치가 있습니다. 한 명 한 명 모두가 반드시 잘 살아가기를, 저는 진심으로 희망하고 기원합니다.

## 감사

### 김도형 교수님

교수님, 무엇이 당신을 이렇게 오랫동안 힘들게 사이비와 싸우도록 했나요? 이 싸움은 끝이 보이지 않는, 인간성의 추악함을 계속 경험하는 투쟁입니다. 당신은 기나긴 세월 동안 상처투성이로 싸워왔고, 가족들조차 당신을 걱정하며 끊임없이 막으려 했습니다. 다른 사람들은 너무 귀찮고 힘들어 자신의 삶을 살기 위해 그냥 지나쳤지만, 당신은 '잊혀져야 할 계절'을 잊지 못하고, 더럽고 역겨운 진흙탕으로 뛰어들어 피해를 입은 사람들을 구하려 합니다. 이는 도대체 무엇을 위한 것인가요?

제가 이 질문을 드렸을 때, 교수님은 단순히 "그냥 둘 수 없다."고 말씀하셨습니다.

이 세상에서 살아가면서 우리는 그저 올바른 일을 하려 애쓰고 있을 뿐입니다. 교수님이 혼자 술을 마실 때, 분명 많은 눈물을 흘리셨을 것입니다. 말로 표현할 수 없는 고통, 분노, 무력감… 당신에게 감사한 것 외에도 깊은 존경심을 느낍니다!

당신 덕분에 나는 주어진 하늘의 과제를 완수할 수 있었습니다. 교수님은 이 더러운 세상에서 저에게 희망의 빛을 주셨습니다. 진심으로 감사드립니다. 또한 어려운 상황 속에서도 이해하고 지지해 주신 교수님의 가족에게도 감사드립니다. 덕분에 모두 함께 이 어려운 시기를 극복할 수 있었습니다.

교수님, 이제 우리는 그 계절을 잊고, 진정으로 JMS와는 무관한 행복한 삶을 살 수 있게 되었습니다!

**조성현 피디님**

피디님의 스토리텔링 덕분에 이 이야기가 주목받을 수 있었고, 저와 탈퇴자들의 길이 더 수월해졌습니다. 여론의 힘이 좋은 방향으로 사용될 때, 정의를 세우고 긍정적인 변화를 일으킬 수 있습니다. 피디님의 가족 역사와 다양한 경험이 당신을 이 한 걸음 내딛게 했고, 이는 한국 사회를 변화시켰습니다.

제가 힘들고 우울할 때마다, 당신이 저를 위로하고 격려해 주신 말씀을 잊지 않고 있습니다. 당신은 저보다 제가 하는 일을 더 소중하게 여기시고, 저를 가족처럼 여겨 모든 불공정한 대우를 바로잡아 주셨습니다. 당신과 당신의 가족, 특히 사랑스러운 아기들 덕분에 무한한 온기를 받았습니다.

당신은 항상 교수님과 제 공이라고 말씀하시지만, 총이 없다면 총알이 무슨 소용이겠습니까? 우리는 셋이서 세 검객, 환상적인 조합입니다!

피디님은 답을 찾기 위해 한 걸음 한 걸음 걸어왔다고 하셨고, 인생의 마지막 결론은 아이들이 더 나은, 더 공정한 사회에서 살도록 하는 것이라고 말씀하셨습니다. 저는 피디님 격려의 말씀을 기억하며 잘 살아가고, 매년 한국에 있는 가족—여러분을 방문하겠다는 약속을 지킬 것입니다. 함께 맛집을 투어하길 기대합니다!

### 반재석(가명)과 가족 여러분

당신들은 구급차처럼 가장 먼저 저를 도와주신 분들이며, 제 인생에서 가장 방황하던 길을 함께 걸어주신 분들입니다. 주신 축복과 도움은 평생 잊지 못할 것입니다.

### 엑소더스(탈퇴자 조직) 회원 여러분

매번 저의 공로와 가치를 일깨워 주셔서 감사합니다. 먼 길을 오셔서 저에게 격려와 위로의 말을 전해주셔서 고맙습니다. 여러분이 저에게 진실을 발견하고 지옥에서 벗어날 수 있도록 해줘서 감사하다고 말했지만, 사실 저는 여러분 덕분에 제가 올바른 선택을 했음을 알게 되었습니다.

### 부모님과 여동생

가족의 지지와 사랑에 감사합니다. 저의 집, 저의 뿌리입니다. 당신들이 존재하기에 제가 존재할 수 있습니다. 미안함과 감사함을 느낍니다. 돌아갈 집이 있기 때문에 악몽에서 용감하게 떠날 수 있었습니다. 당신들은 제 모든 것입니다. 무슨 일이 있어도 여러분을 떠나고 싶지 않습니다.

### 이모와 사촌 그리고 가족분들

홍콩으로 돌아온 후, 아니, 어릴 때부터 저를 돌봐주셔서 감사합니다. 지금도 이 책을 완성하는 데 도움을 주시고, 넷플릭스 다큐멘터리 인터뷰를 통해 저를 대신해 말씀해 주셔서 고맙습니다.

### 方 씨 가족

여러분이 주신 사랑과 포용 그리고 지지는 저의 친가족과 다를 게 없습니다. 제가 보답할 수 있기를 바라며, 이 인연이 평생 계속되기를 희망합니다.

### 최진영 언니

제 이야기를 한국어로 출판할 수 있게 함께 작업해 준 진영 언니, 제 아픔을 이해하고 깊이 공감해 주어서 정말 큰 힘이 됐습니다. 따뜻함을 느끼며 작업을 마무리할 수 있게 친언니처럼 힘을 실어 주어서 너무 감사합니다. 이런 귀인을 만난 것도 저의 큰 복입니다.

### 김지혜 편집장님

제가 기자회견을 할 때도, 글을 쓸 거라는 소식을 전했을 때도 가족 같은 마음으로 응원해 주셨다고 들었습니다. <흔적> 작업을 하는 동안에도 같이 분노하며 토닥여 주신 것, 제 경험과 감정을 최대한 잘 정리할 수 있게 여러 가지 의견을 제안해 주실 때마다 따뜻함이 전해졌습니다.

### 임혜민 언니

매번 저의 고민을 들어주고, 저를 위로해 주고, 저 자신을 수용하고 포용할 수 있도록 도와주셔서 정말 행복합니다. 인생의 길에서 이렇게 감정을 정리해 주는 사람이 있다는 것은 축복입니다!

### 조경위님, 정변호사님 두분

법 기관에서 정의의 편에 서서 최대의 도움을 주셔서 감사합니다.

### 김경천 목사

머릿속에 깊이 새겨진 교리는 쉽게 깨지지 않습니다. 탈교에서 가장 어려운 첫걸음은 그 교리를 깨는 것입니다. 당신이 정리한 책은 듣기 좋은 교리의 거짓말을 하나하나 부숴 주었습니다. 감사합니다.

### 조민음 목사

사이비 종교를 타파하고, 사이비 교육을 하며 탈교자를 돕는 데 헌신해 주셔서, 가장 긴급한 순간에 저를 깨워 주셔서 감사합니다.

### 애별(가명) 언니

당신은 영화 <Cast Away>에서 주인공을 무인도에서 구해준 떠내려온 그 보트와 같습니다. 저를 구해 주셔서, 약속을 지켜 제 친인이 되어 주셔서 감사합니다.

**지희(가명) 언니**

제가 한국을 탈출할 때, 믿을 수 있는 유일한 사람이었습니다. 그 순간 저를 믿어 주셔서 감사합니다.

**공감심리상담센터 유연철 심리 치료사 선생님**

제가 한국에 있을 때 거의 무료로 상담해 주셔서, 제 스트레스를 해소해 주시기 위해 최선을 다해 주셔서 감사합니다.

**대전 김밥천국 아줌마**

첫 재판 전에 분노와 초조함으로 가득 차 있을 때 주신 작은 음료수 한 병과 격려의 말은 한 줄기 단비와 같았습니다.

**친한 친구**

여러분이 저에게 얼마나 중요한지 아시나요! 친구 있으면 물만 마셔도 배부르고 만족스러워요!

**온라인에서 지지해 주신 분들**

여러분의 지지와 위로는 제가 계속 나아갈 수 있는 힘이었습니다. 감사합니다.

**마지막으로 감사: 나 자신**

## 편집자의 글

김도형 교수님은 수십 년 동안 JMS의 실체를 드러내고, 그 악행을 멈추기 위해 싸워 왔다. 그 첫 결실인 <잊혀진 계절>을 작업하며, 편집자의 자리에서조차 수없이 목이 메고 눈물이 고였다. 그 안에는 교수님의 아버지와 가까운 분들마저 JMS 내부의 자칭 '목사'들에게 폭행을 당해야 했던 뼈아픈 기록이 담겨 있었기 때문이다.

그들의 악행은 <잊혀진 계절>이 세상에 나온 뒤에도 끝나지 않았다. 그래서 한동안 교수님의 안부를 묻지 않을 수 없었다. "교수님, 괜찮으세요?" "교수님, 별일 없으세요?" 다행히 늘 답이 돌아왔고, 종종 희망의 소식도 담겨 있었다. "정명석이 드디어 감옥에 갑니다." "메이플이 책을 쓰고 있습니다. 그때도 함께해 주시겠습니까?"

그리고 정말로, 메이플은 글을 완성했다. 외면하고 싶은 기억을 처음부터 끝까지 마주하며 정리해냈다. 그 과정에서 얼마나 많은 숨을 고르고 가슴을 추스렸을까. 그러나 그녀의 글을 읽으며 안쓰러움과 분노는 서서히 사라지고, 오히려 생명력과 힘이 느껴졌다. 메이플은 더 이상 '피해자'가 아니었다. 그는 광기의 굴레를 끊어낸 증인이자, 무수한 피해를 막아낸 용기 있는 사람이었다.

<흔적>을 위해 다시 만난 김도형 교수님의 얼굴은 한결 편안해져 있었다. 메이플은 좋은 가정을 이루고, 소중한 생명을 품고 있었다. 그녀의 글을 읽으며 다시 눈시울이 뜨거워졌다. 특히 마지막에 교수님께 전한 감사의 글, 그리고 독자들에게 전하는 메시지를 읽을 때 큰 울림이 있었다.

"삶은 어려운 것이에요. 어려움은 낮과 밤처럼 매일 왔다 갔다 해요. 마치 숨쉬는 것처럼요. 아무것도 할 수 없고 아무것도 할 필요 없어요. 그저 삶을 끝까지 살아가면 되는 거죠."

메이플의 말처럼 <흔적>은 고통 속에서도 꺼지지 않은 삶의 의지를 기록한 책이다. 누군가에게는 치유가 되고, 또 누군가에게는 다짐이 되기를 바란다.

2025년, 나의 삶에도 <흔적>이라는 이름의 귀한 발자취가 남았다. 그리고 이 책을 덮는 독자들의 마음에도 각자의 흔적이 새겨지기를 바란다. 지워야 할 흔적과 남겨야 할 흔적을 분명히 하며, 더 깊고 단단한 삶으로 나아가는 길잡이가 되기를 소망한다.

긴 싸움에서 끝끝내 이겨 준 김도형 교수님과 메이플에게 감사와 위로를 전한다. 이들의 노력으로 만들어 낸 <흔적>이 평안한 일상을 '이제라도' 누려야 할 이들의 손에 빠짐없이 전해지기를 바란다. 마지막 한 명까지도 모두 그곳으로부터 해방되기를 바란다. 또 다른 사이비 교단의 권력자들에게 "세상은 결코 악에 지배되지 않는다."는 진실이 선포되기를 소망한다.

마지막으로, 메이플에게 전한다. "이겨내 주어 고맙습니다. 삶의 소중함을 온 맘 다해 가르쳐 주어서 고맙습니다." 그리고 얼마 후 한국에 방문할 메이플에게 말하고 싶다. "맛있는 것 먹으러 갑시다."

**초판 1쇄** 2025년 9월 1일
**초판 2쇄** 2025년 9월 5일

글　MAPLE YIP

**발행처**　도서출판에이에스
**발행인**　도서출판에이에스
**책임편집**　김지혜
**교정·교열**　리메인
**윤문**　최진영
**디자인**　혜리

주소　서울특별시 강남구 영동대로 602, 6층 에이33
전화　031-439-0011
팩스　02-6455-4024
이메일　as-book@naver.com

ⓒ 2025 도서출판에이에스. All rights reserved.
본 책의 일부 또는 전부를 발행인의 사전 서면 동의 없이
복제, 전송, 전자적 저장 장치에 저장하거나 전송할 경우 법적 처벌을 받을 수 있습니다.